山口英男 著

日本古代の地域社会と行政機構

吉川弘文館

目次

第Ⅲ部 「額田寺図」の作成と行政機構

第Ⅳ部　書類の機能と業務解析

序章　本書の視角と構成

本書には、筆者が研究テーマとしてきたⅠ―奈良・平安時代の地方行政機構に関する研究、Ⅱ―古代の牧と馬に関する研究、Ⅲ―古代荘園図に関する研究、Ⅳ―正倉院文書と史料学に関する研究、の四分野の論考を収録した。その中心となる視角は、社会と制度の歴史的変化の相互関係を解明することを通じて、歴史の展開の実際をできる限り具体的に理解していきたいと考える点にある。そうした視角から、日本古代の地域や社会のあり方とそれをめぐる行政機構の様相、そしてその歴史的変化について、対象とした局面において検討したものである。

第Ⅰ部は、八〜九世紀における郡司任用制度の変化と、十世紀における国衙行政機構の変質の検討を軸として、奈良時代から平安時代中期の地方行政機構の展開を、地域勢力のあり方とその変化の観点から跡付けようとしたものである。

第一章は、八世紀から九世紀初頭にかけての郡領任用制度の変遷を扱った。郡領の銓擬に関わる用語の再検討を踏まえ、銓擬の基準と主体の変化を通して銓擬業務の変遷を行政技術的整備の側面から見直すことで、擬任郡司制成立の意義や、地方支配において郡領に求められる資質が国司下僚としてのそれへ変化する様相、その背景にうかがえる地域政治社会の動向などを論じた。

第二章は、十世紀における国郡行政機構の変化について扱った。地方支配と在地情勢の検討を踏まえ、地域に勢力を有する同質の在地支配層が、国司に差用される雑色人として国衙の実務を担い、非令制職名郡司として郡務に関わっている状況を、国郡による勘申や留国雑役・進官雑役の実態から分析し、この時期に在地支配層の担う行政機能が拡大し、郡司と国衙職員が同一の実体で構成されることで、国郡行政が一体化し、国郡の同一機構化が進展したこと、そしてそれが、受領による地方支配を基盤とする新たな体制成立の前提を準備した側面を持つことなどを論じた。

第三章は、律令制の成立期から平安初期にいたる地方制度と地域社会の関わりと、その変化を概観した。地域の支配層が有する実質的な支配力を取り込むことで成立した律令制地方支配制度の性格、地域の行政の担い手が果たした機能と権限、地域政治勢力の並立から拡散・分立の様相、郡司制の転換とその社会的背景などを論じた。

第Ⅱ部は、日本古代の馬牧について、国家の制度としてあらわれる内容と、地域社会に根差して存在する牧の経営の実際との関係を扱った内容である。

第一章は、古代の牧制度の変遷について取り上げ、律令の牧制度と延喜式のそれとの懸隔を規定の目的の違いと捉え、また牧の管轄官司の改変を織り込むことで、令制と延喜式制の牧の実体を連続的に把握し、諸国牧、御牧（勅旨牧）、近都牧と国飼馬等の沿革・変遷などを論じた。

第二章は、文献から判明する古代牧馬の飼育実態を扱った。牧現地の各種業務に従事する人々と牧の経営集団の構成、つなぎがい（繋飼・櫪飼）とはなちがい（放飼、自由放牧・限定放牧）等の飼育形態と季節・目的による使い分け、牧の一年間のスケジュール、牧馬の飼育、牧の管理・運営、経営集団の居住等のために必要となる施設・設備などについて整理した。

第Ⅲ部は、古代荘園図の一つで、畿内の中堅豪族である額田部氏の拠点経営の実際をうかがわせる点で類例のない史料である額田寺伽藍並条里図（「額田寺図」）を取り上げ、その復原的検討を行うとともに、描かれた内容とその意味、作成に利用された資料の存在形態などを検討し、行政機構との関わりを扱った内容である。

第一章は、現状で傷みの著しい同図を研究に利用する上では、本来の姿を復原することが必要であり、そのために復原複製図の作製が共同研究として行われた際の作業報告である。料布とその欠損・欠失、彩色や文字の状況、現地との関係等に関する調査内容と検討過程、復原図の作製過程などを論じた。

第二章は、右の復原作業を踏まえて、「額田寺図」に関する基礎的な検討を行った。文字記載、各種の線や彩色、立体的表現の内容・特徴、作製年代と経緯等を整理し、記述・描写の意図、額田部地域の歴史的環境、条里との関係や現地比定について論じた。

第三章は、「額田寺図」がどういった資料や作業に基づいて作成されたのかについて考察した内容である。東大寺開田図などの古代荘園図や、西大寺資財流記帳をはじめとする資財帳などの事例から、地目・地積を記載した校班田図等の当時の資料のあり方を検討し、「額田寺図」の記載を見ると、それらの資料をもとに情報をさらに付け加える作業が行われたと考えられることから、同図作成の経緯や目的について論じた。

第四章は、「額田寺図」に描かれた額田寺の伽藍・寺領など寺域の空間構成の特徴を扱った。描かれた建物・施設とそのまとまり（群）としての構成や、寺領に見える地目などについて、その性格・用途等に踏み込んで整理・検討し、また図の描写と実際の景観との関係などの問題を論じ、関連する分野の研究素材として同図が持つ価値を引き出しやすいものとすることを企図した。

第Ⅳ部は、官司において現用書類として用いられ、その後に廃棄された点で、多くの史料と異なる性格を有する正倉院文書を取り上げ、その史料学的検討のための不可欠のアプローチとして、書面を用いた古代の行政機構における業務処理の実態解明の方法などについて論じた内容である。

第一章は、書面を用いた業務処理の実際を明らかにするための視角として〈書類学〉の立場を提唱し、書面の移動の様相と業務の実態を取り上げた。すべての書類・書面に共通する情報の定着・移動と、意図的な情報の伝達とを区別し、経巻奉請で使者が経巻リストを持参すること、受命記録や複合書面が参考資料として移動すること、口頭伝達と書面の並用状況などからうかがわれる業務遂行の実際について論じた。

第二章は、正倉院文書との史料としての同質性の観点から、木簡を用いた業務処理の実際について取り上げた。食料（米）・物品・銭等の収納・出用の記録のあり方を正倉院文書等から整理し、進上側の記載・記録とされる木簡の中に受領側の収納記録とみるべきものがあること、食米の「伝票木簡」とされるものが出用記録として理解できること、食米管理の方式である「食口」の記録や申告に関わる木簡が存在すること、また収納記録・出用記録の多様性などについて論じた。

第三章は、正倉院文書が奈良時代においてどのような姿かたちで実務に用いられたかを考える材料として、正倉院文書の中に存在する継文を取り上げた。もの・人の移動との関わりという観点から内容を整理し、進送状などの移動にともなう文書（書面）の継文、命令・請求・依頼など移動をうながす文書（書面）の継文、経師手実や告朔など移動の結果を報告する文書（書面）の継文、前三者の複合した継文の存在や、継文編成後の利用と業務との関係などを論じた。

本書全体を通じて、表記の統一、出典の補訂、誤植などを除き、各論考は初出時の内容のまま収載し、内容理解のために補足すべき事柄は、補註・補記として付け加えた。

第Ⅰ部　国郡行政機構と地方政治社会

第一章　郡領の銓擬とその変遷

――任用関係法令の再検討――

はじめに

郡司は律令国家の地方支配の要である。こうした郡司がどのように選考されていたか、選考の方法がどのように変化したかを明らかにすることは、律令国家の性格や古代社会の様相、及びその変質過程を考えるための重要な手がかりとなろう。

郡司制に関する研究は膨大な蓄積を有する。(1)その中で磯貝正義(2)・新野直吉(3)・米田雄介(4)各氏の研究が、郡司任用制度に関するこれまでの研究段階を形成した代表的な業績であり、これら各氏の成果を踏まえた今泉隆雄氏の見解(5)がその到達点を示すものと評価される。また、郡司の任用制度は九世紀初期までしばしば変更されたが、それ以降もはや改められることはなかった。高田實・米田雄介両氏(6)によって、この九世紀初期に律令制的郡司制が大きく転換し、いわゆる擬任郡司制が成立したことが明らかにされている。ただ、これらの各氏の研究はいずれも一九七〇年代以前に発表されたものである。このことは、これらの研究の水準の高さを示すものではあるが、その成果をさらに押し拡げる作業が必要になっているといえよう。

その後、大町健氏が、村落首長制論の立場から郡司制を論じ、その任用制度についても正面から検討された。(7)また、九世紀以降ないし十世紀の郡司制について大幅な見直しが進められた点にも注目できよう(8)。これらの研究は、九世紀以降の郡司制に関するかつての高田・米田両氏の理解に対して、特に国郡関係の評価をめぐって異論を提出している。この結果、八・九世紀の郡司制をさかのぼってどう捉えるかが新たな課題となろう。

従来の郡司制研究の問題点として、任用制度と、郡司という官職の性格の変化との関係が十分に捉えられていない点をまず指摘したい。何よりも、米田雄介氏の成果を除いて(9)、任用制度の変遷と擬任郡司制の成立との関係を正面から論じた研究がほとんど見られないのが現状である。擬任郡司の発生が郡司の任用のあり方と深く結び付いている以上、擬任郡司制の成立を視野に入れた任用制度の分析が求められる。その場合、両者の関係を郡の行政構造全体の変化の中に位置付けることが必要であり、この点は米田氏の研究にも十分でない点があるように思われる。

任用制度に関する従来の研究の主たる関心は、「譜第主義」と「才用主義」をめぐる任用政策の変遷の分析を通じて、八世紀における新興有力者層の台頭に代表されるような在地政治秩序の変動や在地社会の変化の反映をそこに読み取ろうとする点にある。そのため、任用制度の変更がただちに在地社会の変化やそれに対する政府の状況判断を反映しているものと性急に評価しがちな傾向が感じられる。また、関係法令の用語・文意が難解なことと相俟って、史料解釈の上で疑問のある立論も見受けられる。むろん制度変更をもたらす社会的背景を読み取ることは必要な作業であるが、そのためには、そうした変更が制度に内在するどのような矛盾によってもたらされたのかを制度自体の論理の中で明らかにし、その上でそうした矛盾がいかなる社会的背景を持つかを考えるという二段階の検討が必要である。従来の研究には、制度自体の論理の解明においてやや不十分な点があると思う。

律令制の郡領(大領・少領・領)は奏任の官である(選叙令任官条)(10)。その任用手続は、まず国司が最適任者を選定して郡領任用候補者として中央に推薦し、これをうけて式部省が候補者本人への試問(試練)も含めた選考を行い、太政官がその結果を審議して天皇に奏聞し裁可を得るというものであった。こうした手続の大枠は大宝令施行直後から行われていたとみられる(11)。この中で候補者を選考する作業が銓擬であり、郡領の銓擬は国司と式部省の二段階で行われた。いかなる人物を郡領に任用するかという政府の方針は、銓擬のあり方にこそ如実に示されることとなろう。

銓擬の実際には不明な点も多いが、その内容を最も具体的に伝える史料として平安期の儀式書等の記述が挙げられる(12)。当時は、基本的に九世紀初期に定められた諸法令が郡司任用に関する実効法として機能していた。太政官における銓擬結果の審議について述べた『西宮記』「郡司読奏」（前田家巻子本、恒例三・春下夏上）及び『北山抄』「読奏事」（前田家巻子本、巻三・拾遺雑抄上）によれば、銓擬の対象となる人物は「譜第」「労効譜第」「傍親譜第」「無譜（労効）」等の条件によって区別されており、郡司読奏を主宰する上卿は、そうした銓擬基準の別に応じて必要な処理が行われているかどうかを点検している。むろん、こうした基準の内容は奈良時代の様態そのままではなかろう。ただここで注目できることは、銓擬がある基準に則って行われ、また銓擬結果を確認する場合に、その基準の適用に誤りがないかが問題にされている点である。銓擬における恣意性の排除を保証し、銓擬の結果に少なくとも手続上の客観性と正当性を持たせるためには、なんらかの基準の設定が必要となる。そして、いかなる人材を登用するかという政策は、こうした銓擬基準のあり方に最も密接に反映されるはずである。銓擬基準の持つこうした性格は、任用制度が度々変更された八世紀から九世紀初期において一層重要な意味を持ったに違いない。こうした銓擬のあり方とその基準の存在に着目し、誰が誰をいかなる基準で銓擬したかを明らかにすることは、郡領の任用制度を検討する上で不可欠な視点といえよう。しかるに、この点について従来の研究で十分な検討がなされているとはいいがたい。

本論では、こうした観点から郡領の任用に関する諸史料の再検討を行い、従来とはやや異なる解釈を提示すると共に、擬任郡司制成立の意義に言及することとしたい。

一　譜第と労効

郡領銓擬のあり方を追う視点から、まず令の規定の内容を検討しておきたい。選叙令郡司条の規定は次の通りである。

凡郡司、取下性識清廉、堪二時務一者上、為二大領・少領一。強幹聡敏、工二書計一者、為二主政・主帳一。其大領外従八位上、少領外従八位下、叙レ之。其大領・少領、才用同者、先取二国造一。

律令官人一般については、徳行・才用・労効の順に優先させて任用することが、同令応選条に定められている(13)。これと対応させれば、郡領の場合は「性識清廉」が徳行に、「堪二時務一」が才用に当たる(14)。したがって、郡司については徳行と才用の二つの要件を備えるべきことが定められていることになろう。しかし、これはあまりに抽象的な内容といわざるをえず、厳密な意味での銓擬の基準とはみなしがたい。

郡司条ではまた、「性識清廉」（徳行）と「堪二時務一」（才用）の程度が同等の場合は「先取二国造一」ことが註記に定められている。この国造註記規定が、郡領選考における譜第の事実の重視と関わらないことは先学が明らかにされた点であり、令制国造の郡領兼任を意図した規定とする見方もある(15)。こうした註記は、銓擬の対象者が多くの場合「性識清廉、堪二時務一」という要件において同等とみなされるからこそ意味を持つ規定である。よって「性識清廉、堪二時務一」とは銓擬対象者の備えるべき最低限の要件であり、銓擬の実質はそれ以外の基準に従って行われたと考えられる。国造先取規定は、そうした実質的銓擬においてまず優先すべき条件を定めたものであるが、その適用者は限られた存在に過ぎない(16)。

実態として用いられた銓擬基準としてまず考えられるのは、選叙令応選条に見える労効基準である。労効基準とは、すなわち勤務年数の多少による基準である。諸史料によれば、郡領の銓擬において勘案される労効の事実とは、多くの場合中央での勤務経験を指しているようである。(17) 大和国高市郡では、天平三年（七三一）に蔵垣忌寸家麻呂が内蔵少属から少領に任じられた。彼の場合、譜第基準（後述）の適用にはやや問題があるようであり、内蔵少属と記される点からも、労効の事実が重視されての任用であったと推定される（『続日本紀』宝亀三年四月庚午条）。労効基準の適用が推定される郡領任用の一例となろう。

また、天平十年四月十九日官符（『類聚三代格』巻七・天長四年五月二十一日官符所引）では、「郡司縁二身労効一被レ任一世者、不レ得下取二譜第一之限上」と命じられている。これは、郡領就任者の系譜に連なる者であっても、労効基準の適用によって郡領に任用された者がその系譜に一人いるというだけでは、譜第の事実ありと認定してはならないと定めたものである。この結果、「省家所レ行、労効二世已上、既為二譜第一」（天長四年官符）とあるように、労効基準による郡領就任者をその系譜から二名以上出している場合は、譜第の一種としてのいわゆる「労効譜第」の事実を持つ者と認められるようになった。(18) このことは、天平十年時点までに労効基準によって郡司に任用された者が一定数存在したことを示しており、またそれは天平十年頃に銓擬の対象となった人々より一世代以上前の事実である。郡司が終身官であることも考慮すれば、労効基準による任用は天平十年をかなりさかのぼる時期から行われていたと考えられる。

当時の銓擬基準としてもう一つ想定されるのは、天平十年官符にも見える譜第基準である。譜第の語は、一般的には系図の順、血族の序を意味すると思われるが、郡領の銓擬基準とされる譜第とは、かつて郡領に任ぜられた者の系譜に連なるという事実に基づいて適用される基準であり、その適用には場合によって一定の条件が設けられたものと理解される。たとえば、系譜上の郡領就任者の数であるとか、それが立郡時までさかのぼるとか、あるいはその系譜の嫡系であるといった条件であり、その内容には時期的に変遷が認められる。

　こうした譜第基準を銓擬に用いるためには、あらかじめ譜第の事実を登録しておく必要が生じる。これが譜図・譜第帳等と呼ばれるものである。軍毅譜第帳が天平五年八月にすでに存在していたことが出雲国計会帳に見え、[19]郡領の譜第帳もやはりこれ以前から存在したものと推定される。[20]郡領銓擬における譜第の勘案について令文からうかがい知ることはできないが、譜第の事実を持つことが郡領任用のほとんど前提のごとく機能していたであろうことは、既に今泉隆雄氏によって指摘されている。律令官人全般が、蔭位制その他の出身法や多くの慣例によって、氏族や階層に応じた再生産を保証されており、郡司の譜第はこうした構造に対応している。[21]

　以上から、郡領の銓擬においては実態として譜第と労効の二つの基準が用いられており、これが大宝令施行の当初までさかのぼる状況であったと思われる。ただ、こうしたあり方は、法令等によって明確に定められたものではなく、したがって二つの基準のどちらが優先されるかといった関係も臨機の処置に委ねられていたとみるべきであろう。ここから推測される当時の郡領任用方針は、従来から郡領（評督・助督を含む）を輩出してきた系譜に属する者を中心に、場合によって中央に出仕して功績のあった者を任用しようという程度の内容だったのではないだろうか。しかし、銓擬のこうした曖昧なあり方は、銓擬の結果にいったん問題の生じた場合には、事態の収拾を妨げる大きな要因となる。そうした事態の解決のために、銓擬の客観性・正当性を保証しうるなんらかの方策が必要になっていったと思うのである。

　郡司の銓擬制度に関する全般的な規定は、天平七年にはじめてその存在が知られる。『続日本紀』同年五月丙子（二十一日）条がそれである。

制、畿内七道諸国、宜㆘除㆓国擬㆒外、別簡㆓難波朝廷以還譜第重大四五人㆒、副㆖之。如有㆘雖㆑无㆓譜第㆒、而身才絶倫并

図1　譜第と労効に関する概念図

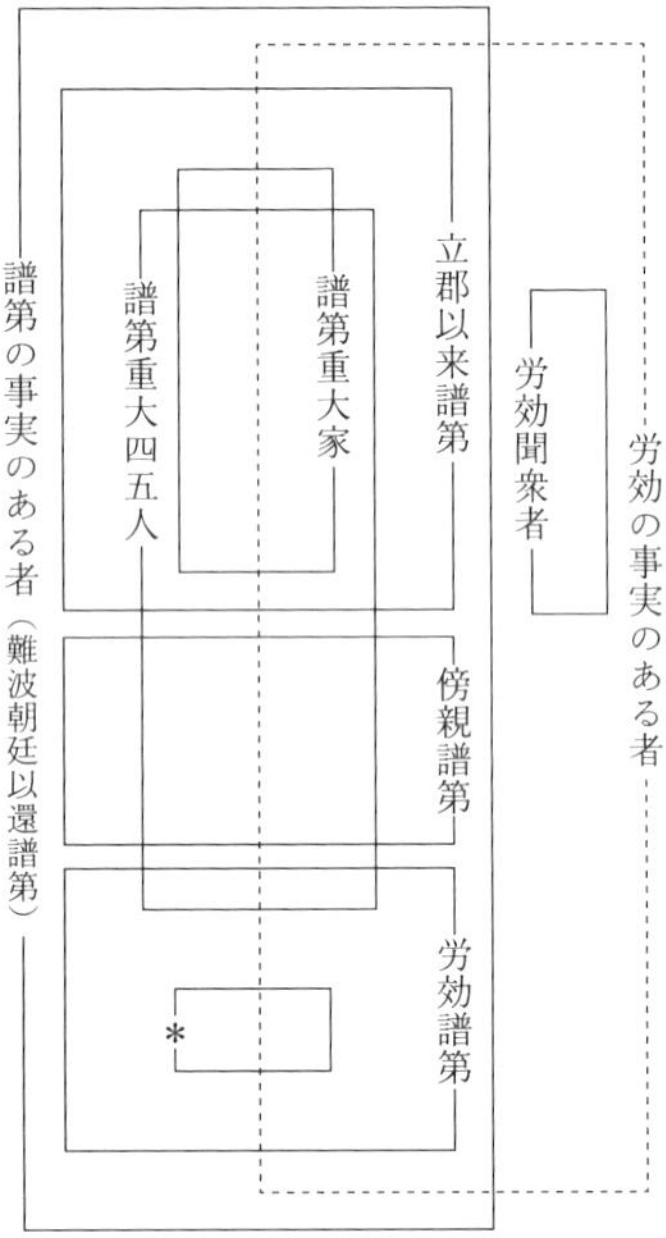

＊労効一世の者．天平10年以降，譜第の事実と認められなくなった．

労効聞レ衆者上、別状亦副。並附ニ朝集使一申送。其身限ニ十二月一日一、集ニ式部省一。

また同じ日に次の格（『類聚三代格』巻七・弘仁五年三月二十九日官符所引）も出されている。

終身之任、理可ニ代遍一。宜ニ一郡不レ得レ幷ニ用同姓一。如於ニ他姓中一无ニ人可レ用一者、僅得レ用ニ於少領已上一。以外悉停レ任。但神郡、国造、陸奥之近レ夷郡、多褹嶋郡等、聴レ依ニ先例一。

まず前者の天平七年制は、国司が郡領銓擬の結果を中央に報告するに際して、国司の選定した候補者（以下、国擬者と表記）以外に、「難波朝廷以還譜第重大」の者四・五名（以下、譜第重大四五人と表記）を挙げた書類を必ず添えること、また「雖レ无ニ譜第一、而身才絶倫幷労効聞レ衆者」（以下、労効聞衆者と表記）がいれば、その者に関する書類も別に添えて提出することを定め、国擬者が式部省に出頭する期限を十二月一日としたものである(補1)。

この法令については、国擬者一名のほかに譜第重大四五人及び労効聞衆者をも副申(22)するように命じた意味を、まず検討する必要がある。ここに引き起こされる事態は、これらの譜第重大四五人及び労効聞衆者を銓擬の対象とすることに他ならない。国擬者を上申する際にこれらの人物についての報告が義務付けられた以上、それらの人々より劣っていると判定されるような人物を、国擬者として選定することができなくなるのは当然である。副申の対象となるような人物の中で最も優れた人物を選定するよう国司に義務付けるのが、本法令の実質的な意味だったのである。従来の研究ではこの点が正しく理解されていない。それと同時に、副申させた資料に基づいて国擬結果の妥当性を式部省においても確認しようというのが、本法令の意図である。

ここに挙げられている「難波朝廷以還譜第重大四五人」とは、孝徳朝以降の郡領（評督・助督を含む）就任者の系譜に連なるという譜第の事実において重大な者四・五名ということであり、具体的には系譜に含まれる就任者の数の多い方から四・五名を指すと思われる。また「雖レ无二譜第一、而身才絶倫幷労効聞レ衆者」とは、才用と労効の双方の基準において特に優れた者を指し、実際上は労効が主として勘案されたと思われる。なお、この規定によれば、労効は譜第の事実を持たない者に適用される基準と解される。ところで、譜第と労効の二つの基準は、天平七年以前から用いられていたのであるから、従来の銓擬のあり方が右の内容とそれほど異なっていたとは考えられない。むしろ本法令は、従来曖昧であった銓擬の実態を明文化することで、銓擬の客観性・正当性の維持を図ろうとした措置と思われる。郡領銓擬における譜第と労効の二基準の適用、式部省銓擬のための参考資料の副申、国擬者の上京期限等、銓擬に関わる諸々の手続自体が、本法令によってはじめて成文化された内容であることを忘れてはならない。

本法令における銓擬基準の適用については、次の二点に注目しておきたい。第一に、譜第と労効の二基準の関係を特に規定していない点である。両者の優先関係等は、従来と同様曖昧なままにされたのであろう。第二に、譜第基準の適用に一定の条件が課されることとなった点である。郡領就任者の系譜に連なる者であっても、譜第重大四五人に含まれない限り、銓擬における譜第基準の適用範囲からは除外されたと思われる。

本法令が銓擬主体に及ぼした影響について、今泉隆雄氏は「国司の銓擬者を複数とすることによって、郡領補任における国司銓擬の意義は相対的に低下することになり、式部省が実質的な郡領補任権を掌握することになった」と評価され(23)、こうした理解が今日の通説になっている。しかし、こうした理解には疑問がある。まず、本法令によって国司が中央に上申する郡領候補者は国擬者一名であり、副申される人々は決して国擬著と並立する候補者ではない。国司にしてみれば、副申の対象となりうる人々全員を対象として銓擬を行い、その中で最も適任と判断される人物、少なくともそうした判断の妥当性を主張しうるだけの条件を備えた人物を国擬者として上申しない限り、銓擬の責任を果たしたことにはならない。国司銓擬の実質は失われることなく、式部省にしてもそう容易に国擬の結果を覆すわけにはいかなかったと思うのである。

　そもそも、以前に国司がどれほど恣意的な銓擬を行っていたのか、それを式部省がなんの抵抗もなく受け入れざるをえなかったのかという問題自体、検討の余地があろう。従来の実態の明文化という本法令の性格からいえば、国擬者以外の副申に相当する実態が、天平七年以前から存在していた可能性も皆無ではない。また、もし仮に本法令によってはじめて国司の銓擬の仕方に枠がはめられ、国擬の結果が妥当であるかどうか資料を添えて式部省の確認を受けるようになったとしても、このことをもって、部領の銓擬をめぐる国司の権限の制約、式部省権限の拡大と評価することは適当ではない。『続日本紀』天平十四年五月庚午条によれば、「制、凡擬㆓郡司少領已上㆒者、国司史生已上、共知簡定。必取㆓当郡推服、比郡知聞者㆒、毎㆑司依㆑員貢挙。如有㆓顔面濫挙㆒者、当時国司随㆑事科決」という法令が出されている。この法令では「共知簡定」「当郡推服、比郡知聞者」という部分が従来注目されてきたが、本法令のもう一つの中心となるのは、大領ないし少領ごとにその欠員に応じた数の候補者を上申せよと命じた「毎㆑司依㆑員貢挙」という部分であろう。これによれば、国司の中には候補者を一人に絞りきれず、中央政府におもねる意図から複数の候補者を上申する者があったことが知られる。銓擬結果に自信が持てないために、国司は責任回避の方策をとっているのである。したがって、郡領の銓擬は国司にとって負担の大きい業務だったのであり、ましてその権限を中央に奪われまいと画策していたとは考えがたい。むしろ、簡潔な処理が可能で、問題を生じさせない銓擬のあり方を模索することが、国司と中央政府の共通する考えであったと思われる。その一つの方策が天平七年の法令だったのであり、しかしその後も郡領銓擬の難しさは解消されなかったのだと考える。

続いて、天平七年に出されたもう一つの格について検討しよう。本格は、選叙令同司主典条に定められた三等親連任禁止の原則に加えて、郡司については同姓者の並任を禁止することを命じた法令である。ただ、その理由については「終身之任、理可二代遍一」と記されるのみである。ここで「代遍」の語は難解であるが、「一生を通じて」といった意味に解すべきであろう[24][補2]。本格の論理は、「郡領は終身の任であって、一生を通じて勤めるべき官職である。したがって、三等親連任禁止では不十分であり、並任禁止の対象を同姓者に拡大する」というものであったと思われる。

終身の任として任期が長くなれば、現任郡領（これを甲とする）より二世代下の者が銓擬の対象となることは十分考えられる。その場合、甲の孫は甲の二等親[25]で連任禁止の対象となるが、たとえば甲の弟の孫（これを乙とする）は甲の四等親で禁止対象から外れる。しかも、乙の譜第の事実は甲と同等であり、したがって乙は最も有力な銓擬対象の一人となるのである。乙の郡領就任によって生ずる事態は、傍親間への譜第の拡散、すなわち譜第の事実を有する系譜の拡大であり、これこそ銓擬を混乱させる大きな要因となろう。本格は、こうした譜第の拡散を防止することを主目的とした法令と思われる[26]。譜第の範囲を制限しようという意図は、上述した天平十年官符とも共通している[27]。

また、本格には銓擬対象の限定という効果もあったと思われる。現任郡領と同姓の者は、原則として銓擬の対象とはなりえなくなるからである。ただ、例外規定も付随しており、効果の程度は不明といわざるをえない。

さて、以上の検討によって、天平七年の二つの法令とは、従来曖昧であった銓擬の実態を成文化し、それにともない銓擬対象者の範囲を明確にすると共に、銓擬基準の一つである譜第の適用範囲を限定しようとする意図を持ったものと評価できよう。こうした法令が出された背景としては、従来の郡領銓擬に関する規定の不備がまず指摘できる。

しかし、そうした不備があっても、銓擬の現実に問題が生じていなければこうした法令は必要とならない。譜第基準の適用の限定、譜第の事実の拡散防止という両法令の内容から判断するなら、譜第の事実の拡散によって銓擬対象者の優劣を単純に判断できないような状況が、天平七年における銓擬制度の整備をうながした最大の要因であったと思うのである。

二　譜第重大家

天平七年に定められた郡領銓擬の制度は、天平勝宝元年（七四九）に至って大きく変更された。『続日本紀』天平勝宝元年二月壬戌条を次に掲げる。

勅曰、頃年之間、補㆓任郡領㆒、国司先検㆓譜第優劣・身才能不・舅甥之列・長幼之序㆒、擬㆓申於省㆒。式部更問㆓口状㆒、比㆓校勝否㆒、然後選任。或譜第雖㆑軽、以㆑労薦㆑之、或家門雖㆑重、以㆑拙却㆑之。是以、其緒非㆑一、其族多㆑門、苗裔尚繁、濫訴無㆑次。各迷㆑所㆑欲、不㆑顧㆓礼義㆒。孝悌之道既衰、風俗之化漸薄。朕窃思量、理不㆑可㆑然。自今已後、宜㆘改㆓前例㆒、簡㆓定立郡以来譜第重大之家㆒、嫡々相継、莫㆖用㆓傍親㆒。終塞㆓争訟之源㆒、永息㆓窺窬之望㆒。若嫡子有㆓罪疾及不㆑堪㆓時務㆒者、立替如㆑令。

天平勝宝元年勅は、まず天平七年の法令に基づく銓擬の手続とその問題点について述べている。これによれば、国司の銓擬では、譜第の優劣、才用の程度（「身才能不」）、系譜上の世代の別（「舅甥之列」）、年齢の順（「長幼之序」）を検討して、候補者が選定・上申されている。これらはいずれも譜第基準に該当することを前提とした上での検討内容と思われ[28]、天平七年の法令によって国司が必ず行わなくてはならなくなった譜第重大四五人を対象とした銓擬の実態を述べたものであろう。労効聞衆者に関する内容がここに見られないのは、法令上の例外規定であることもあろうが、譜第の事実を持たない者が国擬の対象とされることが少なかったことを意味するのかもしれない。国擬が上申されると、次に式部省の銓擬が行われる。ここでは、候補者本人に対する試練が課され、また国司の銓擬結果が妥当であるかどうか、国司が副申した資料に基づいて比較検討された。この結果、郡領が正式に任用されるのである。

こうした手続において問題となったのは、銓擬[29]の結果、譜第の軽い者が選抜され、譜第の重い者が却下されるといった事態が生じているために、祖先を異にし、家門を別にして郡領就任者の系譜に連なる多くの人々が、郡領任用の申請をみだりに提出するという弊害が起きていることである。いわば銓擬に恣意性のつきまとうことが問題とされているわけであるが、これは、銓擬基準の適用や優劣判定がなお明確さを欠き、このため銓擬の主体によって判断にずれの生じる余地のあったことを示している[30]。

これに対して打ち出されたのが、「簡二定立郡以来譜第重大之家一、嫡々相継、莫レ用二傍親一」という方策である。この意味を考えるためには、「立郡以来譜第重大之家」の内容を具体的に明らかにする必要がある。「立郡以来譜第」とは、立郡時の郡領（評督・助督）就任者（以下、立郡人と表記）の系譜に連なることを指すのであろう。「立郡以来譜第」は天平七年の「難波朝廷以還譜第」と類似した表現であり、従来の研究では意味内容に違いはないと考えるのが通例である。しかし、譜第認定に関する天平十年官符の内容を考え合わせれば、「難波朝廷以還譜第」は労効譜第を含んだ概念である。これに対し、「立郡以来譜第」に労効譜第は含まれていないと思われる。先にも触れた『北山抄』「読奏事」には、「譜第二世之者、祖別（列カ、下同ジ）随有二一人一。三世者、有二三人一。其最初、載二立郡之者一。但立郡之時不レ任之氏、注二譜第之内一、是労効譜第也。立郡之時所レ任之者、不レ載二祖別一、是傍親譜第也」とあって、系譜が立郡人に直接連なるかどうかによって譜第を区別する意識が見られる。「立郡以来譜第」という表現もこうした区別に対応するものであろう。

立郡人の系譜に直接連なり、かつ譜第の事実の重大な者、すなわちその系譜に含まれる郡領就任者の多い者、の属する家が「立郡以来譜第重大之家」（以下、譜第重大家と表記）である。譜第重大の者を選び出す作業は、譜第重大四五人の副申を義務付けた天平七年の法令ですでに必要となっていたことである。そうした譜第重大四五人の中で立郡人に直接系譜のつながる者こそ、「立郡以来譜第重大」に他ならない。譜第重大家の簡定とは、実際のところこのように行われたと思われる。そこに必要となる事務処理は従来とさほど変わらず、むしろいったん簡定してしまえば再び同じ作業を繰り返す必要がなくなる点で、以後の業務の軽減につながるものでもあった。なお、譜第重大四五人に選ばれる人物には、年と共に高齢化や死没による変更が生じたはずである。また同姓並任禁止措置の存在を考えれば、その時点の現任郡領の姓に応じてまったく別の構成となることも考える必要がある。あるいは、父と子、兄と弟が共に含まれる場合もあろう。譜第重大四五人選定の様相は場合によって様々であったと思われる。ただ、そうした中から譜第重大家を簡定するとなれば、その数が一郡に一ないし二家という場合はむしろ例外であり、四、五家ないしその前後となるのが一般的な状況であったと見るべきであろう(31)。

こうして簡定された譜第重大家を今後は「嫡々相継」させ、譜第重大家の嫡系の者以外の「傍親」の任用を禁止するというのが、本勅の命ずる内容である。その意図するところは、銓擬における譜第基準の適用範囲を譜第重大家の一家ごとに一名に限定し、それ以外の者は譜第の事実があろうとも銓擬においては「無譜」の扱いとする点にある。そして、このことによって「塞二争訟之源一」としている点からみて、「無譜」の者の郡領任用を可能とする労効基準の適用は停止されたものと判断される。

この結果、これ以後の郡領の銓擬は、譜第重大家の嫡系の者のみを対象として、譜第基準の適用を前提に行われるようになった。ただし、銓擬対象者はその都度複数存在するのが通常の形であったと思われるから、譜第重大家嫡系であれば自動的に郡領に任用されたわけではないし、銓擬の実質が不要となったわけでもない。これらの銓擬対象者から任用候補者を絞り込むためには、従来と同じように、譜第の内容、才用の程度、世代、年齢、その他の条件が勘案されたであろう。ただ、ここに定められた手続に従う限り、銓擬における選択の余地がかなり狭められたことが、従来と大きく異なる点であった。

天平勝宝元年勅は、銓擬対象の明確化と、譜第基準適用範囲の限定という方向において、天平七年の法令の発展として理解される。譜第重大家の創出とは、銓擬対象の限定と、譜第基準適用範囲の固定を意味する。それに加えて、銓擬基準の一元化という新たな方向が本勅によって導入された。二つの基準の関係如何という問題もここに解決された。銓擬は、しかるべき手続に従いさえすれば、ほぼ自動的に結論の得られる業務となったのである。銓擬の各段階における政治的判断が無用となったことは、銓擬業務遂行上の困難を除去し、業務の容易化をもたらす。しかし、これを逆にいえば、銓擬が本来持つべき政治的性格の放棄でもある。本勅の出された背景には、天平七年に既に見られた譜第の拡散が世代の進行と共に一層深刻化し、その矛盾が銓擬の過程にますます先鋭的な形で噴出してくるという状況があったと考えられる。これに対して政府は、いわば対症療法的ないし受動的な対応しか示しえていないのであり、現実社会の変動になんらかの意味で積極的に介入しようとの政策方針を持つには至っていなかったと評価できるであろう(32)。

こうした対応が、現実との関係においていずれ破綻をきたすことは明らかである。それがどのような形で現れるか、天平勝宝元年以降の展開を追いながら考えてみたい。そこに、銓擬制度の新たな変化につながる動きを見ることができると思うからである。

天平宝字元年（七五七）正月、「比者、郡領・軍毅任二用白丁一。由レ此、民習二居レ家求一レ官、未レ識二仕レ君得一レ禄。移レ孝之忠漸衰、勧レ人之道実難。自今已後、宜レ令下所司除二有位人一以外、不上レ得レ入二簡試例一、（中略）自余諸事、猶如二格令二」（『続日本紀』同月甲寅条）とする詔が出され、有位人以外は式部省における郡領銓擬の対象としないことが命じられた。[33]天平勝宝元年勅によって、銓擬は譜第重大家の嫡系を対象に最適任の候補者を絞り込んでいく作業となっていたが、天平宝字元年詔は、有位人であることを絞り込みの条件としたものである。こののち、譜第重大家嫡系でありかつ有位人であることが、銓擬対象となるための前提条件になったと思われる。

さらに、天平宝字五年三月には、「外六位已下、不レ在二蔭親之限一。由レ此、諸国郡司承レ家者、已無二官路一、潜抱二憂嗟一。朝議平章、別許二少領已上嫡子出身一、遂使二堂構無レ墜、永世継一レ宗。但貢二兵衛一者、更不レ得レ重」とする乾政官奏が裁可された（『続日本紀』同月丙戌朔条）。これは、郡領の嫡子の出身を認めることで彼らに位階獲得の道を保証した法令であり、天平宝字元年詔の内容と深く関連している。位階獲得の面で他の譜第重大家嫡系より恵まれた条件を保証された現任郡領の嫡子は、親の後任を銓擬する際にかなり優位な立場を占めることが予想される。[34]譜第重大家相互の優劣を明確にし、銓擬における絞り込みを容易にしようとの意図をそこに想定することができると思う。これらの点で、天平宝字元年及び同五年の法令は、銓擬対象者の限定という方向をさらに推し進めた内容と評価される。銓擬における選択の余地はますます狭められたのである。[35]

ただ、ここで有位人という条件が出されてきたことには、一応の注意を払う必要があろう。有位人という条件が、必ずしも労効の事実と結び付かないことは米田雄介氏の述べられた通りであり、[36]そこには律令国家の身分秩序に自発的意志によって組み込まれた者といった程度のかなり観念的な意味しかなかったであろう。しかし、次に述べる通り、この時期には郡領の任免と絡めて現実の職務内容を規正しようとする法令がいくつか出されている。ここで有位人に目が向けられたのも、郡領の資質を職務遂行との関連で捉えようとする動きを幾分は反映したものと思う。逆に、道徳的規範を強調して譜第重大家の簡定を命じた天平勝宝元年勅は、そうした職務遂行上の問題にまったくといってよい程触れるところがなかったのである。

天平勝宝四年十一月、諸国の官物が欠失した際には国司と共に郡司も科断されるべきであるという観点から、「自今已後、郡司亦解二見任一、依レ法科レ罪。雖レ有二重大譜第一、不レ得レ任二用子孫一」と定める勅が出された（『続日本紀』同月己酉条）。本勅では、郡司解任と共に譜第重大家たる資格の剥奪が、郡司処罰のための一つの方法として用いられている。類似の法令を挙げれば、宝亀四年（七七三）八月に、官物を焼失させた郡司の解任（『続日本紀』同月庚午条）、同年閏十一月に、雑米未進に関わった郡司主帳以上の解任（『類聚三代格』巻一四・貞観四年九月二十二日官符所引宝亀四年閏十一月二十三日官符）、宝亀十年八月に、使として入京して返抄を受けなかった郡司の解任（『貞観交替式』同月二十五日官符、等）、延暦四年（七八五）五月に、調庸麁悪に関わった郡司の解任と譜第の断絶（『続日本紀』同月戊午条）が、それぞれ定められている。

その中でも宝亀四年八月の法令に注目したい。そこでは神火との関連で、官物を焼いた国郡司の解任を定めると共に、「又譜第之徒、情挟二覬覦一、事渉二故焼一者、一切勿レ得二銓擬一。乃簡下郡中明廉清直、堪二時務一者上、恣令二任用一」と命じている。いわゆる正倉神火事件について、当初は「国郡司等不レ恭二於国神一之咎」と認識され、国司の目以上の遷替という措置がとられた（『続日本紀』天平宝字七年九月庚午朔条）。しかしその後は、上記の宝亀四年八月の法令や宝亀十年十月十六日官符（『類聚三代格』巻一九）、『続日本紀』延暦五年八月甲子条等に述べられるように、「譜第之徒」[37]が現任郡領を解任させ、自らはその後任となることを図ったり、あるいは現任の国郡司が虚納の隠蔽を図るために放火しているという実態が明らかになったようである。右の宝亀四年八月の法令は、神火には「譜第之徒」の謀略の可能性があることを考慮して、現任郡領は解任し、かつその後任に「譜第之徒」が就任することのないよう、「郡中明廉清直、堪二時務一者」の任用を命じたのである。

この法令は間もなく効力を失ったと思われるから、[38]短期間だけの、それも神火事件発生時という限定された状況でのみ適用されたに過ぎない。しかし、譜第重大家以外の者を対象に、譜第基準以外の基準を用いて銓擬を行うことを認めた点は重要である。また、返抄授受に関連して「郡司解任、更用二幹了一」と命じた前掲宝亀十年八月官符も、これと類似する内容の法令といえよう。同官符が譜第基準による銓擬の否定まで意味したかどうかは明らかにしえないが、解任された郡司に替わって返抄授受を実現できるだけの能力がそこで求められているのであり、そうした具体的な実務能力こそ「幹了」の意味するものであろう。宝亀四年八月の「郡中明廉清直、堪二時務一者」という文言にしても、選叙令郡司条の「性識清廉、堪二時務一者」と同内容であるから、基本的には徳行と才用の二基準に対応するのであろうが、その重点は「堪二時務一」に置かれており、それも抽象的な才用の概念ではなく、官物の保全という具体的な実務能力が期待されていたと考えられる。

これらの点から見て、この時期相次いで出された郡司解任に関する法令の背景には、郡領に求める資質として実務能力を重視する意識を読み取ることができよう。こうした意識は、この時期の国郡行政の現実に対応する必要から生まれてきたものであろう。また、郡領のそうした資質は、これまでは銓擬の基準としてまったく考慮されていなかった内容である。この点こそ、銓擬制度の次なる変化をうながす大きな要因になったと思うのである。

三　芸業著聞

延暦十七年、郡領の任用政策は大きく変更され、これにともなって銓擬の方式も改められた。その内容は、『類聚国史』巻一九に引く同年三月丙申（十六日）詔、

昔難波朝廷、始置二諸郡一。仍択レ有レ労、補二於郡領一。子孫相襲、永任二其官一云々。宜下其譜第之選、永従二停廃一、取二芸業著聞、堪レ理レ郡者一、為上レ之云々。（下略）

及び延暦十九年十二月四日官符（『類聚三代格』巻七）の次の文言から知られる。

准二去延暦十七年三月十六日勅一、譜第之選、永従二停廃一。擢二用才能一、具有二条目一。

これらはいずれも取意文であるため、詔全体の内容には判然としないところもあるが、立郡時の郡領は労効によって任じられたという観点から、現在行われている譜第基準のみによる銓擬・任用を停止し、今後は「芸業著聞、堪レ理レ郡者」という基準（以下、芸業基準と表記）で郡領を選定することを命じ、あわせて芸業基準に該当する条目を示したものと考えてよかろう。

本詔の検討にあたっては、従来の銓擬制度のいかなる点が変更されたかを明らかにする必要がある。まずはじめに、従来との連続面を確認しておきたい。第一に、本詔によって従来の譜第基準は廃止されたが、それに代わって芸業基準が銓擬における唯一の基準と定められた。天平勝宝元年勅によって打ち出された銓擬基準の一元化という方向が、本詔でも維持されているのである。第二に、ここで新たに導入された芸業基準については、それに該当する条件が「条目」としてあらかじめ明示されている。(39) その具体的内容は不明とせざるをえないが、銓擬対象者はその条件に従って抽出され、またその内容が銓擬における優劣判定の材料とされたであろう。このことは、銓擬対象範囲の明確化に通じ、それと共に銓擬結果に客観性・正当性を持たせる効果をも期待した措置と思われる。こうした点も、従来達成された銓擬のあり方を引き継ぐものと理解される。

以上から見て、本詔は従来の銓擬のあり方を全面的に否定したものではなく、銓擬基準の内容に限って変更を加えたものということができよう。ただ、その銓擬基準の転換はきわめて根本的なものであった。それまで永く用いられてきた譜第基準が否定され、従来用いられてこなかった新たな基準がここで打ち出されたのである。このことは、郡領に求められる官職としての性格の変化を意味し、律令制本来の郡司制の原理的転換に通ずるといってよかろう。

上述の宝亀四年八月の法令には、譜第基準の適用を否定した上で「郡中明廉清直、堪二時務一者」という基準を銓擬に用いることが見え、本詔の芸業基準の先駆的形態と位置付けられる。前掲の延暦十九年官符や、後述する延暦十八年勅・弘仁二年（八一一）詔でも、本詔の銓擬基準は「才能」「才良」と表現されており、芸業基準の制度的淵源が選叙令の才用基準にさかのぼることは確実である。ただ、そこに込められた理念がまったく同一であったとは考えられない。このことは、令の才用基準が抽象的で曖昧な内容であったのに対し、芸業基準の内容が「条目」として規定しうるだけの具体性を持っている点に明らかであろう。「条目」という性格からいって、そこで求められた内容は、当時の郡行政の個々の場面において、その実質を担うことのできる実務者としての能力であったと思われる(40)。これは、前節で見たこの時期の郡司解任に関する諸法令からうかがわれる方向とも一致している。

この間の事情をより具体的に示す意味から、延暦十五年六月八日官符及び同十七年二月十五日官符（共に『類聚三代格』巻七）をここで取り上げてみたい。まず延暦十五年官符は、「如聞、諸国綱領郡司等、任意相替、正身不レ参。至二于入一レ罪、競行二嘱託一。因レ此、本部国司等、更進二解状一云、郡司等応レ替之由、先既申訖。漏不二申上一、過在二国司一者。如レ此隠欺、虚実難レ悉」等と述べ、「応レ禁三国司使二綱領郡司任意相替一事」を命じている。ここで国司と綱領郡司が結託して行っている不正とは、正式の郡司ではない者を綱領郡司として中央に派遣し、その人物が郡司でないことが摘発された場合には、郡司の交替があったと国司が強弁することによって、綱領の責任回避を図る行為と理解される。

要するに、国司の側は綱領として派遣した人物を、いまだ中央による正式任用手続を済ませていない擬任郡司であると称していることになろう。しかしこれを中央政府の立場から見れば、正任郡司がいながら、それとは別に擬任郡司が存在するという状況が生じていることになる。これこそ、いわゆる副擬郡司（正員外擬任郡司）の出現に他ならない。

　こうした副擬郡司の出現を禁止したのが、延暦十七年二月官符である。「応レ禁二断副擬郡司一事」を命じた同官符は、「郡司之員、明具二令条一。而諸国司等、一員有レ闕、便擬二数人一。正員之外、更置二副擬一。無レ益二公務一、已潤二私門一。侵二漁百姓一、莫レ過二斯甚一。自今以後、簡下堪二時務一者上、擬二用闕所一。正任之外、不レ得二復副一」と述べる。これによれば、郡司の欠員に対して、国司が定員以上の擬任郡司を置くために副擬郡司が発生していると認識されている。こうした認識がいかなる実態の表現であるかは検討を要する点であるが、延暦十五年官符と同様の綱領業務との関係で考えるなら、国司が郡司欠員を置いたまま、その都度異なる人物を擬任郡司と称して綱領に派遣した結果、同一の郡司欠員に何人もの擬任郡司が存在するという認識が生じたのではないかと思う。これに対して政府は「堪二時務一者」を擬任するよう命じているのである。こうした「堪二時務一者」の登用とは、この一月後に出される延暦十七年詔の芸業基準の先取りに他ならない。したがって、芸業基準への転換は、こうした副擬郡司の出現と認識されるような状況と深く関連を持つ施策であったと考えられよう。

　ここで注目すべき点は、副擬郡司の出現と認識される事態が、国司の主導によって生み出されていることである。その背景には、実務を確実に処理する能力のある者を郡司の業務に充当しようという国司の意向が存在したと思われる。ただ、当時の銓擬制度においては、譜第重大家の者以外を郡領に任用することは不可能であり、これに対してとられた便法が擬任という形態の活用であった。要するに、実務者の郡領登用を可能とする芸業基準への転換とは、何よりもこうした国司の意向に基づく制度改革だったのである。一方、中央政府の側にとっては、それによって副擬郡司の出現を規制し、貢納業務等における責任の所在をはっきりさせる効果が期待できた。副擬郡司の禁断は銓擬基準の転換を前提として可能となるのであり、両者は一体の政策と理解される。このような延暦十七年の事態は、当時の地方行政の現実に要請された銓擬・任用制度の変更であったと評価できよう。

この一年後の延暦十八年五月に、次のような勅が出された（『日本後紀』同月庚午条）。

勅、撫ㇾ俗宣ㇾ風、任属二郡司一。今停二譜第一、妙簡二才能一。而宿衛之人、番上之輩、久経二駆□一、頗効二才能一。宜下不ㇾ経二本国一、令中式部省簡試上焉。

本勅は、前年の銓擬制度の変更を受けて、中央での労効の事実を芸業基準に該当するものと認め、そうした人物については式部省において銓擬の対象とすることを許可したものである。ここに、天平勝宝元年以来停止されていた労効基準の適用が復活された。そして、労効基準と芸業基準は一致するという理解が打ち出され、労効基準は式部省における銓擬に限って適用されることとなった。この結果、労効基準を用いた式部省での銓擬が、芸業基準を用いた国司段階の銓擬に優越し、郡領銓擬の実質的部分を占めるという事態が発生したと思われる。これは、副擬郡司的存在の正任郡司登用を可能とした延暦十七年詔の意図に明らかに反する事態といえよう(41)。

そればかりでなく、延暦十八年勅は銓擬のあり方にも大きな矛盾を持ち込むものであった。第一に、銓擬基準のあり方をみた場合、芸業と労効という本来異なる二つの基準(42)がここで併用されることとなった。一元的基準の適用という従来からのあり方が、ここに放棄されたわけである。このことは、こののちの郡領銓擬に混乱を引き起こし、銓擬結果の客観性・正当性に疑問を生じさせる大きな要素となろう。第二に、銓擬の主体を見た場合にも新たな紛議の種が持ち込まれることとなった。国司と式部省の二段階で行われる銓擬において、式部省の銓擬でのみ適用される別個の基準が新たに持ち込まれ、それによって国司の銓擬結果を否定することが可能となれば、銓擬をめぐる双方の対立は、両者が同一基準を用いる場合に比べて格段に先鋭化せざるをえない。本来なら国司の判断が重視されるべき事情が存在したとすればなおさらであろう。こうした状態は、銓擬という行政行為の意義を低下させる要因となろう。

このように、延暦十八年勅は、同十七年における銓擬制度変更の意図と相容れない性格の法令であり、そもそも以前から追求されてきた銓擬のあり方すら無視したものであった。それにもかかわらず、同勅にそうした問題を考慮した様子は見られず、むしろ延暦十七年詔の附加規定と受けとりうる文言と形式を備えている。もともと延暦十七年詔は、それまでの銓擬基準の根本的な転換であっただけに、その運用には若干の混乱があったようであり、問題が生じるに応じて所要の調整が加えられていたらしい。たとえば、郡領と国造ないし神主との兼任について、延暦十七年詔を受けてどのように処置すべきかを定めた法令が、同四月・十月および同十九年十二月に出されている(43)。延暦十八年勅も、それが出された当時の意図は、十七年詔に対する調整という位置付けであったと考えられよう。

附加規定でありながら本規定に反するという状態がなぜ生じたのか、正確な事情は不明であるが、一つの推測として、延暦十七年詔の法意に関する為政者間の理解の混乱がこれに影響していることを考えてみたい。すなわち、同詔の芸業基準によって期待される郡領の能力には、国司の立場と政府の立場で認識に微妙な差が生じる余地があった。綱領の業務を例にとれば、中央政府にとっては、法に定められた通りの貢納が行われるかどうかが最大の関心であり、違法があった場合にはその責任を負うことが「堪二時務一者」に求める内容であろう。ところが国司にとっては、むしろそうした責任を負わされることなく円滑に業務を処理することが、「堪二時務一者」に期待する能力であった。そして、こうしたずれがなお明確に認識されるに至っていないというのが、延暦十七・十八年時点の実態ではなかっただろうか。延暦十八年勅で銓擬基準のあり方や銓擬主体の問題がさほど重視されていないように思われるのも、こうした事情によると考えたい(補3)。

しかし、そこから生じる矛盾は、時が経つにつれて顕在化していったに違いない。その具体例を、大同元年（八〇六）十月十二日官符（『類聚三代格』巻七）からうかがうことができる。同官符は、陸奥・出羽両国に正員以外の擬任郡司を置くことを認めたものである。これは辺境という特殊性を考慮した措置であるが、その背後に、上述した副擬郡司的形態による郡務処理の実態がなお広範に存在していたことを示している。そしてそれは、陸奥・出羽両国のみに限られた状況ではなかったに違いない。副擬郡司の禁断と一体のものであった芸業基準による銓擬が、延暦十八年勅によってその本質を失ってしまった以上、これは当然の事態といえよう。こうした状況が積み重なった結果、郡領の銓擬・任用の制度には更なる変化がうながされることとなるのである。

四　先尽譜第と国定

郡司の銓擬・任用制度には弘仁年間に再び変更が加えられ、これ以降もはや変更されることはなくなった。律令制的な郡司制自体がここに大きく転換したためである。この改革の前段をなすのが、次に掲げる弘仁二（八一一）・三年の法令である。

弘仁二年二月十四日詔（『日本後紀』同月己卯条）[44]。

詔曰、（中略）夫郡領者、難波朝庭始置㆓其職㆒。有㆑労之人、世序㆓其官㆒。逮㆓乎延暦年中㆒、偏取㆓才良㆒、永廃㆓譜第㆒。今省㆓大納言正三位藤原朝臣園人奏㆒云、有労之胤、奕㆑世相承。郡中百姓、長幼託㆑心。臨㆑事成㆑務、実異㆓他人㆒。而偏取㆓芸業㆒、永絶㆓譜第㆒。用㆓庸材之賤下㆒、処㆓門地之労上㆒。為㆑政則物情不㆑従、聴㆑訟則決断無㆑伏。於㆑公難㆑済、於㆑私多㆑愁。伏請、郡司之擬、先尽㆓譜第㆒。遂無㆓其人㆒、後及㆓芸業㆒者。実得㆓其理㆒。宜㆑依㆓来奏㆒。

弘仁三年六月二十六日詔（『日本後紀』同月壬子条）(45)。

大納言正三位（中略）藤原朝臣園人上表曰、（中略）夫銜レ綸出宰、概持二綱紀一、親レ民検察、良在二郡領一。今依二去年二月十四日詔旨一、譜第之事、已復二旧例一。況乎、終身之任得二其人一、則遷替之吏、高レ枕而治。奕世之胤非二其器一、則見任之司、還招二罪責一。是以、精二選堪レ務、沙汰言上。而在京他人、争レ第競レ甲、抑二退国選一、越レ旧被レ任。試二之政事一、未レ克レ宣レ風。訪二之民間一、誰有二推服一。国吏月教而不レ覚、郡内年弊而無レ興。不治之責、還及二牧宰一。外官之歎、前後不レ殊。（中略）伏請、自今已後、銓擬郡司、一依二言上一。若選非二其人一、政績無レ験、則署レ帳之官、咸解二見任一。永不二叙用一、以懲二将来一。天恩垂レ鑑、儻允二臣請一、則今年擬帳、悉従二返却一。一定改帳、明春始行。

（中略）詔可。

まず、両詔の関係について確認しておこう。弘仁三年の藤原園人上表は、弘仁二年詔に基づくはじめての銓擬が国司から式部省を経て、まさに最終段階に至った頃に提出されている。二年詔自体が園人の奏状に基づく法令であるから、翌年重ねて上表がなされたのは、二年詔の実際の運用において立法の意図に反する事態が生じてきたために、その排除を求めてのことと考えられる。三年詔は二年詔の意図を敷衍する性格を持ち、両者が同一理念に発する法令であることが確かめられよう。

弘仁二年詔は、労効によって任じられた人物の子孫が代々郡領を継承するからこそ、人々がこれを信頼し、行政の実務もうまく処理されるという観念を提示し(46)、郡領銓擬における譜第基準の適用を復活させると共に、それを芸業基準に優先させることを定めたものである。ついで弘仁三年詔では、郡司の銓擬においては国擬の内容を尊重すること（以下、郡司国定原則と表記(47)）、その代償として国擬者が適任者でなかったと判明した場合には、当該銓擬に関わった国司の解任等の処分を行うことなどが定められた(48)。

弘仁二・三年の法令の主眼は、銓擬における譜第基準の優先と、銓擬主体としての国司の優越を定めた点にある。ただ、こうした内容を、銓擬に関する従来の法令の単純な否定と評価することはできない。延暦十七年（七九八）詔で芸業基準が採用されたのは、実務能力のある人物の登用にその目的があったが、行政実務を十全に遂行しうる人物の選定を求める点は、弘仁二・三年詔でも変わるところがない。弘仁二年詔に基づく国司段階の銓擬について、弘仁三年詔は「精二選堪レ務、沙汰言上」と述べており、譜第基準に該当する者の優劣を判定する材料として実務能力が勘案されていたことがわかる。そもそも、弘仁二年詔の命ずるところは譜第基準を芸業基準の上位に置くことであって、芸業基準の否定ではない。郡領たる人物の備えるべき資質としての実務能力は、この時期にも重視されていたのである。

銓擬制度の変更を必要とする背景として、弘仁二年詔は、芸業基準によって銓擬・任用された郡領では郡内の民衆の信頼や服従が得られないことを指摘している。また弘仁三年詔では、国司の銓擬結果が否定されて「在京他人」が旧来以上に任じられるようになった場合、郡内が治まらない責任は国司に及ぶとして、これを「外官之歎、前後不レ殊」と述べている。これらを勘案するならば、弘仁二年詔で問題となっているのは、中央出仕者が式部省における銓擬の対象となり、国擬者を却けて郡領に任用されるという事態であったと考えられる。要するに、式部省銓擬に限って労効基準の適用を認めた延暦十八年勅こそ、ここでの改革の直接の対象だったといえよう。先にも触れた通り、延暦十七・十八年の法令の背後には、同じく実務者の登用といっても相矛盾する二つの方向が混在し、かつそのことが明確に意識されていないという状況が想定された。一つは中央政府に対する責任を重視する方向であり、中央での労効の事実を銓擬基準に組み込んだ延暦十八年勅はこの方向に沿う政策であった。もう一つは、国司にとっての円滑な業務処理を重視する方向であり、いわば在地における国司下僚として郡司を位置付けようとする方向である。こうした観点に従えば、弘仁二年詔は、中央との関係を重視する前者の政策を放棄し、国司下僚としての能力を重視する後者の方向を今後の基本政策とすることを宣言したものといえよう。また、弘仁二年詔が延暦十七年詔の単純な否定といいきれないのも、延暦十七年詔が基本的に後者の方向性を持っているためと思われる。

このように考えるなら、弘仁二年詔の真意は、譜第基準による国司の銓擬結果を、労効の事実の勘案も組み込まれた式部省の芸業基準による銓擬に優先させようとする点にあったと思われる。譜第基準の優先はそのためのいわば方便であり、国司の判断に基づく郡領任用こそ真の目的だったのである。むろん、譜第基準の優先という規定は、形式的には銓擬対象範囲の限定を意味する。しかし、本詔で復活した譜第基準は、適用の対象を限定した天平勝宝元年の譜第重大家や天平七年の譜第重大四五人とは異なり、譜第の事実を持つ者に広く適用されるものであった(49)。なんらかの形で譜第の事実を持つとなれば、その該当者はかなりの数に及んだであろう。したがって、本詔の前後で銓擬対象範囲に実質的な変化はほとんどなかった可能性が高い。

しかし、こうした弘仁二年詔の意図は簡単には実現されなかった。式部省の銓擬において、労効基準を芸業基準に読み替えて適用する方法で国擬を覆すことはできなくなったが、譜第基準に従って他の候補者を適任と判定することは否定されなかったからである。このため、譜第の事実を持ちさえすれば、中央出仕者が式部省銓擬において郡領に選定されることが、従来と変わらず可能だったのである。本詔の譜第基準に該当する者はかなり広範に存在したと考えられ、ここで問題となる中央出仕者の多くがなんらかの形で譜第の事実を持っていたとすれば、弘仁二年詔の効果はほとんど薄れてしまうことになろう。ここにおいて、銓擬基準の設定の仕方といった行政技術的手段によって国擬の優位を確立することはもはや不可能であり、二段階の判定という銓擬の構造自体を問題とせざるをえなくなったと思われる。この結果、弘仁三年詔で郡司国定の原則が明確に打ち出され、式部省から銓擬の実質的権限を奪う措置が取られたのであろう。また、銓擬結果に対する責任を国司のみが負うと定めた措置も、国擬の内容に式部省が介入する余地を完全に否定した点で、国司による銓擬の優越性の表現といえよう。

ここにおいて、弘仁二・三年に行われた銓擬制度の改革を評価するなら、その本質は銓擬基準の変更にあるのではなく、銓擬主体の一元化、すなわち郡司国定原則の創出にこそ認められる。譜第基準がここに復活されたとはいえ、その目的は、式部省の銓擬に対する国司の銓擬の優位性を確保する点にあった。ここで復活した譜第基準の適用範囲は、譜第重大四五人や譜第重大家といった具合に限定されていない。かつてはこうした限定を行わない限り、銓擬の混乱は避けられなかったのである。しかるに、ここでそうした限定がはずされたことは、逆にいえば、譜第基準が銓擬における優劣判定の材料として実質的な意味を持たなくなったことを意味するのではないだろうか。このことは、当時の在地社会において、郡領譜第の事実が持つ重みがもはや失われつつあったことを示していると思われる。

この当時、郡領の条件として最も重視されたのは実務能力であった。そして、その実務能力とは、在地において育成されるものであり、国司のみが判定でき、また判定すべきであるとする政策方針がこの改革で確認された。そのために打ち出されたのが、郡司国定の原則だったのである。律令制本来の郡司は、国司より下級の地方官ではあるが、決して国司の配下として位置付けられるものではなく、在地社会との関係において国司とは性格の異なる機能を担うことが期待された官職であった(50)。ところが、この改革では、国司にとって円滑な業務処理という観点から郡司の資質を判定する方向、すなわち国司下僚としての実務能力を郡司に求める方向が示されている。郡領という官職の性格の変化をここに認めることができる。また、郡司国定の原則にしても、奏任という律令制本来の郡領任用のあり方とは相容れない内容である。郡領という官職の性格の変化が、銓擬・任用制度の変化に及ぶのはまた当然であろう。弘仁二・三年の改革は、こうした内容において律令制的郡司制の明らかな転換であった。

弘仁年間における郡司任用制度の改革の後段をなすのは、「郡司初擬三年後乃預二銓例一事」を命じた弘仁十三年十二月十八日官奏（『類聚三代格』巻七）である。同官奏のもととなった良峯安世解状の内容を次に示す。

謹案二太政官去弘仁三年八月五日符一偁、自今以後、銓擬郡司、一依二国定一。若選非二其人一、政績无レ験、則署レ帳之官、咸解二見任一。永不二叙用一、以懲二将来一者。知レ人之難、古人猶病。吏非二其人一、何無二謬挙一。若拠二行此格一、自陥二刑罰一。若懼レ罪不レ選、徒失二人功一。望請、先申二初擬一、歴二試雑務一、待レ可レ底レ績、銓擬言上。仍於二所司一、計二会功過一、始預二見任一。然則、国宰免二濫選之責一、郡司絶二僥倖之望一。但先尽二譜第一、後及二芸業一。依二前詔一。

本官奏は、弘仁三年の法令によって国司が郡領銓擬の責任を負うようになった結果、人材判定の難しさのために国司は処罰を受けざるをえず、さもなければ欠員がありながら銓擬が行われない事態が生じているとして、今後国司は適当な候補者を擬任して実務に試用し、業績を確認した上で銓擬・言上の手続を取るよう定めている。試用の期間は三年とされ、式部省の銓擬で試用期間中の功過をも勘案して正式任用の運びとなる。また、「先尽二譜第一、後及二芸業一」という銓擬基準の原則は従来通りとされた。

本官奏は、郡領任用の手続に大幅な変更をもたらした。何よりも、律令制本来の任用手続においては、擬任は銓擬の実施と不可分の関係にあった。国司の銓擬によって最適任者と選定された者が、中央における任用手続が終了する以前から郡務に従事するというのが、本来の擬任郡司の姿である。こうした手続では擬任郡司はあくまで臨時的・時限的な存在に過ぎない。ところが、本官奏の規定によって出現する擬任郡司は、正式な任用手続の対象となるかどうか確定していない。この結果、擬任郡司はきわめて恒常的な存在となった。擬任のあり方自体がここで変化したわけである。前述したように、既に八世紀末には郡務を円滑に処理する必要から、国司の主導によって郡司の擬任が本来と異なる形で活用されていた。その背景には郡司という官職に求められる職務内容の変化がうかがわれた。そうした副擬郡司の出現と認識されるような形態を正式の制度として認める点に、本官奏の主眼があったと思われる。

本官奏の定める手続によれば、郡領に欠員が生じると国司は適当な人物を擬任し、擬任の内容は「諸国擬任郡司名薄」(51)の形で毎年中央政府に報告される。擬任名簿に登載されることで、当該人物の擬任郡司としての公的な地位が正式に認められたのであろう。これによって、基本的には一年ごとに擬任郡司を交替させることが可能となるし、一年の経過を待たず次々に擬任郡司を入れ替えることも決して違法とはならない。これこそ、延暦十五年・十七年の法令では禁止されていた事態の公認を意味する。その実質は、同時に複数の人間が擬任郡司として郡務に従事している状態に他ならない。そもそも、本官奏による擬任郡司が一つの欠員に対して必ず一名でなくてはならなかったのかどうか、正確なところはわからないし(52)、少なくとも、正員外擬任という形態による郡務処理がいったん認められてしまえば、それを変更することはもはや困難になったであろう。したがって、こののち正任郡領によって欠員が埋められたとしても、正員外擬任の形態はなんらかの方法で引き続き維持されたに違いない。こうして本官奏は、郡司定員の実質的増加を意味する副擬郡司の存在を公認する効果を持つこととなるのである。

本官奏は、擬任郡司制の成立と称すべき郡司制全般にわたる大きな転換をもたらしたと従来から評価されている。こうした評価にまったく異論はないが、その転換の内実は以上のようなものであったと考える。本官奏は、延暦十七年詔に端を発し、弘仁二・三年詔によって確定した郡領任用政策の転換を最終的に完成させたものである。そこで郡領に求められたものは、律令制が期待していた抽象的な統治能力でもなく、また国司と並列して中央政府に対する責任を担うような行政能力でもなく、国司下僚として郡務を円滑に処理できる具体的な執務能力であった。こうした政策の転換は、基本的には、地方行政の責任主体を国司に一元化しようとする政府の方針の一環であったと思われる。

弘仁十三年に確定した新たな郡司任用制度は、こののちほとんど変更を受けることはなかった。これ以降、いかなる人物をいかなる形で郡司として郡務に従事させるかは、国司の運用如何に委ねられた。郡領の正式任用手続に、もはや変更の必要が生じないのはむしろ当然である。これは同時に、正任郡領の銓擬という行為から現実社会との緊張関係が失われたことを意味する。これ以降の郡司を検討の対象として、国家の性格や社会の様相を考える手掛かりを得るためには、中央政府が主体となる銓擬・任用制度の分析とは異なる方法が求められねばならないのである。

おわりに

郡領銓擬の変遷過程は、次の二つの側面から理解されるものであった。一つは銓擬業務の行政技術的整備という側面であり、もう一つは郡領に求められる資質の変化が、銓擬の内容に反映される側面である。

令文は徳行と才用を郡領任用の前提条件と規定しているが、他の律令制官職一般と同様、郡領銓擬の実質を左右する条件は明文化されていなかった。実態としては譜第と労効の二基準の適用が推定されるが、両者の優劣関係等は明らかでなく、銓擬の実際は臨機の処置に委ねられていたのであろう。しかし、郡領就任者の系譜に連なるという意味の譜第の事実の拡散が進行するにともない、銓擬の過程には一定の混乱が生じつつあった。従来の曖昧な銓擬のあり方ではこうした状況に対応することはできず、ここに銓擬業務の行政技術的整備がうながされることとなったのである。八世紀半ば頃までの銓擬制度の変化は基本的にこの方向に沿って展開した。天平七年には、譜第と労効という二つの基準を用いていた従来の実態を踏まえて、銓擬のあり方がはじめて成文化され、銓擬対象を明確化し、譜第基準の適用範囲を限定する措置が取られた。天平勝宝元年には、郡ごとに数家からなる譜第重大家が簡定され、銓擬対象の限定と譜第基準適用範囲の固定、そして銓擬基準の一元化が命ぜられた。これらの方策は、銓擬の客観性・正当性を手続的に保証する上では有効な措置であった。しかし、銓擬という行為に本来付随すべき政治的判断が過度に制約された場合、制度の運用は現実から遊離し硬直化したものとならざるをえない。天平勝宝元年の法令に至って、そうした弊害が明らかとなった。

八世紀後期に入って、律令制的な地方支配の行き詰まりが、中央への貢納をはじめとする地方行政業務の個々の場面で認識されるようになると、これに対応して具体的行政実務を処理できる能力を郡領の資質として重視する方向が徐々に強まっていった。これ以降の郡領銓擬の制度は、こうした郡領に求められる資質の変更を反映して変化した。延暦十七年、銓擬における譜第基準の通用が停止され、具体的な実務能力に即した芸業基準によって銓擬を行うことが定められ、国司の主導によって従来から設置されていた副擬郡司的存在を正任郡司に登用する方策が取られた。しかし翌延暦十八年、式部省銓擬に限って労効基準を芸業基準に読み替えて適用することが認められた結果、延暦十七年の法令の本来の企図は達成されなかった。かえって銓擬基準の一元的適用の原則が失われ、国司と式部省という銓擬主体相互の対立を顕在化させるなど、銓擬の手続に混乱が持ち込まれた。こうした事態が生じた背景には、中央政府の立場と国司の立場で郡司に求める実務能力の理解をめぐって政策的な混乱ないし対立があったものと想定される。当初はそうした混乱は明確に認識されていなかったようであるが、最終的には国司によって判定される国司下僚としての実務能力を郡領に求める方針が確立された。弘仁二年には、譜第基準を芸業基準の上位に置くことによって、式部省銓擬に対する国司銓擬の優越の確立が図られた。それが有効に機能しないとなって、翌弘仁三年に郡司国定の原則が明確に打ち出された。さらに同十三年には、任意に郡領を擬任し得る実質的権限が国司に認められた。郡領という官職自体の性格の変化に対応した新たな任用法が確立されたのである。ここにおいて副擬郡司的形態による郡務遂行が公認され、律令制的な郡司制は擬任郡司制と呼ぶべき内容に転換した。いかなる人物を郡司の職務に従事させるかは国司の運用に委ねられ、この結果、郡領の正式任用の手続や郡領銓擬のあり方は、このにちほとんど変更されることはなくなった。これは、正任郡領の銓擬・任用の制度が、国家の地方支配にとって実質的意義を持たなくなったことを意味している。

擬任郡司制の特質については、郡司の定員の実質的増加、終身官たる性格の喪失、いわゆる「新興層」郡領の登場、などの側面が従来から指摘されているが、その本質は副擬郡司（正員外擬任郡司）による郡務処理形態の導入にあったと考えられる。すなわち、延暦十五年官符に述べられた綱領郡司の任命のされ方のように、郡務遂行の個別の場面ごとに、それを担当させる郡司を次々に擬任していくことによって、郡務を分掌的に処理する形態がここに導入されたのである。こうした副擬郡司による業務処理方式は、いわゆる郡雑任の職務形態が発展して成立したものであろう。(53)この問題をここで詳論する余裕はないが、たとえば郡内で封租米や舂米の徴収にあたる郡雑任が、綱丁としてその中央への輸納業務にも従事していることが、北條秀樹氏や櫛木謙周氏によって指摘されている。(54)彼らは本来郡司の下位に位置する郡衙下級職員であろうが、輸納先に対して職務上の立場を権威付ける等の理由から擬任郡司と称するならば、それは延暦十五年官符の述べる状況にほぼ一致する。「税長」「調長」「庸長」（『類聚三代格』巻六・弘仁十三年閏九月二十日官符）といった郡内の徴収及び中央への輸納業務を主導するような上層の郡雑任が、当該業務に関して郡司とさして変わらぬ職責を担ったことは十分考えられる。このように、郡雑任による郡務処理体系が郡司をも含み込む形で展開したところに、副擬郡司の発生、さらには擬任郡司制の成立がもたらされたと考えられよう。

擬任郡司制成立の要因として、米田雄介氏は、国府による在地支配の強化という行政上の必要と、在地有力者の公権就任への希望を指摘された。(55)一方、大町健氏は、弘仁年間の郡領任用制度の変化を単に国司の郡司に対する支配力の強化と評価することはできず、国司・郡司制の九世紀における新たな展開を重視すべきであるとされた。(56)擬任郡司制の内容を上記のように考えるなら、両氏の見解は必ずしも矛盾するものではない。むしろ問題の本質は、在地支配層の拡散、すなわち伝統的支配層の分裂と新興の支配層の成長に示されるような社会の変動にある。在地支配層の動向はもとより、国司主導による郡司制の転換や、地方行政の責任主体の国司への一元化といった動きは、いずれもこうした社会の変動への対応と理解される。在地支配層の拡散は、かつて郡司という官職や郡司たる人物が体現していた在地社会に対する伝統的権威の低下を意味する。したがって、郡司に対する国司の支配力・影響力は、これに対応して相対的に強化されたと評価すべきである。しかしその一方で、郡司という官職の位置付けの変化にともなう職能の整備が行われ、擬任郡司制下の郡司ないし郡司層が新たな行政機能を担う結果ともなるのである。

古代の郡司制は、こののち九世紀後期から十世紀にかけて大きく変貌する。その本質は、在地支配層を媒介とした国郡行政の一体化、国郡の同一機構化と評価される(57)。そこに至る間には、郡司職務の分掌化と、広範な在地支配層の登用という、擬任郡司制によって導入された業務処理方式の展開が見られる。また、在地支配層の在地社会に対する影響力は、擬任郡司制下における郡司職務への従事を通じて安定・拡大し、彼らの政治的立場は在地に対しても、国司に対しても徐々に強化されたであろう。これに対応して、彼らの担いうる行政機能の拡大がうながされた。要するに、十世紀に至る変化の方向は、擬任郡司制の展開の一つの必然として理解できるのである。

以上、本論の考察を整理し、合わせて若干の展望を述べた。忽卒の間の検討であるため、理解の至らない点、論の及びえなかった点が数多くあることと思う。何よりも、八世紀から九世紀初期における銓擬制度の変遷の背後で、在地支配層がどのように行動し、またそこにいかなる社会構造の変化を読み取ることができるかといった問題にはほとんど触れることができなかった。大方の厳しいご批判・ご叱正を願いたい。

註

(1) 戦後の一九七〇年代頃までの諸研究については、米田雄介「郡司研究の課題」(同『郡司の研究』法政大学出版会、一九七六年、初出一九七五年) 参照。なお、筆者も「地方豪族と郡司制」(雄山閣出版編『古代史研究の最前線』一、同出版、一九八六年) において不十分ながら研究史の整理を行ったが、本論において見解を改めた部分がある。

(2) 磯貝正義a「郡司任用制度の基礎的研究」、同b「郡司制度の実証的研究」、同c「桓武朝の譜第郡司政策の研究」(いずれも同『郡司及び采女制度の研究』吉川弘文館、一九七八年。初出は順に、一九六二年、五九年・七五年、六五年)。

(3) 新野直吉a「譜第郡司と芸業郡司」、同b「官途をめぐる郡司の動向」(いずれも同『日本古代地方制度の研究』吉川弘文館、一九七四年)。

(4) 米田雄介「郡司の出自と任用」(同註(1)著書)。

(5) 今泉隆雄「八世紀郡領の任用と出自」(『史学雑誌』八一―一二、一九七二年、のち同『古代国家の地方支配と東北』に収録、吉川弘文館、二〇一八年)。

(6) 高田實「中世初期の国衙機構と郡司層」(『東京教育大学文学部紀要』六六、一九六八年)、米田雄介「擬任郡司制の成立と展開」(同註(1)著書、初出一九六九年)。

(7) 大町健「律令制的郡司制の特質と展開」(同『日本古代の国家と在地首長制』校倉書房、一九八六年)。

(8) 高橋浩明「伊賀国薦生牧争論と十世紀の郡司制」(『国史学』一三一、一九八七年)、加藤友康「九・一〇世紀の郡司について」(『歴史評論』四六四、一九八八年)、拙稿「十世紀の国郡行政機構」(『史学雑誌』一〇〇―九、一九九一年、本書第Ⅰ部第二章)。

(9) 米田雄介註(4)・註(6)論文。

(10) 養老令条文による。大宝選任令条文も同内容と推定されることは早川庄八「選任令・選叙令と郡領の「試練」」(同『日本古代官僚制の研究』岩波書店、一九八六年、初出一九八四年) 参照。以下、令条文は養老令により、特に断らないかぎり大宝令も同内容と考えられる。

(11) 早川庄八註(10)論文、及び次註の諸史料参照。

(12) 『弘仁式』式部、『延喜式』太政官、同式部下には、式部省における銓擬とその後の奏聞・叙任の次第が定められている。また、『内裏式』『儀式』『西宮記』『北山抄』等の儀式書には、「奏銓擬郡領」「(郡司) 読奏」として式部省銓擬結果の太政官における審議と奏聞の次第が見え、また「(叙)任郡司」「郡司召」として郡司に任用された者への位記の授与の儀式が記されている。

(13) この内容を示す部分は、大宝選任令も同文である。

(14) 大町健註(7)論文参照。

(15) 国造註記規定が譜第の事実の重視を意味しないことは、新野直吉註(3)論文a、磯貝正義註(2)論文a、今泉隆雄註(5)論文等に指摘がある。ただし、同条の国造の解釈については諸説一致していない。この国造が律令制下の一国一員のいわゆる新国造であって、国造と郡領の兼任が容認されていたと考えられることは、森公章「律令制下の国造に関する初歩的考察」(『ヒストリア』一一四、一九八七年、のち同『古代郡司制度の研究』に収録、吉川弘文館、二〇〇〇年)参照。これに従えば、国造註記規定が適用されるのは一国に一名のみ、それもその国造が郡領を兼任していない場合に限られることとなろう。

(16) なお、郡司任用に関する「才用主義」という用語の問題点にここで触れておきたい。「才用主義」は郡司条の国造註記規定に見える「才用」の語をとって称される用語であり、具体的には郡領の選考において同条本文規定に見える「性識清廉、堪二時務一者」を優先させる原則を示す意味で用いられる。しかし、「性議清康、堪二時務一」は、選叙令応選条の規定にいう徳行と才用に相当し、各々別個の意味内容を持つことは応選条の構造から明らかである。両者を区別せずに「才用主義」と称することは、銓擬のあり方やその基準の持つ意味に関する正確な理解を妨げるものであろう。この結果、銓擬における労効の事実の重視をも「才用主義」に含めて理解する事態まで生じている。なお、「譜第主義」という用語については、「才用主義」の用法のような混乱は見られないようであるが、銓擬に関する正確な理解を期するためには「譜第の(事実の)重視」といった表現を用いる方が適切であると思う。

(17) なお、続労その他の形態での国衙への勤務経験や、主政・主帳としての勤務経験が労効に認定された可能性も否定できないが、確実な例はないようである。

(18) 天平十年官符及びそれを引用する天長四年(八二七)官符の述べる譜第の内容について、従来の研究では必ずしも正しく理解されていないように思われる。ここでいう「縁二身労効一被レ任一世」あるいは「労効二世已上」とは、広く郡領就任者一般を論ずるものではなく、労効による郡領就任者に限って問題にしているのである。こう解してはじめて、天長四年官符の事書に見える「労効郡司」の語も理解でき、先に挙げた『北山抄』に記される「労効譜第」の内容も説明可能となるであろう。

(19) 正倉院文書・正集第三〇巻、『大日本古文書』一―六〇〇頁(以下、古一―六〇〇の要領で略記)。

(20) 米田雄介註(4)論文。

(21) 今泉隆雄註(5)論文。

(22) 従来の研究では、これに「副擬」という用語をあてる場合も見られるが、適当ではなかろう。ここで副申される人々は、郡領に擬任されたわけでも、国司銓擬によって郡領候補者とされたわけでもないからである。なお、十二月一日という期限の規定は国擬者にのみ適用される規定と解すべきであり、副申された人々すべてを上京させる意味とは考えがたい。上京を必要とする理由は、式部省試練を受けるためであるが、副申された人々まで含むような膨大の人数の試練を式部省が処理しえないことは、天平神護二年（七六六）四月二十八日官符（『類衆三代格』巻七）に明らかである。

「副擬」の語との関連では、大石良材氏（「譜第郡司の性質」、『日本古代史論叢』古代学協会、一九六〇年）、薄井格氏（「九世紀における郡司の動向について」、『史元』一〇、一九七〇年）、不破英紀氏（「擬郡司制成立に関する一考察」、『日本の宗教と文化』同朋舎、一九八九年）が、本法令をいわゆる副擬郡司発生の制度的淵源とする見解を提示されている。しかし、こうした見解も、副申された人々を擬任郡司とする点に誤解があり、従いがたい。また、八世紀末に副擬郡司が登場する背景は、むしろ国擬者一名という状態と密接な関連があり、本法令の副申とまったく関わらないことは後述する。

(23) 今泉隆雄註(5)論文。

(24) 「代遍」の語については、「かわるがわるあまねく」といった意味とされる今泉隆雄氏の見解も出されているが（同註(5)論文）、「代」を人の一生の意に解すれば、「代遍」とは「一生を通じて」ないし「死ぬまで」といった意味と思われる。「代遍」の語は、父が子に郡司職を私に譲ることを禁止した元慶七年（八八三）十二月二十五日官符（『類聚三代格』巻七）に「遂使二調庸役民頓昇二入位之級一、外散位輩多満二諸国之中一。歴レ年稍多、不三啻致二課丁之欠一。一宗伝譲、或已忘二代遍之格一」という用例がある。今泉氏は、「一宗伝譲、或已忘二代遍之格一」とあることから、「代遍」とは世襲に対立する概念と理解された。しかし、元慶七年官符では、郡司職私譲の弊害の一つに、外散位の増加を挙げており、これは存命中に郡司職を譲るための現象である。このことを「忘二代遍之格一」といっているのだと思われる。

(25) 儀制令五等条。

(26) なお、四等親連任といった形で一姓による郡領の独占状態がいったん生み出されてしまうと、そうした状態はややもすれば恒常化しがちな傾向を持つと予想される。すなわち、甲や乙の後任としてそれぞれの子・孫ないし四等親以上の親族は、譜第の事実において最も有力な銓擬対象となるのに対し、他姓の者は、少なくとも乙の前任の郡領（これを丙とする）以後、譜第が加算される機会を持たず、この結果彼らの持つ譜第の重みは相対的に低下してしまうからである。こうした郡領の一姓独占を回避するためには、乙が郡領候補者として成長する以前に、現任郡領（丙）の交替を行って、丙の系譜への譜第の加算を前もって確保しておくことが考えられる。そしてもしこうした方策が可能であったならば、それは郡領の一姓独占を回避するためばかりでなく、現任郡領が自ら辞任することによって、今後の郡領を輩出する上で優位な条件を自己の系譜に確立するための手段としても利用しえたであろうことが想像される。天平七年格が終身の原則や「代遍」の理を強調する背景には、こうした自己系譜への譜第加算を目的とした郡領交替という実態が、かなり広範に行われていた可能性があるのではなかろうか。いずれにせよ、終身の原則に反する存命中の郡領の交替は、やはり譜第の拡散と、銓擬の混乱をもたらす原因となったはずである。

(27)　天平十年官符によって、労効譜第の事実を認められる者の範囲は、労効による郡領就任者が二名以上いる系譜の者に限定された。なお、天平十年時点には、譜第重大四五人のみが譜第基準の適用対象となっていたと思われるが、譜第の事実を有する者の数が少ないか、あるいは譜第の拡散が甚だしい場合は、労効譜第の者まで譜第重大四五人に含まれる可能性が生じたであろう。天平十年官符はそうした関係から出されたものと思う。

(28)　今泉隆雄註(5)論文参照。

(29)　「或」以下が、どの時点の銓擬の実態を述べたものであるかはにわかに判断できず、国司による銓擬、式部省による銓擬、あるいはその両方を指している可能性があろう。ここでは、式部省での銓擬について主として述べているのではないかと考えておきたい。というのは、銓擬における基準適用のあり方に問題があるために、譜第の事実を持つ者が多いことと相俟って、「濫訴無ㇾ次」という状況が生じていると述べられており、これは郡領任用を式部省に直接申請する例の多かったことを示している。また、問題とされる銓擬のあり方として「譜第雖ㇾ軽、以ㇾ労薦ㇾ之」とあり、労効の事実が勘案される場合のあったことが知られる。ここで想起されるのが、かの著名な他田日奉部神護の申文である（正倉院文書・正集第四四巻、古三―一五〇）。内容から天平二十年に書かれたものと推測されるこの申文の中で、中宮舎人である神護は、祖父・父・兄が郡領を歴任したという譜第の事実と、自らの三一年に及ぶ京での労効の事実を指摘し、郷里の下総国海上郡の大領に任ぜられるよう申請している。神護の望むところは、式部省の銓擬で国擬が却下され、代わって自らが任用されることであり、それがまったく不可能なことではないと判断できる状況が現実に存在したものと思う。

(30)　先述の天平十四年制も、同様の状況を示すものであろう。

(31)　譜第重大家について、従来は一郡一家、あるいは大領・少領に対応させて一郡二家が簡定されたと考えられてきたが（磯貝正義註(2)論文c・今泉隆雄註(5)論文・大町健註(7)論文等）、史料的に明白な根拠があるわけではなく、本論のように解釈した方が以前の制度との関係で理解しやすいと思う。また、後述する神火の史料に見られる「譜第之徒」も、現任郡領以外の譜第重大家嫡系の者と考えれば、無理のない解釈が可能となろう（註(37)参照）。既に磯貝氏や今泉氏も指摘されている通り、この当時は氏の継承に嫡系原理はいまだ成立していなかった。したがって、立郡人やその他の郡領就任者との系譜上のつながりが嫡系であるか否かといった観点から、譜第の事実に優劣をつけることは意味を持たず、また実行不可能なことであったろう。両氏は、嫡系原理が氏族内における従来の郡領継承の実態と齟齬していたために、一郡一家ないし二家の譜第重大家を定めようとした天平勝宝元年勅は間もなく実効性を失ったと理解された。しかし、むしろ実態と齟齬するゆえに、簡定自体が一郡一家ないし二家という形では行われなかったと考えるべきではないだろうか。

(32)　なお、前註にも述べた通り、天平勝宝元年勅についてはその実効性に疑問を呈する見解がある（磯貝正義註(2)論文c・今泉隆雄註(5)論文）。こうした見解は、本勅によって簡定される譜第重大家を一郡一家ないし二家とする理解と、いわゆる「譜第主義」と「才用主義」の相克という視点に基づいており、銓擬の制度自体の持つ連続性にはさほど注意が向けられていない。そもそも、式部省や太政官による確認を経るという銓擬の性格から見て、法規定がありながらそれが現実には守られていないということは考えにくい。むろん、いったん法として定められた内容が、現実との関わりにおいて徐々に修正されていくということであれば、それは制度の通例であり、本勅もその例外ではない（米田雄介註(4)論文参照）。ただ、そうした修正も法令の改定によって行われたのであり、そのことをもって本勅の実効性を云々することも適当ではない。

ところで、天平勝宝元年勅の実効性を認める場合、こののち別個の基準の適用が開始されるまでの間に新たに任用された郡領は、すべて譜第重大家の者であったということになる。こうした観点から諸史料に登場するこの時期の郡領の実例を点検してみても、これに明らかに矛盾する実例は見られないようである（米田雄介「郡司一覧」参照、『日本史総覧』補巻、新人物往来社、一九八四年）。この点、若干補足しておこう。

まず、天平五年に越前国坂井郡主政であった品治部君広耳が、天平宝字元年から三年まで同郡大領として登場する例については、郡領就任の時期が不明であり、天平勝宝元年以前、あるいは天平七年以前に就任していた可能性がある。その時期には、譜第の事実を持たない者を労効基準の適用によって郡領に任用することが可能であった。したがって、広耳の例は天平勝宝元年勅に矛盾するとはいえない。

また、直木孝次郎氏が「郡司の昇級について」（同『奈良時代史の諸問題』塙書房、一九六八年、初出一九五八年）で、郡領と主政・主帳との間の格差を指摘されて以来、主政・主帳就任者は郡領譜第の事実を持たない者と理解されるのが普通である。しかし、この点にもなお検討の余地があると思われる。従来の理解の根拠とされているのは、①主政・主帳から郡領への転擬の規定がないこと（『類聚三代格』巻七・延暦十六年十一月二十七日官符所引神亀五年四月二十三日格、『延喜式』式部上）、②「郡領之民（氏カ）、不レ得レ任二主政主帳一」という規定のあること（『延喜式』式部上）の二点である（今泉隆雄註(5)論文）。①については、郡領が奏任の官、主政・主帳が判任の官であるから、主政・主帳から郡領に昇任する場合、少領から大領への昇任と同様の手続（転擬）で済ませるわけにいかないのは当然である。そうした場合は新擬の手続が取られることとなろう。したがって、①の点は主政・主帳から郡領への昇任が禁止されていたことを意味しない。前掲の天平七年格によれば、同格で禁止される以前は郡領と主政・主帳の同姓並用が行われていた可能性があり、この点も譜第の事実を持つ者の主政・主帳就任を否定しない。②については、天平七年格に基づく同姓並用禁止が弘仁五年三月二十九日官符（『類聚三代格』巻七）によって事実上解除され、主政・主帳への同姓並用が認められた際に、「不レ得三因レ此任二譜第人一」という規定が附加されており、これが②の規定の淵源であろう。したがって、②と同様の規定は弘仁五年以前には存在しなかった可能性が高い。坂井郡では、郡領として三国真人・海直・品治部君の三姓が知られ、三国真人はその名から立郡人の姓である可能性が高いが、他の二姓について、どちらがもう一人の立郡人の姓であったか判定することは容易でないと思われる。

次に、大和国高市郡で天平神護元年に文山口忌寸公麻呂が大領に任じられた例も、譜第の事実がどう判定されていたかが問題となる。ただ、この例を伝える『続日本紀』宝亀三年四月庚午条の内容から見て、同郡には譜第をめぐる特殊事情があったと考えられよう。

(33)「簡試」とある点から、この命令の対象となる「所司」とは、直接的には式部省（及び大宰府）を意味しよう。ただし、国司の銓擬においても、これを準用せざるをえなくなったはずである。

(34)郡領の子は、親が郡領就任者であったことで一代分の譜第の事実が付け加わる点でも優位である。

(35)なお、天平宝字五年官奏の規定は、宝亀三年十月に停止された（『続日本紀』同月辛酉条）。

(36)米田雄介註(4)論文。

（37）本論の理解に従えば、この「譜第之徒」とは現任郡領以外の譜第重大家嫡系の者を意味し、この当時の譜第基準該当者そのものを指していると単純に解釈できる（註(31)参照）。

（38）このの ち宝亀十年十月官符（前記）によって、郡領の地位を奪おうとする者にせよ、虚納の隠蔽を図る者にせよ、放火の犯人は死罪に処し、その子孫の譜第を断つことが定められた。しかし、延暦五年八月の法令（前記）に至って「自今以後、不レ問二神災人火一、宜レ令三当時国郡司塡二備之一。仍勿下解二見任一断中譜第上矣」と規定が改められ、焼失した官物の補塡を優先させる一方、現任国郡司の解任や、放火犯人の子孫の譜第断絶といった処分は停止された。これによって、宝亀四年の法令も意味を失ったと考えられる。

（39）佐藤宗諄「律令的地方支配機構の変質」（同『平安前期政治史序説』東京大学出版会、一九七七年）、米田雄介註(4)論文参照。

（40）前註に同じ。

（41）延暦十七年詔と同十八年勅の関係について、今泉隆雄氏は、両者を同一の政策的立場を示すとする見解を提示されている（同註(5)論文）。これに従えば、労効基準の復活や式部省による銓擬の優越は延暦十七年時点から意図されていたこととなり、延暦十七年の事態に関する本論の理解は成り立ちえない。しかし果たしてそうであろうか。今泉氏は、芸業基準と労効基準を同一の内容と理解されているが、芸業基準の淵源は令文の才用に求められ、労効基準とは本来別個の内容である。また、十八年勅の文言による限り、延暦十七年詔は労効基準による銓擬を予定しておらず、十八年勅以降その併用が認められるようになったと思われる。なお、労効基準が式部省銓擬においてのみ適用されることも、逆にいえば、この時点における芸業基準と国司による銓擬との結び付きの強さを意味しよう。そして、以下に述べる通り、延暦十八年勅は、十七年詔の適用に関して生じた新たな問題に対する調整という位置付けの法令であったようである。以上から、十八年勅の内容が十七年段階から適用されていた、ないし適用を予定されていたと考えることはできないと思われる。

（42）前註参照。

（43）『類聚国史』巻一九・延暦十七年四月甲寅条、同十月丁亥条、『類聚三代格』巻七・延暦十九年十二月四日官符。

（44）『類聚三代格』巻七・同月二十日詔及び『令集解』巻一七所引同月七日詔も参照。

（45）『類聚三代格』巻七及び『令集解』巻一七所引の同年八月五日官符も参照。

（46）同様の文言は延暦十七年詔にも見えるが、同詔では労効のある人物が立郡時の郡領に任じられた点を強調する意味であったと思われるのに対し、この弘仁二年詔では、その子孫が代々任ぜられてきたことの方を重視する意味にいい換えている。

(47) 八月五日官符（註(45)参照）では「一依国定」と表現している。

(48) なお園人上表の述べる擬帳返却のことは八月五日官符（註(45)参照）には記されていない。

(49) 天長四年五月、労効基準による郡領就任者二名以上を系譜に持つ者に労効譜第の事実を認めていた天平十年格の運用が変更された。今後は新たに労効基準による郡領就任者があっても、それを譜第を形成する事実と認定しないこととされ、この結果、新たな労効譜第の出現はなくなった（前掲天長四年五月二十一日官符）。これは、弘仁二年詔に基づいて弘仁三年から進上されることとなった「諸国郡司譜図」に載せる譜第の範囲を改めた措置であろう（『類聚三代格』巻七・天長元年八月五日官符参照）。このことから、弘仁二年詔の譜第基準が労効譜第の事実を持つ者をも適用の対象に含んでいたことがわかる。また、既に述べた通り、『西宮記』や『北山抄』には「譜第」「傍親譜第」「労効譜第」の語が見え、立郡人の系譜に連なる者を「譜第」、立郡人の系譜には入らないが、それと同姓で譜第の事実を持つ者を「傍親譜第」等と呼んでいる。このことも、弘仁二年の譜第基準が広い意味で適用されたことを示している。

(50) 大町健註(7)論文参照。

(51) 『延喜式』式部上。なお、天平六年出雲国計会帳に「擬郡司帳」上申のことが見えるが（正倉院文書・正集第三〇巻、古一―五九八）、その当時は国司による擬任がすなわち正式任用候補者の上申を意味した。それが、弘仁十三年以降は両者別個の扱いとなり、擬任の報告は「擬任郡司名簿」でなされることになったのであろう。

(52) 郡司署名等には「擬大領」と「副擬大領」が併存する例も見られ、こうした「副擬」の肩書は、擬任郡司名簿にそうした名称で登載されているといった事実に基づいて使用されている可能性があると思う。とすれば、試用のための複数擬任が認められていたことになろう。

(53) 郡雑任については既に多数の研究がある。ここでは、西山良平「〈郡雑任〉の機能と性格」（『日本史研究』二三四、一九八二年）、中村順昭「律令制下の国郡衙の職員構成」（黛弘道編『古代王権と祭儀』吉川弘文館、一九九〇年）を挙げておく。

(54) 北條秀樹「愛智郡封租米輸納をめぐる社会構成」（『日本歴史』三三一、一九七五年、のち同『日本古代国家の地方支配』に収録、吉川弘文館、二〇〇〇年）、櫛木謙周「律令制下における米の貢進について」（『続日本紀研究』二〇五、一九七九年、のち同『日本古代労働力編成の研究』に収録、塙書房、一九九六年）。

(55) 米田雄介註(6)論文。

（56）　大町健註(7)論文。なお大町氏は、弘仁十年五月二十一日官符（『類聚三代格』巻七）に見える「郡司是自勘自申之職也。国司則随レ申覆検之吏也」という文言から、この時期の郡司は国司に対する相対的自立性を持ち、国務から自立した郡務の成立が見られるとされたが、この点には疑問がある。弘仁十年官符は「応三国司申レ政詐不レ以レ実奪二其公廨一事」を命ずると共に、郡司についても「論レ罪之方、自依二恒条一。徴レ物之事、一同二国司一」と定めたものであって、国司と郡司の地方行政上の共同責任を強化する内容の法令である。ここから直ちに国司に対する郡司の相対的自立性を導き出すことはできないと思われる。また、国司公廨の没収と郡司からの「徴物」という処分は、仁寿四年（八五四）十月一日官符（同上）によって停止されており、弘仁十年官符が九世紀を通じた有効法ではなかったことにも注意する必要があろう。

（57）　註(8)拙稿参照。

補註

（補1）　天平七年制について本論では、末尾の「集二式部省一」は国擬者に適用される規定で、副申者すべてを上京させる意味ではないとしたが、副申者も上京して式部省簡試を受けると考えるべきであるとの批判を今泉隆雄氏からいただいた（同『古代木簡の研究』第三編第一章「平城京跡出土の郡領補任請願解の木簡」補記、吉川弘文館、一九九八年）。式部省が多数の対象者の処理に対応できなかったと考えられることを註(22)に述べたが、この点に言及されていない。氏の指摘は、トネリなどの在京者が式部省銓擬の対象となることを念頭においてのものとも思われ、折衷的に理解するなら、副申者のうち一部の在京する者などが式部省簡試に参加できた状況を想定することができるのかもしれない。

（補2）　「代遍」の意味に関わって、それが「一生を通じて」という意味ならば「代遍之格」とは終身の任の格という意味になるが、天平七年格は郡司が終身の任であることを定めたものでないから、これを「代遍之格」というのはおかしい、という指摘を今泉隆雄氏からいただいた（同(補1)著書補記）。しかし、同格は「代遍」たるべきことを強調した内容であって、これを「代遍之格」と呼ぶことに問題はないと思う。磐下徹「擬郡司帳管見」、同「郡司任用制度の考察」（共に同『日本古代の郡司と天皇』吉川弘文館、二〇一六年、初出は二〇〇七年・二〇一三年）も参照。

（補3）　延暦十八年勅が、延暦十七年詔の意図に反する性格を持つという理解に対しては、両者は相反する内容ではないとの趣旨の批判を今泉隆雄氏からいただいた（同(補1)著書補記）。氏の註(5)論文への筆者の見解は、本文及び註(41)に述べたところである。

見解の相違ではあるが、「宿衛之人、番上之輩」が、十七年詔をうけた国司による銓擬の対象にほとんど含まれなかったと解されることから、国司の立場と政府の立場で法意の認識に差があったとみることに問題はないと思われる。

補記

本章は、八世紀から九世紀初期にかけての郡領任用の制度的変遷を検討したもので、一九九三年に発表した（笹山晴生先生還暦記念会編『日本律令制論集　下』吉川弘文館）。大学院での『類聚三代格』を読む会で巻八・郡司事を読み進めていたことから、卒業論文でこのテーマを扱ったことがきっかけである。卒業論文では任用関係法令の理解が十分でなく、公表論文として成稿することがためらわれた。その後、早川庄八氏を代表とする西宮記に関する研究会に参加し、郡司読奏に関する儀式書の記載を読解する機会があった。それが契機となり、郡領の「譜第」とは系譜上の郡領就任者の数で計られること、「労効譜第」とは労効によって選任された郡領就任者に関する譜第であること、郡領の銓擬基準の適用が書類上明瞭に区別されることなどに気が付くことができた。これらのことは、当時ほとんど取り上げられていなかったが、郡領銓擬基準の理解に関するこうした本論の視角は、その後の研究に継受されていったと思う。本論に対する指摘や批判もいただいており、ここで言及すべきであるが、内容が多岐にわたるため割愛することをお許しいただきたい。なかでも、本論考察において多くを学ばせていただいた今泉隆雄氏が、ご著書の中で拙稿の内容を詳細に紹介してくださったことに深く感謝したい（今泉（補1）著書補記）。懇切な批判もいただき、いくつかの論点には補註で触れたが、多くは相互の見解の相違ともいえるもので、それを踏まえたこの分野の研究の深化につながることを望み、課題ともしたい。

第二章　十世紀の国郡行政機構

――在庁官人制成立の歴史的前提――

はじめに

十世紀をどう理解するか。これは日本の古代から中世に至る歴史の流れを解き明かすための重要な鍵の一つである。「古代の転換期としての十世紀」という石母田正氏の位置付け[1]はその後広く受け継がれてきたし、いわゆる王朝国家論においても十世紀はその成立期と捉えられている[2]。この時期の地方統制や、財政の基盤とその運用といった面の分析を踏まえ、新たな国家論の構築に向けた作業も進められている[3]。国政と在地社会の結節点ともいうべき地方行政機構の評価の問題は、十世紀の理解にとっていよいよ大きな位置を占めることとなろう。そして、そこに求められることは、在地政治社会における古代的勢力から中世的勢力への転換がどのように進行したか、換言すれば、律令制的地方行政機関に代位する存在としての在地支配層の国衙機構への結集がいかなる形で進展したか、という設問に答えることに他ならない。

十世紀における国郡行政機構の総合的理解という面で、国衙官人郡司制と在庁官人制の成立を説かれた高田實・米田雄介両氏の研究の持つ意味は大きい[4]。なかでも、当時の国郡関係を国司・国衙の郡司・郡衙に対する支配の強化という図式で捉え、そこに国による郡の機能の制約ないし吸収を見た点は、その後の研究に広く影響を与えた。しかし、そこに問題がないわけではない。既に森田悌氏が、十世紀に郡司の機能が逆に強化される側面のあったことを指摘され、(5) 高橋浩明・加藤友康両氏が、九世紀の様相を踏まえて十世紀郡司を論ずることにより、従来の理解に見直しを迫る見解を提出されている。(6) 十世紀の国郡行政機構をかつての図式のままに理解することはできなくなったといってよかろう。(7)

しかし、国郡行政機構の総合的把握という点で、これに代わる見解はなお打ち出されていない。この点を考える上での最大の難関は、国郡両行政機構の一体的理解という面でいまだ十分な分析がなされていないことであろう。かつての図式に即していえば、国衙官人郡司制として郡司に国衙官人が登用されるといい、一方で在庁官人も国衙官人であるとすると、両者の関係が大きな問題となる。また、郡司の機能の制約・吸収にしろ強化にしろ、そこに国郡間の機能の移行を見る点では共通するのであるが、それを可能とした機構上の条件についての議論はなお十分とはいいがたい。

こうした観点に立って、先行研究から注目すべき論点を抽出してみよう。まず考えなくてはならないのが、国衙における在地官僚機構としての在庁官人制の成立時期に関する学説上の対立である。すなわち、高田・米田両氏に代表されるごとく、従来は十世紀初頭を在庁官人制の成立時期と考えるのが一般的であったが、これに対して義江彰夫・佐藤宗諄両氏は、十一世紀中葉をその確立期とすべきであるとの見通しを示され、(8) ついで関幸彦氏が十一世紀半ば説を詳論された。(9) 関氏の指摘にもある通り、この問題は要するに「在庁官人制」の概念規定の問題であり、その点で十一世紀半ば説が妥当であると思われる。以下、関氏の指摘に従ってこの点を敷衍しておきたい。第一に、「在庁官人」なる語が史料に頻出し、一語として固定的に用いられるようになるのは十一世紀半ば以降であり、(10) 十世紀説が『在庁官人』と呼ぶ十世紀段階の「判官代」や「所」の構成員などといった国衙下級職員は、当時の言葉では「雑色人」と呼称されている。[11]第二に、十一世紀半ばに「在庁官人」の呼称が登場する段階で、彼らは国司とは別の機構を構成するものとして国内行政に従事しており、[12]それ以前の雑色人にそうした性格は見られない。[13]これらのことからいって、「在庁官人」の語を術語として使用する場合にも、それが持つ歴史的名辞として固有の意味に留意すべきであり、右のような地位的・機能的変化が生ずる以前の十世紀段階にまで「在庁官人」概念を拡張することは不適当であろう。よって、在庁官人制については十一世紀半ばをその成立時期と捉え、それ以前は彼らをまず「雑色人」として分析し、その作業を通じて在庁官人制成立の歴史的前提を明らかにしていくことが必要となろう。

次に、十世紀の国郡行政機構構成員の在地性をめぐる分析にも注目したい。まず高田氏は、成立期の『在庁官人』は在地官僚層として国司によって派遣された非在地的氏族であり、それが十世紀末から十一世紀中葉に至り、国司の交替とは無関係な国衙固有の官僚層として国ごとに固定化し、在地人化したと理解された。また、十世紀の郡司については、『在庁官人制』の成立によって伝統的郡務執行権を制約された結果としての国衙官人郡司と捉え、これを在地氏族とされた。一方、米田氏は、当時の国郡行政機構について高田氏とほぼ同様の見解を示されたが、十世紀の『在庁官人』についてはこれを在地氏族とする通説を支持された。こうした両氏の違いは、先に見た国衙構成員と郡司の関係如何という点で大きな意味を持っている。高田氏の説が在地性の有無によって両者の性格をある意味で区別していたのに対し、米田氏の説はこの区別を否定することとなるからである。また、右の高田氏の説に見られるごとく、在地性の有無については時期的な変化が予想される。泉谷康夫氏は、従来在地土豪によって果たされていた国内徴収業務に十世紀末頃から受領郎等が進出してきたとの見通しを述べられ、[14]在地性の変化と受領郎等の登場との関わりという新しい論点を導入された。その後、飯沼賢司・久保田和彦・中原俊章各氏も受領郎等の登場が国郡行政機構に及ぼした影響を論じておられる。[15]よって、構成員の在地性については、彼らの行政上の立場と絡めた分析が必須と

なろう。(16)

また、構成員を媒介項とした国郡関係への異なった見方も注目される。佐藤宗諄氏は、郡司ら有力地方豪族と国衙の「所」との間にかなり密接な関係があり、そうした国衙と郡衙の一体化が在庁官人形成における機構上の一つの前提条件を作り上げたのではないかとの展望を述べられた。(17) また、義江彰夫氏は、国衙による郡行政抑圧という見方を取りながらも、郡司の中から兼務という形で国衙行政の代行人が設置されたとの理解を提示された。(18) これらの提言は、当該期の国郡関係を国衙や郡衙といった場の違いだけで評価することはできず、構成員やその機能の性格・系譜をも考慮する必要の生じていることを示している。

国司や国衙に関する制度史的分析にも留意すべき点が多い。竹内理三・吉村茂樹両氏以来、在庁官人の発生は国司遙任の進展にともなう新たな行政機関の出現と捉えられてきた。(19) よって、国郡行政機構の変化を遙任化・受領化といった国司制度の変化と絡めて分析することは必須の課題である。また、佐藤宗諄・森田悌両氏が十世紀に重要化する国衙の「所」の九世紀以前からの存在を説かれたごとく、(20) 当該期の地方行政機構の諸形態に関する制度的系譜の分析も不可欠であり、制度的変化の過程と背景が追究されねばならない。その中で国郡間の機能移行の具体相も明らかにされる必要があろう。

さて、これら相互に複雑に絡み合った論点を解きほぐすためには、何よりも在地支配層を中心とした在地人の動向こそを視角の中心に据え、九世紀以前の様相との連続性と、地方行政上の官僚制的整備という側面に留意することが有効な方法になると思われる。以下では、九世紀後期の在地諸情勢の整理を踏まえて十世紀の国郡行政機構構成員の性格と系譜を明らかにし、彼らの担う行政の実態を分析することで国郡行政機構の総合的把握を試み、最後に十世紀における変化の歴史的意義に言及することとしたい。

一　九世紀後期の国衙と在地情勢

はじめに、十世紀における国郡行政機構の変質を考える前提として、九世紀後期の地方行政とそれをめぐる在地情勢を整理しよう。

地方行政機構の官僚制的整備という面からまず取り上げたいのは、国司制の変化としての受領化の進展である。泉谷康夫・北條秀樹両氏の研究によれば、九世紀における受領化は国務の諸権限が国司官長に集中され、中央政府に対する国司の責任が国という行政機関でなく官長個人に集約されていく過程として理解される。(21) それは同時に任用国司の国務からの排除につながり、彼らに代わって官長と直結する形で国務に従事する者の存在が必要となった。ここに登用されたのが郡司その他の在地有勢者であった。

このことを示す史料としては、官長の承認なしに任用国司が郡司・書生らを決罰することを禁じた元慶三年（八七九）九月四日官符（『類聚三代格』巻七）、郡司・「士浪」が租税調庸専当や進官雑物綱丁として業務に従い、官物に損失があった場合は彼らが私物をもってその分を填納する状況を述べた寛平七年（八九五）九月二十七日官符（同巻一九）等が著名である。また、後論で詳しく取り上げるが、延喜二年（九〇二）四月十一日官符（同巻二〇）によれば、部内に居住する諸司下級官人・王臣家家人らを中央への輸納業務や国内での徴収業務等に差用することが、「貞観以来諸国例」として行われていたことが判明する。

こうした状況をより明瞭に示す意味から、寛平七年官符の述べる未進の弁済責任の所在についてあらためて史料を挙げて検討しておきたい。調庸・雑米等の未進の弁済については、延暦十四年（七九五）七月二十七日官符（『延暦交替式』）によって「国司史生已上各作二差法一、准二未進数一割二其公廨一、随レ色弁備進二納京庫一」と定められ、ここにいわゆる国司共塡制が確立した。(22) ところが、「応下諸国雑米立二進納限一幷責中未進怠上事」を命じた貞観四年（八六二）九月二十二日官符（『類聚三代格』巻一四）は、「先以二職田一弁二済未進一、若未進数多、乃奪二公廨一」とする大宰府解を認めている。これは、国司より先に郡司に弁済責任を負わせる方式の案出を意味する。ついで、「応下准二雑米未進数一没中郡司職田直上事」を諸国に命じた同七年八月一日官符（同右）は、未進の多少にかかわらず全職田の直稲を没するのは苛酷であるとして、未進分に相当するだけの直稲を没するよう修正したものである。(23) この方式は貞観十二年には諸国雑交易物未進にも導入された。(24) さらに、「応下立二程限一解中任不レ受二返抄一貢調郡司上事」を命じた寛平二年六月十九日官符（同巻七）には、「擬任郡司無職之徒随二未進数一計レ贓科レ罪、其未進者並備償如レ常」とあり、郡司らにまず未進を弁済させる方式は調庸雑物にも適用されていたと判断できる。

寛平七年官符に見られた郡司その他による請負的業務形態は、右のごとき未進弁済方式の延長線上に位置している。以前のあり方からいって、これは任用国司の責務の代行である。また、この時期には「任中」・「任終年」・調庸惣返抄の成立など、国務責任の国司官長個人への集約が進行しているから、(25) その請負の相手も官長以外には考えられず、官長のもとに組織された業務であることはいうまでもない。こうした請負的業務へは、郡司のほかに「土浪」（寛平七年官符）・「無職之徒」（寛平二年官符）も従事している。彼らは延喜二年四月官符のいう諸司下級官人・王臣家家人と同質の在地有勢者であろう。「応レ停三止諸国擬任郡司遷二拝他色一事」を命じた寛平五年十一月二十一日官符（『類聚三代格』巻七）等をも参看すれば、その多くはこの時期のいわゆる郡司層に属する存在であったと思われる。また、この時期新たに土着した新在地層とでも呼ぶべき有勢者もそこに含まれていた。上総国司の申請により、国宰に対捍する前司子弟・富豪浪人の放逐を命じた元慶八年八月四日勅（『日本三代実録』同日条）が、例外的に「貫二付土戸一」を認めた「情二願留住一従二国務一者」などがこれにあたる。

以上から、受領化の進展の結果、九世紀後期の国衙行政における機構上の要請として、中央から赴任する任用国司に代わる実務者が官長の周囲に必要とされ、そこに郡司層をはじめとする在地有勢者層を取り込む動向の見られることが明らかとなった。こうしたあり方は、国司四等官による国務遂行という令制的な行政形態とは異なる状況の発生を意味する。しかし、ここで在地有勢者の動向に視角を転ずるなら、彼らは唯々諾々と受領権力に取り込まれる存在ではなかった。寛平七年官符にしても、官物を欠失させた有勢者が王臣家とのつながりを利用して塡納を逃れようとする行為が問題とされているのである。そこで、この時期の在地情勢をいま少し詳しく検討することで、彼らと地方行政の関わりについて考えてみたい。

この点で注目されるのは、王臣家などの中央諸勢力との関係を利用した国衙対捍と呼ばれる動向である。前に見た請負の忌避もその一つであり、前述の寛平七年官符・同五年官符や同六年十一月十一日官符（『類聚三代格』巻七）等によれば、租税調庸の専当となった郡司・有勢者が、国司・家司・近衛・兵衛等に任じたとか、自己私物を「宮家物」と称するなどして、諸官物の塡納・弁済を逃れようとしている。職務に就きながら「不レ勤二公事一、専利二私門一」（寛平五年官符）する点がこの種の対捍の特徴である。[26] なお、中央政府や国司の側から見れば、これは業務を利用した横領行為に他ならない。それにもかかわらず「堪二郡司一者」（寛平五年官符）たる彼らを政務に用いざるをえない点に、この時期の地方支配の限界が認められる。

この請負忌避が国衙行政の内部にあってのいわば体制内の対捍であるとすれば、一方で体制外の対捍も見られる。これもまず寛平七年官符によれば、「諸司雑任以上、王臣僕従之中、居二住部内一業同二編戸一之輩」が本主・本司の威を借りて「不レ受二正税一、不レ輸二田租一」という状況が述べられている。貞観二年九月二十日官符「応三依レ法見二決王臣家人一事」（『類聚三代格』巻二〇）、寛平六年二月二十三日官符「応下准二耕田数一班二挙正税一幷有二対捍一輩即科中其罪上事」（同巻一四）、同年十一月三十日官符「応レ禁下断諸国百姓称二王臣家人一騒中擾部内上事」（同巻一九）、昌泰四年（九〇一）閏六月二十五日官符「応レ科下罪居二住所部一六衛府舎人等対二捍国司一不上レ進二官物一事」（同巻二〇）、延喜二年三月十三日官符「応レ禁下断諸院諸宮王臣家仮二民私宅一号二庄家一貯中積稲穀等物上事」（同巻一九）などによれば、在地有勢者が王臣家や中央諸司諸衛の権威を背景に正税の賦課など国郡の差科に従わず、時として騒擾をも辞さない行動に出たことが知られる。[27]

この種の国衙対捍は、国郡の差科にそもそも従わないとされる点で請負忌避の動向とは異なる特徴を持つ。しかし、中央諸権威につらなる肩書を称し、私宅に収める稲穀を王臣家・諸衛のものと主張するなど、[28]対捍の手段は共通する。また、正税の対捍にしても、「僅責二契状一空立二里倉一」（昌泰四年官符）とあるごとく、一方では国郡による収取の一環として位置付けうるものであった。[29]国衙との関係といってもその違いは微妙であり、同質の人間による同質の行為と考えて差し支えない。要するに、この時期の国衙対捍の動向とは、在地有勢者層が中央諸権威と結んで国衙権力を牽制しつつ、公的収取とつながりを持つことで自己の利権を確保し拡大しようとする行動と理解できる。とすれば、郡司や在地有勢者の側にも国衙権力とつながりを持つ必然性はあったと考えてよかろう。[30]それらの業務は、調庸の代納やそれにともなう交易活動、[31]官物納入時の虚納、[32]中央への輸納物の横領といった[33]利得と結び付いていたし、特に中央諸権威との関係設定の面で、上京の機会を得られることの意味は大きかったと思われるのである。[34]

この時期の彼らの行動原理が、国衙権力と中央諸勢力の双方と関係を持ちつつ、時に応じてこれを使い分けようとする点にあるとすれば、彼らと中央諸権威の結合も決して安定的な関係ではありえない。事実、彼らが利権をめぐって王臣家等と対立し、逆に国衙によって保護される場面も見られるのである。既に承和年間に、綱領郡司らが諸司諸家出挙銭を負わされる例や、畿内では王臣家が負物ありと称して郡司・富豪の宅を封じ、蓄稲を奪う例が見られる(35)。九世紀末となると、京では諸司諸家徴物使が「先号二前分一責二取官物一、次称二土毛一掠二奪私粮一」など、調綱郡司・雑掌を「冤勘」しており(36)、在地では「不レ経二国司一闌二入部内一」した諸院諸宮諸家使が「凌二轢百姓一、略二奪田宅一、妨二取調庸一」する事態も生じている(37)。いずれにおいても国司はこれを制止する立場にある。これら中央諸勢力の行動は、その手段において令制の枠を踏み越えてはいるが、いわば令制で保証された自己の利権を自力で確保しようとした行為である(38)。国衙に対抗しうる王臣家等の権威は、こうして在地に扶植されていったのであろう。さらには、当事者の請託により田宅資財等をめぐる在地の争論に国郡を経ることなく介入し、郡司雑色人を勘責したり、「称二荘家之側近一、則妨二平民之田地一」など(39)、王臣家は在地における自己勢力の積極的拡大へ向かいはじめるのである。

要するに、令制の原理に基づく収取の維持と拡大こそ中央諸勢力の目指すところであった。この点で彼らの在地に対する政治的立場はむしろ国司と同質のものである。彼らと国司の対立は、手続き上の問題を含め、究極において令制的収取の配分をめぐる対立に過ぎない。そして、その双方から収奪を迫られ、利権を脅かされているのが、郡司その他の有勢者であった。彼ら在地支配層の利権は令制的収取の原理によっては保証されない。よって、彼らが国衙や王臣家等と結ぶにしても、それは恒常的で排他的な関係とはならず、常に臨時的ないし両属的な性格をとらざるをえない(40)。彼らにとって国衙や中央の権威は、権威間の矛盾をつくことで自己の政治的立場を保全するための、利用すべき対象に過ぎなかったのである。

ただ、こうした状況は当時の在地政治社会のあり方に規定されて形成されたものでもある。この点を考える手掛りとして、在地争論の史料等にうかがわれる在地支配層内の対立の存在に注目したい。寛平八年四月二日官符（『類聚三代格』巻一九）によれば、「告人嘱二請甲宮一而乗レ威、前人媚二託乙家一以挟レ勢」とあり、当事者双方が各々別の権威を利用して自己の政治的立場の強化を図っている。利用の対象としての諸権威は在地において相対的な意味しか持たなかったのであり、同様の性格は国衙の権威においても認められる。[41]こうした情勢の背景としては、当時の在地支配層内部に相互の対立を調整しうるような権威や機構が存在せず、それぞれが個別に外部の権威と結び付き、これを利用しようとしている状況が想定される。具体的にいえば、田主権・収取権のような諸権益を排他的な利権として承認するような社会的仕組みが未確立な状況であり、それは基本的には、旧来の共同体的諸関係が変質した後の不安定な状態をなお抜け出ていないという当時の在地社会のあり方に規定されたものと解される。こうした状況こそ、中央諸権威の流入をうながした在地側の要因であろう。要するに、在地政治社会において階層的に結集する場を持つに至らなかった支配層は、既成権威に寄生する方向をまず選択したと思われるのである。

結局、受領化の進展の中で必要とされた官長のもとへの在地支配層の取り込みは、国司・国衙の側の強権によってのみ可能なことではなかった。在地支配層の側にも国衙の公的業務に関わろうとする意図が存在したのである。ただし、そのこと自体彼らの政治的立場の限界をも示しているといえよう。そして、在地における国司・国衙権力の中央諸権威に対する優位性の確立、在地支配層の利権の保護と承認、そして彼らの地方行政機構への結集とその結果としての在地官僚制の形成といった方向の変化が、その中で醸成されつつあったと思うのである。

二　構成員の変化

続いて、十世紀の国郡行政機構にいかなる変化があったか検討することとしたい。この点でまず注目されるのは、従来見られなかった新たな構成員の登場である。すなわち、国衙の下級職員としての雑色人の登場と、郡においては令制に見られる以外の職名を持つ郡司（以下、非令制職名郡司と呼ぶ）の出現である。

はじめに、国衙の雑色人から見ていこう。なお、雑色人の語義については坂本太郎氏に論考があり[42]、ここで取り上げるのは、氏の分類にいう「国衙郡衙に勤務する雑色（人）」に当たる。管見によれば、地方行政に携わる雑色人は貞観年間以降「国吏郡司幷雑色人等」といった形で史料に登場しはじめる[43]。院宮王臣家が国司の手を経ずに「郡司雑色人」らを召喚することを禁じた延喜五年八月二十五日官符（『類聚三代格』巻一九）によれば、雑色人が国司の下で郡司と同様の公務に従事していることが知られる。また、『本朝世紀』天慶四年（九四一）十一月十日条では、京から派遣された「択信濃御馬使」と共に馬を牽いて上京した信濃国の「判官代川原如松」を「知二彼国事一之雑色人」と呼んでいる。『朝野群載』巻二二「国務条々事」にも「所々雑色人」が見える。「判官代」などの職名を持つ国衙の下級職員、「所」の構成員が雑色人と呼ばれたのである。永延二年（九八八）の尾張国郡司百姓等解二一・二三条[44]では、雑色人は「棄レ私奉レ公」「離レ宅順レ国」者であり、国衙における文書の勾勘や国と京を往来する官物の運送などの業務に従事している。右の諸例から判断して、正式規定外の存在として地方行政業務に携わる種々の人々が雑色人と呼ばれ、雑色人のこうした用例は九世紀後期ないし十世紀に入る頃から一般的になってきたということができよう。

一方、郡司について見ると、この時期の郡判などに令制の郡司四等官以外の職名を持つ郡司が広範に登場してくる[45]。それらを整理すると、第一に、まず「郡老」「検校」「勾当」が九世紀後期から十世紀中期にかけて登場する。それらは同国内で組み合わさって同時に出現しはじめる例が多く、この点でこれらを一つの分類とすることができよう。第二に、十世紀前期から同後期ないし十一世紀前期にかけて見られる「国老」「国司代」「国目代」の類も、登場の仕方に同様の共通性があり、同じ「国」字を冠する点から一分類と考えられる。第三に、「行事」「惣行事」「大行事」等も一分類としてよかろう。その存在はほぼ畿内に限られ、十世紀中期より十一世紀以降に見られる。また、ある国内においてこの「行事」類が登場しはじめると、「郡老」「検校」等の類があらわれなくなるという入れ替わりの関係が認められる。第四に、「惣摂使」「勘済使」「郡務使」「郡摂使」など某使の肩書を持つ郡司も一分類とすることができよう。その存在は畿外を中心とし、登場時期は「行事」類とほぼ同じである。なお、令制職名郡司についていえば、正任郡司は十世紀を通じてその存在を知ることができるが、擬任郡司は十世紀半ばを過ぎるとほぼ姿を消してしまう。この時期は「郡老」「検校」等の消滅時期とほぼ一致し、「行事」類及び某使類との間に入れ替わりの関係を認めることができる。

こうした国郡行政機構構成員の十世紀における変化と深く関連する法令が、延喜二年四月十一日官符（『類聚三代格』巻二〇）である。「応レ差下使雑中役不レ従二本職一諸司史生已下諸衛舎人幷諸院諸宮王臣家色々人及散位々子留省等上事」を諸国に命じた同官符は、「河内・参河・但馬等国解」を受けて、国内の「頗有二資産一可レ堪レ従レ事之輩」が諸衛府舎人・王臣家雑色となっていて本司本主の威権を借りて国郡司の差科に従わず、このため中央への輸納業務や国内での徴納業務を委ねる人材が得られずに未進・未納を招いている状況への対応策として、事書にあるような人々を任中に一度国司が例として差用し、貢納を済ますことを認めたものである。

同官符からは次の点を指摘しておきたい。第一に、「検二貞観以来諸国例一、以二如レ此輩一可レ差二使進レ官留レ国雑役一之状、無二国不一レ言、随即有レ被二聴許一」とあり、九世紀後半には既に在地有勢者の差用が臨時的に実施されていた。本官符はこうした差用形態を恒常的制度として公認したものである。第二に、本官符により彼らの差用は中央政府への申請とその承認を必要としない国司の専行事項となった。国司は王臣家等との関係を顧慮することなく、在地支配層を行政業務に動員するための制度的裏付けを得たのである。第三に、その一方で「封家之人」が「便先差二預本主料物一」ことを認めるなど、在地支配層が中央諸勢力と関係を持つことは否定されなかった。彼らを任中に一度差用することと引き換えに、彼らの活動は保護ないし黙認されたと思われる。第四に、国衙と郡衙の関係では、「雖レ有二郡司一不二必堪レ事。徴二納官物一之道差二副堪能之人一。而依レ無二其人一常置二未進一」とあるように、ここで差用された人々は郡司の職務を代行する存在でもあった。彼らは国と郡の行政の双方に携わり、ここに国郡行政機構構成員の同質化への動きを見て取ることができる。第五に、ここで差用されたのは「居二住部内一」する在地人であった。このことは、官符が国司の差用しうる者として「不レ従二本職一」「不レ直二本司一」「不レ勤二宿衛一不レ関二供節一」「不レ従二本主一」といった指定をしていることからも明らかである。

本官符については、まず九世紀後期の在地情勢の中にうかがわれた変化の方向性と絡めて理解する必要がある。この僅か一箇月前に延喜荘園整理令を含む一連の官符(46)が出されており、本官符はそれらと同一の政策的立場を示すと思われる。前節の考察を踏まえるなら、在地における中央諸権威に対する国司権威の優位性の確立と、在地支配層に対する国司側の妥協という二つの側面をそこに認めることができよう(47)。

ところで、本官符の挙げる行政業務は先に見た雑色人の業務とよく一致する。なかでも、前述の延喜五年官符に郡司と同様の存在として登場する雑色人が、この二年四月官符の適用を受けて行政業務に従事している者を意味することは、両官符の年次が近接していることからみてほぼ確実であろう。本論で取り扱う雑色人の実態として、この延喜二年四月官符の述べるような形態で国郡行政に携わった者を考えることができると思われる。本官符はこうした国郡行政に差用される人々の構成の拡大を意味しており、それは彼らの素質の向上とそれにともなう地位の上昇及び機能の拡大をもたらしたであろう。これらの点から、延喜二年四月官符は地方行政上の雑色人の存在を制度的に確立したものと意義付けられる。

また、本官符は郡司制の変化とも関連すると思われる。同官符で差用された雑色人の一部は郡司と同等の業務に従事しており、こうした形態は臨時的に貞観年間から存在している。一方、非令制職名郡司もこの九世紀後期より登場しはじめ、十世紀初年にも「国司代」等の類の出現という変化があった。雑色人として差用されるにふさわしい肩書を持つ非令制職名郡司の例も少なくない。(48)こうした状況は本官符の内容と符合する現象といえよう。そもそも、任中一度に差用を限定する措置は従来の請負的業務形態の恒常性の放棄を意味するから、郡司の立場にもなんらかの変化が及ぶことは当然予想される。森田悌氏が指摘された通り、(49)同官符が述べるような形で郡の行政に関わった雑色人こそ非令制職名郡司であったと考える。また、こうした状況のもとでは、令制職名郡司にしても同様の性格変化を免れなかったであろう。

延喜二年四月官符が十世紀の国郡行政機構にもたらした変化を以上のように理解すれば、十世紀の郡司と国衙の下級構成員とは雑色人という同質の実体であり、地方行政の諸業務に従う同じ在地支配層の姿と捉えられる。こうした理解によれば、十世紀の国衙構成員と郡司の関係如何という問題にも従来とは異なる側面から接近することができる。彼らが在地人であるか否かという前述の論点についていえば、本官符は在地人たることを雑色人の本質と規定するものである。このことは、雑色人の在地性を氏姓から分析した結果や、(50)十世紀後期の尾張国郡司百姓等解に描かれる雑色人の姿からも裏付けられる。また、十世紀の郡司が九世紀郡司層とほぼ変わっていないことは従来から指摘されている通りであろう。(51)よって、雑色人にはかなりの割合で九世紀郡司層が含まれていたと思われるのである。そして、十世紀の郡司と国衙の雑色人が同質の在地支配層であったと考えるなら、国衙雑色人による郡支配という構図を認めることはいよいよ困難となろう。そこにはむしろ、同じ雑色人である彼らを媒介とした国郡行政の一体化、国郡の同一機構化という方向が示されていると思う。

なお、在地人であるという雑色人の本来の性格に変化が認められるのは、十世紀後期から十一世紀初頭以降のことである。既に述べた通り、諸先学の多くもこの時期に非在地人たる中央からの下向者の国衙への進出を説かれている。なかでも、十一世紀初頭以降の大和国の事例は著名であり、国守の任期と関係なくある程度の期間在職していて在地人と推定される「判官代」等が存在する一方、国守と共に交替する「目代」は受領に従って下向した非在地人と考えられる。(52)また、十世紀後期の尾張国郡司百姓等解の諸条によれば、国守藤原元命が京より引きつれてきた子姪郎等有官散位・郎従・従類らが、収納使等の雑使として、あるいはそうした肩書きもなしに入部し、また京への公私物の輸送に従事し、その中で様々な名目によって収奪をはかる姿を知ることができる。郎等・郎従といった者が受領と共に任地に赴くことは十世紀初めから例のあることであるが、彼らはあくまで国司の私的な従者であって、制度上正当な存在として国衙行政の諸業務に携わっていた徴証は得られない。(53)それが十世紀後期以降になると、彼らの行動の内容が非難の対象となることはあっても、国使・「目代」等として国務に従事すること自体は正当なものと認知されるようになっているのである。

三 「郡司・雑色人」の諸相

1 勘申

ここでは、郡司・雑色人の機能についていくつかの局面を取り上げ、十世紀の国郡行政機構の変化の様相とその性格を明らかにしたい。最初に国衙の「所」の代表的業務である「勘申」を取り上げる。なお、「勘申」といってもその様態は多彩であり、ここでは、国郡行政機構の業務としてしばしば史料に登場する、山野田地等に関する事実の調査に限って取り扱うこととする。この勘申は多くの場合、所領認定や課税免除といった行政措置にともない、定例的というより臨時的性格を持ち、調査内容を具体的に示したものと捉えられる。ただ、勘申とその後に生起する種々の行政措置とは行政行為として一応別個の実体であり、この点注意が必要となろう(54)。

十世紀以前の地方行政機構による勘申の実例を管見の限りで整理したのが表1である(55)。ここにうかがえるおおよその傾向は、①九世紀半ば以前においては国司による国としての勘申が大勢であること、②十世紀に入る頃より郡司勘申の例が増加し、また国としての勘申を国司以外の者が行う例が見られはじめること、③十世紀末までに「所」による勘申が主流となっていること、などである(56)。①・②の点からは、勘申業務において国司に代わる郡司の機能が十世紀に入る頃に重要化した事実を指摘できる。この変化の意味をいくつかの具体的事例からいま少し詳しく検討してみよう。

まず、こうした変化の典型的事例として因幡国を取り上げる。同国では、延暦二十年（八〇一）に東大寺から藤原縄主宅に売却された高庭荘田について、承和九年（八四二）以降、その売却を無効とする東大寺との間に争論が生じており、十世紀中期までに四通の勘申史料が知られる(57)。このうち九世紀の史料7・11は国司による勘申である。史料11は東大寺が申請した官符を受けての勘申であり、寺使と共に勘申せよと国司に下知していることは、この時期の特徴として注目できる。

これが延喜五年の史料13になると、国判を備えた国としての勘申には違いないが、勘申の実務は「書生」「朝集使」「税預」等の肩書を持つ雑色人と「使大目」に委ねられている。彼らは勘申のために郡に出向した国使の構成員であろう。同年十一月二日因幡国司解案(58)によると、この勘申に至った事情は次の通りである。東大寺は寺領確保のため「以㆓去昌泰三年㆒遣㆑使勘弁、爰随㆓国郡判行㆒、且頗領掌」したが、なお王臣家地・百姓治田となっている地の領掌を求めて寺牒を太政官に送り、「宜下仰二彼国一、令中憔勘二度度班図一、具注二其条里坪附町段歩数一、早速言上上」との内容の延喜四年七月十六日官符を得た。同国司解はこの官符に対する報告であり、報告に添付された勘文が史料13である。以上の経緯について国司は、「以二去昌泰三年三月廿一日一、依二彼寺牒旨一、令二郡司勘申一、牒二送寺家一」と説明し、「具旨既在二前年勘文一」と述べた上で、重ねて勘申を行ったとしている。結局、二度の勘申の内容に違いはなかったのであろう。ここで、昌泰三年に寺牒を受けた国司が郡司に勘申を命じていることは重要である。これは「国郡判行」とも表現されており、郡司勘申に国判を加えたものであろう。国としての勘申を郡司が代行するようになっていることがここに明らかとなる。また、史料13の国使・雑色人による勘申も、郡司勘申の存在を前提とし、これを確認する性格を持つものであった。

ついで、天慶三年の史料19は、高草郡公文預たる図師擬主帳・前擬主帳・主帳らによる勘文に郡判を加えた郡としての勘申である。その詳しい事情はわからないが、「依二見営使符旨一」とあるから、郡に出向してきた国使である見営使がこの勘申を命じたことが知られる。ここにも、勘申業務における郡の機能を前提に行動する国使の姿を見ることができるのである。

こうした因幡国の事例は、十世紀に入る頃までに国司が直接勘申業務に関わることがなくなり、これに代わって郡司の果たす役割が重要化するという変化を如実に示している。また、国使らの勘申業務への関与にしても、こうした郡司機能の重要化を前提に意味を持ってきたものと思われる。

次に伊勢国の事例を取り上げよう[59]。同国では国符に基づく郡司勘申の事例がすでに承和年間に存在した可能性がある[60]。しかし、史料17によれば、寛平九年十月に東寺が国司に勘申を求める牒を送り、これを受けて国司勘申の行われていたことがなお確認できる。それが延長七年（九二九）になると、国司ではなく大神宮司（郡司）[61]に直接勘申を求

表1　国郡勘申文書（十世紀以前）

No.	年・月・日	文書名	国名	勘申の主体及び形態	特記事項	出典
1	天平宝字2（758）5・19	近江国司牒写	近江	国司		＊1
2	天平宝字7（763）10・29	山田郡弘福寺田校出注文	讃岐	郡司	No.3参照	東寺文書・礼　古5-460　＊2
3	天平宝字	山田郡司牒案	讃岐	郡司	同5年班田の誤班給	東寺百合文書ル　『図録東寺百合文書』21号
4	天平神護2（766）10・21	越前国司解	越前	国司	翌年班田にともなう	東南院文書3-18　古5-554
5	天平神護2（766）12・5	伊賀国司解案	伊賀	国司	翌年班田にともなう	東南院文書3-2　古5-628
6	延暦12（793）4・17	坂越神戸両郷刀祢解案	播磨	刀祢［郡判・国判］	山野	平①9他　＊3
7	弘仁4（813）7・2	因幡国東大寺田勘文	因幡	国司		東南院文書4-2　平①37
8	弘仁11（820）10・17	川原寺牒案	尾張	国司（大目カ）	朱注	天理図書館所蔵　平①46
9	天長2（825）11・12	尾張国検川原寺田帳	尾張	国司		東寺文書・礼　平①51
10	承和4（837）4・22	元興寺三論宗連署状	近江	書生［国判］	班田作業にともなう	東南院文書5-3　平①62
11	承和9（842）7・24	因幡国司解	因幡	国司		東南院文書3-27　平①74
12	貞観11（869）10・15	大宰府田文所検田文案	大宰府	府田文所（書生・頭）		早大所蔵観世音寺文書　平①162
13	延喜5（905）9・10	東大寺領高庭荘	因幡	書生・朝集使・税預・使大目［国判］		東南院文書3-26　平①193
14	延喜8（908）正・25	某荘別当沙弥薬能解坪付注進状案	播磨	［国判］	朱注	内閣文庫所蔵雑古文書　平①198
15	延喜15（915）9・11	東寺伝法供家牒	丹波	［郡判］	No.16と一連	東寺文書・礼　平①212
16	延喜15（915）10・22	丹波国牒	丹波	国（検見営使所）	No.15と一連	東寺文書・礼　平①213
17	延長7（929）7・14	伊勢大神宮司勘注	伊勢	郡司［大神宮司判］		大東急記念文庫所蔵　平①233
18	承平4（934）12・19	夏見郷刀祢解案	伊賀	刀祢［郡判・国判］	郡符による　山野	内閣文庫所蔵光明寺古文書　平①244
19	天慶3（940）9・2	高草郡公文預	因幡	図師擬主帳等［郡判］		東南院文書3-26　平①251
20	天慶5（942）4・25	東寺伝法供家牒高庭荘坪付注進状	丹波	大判官代［国判］	丹勘	東寺文書・礼　平①253
21	天暦5（951）2・11	武雄社四至実検文	肥前	図師・郡司代・書生・		武雄神社文書　平①258

22	天暦5	(951)	10・23	足羽郡庁牒	越前	府使等	東大寺収納使の申請	東南院文書3-20	平① 263
23	康保2	(965)	3・3	八幡由原宮師僧仙照辞	豊後	郡司 別当・判官代・検校 [国判]	丹勘	柞原八幡宮文書	平① 285
24	康保2	(965)	12・19	夏見郷刀祢解案	伊賀	刀祢 [郡判]	墾田・林・野	東大寺未成巻文書1-1	平① 286
25	康保3	(966)	4・2	夏見郷薦生村刀祢并夏見郷刀祢等勘申状案	伊賀	刀祢 [郡判]	山野	東大寺未成巻文書1-1	平① 289
26	永祚2	(990)	11・21	栄山寺牒	大和	田所 [国判]	朱注	歴博所蔵栄山寺文書	平② 341
27	永祚3	(991カ)	2・9	由原宮師仙照解	豊後	税所カ（判官代等） [国判]	丹勘	柞原八幡宮文書	平② 338
28	正暦5	(994)	9・9	栄山寺牒	大和	田所 [国判]	丹勘	歴博所蔵栄山寺文書	平② 359

＊1　石上英一「弘福寺文書の基礎的考察」（『東洋文化研究所紀要』一〇三）一三三頁。（補1）
＊2　『大日本古文書（編年文書）』の巻・頁は、「古1―234」の要領で略記する。
＊3　勝浦令子「播磨国坂越・神戸両郷解」補遺」（『史学論叢』六）及び小口雅史「延暦期「山野」占有の一事例」（『史学論叢』一〇）参照。

める事例が登場しているのである。同国でもこの頃に郡司勘申の重要化という変化が起きていたと思われる。

こうした変化の早い事例と考えられるのが筑前国の状況である。同国では貞観九年三月、高子内親王家より博多荘田の沽進を受けた内蔵寮が「勘二申町段歩数利害便不及当土品直等一」と求める牒を使者に付して国に送り、同六月、国は符を下して使者と共に勘注するよう郡司に命じ、「坪附帳」が提出された。一方、内親王家荘により席田郡内の寺田が妨取されたとする観世音寺は同十一月、「可二勘弁申送一之状、下二知郡司一」し、郡司は「承和十四年校図帳目録」により寺田を勘申した(62)。九世紀後期の筑前国では、国司に勘申を求める事例が残る一方、国司がその勘申を郡司に行わせたり、あるいははじめから郡司に勘申を求めるような形態も登場している。同国ではこの時期に郡司勘申の重要化という変化が進行していたと考えられる。

ついで丹波国の例にも触れておこう。同国では東寺領多紀郡大山荘に関わり延喜十五年に国郡による勘申の事例が知られる。史料15は、荘内の新開治田につき「蒙二郡判一、為二後代公験一」ため「勘二合本券一、欲レ被二判許一」と郡衙に申請した同年九月十一日東寺伝法供家牒に、「依二寺家被レ送牒幷本公験一検二図帳一、件新開寺庄領地内在事明白也」との郡判が加えられたもので、郡司勘申の事例である。これと関連して、同十月に史料16、東寺伝法供家宛の丹波国牒が出されており、こちらも「依二衙去九月十一日牒状一、令レ下二却在地郡検見営使所一[63]。即勘申状云、彼庄地之内、図帳注二公田七坪三百八歩・十九坪四段七十二歩一之外、依レ員注二寺田一已了。無レ有二他妨一者、然則来牒所載件坪々、尤寺田也」として、同じ新開田について寺田と認めている。

以上から、同国でもこの時点までに郡司勘申の重要化という変化があったと思われ、「検見営使所」による国としての勘申も登場している。ここで郡司の勘申と「検見営使所」による国としての勘申は同じ結論を導いている[64]。こうした関係は因幡国でも見られ、郡に出向した「検見営使所」による勘申が郡司の勘申機能を前提に行われていることを指摘できよう。この点もう少し詳しく見ておくなら、「勘二合本券一、欲レ被二判許一」との申請を受けた郡司は、本券(本公験)だけでなく、一歩踏み込んで図帳との照合も行っている。このことは郡司の勘申業務への主体的関与と、その機能の重大さを物語る事実である。そして、図帳と照合した具体的内容は国牒が引用する「検見営使所」の勘申状に記されている。「検見営使所」も在地郡において図帳との照合を行っているとすれば、調査の範囲も含めて郡司と「検見営使所」の勘申に異なるところはほとんどなかったことになる。むしろ両者の勘申が同一の実体であった可能性を考えるべきかもしれない[65]。

丹波国では、次に天慶五年の史料20に雑色人による勘申が見られる。同史料は、新開田領掌の認定を求めた国衙宛の東寺伝法供家牒に、雑色人が朱筆で勘申内容の書込み(丹勘)を行い、これを受けて国判が加えられたものである。こうした形態は史料15・16の機能を一文書に統合した形であり、延喜十五年の様態の延長上に生まれた文書形式と理

解される。(66)

次に、郡司の勘申機能の重要化との関わりで、郡以下の郷・村の刀祢による勘申の存在にも注意したい。それらには郡判・国判が加えられ、国郡の勘申業務との関連を示している。表1によれば、延暦十二年の史料6、十世紀中期伊賀国の史料18・24・25が刀祢勘申の事例である。また、貞観九年の安祥寺伽藍縁起資財帳（平①一六四）に列挙された諸券文の中に、(a)「安祥上寺山四至勘定当土刀祢等解文一枚」、(b)「勘二定同山四至一当（山城国宇治）郡刀祢并郡司判解文案一枚正解文進、」と見え、史料24にも「去延長五年九月十六日同郷刀祢并郡司等勘文」とある。これらはいずれも山野等の四至に関わる勘申であり、(67)この点に刀祢勘申の他と異なる独自の機能を認めることができる。

こうした刀祢勘申は、九世紀段階までは当該地の領有を主張する者の求めに応じて行われるのが一般的な形であったようである。播磨国の塩山に関する史料6は「今寺使僧等来、当土人夫等追召、山堺勘間、併細（マヽ）子先後行事證申」と述べており、当地の領有を主張する東大寺が刀祢に勘申を求め、(68)これに郡判・国判を得たものである。また、安祥寺伽藍縁起資財帳の(a)は「中宮職為レ勘二定同山四至一差レ使下二当土刀祢一符案一枚」と合わせて二通で一巻となっており、安祥寺に施入する以前の領有者であった中宮職が刀祢に符を下して行わせた勘申であることが明らかとなる。(69)ところが、十世紀に入ると、史料18・24・25など勘申に至る事情の判明する例はいずれも郡符の命令による刀祢勘申である。この頃までに刀祢勘申の一般的なあり方が、領有者が直接要求する方式から、郡司の命令によって行われる方式に変化していたと考えることができる。この変化は刀祢勘申が郡による勘申の一環に組み込まれたことを意味し、勘申業務における郡・郡司の機能の重要化という傾向を裏付ける現象といえよう。

以上から、九世紀後期から十世紀に入る頃までに、国によって若干の変動はあるにせよ、従来の国司の業務を代行する形で郡司の勘申業務上の機能が重要化し、さらにこれを前提として国使・雑色人による勘申も登場するという変化が生じていたことを示しえたと思う。国との関係において、郡司ないし郡の担う行政機能が拡大する側面が認められるのである。

こうした状況は、ついで十世紀末頃までに勘申の主体が国衙の「所」に固定化される方向へ変化していく。表1では、永祚二年（九九〇）大和国の史料26以下の事例がこれにあたる。十一世紀以降となれば「所」勘申の例は枚挙にいとまないほどに増加する。(70) 逆にこれをさかのぼれば、「所」と明記されないが、同じ「判官代」等の肩書を持つ雑色人による丹勘が天慶五年丹波国の史料20、康保二年（九六五）豊後国の史料23に見える。さらにその前身が国使勘申に行き着くことは丹波国の例に見られる通りである。

一方、「所」勘申の一般化により郡司勘申の機能が失われたかというと、事情はさほど単純ではない。十一世紀初期においても、長保四年（一〇〇二）の「勘済使」及び「判官代兼行事」による山城国愛宕郡地に関する珍皇寺領坪付案(71)（平②四二一）や、寛弘九年（一〇一二）の「上行事」による大和国今木荘坪付解（平②四六三）等の例がある。これらの勘申はいずれも非令制職名郡司の肩書を持つ者が行っているから、「所」勘申の登場は直ちに郡司の勘申機能の否定を意味するものではなかったと思われる。むしろここで注目したいのは、「判官代兼行事」といった「所」構成員と郡司の兼任(72)や、「勘済使」のような一面において国使たる性格を示す郡司の肩書がここに見られ、勘申の主体が郡司であるのか、国使あるいは「所」であるのかが判然としない状況の生まれている点である。これを国衙系官人の郡衙進出と評価することは可能であるが、それと同等の意味で郡司の国衙進出とみることが可能である。むしろ、郡司・国使・「所」構成員が融合して業務を処理する行政形態の出現をここに認めるべきであろう。

したがって、「所」勘申の成立は国衙による郡や郡司に対する支配の進展という脈絡でのみ理解すべきものではない。郡司の勘申機能の重要化と、それを前提とした国司以外の国衙構成員による勘申の成立という、先に見た変化の延長上に位置付けられるべきであり、そこに生まれた一つの安定的な業務処理の形態が「所」勘申であったといえよう。そして、十世紀において地方行政機関としての郡司や、あるいは国使・「所」の機能を担っていたのは雑色人という同一の実体であった。とすれば、上述の国郡による勘申業務のあり方の推移は、雑色人による地方行政機構の整備という一つの流れのなかで理解される。要するに、九世紀後期から十世紀初めにかけて顕在化した、国司のみでは国務を担いきれない状況は、雑色人を媒介とする国郡行政機構の一体化という方向で克服されていったと考えられるのである。

2 「留国雑役」

続いて、延喜二年四月官符の挙げる「進官留国雑役」のうち、国内における「徴納官物」等の業務について見てみよう。この国内での諸業務において、十世紀以降、諸史料にしばしば登場するようになるのがいわゆる国使である。ここでいう国使とは収納使・調物使・見営使・検田使など、国衙から国内に派遣された意味の名称を持つものを指す。[73]ここではまず、国使や国衙の「所」に関する基本史料でありながら従来ほとんど触れられることのなかった『延喜式』雑式、国司相牒条・調物使牒条を取り上げ、国使の基本的性格を押さえることからはじめたい。

・国司上下相牒式

　　某事

牒云云。今以レ状牒。牒至准レ状。故牒。

　　年　月　日　主典位姓名牒

守姓名

右、守在二治郡一、牒下入二部内一介以下上式。若守入二部内一、牒下在二治郡一介以下上云、検調物所牒国衙頭。介以下報云、国衙頭牒上検調物所案典等。若長官不レ在者、以レ介准レ守。余官不レ在、節級相准亦同、年月日下典者、史生通レ之。

・検調物使　牒上国衙頭

某事

牒云云。具録二事状一、謹請二進止一。謹牒。

年　月　日　主典位姓名牒

介姓名

右、介入二部内一、牒下在二治郡一守上式。掾以下署如レ令。

両条は国使として入部した国司と国衙の間でやり取りされる牒の書式を定めたものであり、発信者が国司官長であるか他の任用国司であるか、国衙に居るか部内に居るかによって書式に差を設けている。当条文がいつ頃成立したものかは不明だが、書式という性格からみて、延喜式成立時をさほどさかのぼらない時期の実態と考えられる。貞観十四年七月二十九日官符（『類聚三代格』巻一四）に「出挙収納幷下二雑稲一等事、官長不レ得二独自巡検一。仍分二遣史生已上一令レ行二其事一」とあり、昌泰四年閏六月二十五日官符（同巻二〇）にも「収納使」が見えることなどが参考となろう。これらの「検調物使」などが十世紀の諸史料に登場する種々の国使の制度的前身であることは、名称の類似から明らかといえる。逆にこれをさかのぼれば、既に天平期の諸国正税帳に「正税出挙幷収納」「検校調庸」「検田得不」等のために入部する国司の姿を見ることができ、その淵源は戸令国守巡行条に行き着くものであろう。よって、国使の基本的形態は国司が入部する点に認められる。

『延喜式』雑式の条文からは、まず国使と「所」の密接な関係がうかがわれる。「検調物所」と「検調物使」の差は、官長の入部か他国司の入部かの違いであり、国使と「所」は行政機能上同一の実体といえる。国使を核にして組織された行政機構を「所」と呼ぶことがあったのである。また、官長と「所」の間にも密接なつながりが存在する。「所」の語には官長のもとに組織された分課的行政機関を指す意味があったと思われる。さらに「所」は部内各郡に出向し、その出先で活動する行政機関でもあった。

以上を確認した上で十世紀に目を転ずると、国司が国使となる例がほとんど見られなくなっている。延喜五年因幡国の「使大目阿閇」（表1史料13）や、正暦二年（九九一）の大和国春日荘関係の諸文書（平②三四七・三四八・三五〇）に見える「国使大掾五百井一蔭」がその僅かな例であり、十世紀には国司以外が国使となる雑色人国使の例が一般的である。氏名・肩書のわかる実例としては、東寺領丹波国多紀郡大山荘に関する承平二年（九三二）九月二十二日丹波国牒（平①二四〇）に見える「彼郡調物使蔭孫藤原高枝」、正暦二年大和国（前掲）の「国使東市正藤原元国」、長保元年八月二十七日大和国司解（平②三八五）に見える「城下郡東郷早米使藤原良信」等が挙げられる。また、十世紀半ば以降登場する某使の名称を持つ郡司（某使郡司）も郡司としての業務を遂行する国使といってよかろう。従来は国司が派遣されるのが基本であった国使に雑色人が任ずるようになるという変化を十世紀に認めることができるのである。こうした雑色人国使の登場は、延喜二年四月官符が述べる差用のあり方と時期・人材・業務等の点でまったく一致する。十世紀の国使として差用されたのは国内に居住する有勢者であったと考えてよかろう(74)。この意味で、国使の雑色人化とは国使の在地人化に他ならない。

ただ、某使郡司とそれ以外の雑色人国使とでは、実例を見る限り国使としての名称やその出自にかなり明白な違いがある。某使郡司が「惣摂使」「勘済使」「郡務使」「郡摂使」など総括的名称を持ち、そのほとんどが九世紀以前からの郡司層に属する氏姓であるのに対し(75)、その他の国使は業務ごとの個別的名称であり、その氏姓も新在地層のものにほぼ限定されている。こうした違いは、在地性・伝統性の度合によって雑色人として従事しうる業務に差のあったことを示しているのではないかと思う。すなわち、以前からの郡司層は多くの場合、雑色人として差用されるにしても機能を限定された個別的な国使としてではなく、郡司として多様な業務全般に関わることが期待され、その名称もこれにふさわしい総括的なものとなったのであろう。一方、新在地層は国使となってもその都度個別に業務を担当するにとどまったのではないだろうか。こうした関係は在地社会に対して支配層として及ぼしうる影響力の多寡に対応して生じたものと思われる。某使郡司が主として畿外に見られる理由もこうした事情から理解されよう。ともあれ、某使郡司を国使の一種と捉えることが許されれば、某使郡司は国使と郡司の業務上の一体性を具現する存在といえる。そして、国から派遣された者たる意味合いは非令制職名郡司の名称に多かれ少なかれ認めることができるから、某使郡司同様の国使との一体性は非令制職名郡司出現の当初から存在したことになろう。

そこで次に、この点を具体例から検証し、国司と郡司との相互関係のなかで国使の性格を捉え直してみよう。延喜八年正月、播磨国某荘の別当沙弥薬能は本寺政所に対して、荘内新開田の荘田認定と官稲免除を国に働きかけるよう求める解を提出した（表1史料14）。同解はその後寺家の申請に添付されて国に提出されたものと思われ、解文の坪付部分には国による勘申の結果が朱で書き込まれ、奥には「判、依〻実弁〻付図帳〻、即郡下〻符、本寺返牒」との国判が加えられた。同史料からは、第一に、荘内新開田への国収納使による課税強行を否定する国判が出されているにもかかわらず、収納使がこれに従わず、なお課税強行の態度をあらためていないこと、第二に、収納使の活動に関わる国司の指示が郡に符を下す形で命令されたことの二点が注目される。ここに、国使といえどその行政上の立場は国司と同一でないことが明らかとなろう。(76) 国使はむしろ郡司と業務上の一体性を持っていたと考えられるのである。(77)

承平二年九月二十二日、丹波国は、多紀郡に所在する大山荘の預僧平秀・勢豊らが調絹を弁進するまでの間、彼らの私宅に蓄えられている稲を「検封」した事情について、東寺伝法供家の要請によって調査した結果を回答した。(78)それによれば、これまで調綿の付徴に応じていた荘預らが今回これを拒否したため、郡司（「余部郷専当検校」）は国使（「彼郡調物使」）にこの旨を説明し、これを受けて国使が徴収に出向いたところ荘預らが逃亡していたため、彼らの蓄稲を「検封」したという事情が述べられている。ここで国使は郡司の徴収したものを単に検領するにとどまらず、郡司と連携を保ちつつ実際に郡段階の徴収業務に従事している。これはかつて国司が入部していた頃とは明らかに異なる国使の姿であろう。国使と郡司の業務上の一体性が強まっていたことをここにも指摘できる。

正暦三年九月二十日、大宰府は「応㆘下㆓知在地郡㆒、依㆑例令㆖制㆔止検田使入㆓勘筥崎宮塔院所領秋月庄㆒事」を命ずる符を筑前国に下した。(79)検田使入勘の停止は国司に直接命令すれば済む事柄ではなく、あらためて「在地郡」に下知する手続が必要となっていたらしい。同四年八月二十八日、平惟仲領紀伊国石垣上・石垣下・下野三荘への検田使入勘の停止を命ずる国符が在田郡司に下され、翌五年九月二十七日、郡司は同国符の請文として解を提出した。(80)秋月荘の事例と同様の関係はここにも存在し、当例では検田使への指示が実際に郡司に命じられていたことが確認できる。(81)同国では国使と郡司の一体性はもとより、両者の同一性を想定することも困難ではない。この時期の在田郡には「郡務使」「郡摂使」という二名の某使郡司が存在し、彼らが国使としての総括的名称のもとで検田業務にも従事していたことは十分考えられる。検田使としての入勘とは実は彼ら自身の行動を指すものだった可能性がある。

以上から、十世紀の国使の行政上の立場が多くの場合国司と一致せず、むしろ郡司と近い関係を有していたことを指摘できる。このことは、国司が国使にならなくなった変化に対応する現象であり、国司に代わって国使に登用された者が受領直属者といった性格を持っていないことをも示している。なお、中央からの下向者などの非在地人が公的な立場から地方行政に関わる例が十世紀後期以降に見られはじめる点は既に述べたが、その後も国使のこうした性格にさほどの変化は生じていない。また、国使と郡司の親近性とは、従来別個に行われていた国と郡の業務が一体的に処理されるようになっていたことと理解される。在地支配層が雑色人という形で国郡行政に広範に進出し、国使と郡司が同じ在地人としての立場から行政に携わるという従来と異なる状況が生まれてくれば、それに対応した新たな業務処理方式が必要となる。右に見たような国使と郡司の関係は、こうした脈絡のなかに登場してきたのであり、それは在地人の手で運営される行政機構の誕生を意味するものであろう。

よって、十世紀の国郡関係を評価するに際して、国使を通じた国による郡支配の強化であるとか、郡・郡司機能の吸収といった側面のみを強調することは誤りである。国使と郡司の間に支配統属といった意味の上下関係があったかという問題自体検討を要するところであるが(82)、仮に何らかの意味で上下関係を認めるとしても、国司と国使の関係よりも国使と郡司の関係の方に行政機構としてより密接な一体性が存在していたのである。また、国使による郡・郡司機能の吸収にしても、その前提として国司の業務を代行する形で郡・郡司の機能が従来より拡大していた状況を忘れてはならない。いずれにせよ、彼らは雑色人という同じ実体であり、事の本質は在地支配層の担う行政機能の拡大という点にこそ認められる。国司・国使・郡司三者のこうした相互関係を考慮することなく、国使と郡司の関係のみを国郡関係に置き換えることはできないと考えるのである。

3　「進官雑役」

雑色人の業務の第三として、これも延喜二年四月官符に見える「進官雑役」、すなわち中央への貢納業務に従事する雑色人の姿を次に取り上げたい(83)。

調庸その他の貢上品を諸国から中央へ貢納する業務は、中央への輸送、中央諸司諸家への納入、主計寮での公文勘会を経て完結する。令制の原則は貢納を専当する国司が貢調使等（以下、貢納使と呼ぶ）となってこれらの業務全体を統括し、物と帳を「同領入京」する点にあった。輸送業務には、国司と共に調綱・綱領の郡司が携わる定めであり、彼らは中央での納入にも立ち合ったと思われる。ところが九世紀に入ると、従来は貢納使に随行する存在に過ぎなかった雑掌が使の業務を代行するようになり、[84]貢納業務のあり方は大きく変化した。承和十年三月十五日官符（『類聚三代格』巻八）によれば、物実を輸送してきた「郡司綱領」が諸司諸家へこれを納入し、その際「収文」等と称される受取書の発給を受け、雑掌はこの受取書を取りまとめて公文勘会に臨み、貢納全体に関する「返抄」を得る手続が取られている。

こうした九世紀の手続においては、雑掌の職務は公文勘会の局面に限定され、必ずしも物実と共に上京してくる存在ではなくなった。綱領郡司らも、輸送隊の指揮、定められた納入先への物実搬入、それにともなう質・量・納入時期等をめぐる納入先との折衝、そして「収文」授受という輸納業務全般を独立して遂行する存在へ変化した。また、こうした輸納責任者として郡司以外の在地人も登場してくる。承和十年官符にも見える綱丁などは、本来綱領郡司の配下に位置付けられる輸送従事者であるが、[85]場合によっては綱領と称され、納入先での折衝など郡司同等の活動を行っている。[86]ここにおいて、貢納業務に携わる人間は、輸納と公文勘会の担当者に大きく分けられることとなった。

こうしたあり方は、おおむね十世紀に受け継がれていく。まず、勘会担当者としての雑掌は、九世紀末に至る諸官符にしばしば登場する。[87]また、郡司・綱領として輸納に関わる在地有勢者の活動が九世紀後期以降いよいよ活発化することは第一節に見た通りであり、延喜二年四月官符の「進官雑役」も輸納責任者たる業務を指している。延長六年の上野国から東大寺への封物納入に関する諸文書（平①二二六～二二九）によれば、九世紀とほぼ同様の物実納入手続の存在が知られ、そこに登場する「綱丁」ないし「部領」等は輸納責任者たる雑色人とみられる。天慶四年には信濃国の雑色人が貢馬を牽進しており[88]、尾張国郡司百姓等解二三条も「国雑色人幷部内人民等差二負夫駄一、京都朝妻両所令レ運二送雑物等一」と述べる。輸納業務に従事する雑色人の姿は十世紀を通じて見ることができるのである。

ただ、貢納業務においては、国司に代わって在地人の役割が重要化するという変化は九世紀前期にはじまっている[89]。十世紀における変化は、勘申や国使の例とはやや性格の異なるものだったのである。このことを考える手掛かりとなるのがいわゆる弁済使の登場である。弁済使の初見史料は、天暦元年（九四七）閏七月二十三日官符（『政事要略』巻五一）であり、「近年以来、諸国之司有下置二弁済使一者上。非二公家之所一レ知、納二官物於其所一、成二私計於其中一、頽風一扇利門争開、調使空帯二此処之号一、公物多失二奔競之間一。成二返抄一之時、合二計於在下史生一、補二欠剰一之日、矯二事於愚暗綱丁一。府庫為レ之空虚、公用依レ其闕乏」と述べ、弁済使を私置することの停止を命じている。ここにうかがえる弁済使の機能について勝山清次氏は、①調庸雑物の弁済、②公文に関わること、③運上物の貯蔵所の三点にまとめられた。このうち①・③は輸納業務に属し、②についても、物実納入時の「収文」等の授受にともなう折衝を含むものと思われる。同官符による限り弁済使の機能には輸納業務との関わりが強い。勝山氏はまた、十世紀末以降十二世紀に至る弁済使の実例を検討され、彼らの階層は中央官衙の下級官人にほぼ固定化されていると指摘された。これを受けて北條秀樹氏は、弁済使とは受領が中央諸司下級官人たる「在下層」と結び私的に設置した職制であったと指摘された。よって、弁済使の登場は、九世紀以来在地人によって担われてきた貢納業務への受領と結び付いた非在地人の登場として大きな意味を持つのである。

ただし、国からの輸納業務に中央下級官人が関わるという形態が突然発生したとは考えられず、その過程を検討する必要があろう。そこで、康保三年の五月から九月の日付を持つ一連の「清胤王書状」[90]を取り上げてみたい。勝山・

北条両氏の研究によれば、三世王清胤は前周防守にしたがって任国に下向した受領直属者であり、国守の交替にともなう任中公文の勘済のために上京した清胤が在国の前周防守に宛てて出した書状が本史料である。(91) この清胤を弁済使とみなしてよいかどうかは微妙な問題である。彼が前周防守の意向を受けて上京し、物実の弁済について諸司下級官人と折衝している点などは、天暦元年官符の弁済使と共通する姿である。一方、「弁済所」が清胤上京以前から存在しているところから見ても、彼の上京には国守交替時の臨時的性格がうかがわれる。彼がここに出動した意味は、三世王という弁済使としては異例な出自を利用して、政界上層部に円滑な公文勘済のための働きかけを行う点にあったと考えられる。よって清胤は、勝山氏の指摘のごとく、受領の特に強い指導を必要とする時期に臨時的に就任した弁済使であるが、北条氏が公文目代的地位と評された通り、その活動は弁済使の日常的業務の枠を越え、貢納業務全般の統括という性格を備えていたと理解される。ともあれ、彼の行動のなかに弁済使としての要素も含まれているはずである。この点で、綱丁・綱領らが国に納入結果を報告する「結解」を彼も提出していることが注目されよう。清胤は実際に物実を輸送して上京し、そのまま京に滞在して納入業務全般を采配していたと思われるのである。(補2)

弁済使が登場しはじめるこの時期にこうした形態が見られることの意味は重要である。既に北条氏が指摘されたごとく、これに類する業務形態は九世紀末以降見られるものであった。綱領の不正に関する寛平三年九月十一日官符(『類聚三代格』巻一九)には、「比年諸国綱領各為二姧犯一。或贖労出身空帰二国郡一、或買レ宅定レ居便留二京都一。其所二充用一皆是官物」とあるし、同八年閏正月一日官符(同巻八)は「頃年綱丁等不レ出二門文一、私作二自解一、折二留物数一進二納所司一。所司不レ知二其姧一、随レ進偏放二日収一。其所二折留一皆充二私用一、或自望二官職一充二贖労之料一、或偸二買雑物一、求二貿易之利一」と述べる。また、天暦元年官符の引く延長五年十二月官符にも、「調綱郡司進退任レ意、調物麁悪逐レ日弥倍。或以二甲年之物一称二乙年之料一、或闕二納官之数一成二顧私之計一。積習之漸多致二公損一」とある。ここに知られる綱領らの行為は、京に輸送してきた物実をいったん自らの手元に保留し、時宜に応じて諸司諸家へ納入し、この間に交易等の手段で私利を計るものである。そこには当然、納入先や収納担当者との連携が存したであろうし、買官によって綱領自身が下級官人に変身していく可能性すら想定できる。弁済使成立の先駆がここに認められるのである。

このことは、弁済使という職務が、輸納に従事する雑色人によって新たに生み出された業務形態の発展形として出現してきたことを意味する。要するに、弁済使の成立にうかがえるような非在地層・受領直属者の貢納業務への登場も、在地支配層たる雑色人による業務形態の整備・確立を前提としてはじめて可能になったと考えられる。そして、こうした事情は他の国務一般に共通するあり方であったと思われる。九世紀後期から十世紀初めの雑色人が登場してくる時期においては、受領直属者が直ちに参入できるような行政形態は未確立だったのであろう。そこにおいては在地支配層の手に行政の実質的部分を委ねる方向の選択のみが可能であり、それを通じて新たな業務形態の形成が進行した結果として、執務者の在地性に関わらない地方行政の官僚制的な整備がもたらされたと考えるのである。

おわりに

十世紀における国郡行政機構の変化とは、古代律令国家が設置した地方行政機関が、在地支配層の政治的結集の場へと換骨奪胎されていく出発点であった(92)。

九世紀後期に至る国司受領化の進展にともない、国司官長にとって任用国司に代わる実務者として在地支配層を行政に取り込む必要性が生じていた。一方、公的業務と関わりを持つことで自己の利権の確保と拡大を求める必然性は在地支配層の側にも存在した。延喜二年四月官符はこうした状況に対応して出され、十世紀における国郡行政機構構成員の変化と深く関わりを持つ法令であった。院宮王臣家等の中央諸権威との関係では、在地における国司権威の優位性の確立という方向がここに打ち出された。そこには国務に妨げのない限りで中央諸勢力の在地進出を公認する意味もあったが、ともあれ諸勢力と関係を持つ様々な在地支配層（雑色人）を諸業務に差用することが国司の恒常的権限として認められた。在地との関係では、在地支配層の利権を認める国司の妥協的側面がこの差用を可能とした。

ここに生まれた地方行政の新たな形態は、九世紀郡司層及び新在地層などからなる在地支配層が、国司官長のもとに組織された雑色人という形で国郡の諸業務に従事するというものであった。雑色人は、国使、判官代、「所」の構成員などとして国衙行政に従事し、郡においては非令制職名郡司として郡務を行った(93)。この結果、より多くの在地支配層が雑色人として地方行政の実務全般に関わるようになり、彼らの行政上の機能は拡大し重要化した。また、郡司と国衙職員の多くが雑色人という同一の実体で構成されるようになって、国郡行政の一体化、国郡の同一機構化が進展し、それにふさわしい新たな行政形態が形成されていった。

ここに在地支配層と国司の関係は相拮抗する二つの側面を持つこととなった。在地支配層が行政上の実力を向上させる一方、受領国司の側も裁量権の拡大を挺子に在地に対する妥協的政策の変更を図ったと思われる。ただ、受領の巻返しが行政機構に及んで来るのは、雑色人による地方行政の官僚制的整備が進展し、執務者の在地性の有無にかかわらず業務を遂行しうる業務形態が出現した段階になってからであった。すなわち、受領直属者の国務進出は国司の責務が集中する貢納業務でまず十世紀中期から見られ、同後期になって国内諸業務にも及んだ。こうした受領側の動きは当然在地支配層との対立を惹起したであろう。国司苛政愁訴と呼ばれる動向がちょうどこの十世紀後期にはじまるのは右の情勢と対応する現象と思われ、それが十一世紀半ばに終息することも在庁官人制の成立と絡めて理解される。この点で、十世紀の国郡行政機構の変化は、国衙行政の実質を担う在地官僚制としての在庁官人制の成立の歴史的前提として位置付けられ、在地支配層の国衙への政治的結集という行動の原点としてまず評価されるべきものと考えるのである。

これまでの考察を整理し、その後の展望を示せば、以上の通りである。本論の目的は、十世紀の国郡関係に関する従来の評価を見直し、これに代わる総合的理解を提示する点にあった。十世紀の地方行政機構において、国による郡支配の進行、国衙による郡・郡司機能の吸収、郡の国衙出先機関化等々の側面が個別に抽出しうるとしても、それらは全体として在地支配層を媒介とした国郡の行政上の連携の強化として評価されるべきであるというのが、ここでの結論である。

しかし、郡司・在地支配層の機能を低く見積もる傾向は諸分野の研究にかなり浸透している。本論ではこれらの研究に立ち入って検討することはできなかったが、国郡の一体性を諸業務の具体的構造のなかに明らかにする作業が引き続き必要となろう。また、この時期の地方行政業務が荘園制の展開との関わりで増加し、それが雑色人による業務形態の整備をもたらしたという関係にもまったく触れることができなかった。本論考察で論じ残した問題は多く、いずれも今後の課題である。大方の厳しいご叱正を願ってひとまず筆をおきたい。

註

（1）石母田正『古代末期政治史序説』（未来社、一九六四年）。

（2）坂本賞三『日本王朝国家体制論』（東京大学出版会、一九七二年）など。

（3）福島正樹「「百姓」返抄の成立と王朝国家」（『歴史評論』四六四、一九八八年）、佐々木宗雄「十〜十一世紀の受領と中央政府」（『史学雑誌』九六―九、一九八七年、のち同『日本王朝国家論』に収録、名著出版、一九九四年）、大津透「摂関期の国家論に向けて」（『山梨大学教育学部研究報告』三九、一九八八年、のち同『律令国家支配構造の研究』に「受領功過定覚書」と改題して収録、岩波書店、一九九三年）、同「平安時代収取制度の研究」（『日本史研究』三三九、一九九〇年、のち同前掲著書に収録）など。

（4）高田實「中世初期の国衙機構と郡司層」（『東京教育大学文学部紀要』六六、一九六八年）、米田雄介「在庁官人制の成立」（同『郡司の研究』法政大学出版局、一九七六年、初出一九七一年）。以下、両氏の見解はすべてこれによる。なお、十世紀の国郡行政機構に関する研究史は、森田悌『研究史　王朝国家』（吉川弘文館、一九八〇年）、下向井龍彦「平安時代の地方政治」（『日本史研究の新視点』吉川弘文館、一九八六年）等参照。

（5）森田悌「平安中期郡司の考察」（同『平安時代政治史研究』吉川弘文館、一九七八年）。

（6）高橋浩明「伊賀国薦生牧争論と十世紀の郡司制」（『国史学』一三一、一九八七年）、加藤友康「九・一〇世紀の郡司について」（『歴史評論』四六四、一九八八年）。なお筆者も、郡司制に関する研究史を整理した拙稿「地方豪族と郡司制」（雄山閣出版編『古代史研究の最前線』一、同出版、一九八六年）において、従来の理解に対する疑問点と、その見直しの必要性に触れた。

（7）なお、山中敏史「国衙・郡衙の構造と変遷」（歴史学研究会ほか編『講座日本歴史』二、東京大学出版会、一九八四年）は、郡衙遺跡の発掘調査の成果によれば、十世紀代に入るとそれまでの郡衙遺構の存続が確認できず、衰退に向かったと見られる遺跡が多いことを指摘された。それらの事例が郡衙の移転を意味するものでないとすると、従来郡衙で行われていた行政機能が国衙に吸収されていったことが考えられる。ただし、それが旧来の図式のなかでのみ理解されるものではないことに注意を喚起しておきたい。

（8）義江彰夫「国衙支配の展開」（『岩波講座日本歴史4　古代4』岩波書店、一九七六年）、佐藤宗諄「律令的地方支配機構の変質」（同『平安前期政治史序説』東京大学出版会、一九七七年）。

（9）関幸彦「「在国司職」成立に関する覚書」（『学習院大学文学部研究年報』二五、一九七八年）、同『国衙機構の研究』（吉川弘文館、一九八四年）。

（10）永承五年（一〇五〇）七月二十一日太政官符案（『平安遺文』三―六八一号。以下、同書の巻・文書番号は「平③六八一」の要領で略記）が初例となろう。なお。延喜十年の日付を持つ「加賀初任国司庁宣」（『朝野群載』巻二二）の宛所に「在庁官人雑任等」と見えるが、既に高田實氏が指摘されている通り、国司庁宣は「在庁官人等」を宛所とするのが通例である。それゆえ、本史料の「在庁官人」の語はいわば普通名詞的に用いられているに過ぎず、十一世紀半ば以降の歴史的名辞として固有の意味内容を持つ用法とは異なると解することが可能である。よって、富田正弘「平安時代における国司文書について」（『京都府立総合資料館紀要』四、一九七五年、のち同『中世公家政治文書論』に収録、吉川弘文館、二〇一二年）の指摘に従い、本史料を実際に延喜十年当時のものと認めて差し支えなかろう。

(11) 具体的事例は第二節参照。

(12) すなわち、彼らの証言が中央に対して意義を持ち（平③七三二・一〇八三）、国司より庁宣によって行政上の指示を受け（平③一一二七）、国司の裁許を請い（平③六九二・七八一）、在地から証判を求められ（平③八五五）、独自の文書発給を行う（平④一二二四・一三七二・⑨四六三二・四六三三・四六三五）といった状況が生まれている。

(13) たとえば、国衙の「所」の雑色人による勘申の結果を記す文書の多くが、雑色人の丹勘を受けて国判が加えられるという形を取っているように、雑色人の機能は事実調査に限られ、行政上の判断には踏み込んでいない。彼らはあくまで国司官長の存在を不可欠とする行政機構に属しているといえよう。後掲表1史料20・23・27・28等参照。

(14) 泉谷康夫「平安時代における国衙機構の変化」（『古代文化』二九―一、一九七七年、のち同『日本中世社会成立史の研究』に収録、高科書店、一九九二年）。

(15) 飯沼賢司「在庁官人制成立の一視角」（『日本社会史研究』二〇、一九七九年）、久保田和彦「国司の私的権力機構の成立と構造」（『学習院史学』一七、一九八〇年）、中原俊章「在庁官人制の成立と展開」（永島福太郎先生退職記念会編『日本歴史の構造と展開』山川出版社、一九八三年、のち同『中世王権と支配構造』に収録、吉川弘文館、二〇〇五年）。

(16) なお、本論で在地人（層）といった場合、具体的には当該期の当該地に生活基盤ないし経済基盤を持つ者を考えている。「浪人」や中央に出自を持つ者でもこの条件に当てはまれば在地人とみなしてよかろう。

(17) 佐藤宗諄「律令国家の変貌」（歴史学研究会ほか編『講座日本史』一、東京大学出版会、一九七〇年）及び同註(8)論文。

(18) 義江彰夫註(8)論文。

(19) 竹内理三「在庁官人の武士化」（同『日本封建制成立の研究』吉川弘文館、一九五五年）、吉村茂樹『国司制度崩壊に関する研究』（東京大学出版会、一九五七年）。

(20) 佐藤宗諄註(8)論文・註(17)論文、森田悌「地方行政機構についての考察」（同註(5)著書、初出一九七三年）。

(21) 泉谷康夫「受領国司と任用国司」（『日本歴史』三一六、一九七四年、のち同註(14)著書に収録）、北條秀樹「文書行政より見たる国司受領化」（『史学雑誌』八四―六、一九七五年、のち同『日本古代国家の地方支配』に収録、吉川弘文館、二〇〇〇年）。

(22) 長山泰孝「調庸違反と対国司策」(同『律令負担体系の研究』塙書房、一九七六年)、佐藤信「雑米未進にみる律令財政変質の一考察」(山中裕編『平安時代の歴史と文学』歴史編、吉川弘文館、一九八一年、のち同『日本古代の宮都と木簡』に「雑米未進にみる律令財政の変質」と改題して収録、吉川弘文館、一九九七年)、梅村喬「公廨稲制と塡償法の展開」(同『日本古代財政組織の研究』吉川弘文館、一九八九年)。

(23) 平野博之「平安初期における国司郡司の関係について」(『史淵』七二、一九五七年)が同様の観点から本官符を取り上げておられる。

(24)『日本三代実録』貞観十二年十二月二十五日条に「諸国雑交易物有二未進一者、准二未進之数一、没二郡司職田直一」とある。

(25) 北條秀樹註(21)論文。惣返抄については佐藤信註(22)論文も参照。

(26) このことは、『日本後紀』延暦十八年四月壬寅(二十八日)条、天長二年(八二五)閏七月二十六日官符(『類聚三代格』巻七)、同三年五月三日官符(同・貞観十年六月二十八日官符所引)等から知られる八世紀末から九世紀前期にかけての畿内における郡司忌避の動向と比較するとき、一層明らかとなろう。郡司忌避は、中央官職と比較した場合の位階面での不利などから、郡司の任にあることを望まない行為であり、畿内では郡司の地位や職務に利権としての性格が薄いための現象である。一方、請負忌避は、その職務が利権と不可分であるがゆえの現象であり、この点で両者は異なるものと考える。それゆえ、畿内と畿外で社会の発展段階に差があるために、同質の現象が時期差をおいてあらわれたとする説は取らない。

(27) なお、この時期にいくつか見られる受領襲撃事件もこうした行動の激化したものと捉えられよう。具体的事例については泉谷康夫註(21)論文参照。

(28) 前述の寛平七年・昌泰四年・延喜二年三月の各官符。

(29) 里倉の実態については、坂上康俊「負名体制の成立」(『史学雑誌』九四―二、一九八五年)参照。なお、「僅責二契状一」とある点から、対捍する側もこうした位置付けを受け入れていると判断される。

(30) 北條秀樹「平安前期徴税機構の一考察」(井上光貞博士還暦記念会編『古代史論叢』下、吉川弘文館、一九七八年、のち同註(21)著書に収録)はこれを否定されるが、請負忌避と業務への関与は別個に論じうると考え、本論のように解したい。

(31) 貞観十三年八月十日官符(『類聚三代格』巻八)。

(32) 貞観十四年七月二十九日官符(『類聚三代格』巻一四)、同十五年九月二十三日官符(同)。

(33)『日本三代実録』貞観四年三月二十日条、寛平三年九月十一日官符（『類聚三代格』巻一九）、同八年閏正月一日官符（同巻八）、延喜二年四月官符（前述）。
(34) 前述とは別の延喜二年三月十三日官符（『類聚三代格』巻一九、国史大系本六〇七頁）参照。なお、『続日本後紀』承和六年閏正月丙午（二十三日）条によれば、綱領郡司が諸司諸家への納入時に不足分の出挙銭を負わされている。こうした事情が、結果として中央諸権威との私的関係の発生につながっていたことも考えられる。
(35) 前註及び承和十二年六月二十三日官符（『類聚三代格』巻一九・貞観十年六月二十八日官符所引）。
(36)『日本三代実録』元慶五年十二月七日条、寛平三年五月二十九日官符（『類聚三代格』巻一九）。
(37) 寛平三年六月十七日官符（『類聚三代格』巻一九）。
(38) 北條秀樹註(30)論文参照。
(39) 寛平八年四月二日官符（二通、『類聚三代格』巻一五・一九）、延喜五年八月二十五日官符（同巻一九）、同年十一月三日官符（同）。
(40) 国司への追随か王臣家との結合かという「富豪の輩」の二者択一は決して固定的なものではなかったという理解は、西別府元日「王臣家牒の成立と王臣家の動向について」（『歴史学研究』四七六、一九八〇年）にも見られる。
(41) たとえば、郡司の差科に従わない等の行為は、国衙の権威を借りた者と中央の権威を借りた者の対立とも捉えられる。また、『日本三代実録』仁和元年（八八五）七月十九日条は、国衙と結び付いた者同士の対立を示す事例といえよう。
(42) 坂本太郎「古代における雑色人の意義について」（同『日本古代史の基礎的研究』下、東京大学出版会、一九六四年、初出一九五二年）。
(43)『日本三代実録』貞観九年四月八日条・同二十八日条等。
(44)『日本思想大系　古代政治社会思想』（岩波書店）所収本。以下同じ。
(45) 当該期の郡司の実例は、高田實註(4)論文第Ⅰ表、米田雄介「郡司一覧」（『日本史総覧』補、新人物往来社、一九八四年）等参照。
(46) 延喜二年三月十三日官符（註(34)参照）。このほか同日・前日の八通の官符が『類聚三代格』『政事要略』に見える。
(47) こうした政策は前月の一連の官符にも見られる。なお、国司権威の優位性といっても、中央諸権威の排除を意味するものではなく、国務に支障のない限りでその存続を認めたものであり、要は在地における権威の序列付けに意味があったと思われる。

(48)「(国目代) 左京史生」(平①二〇三)、「国司代内竪」(平①二三一)、「前勾当式部卿宮侍」(平①二四四)、「行事内竪」(平⑩四九〇四)、「検枚方上御庄惣別当」(平①二六三) 等。

(49)森田悌註(20)論文。不破英紀「国衙官人郡司制の成立事情」(『龍谷史壇』九五、一九八九年) も参照。

(50)米田雄介註(4)論文参照。ここでは詳しい分析は省略する。

(51)高田實註(4)論文、米田雄介註(4)論文など。

(52)高田實註(4)論文、米田雄介註(4)論文、泉谷康夫註(14)論文、久保田和彦註(15)論文等参照。

(53)飯沼賢司註(15)論文参照。

(54)この点から、土地売券等から知られる国郡等の立券行為は勘申とは一応切り離して考えられる。立券は売却等による権利の移動の公認に主眼があり、勘申とは別個の行政行為である。売券も勘申結果を示すための文書ではない。また、立券時の調査が十分でなく、せいぜい売却行為の確認にとどまる例は多く、立券が勘申と直ちに結び付くわけでもなかったと思う。

(55)以下、表1所載の史料は史料番号で示す。

(56)なお、八世紀の史料2・3は、班田時の寺田誤班給の修正に関わる同一の事象を述べたものであるが、この時期の誤班給修正にともなう勘申は史料4・5のごとく国司が行うのが通例であったらしく、史料2・3は勘申ではなく、郡司請文のような性格の文書だった可能性がある。また、伊賀国の「弘仁十一年二月廿日郡司伊賀奥成等勘定申文(弘仁十一年郡司申文)」(史料24)、伊勢国の「同(承和)十二年七月十一日依国符飯野多気両郡等勘申文」(平⑨四五六〇)など、九世紀の郡司勘申と思われる事例を後の時代の史料から見出すこともできるが、後世史料を参看すれば国司勘申の事例も増大するのであり、九世紀以前は国司勘申、十世紀以降に郡司勘申という傾向に変わりはないと思う。

(57)同荘の沿革については、松原弘宣「東大寺領因幡国高庭荘について」(『ヒストリア』六〇、一九七二年)、奥野中彦「八・九世紀荘園と田園制度」(竹内理三編『荘園絵図研究』東京堂出版、一九八二年) 等参照。

(58)東南院文書四—二、平①一九六。

(59)同国では、東寺領川合・大国荘の関連文書が数多く存在するが、勝山清次「東寺領伊勢国川合・大国庄とその文書」(平松令三先生古稀記念会編『日本の宗教と文化』同朋舎出版、一九八九年、のち同『中世伊勢神宮成立史の研究』に収録、塙書房、二〇〇九年）が、川合荘田に係る十世紀前半以前の諸文書は十一世紀後半以降の東寺と成願寺との争論の過程で偽作された文書であることを指摘された。本論ではこの指摘に従い、偽作とされる文書（平①五八・七六・七八・二三二・二四二、②三八七）はとりあえず分析の対象から除外した。

（60）註（56）参照。

（61）飯野郡は神郡であるため、その政務は大神宮司が統括する定めであった（寛平九年九月十一日官符・弘仁八年十二月二十五日官符、共に『類聚三代格』巻一）。よって、大神宮司の勘申とは実質上郡司勘申を意味する。史料17はその実例である。

（62）貞観十年二月二十三日筑前国牒案（早稲田大学所蔵観世音寺文書、平①一五七）。なお、こののち争論は大宰府に提訴され、その裁定により決着した（平①一五八・一六一）。史料12はこの決定に関連して出されたものである。同史料は国郡段階の勘申では見られなかった「仁寿二年班図」を取り上げているから、府の最終的裁定を受けた国または観世音寺が同図についてあらためて府に詳しい内容の通知を求め、その結果出されたものであろう。よって、府の田文所の勘申と考える。

（63）この部分の解釈は難解であるが、「在地郡検見営使所に下却せしめ」と読んでよいと思う。同様の読みは上島有編『東寺文書聚英』（同朋舎出版、一九八五年）にも示されている。具体的には「在地郡（に入部中）の検見営使所」ないし「在地郡と検見営使所」の意となろう。

（64）高田實註（4）論文、高橋浩明註（6）論文参照。

（65）この時期、国司に申請しても実質は郡司が勘申を行う例が他国に見られ、丹波国でもそうした状況が生まれていたとすれば、その関係を承知していた東寺伝法供家が郡衙宛の牒を国衙に提出していた可能性がある。こう考えれば史料15・16の関係は従来より理解しやすいものとなろう。

（66）丹波国の事例について、高田實氏は、郡司・郡衙を排除した形での国司による新しい国衙領支配の成立と評価された。しかし、既に高橋浩明註（6）論文が指摘された通り、延喜十五年の事態をこうした脈絡のなかに位置付けることには無理があろう。高田氏の見解は十世紀初頭までの土地問題処理が郡司の判裁を基本としていたという理解を前提としているが、この点を高田氏は実証されたわけではない。土地問題に関する勘申において高田氏の理解とは逆の現象が起きていることはこれまで述べてきた通りである。丹波国の事例からも郡司・国使一体となった業務形態の存在をうかがうことができると思う。

（67）木村茂光「刀祢の機能と消滅」（『日本史研究』一三九・一四〇、一九七四年）参照。

(68) 小口雅史「延暦期「山野」占有の一事例」（『史学論叢』一〇、一九八二年）は、郡判の存在から郡司が刀祢に命じた勘申と解されたが、郡判は郡司の命令の存在とは直接結び付かない。

(69) なお、(a)ほど明らかではないが、(b)についても「正解文進」とある点から、刀祢解の原本はいったんは領有者の手元に渡っていたと思われ、領有者の申請による勘申であった可能性は高い。

(70) 高田實註(4)論文第Ⅶ表等参照。また、後世史料から存在の知られる十世紀の「所」勘申として、伊賀国の「寛和二年検田所勘進状」（平⑧四〇〇二）等がある。

(71) なお、同文書に「正暦二年（中略）勘済使故粟田茂明之時、任二国郡図帳一可レ被二勘送一牒送之日、任二図帳面一加二注勘署印一被二示送一」とあるのも、「勘済使」による勘申の例である。

(72) 「判官代兼行事」は、売券である寛弘二年二月四日山城国某郷長解（平②四三八）の郡判にも見える。

(73) 十世紀の国使を論じた論考には、米田雄介註(4)論文、誉田慶信「中世成立期の郡衙と在地領主」（『歴史』四八、一九七六年）、関幸彦「「国使」をめぐる二・三の問題」（『学習院大学文学部研究年報』二七、一九八〇年）、久保田和彦註(15)論文、中込律子「王朝国家期における国衙国内支配の構造と特質」（『学習院史学』二三、一九八五年、のち同『平安時代の税財務構造と受領』に収録、校倉書房、二〇一三年）などがある。国使の実例は関論文の表Ⅰ・Ⅱ参照。

(74) 実例から見ても某使郡司が在地人たることはまず疑いなく、それ以外の国使にしても中央氏姓を持ちはするが、新たに土着した新在地層である可能性は否定されない。丹波国の例は蔭孫の肩書を持つが、四位・五位の者の孫をも蔭孫と呼ぶ場合があったことは土田直鎮氏の指摘がある（『日本思想大系　律令』岩波書店、一九七六年、補注六〇一貫）。また、大和国の例では「東市正」という官職が気になるところであるが、京に近い地域でもあり、共に国使となっている「大掾五百井一蔭」は在地人であるから（天暦十一年の平群郡司「行事内竪五百井」と同姓、平①二六四）、国使両名の性格は同等であったと考えたい。なお、五百井一蔭については、在地人であるがゆえに大掾でありながら国使になったと考えられる。

(75) 管見に入った十世紀の某使郡司一〇例のうち八例が九世紀以前の郡司と同姓であり、残る二例も氏姓が郡名と一致する。

(76) 同様の事例は、永延元年（九八七）十二月九日筑前国筥崎宮塔院牒（石清水田中家文書、平②三二八）にも見える。当例では、夜須郡鱸野荘内の公田の調査に「検田使」とは別に「国使」が派遣されており、これは「検田使」だけでは国司の意向の実現が期待できないための措置であろう。「検田使」の立場は同牒で糾弾されている郡司と近しいものであった可能性があると思う。

(77) 史料14については、平田耿二「十世紀の土地制度について」（関晃教授還暦記念会編『関晃先生還暦記念　日本古代史研究』吉川弘文館、一九八〇年）が詳細に検討され、国収納使による荘田の収公は国司の指示した原則に基づく行為であり、国判も収公自体を否定したものではないと評価された。この点、本論の趣旨と抵触するのであるが、氏の理解の前提となる当史料の田積計算については氏と異なる解釈が可能だと思う。要点のみ示せば、全一四坪の田積を合計し、そのうちの七つの坪に内訳として記されている「本田」及び「新開（田）」の田積をそこから減ずると、史料冒頭の収公田総額「弐町六段二百十六歩」と一段違いの額が得られる。一段の差は原史料の誤記のせいであろう。この計算法がいかなる実態を意味するかなお検討を必要とするが、ともあれ国司の意向と収納使の行動には齟齬があり、国判も収納使の行動を不当とする寺家側の訴えを大筋で認めたものと理解して差し支えないと思う。

(78) 同日付丹波国牒（北村文華財団所蔵、平①二四〇）。

(79) 同日付大宰府符（石清水田中家文書、平②三五四）。

(80) 正暦四年八月二十八日紀伊国符案・同五年九月二十七日在田郡司解案（高野山文書又続宝簡集一三四、平②三五七・三六〇）。

(81) 正暦五年九月九日栄山寺牒（表1史料28）に加えられた国判にも、「使・郡司宜㆔承知、免㆓除其責㆒之」とあり、国使と郡司を一括して命令を下している。

(82) 国使への指示を郡司に命ずる形式からいえば、郡司を上位とする想定も不可能ではないし、国との関係で郡司よりも上位の機能を国使が有するとしても、かつての国司と郡司の間に存在したような強い上下統属関係をそこに想定することはできまい。

(83) ここでの考察の多くは、北條秀樹註(30)論文及び勝山清次「「弁済使」の成立について」（『日本史研究』一五〇・一五一、一九七五年、のち同『中世年貢制成立史の研究』に収録、塙書房、一九九五年）に依拠している点、あらかじめ明記しておきたい。以下、両氏の見解はすべてこれによる。

(84) 雑掌については、松崎英一「国雑掌の研究」（『九州史学』三七・三八・三九、一九六七年）、赤松俊秀「雑掌について」（同『古代中世社会経済史研究』平楽寺書店、一九七二年、初出一九六八年、のち同『赤松俊秀著作集』三に収録、法藏館、二〇一二年）等も参照。

(85) 嘉祥二年（八四九）九月三日官符（『類聚三代格』巻一六）。

(86) 承和十一年閏七月七日官符（同巻一七）。

(87) 斉衡三年(八五六)六月五日官符(『類聚三代格』巻一二)、貞観十年六月二十八日官符(同巻一七)、寛平三年五月二十九日官符(同巻一九)、同六年七月十六日官符(同)。
(88) 第二節参照。
(89) なお、この九世紀前期の変化と、勘申や国使の事例から判明する同後期から十世紀初めにかけての地方行政機構の変化とでは、在地人の業務上の地位の重要化という同じ現象が生じている。ただし、その変化の背後に存在する在地層の主体的行動の有無・性格を考えた場合、現段階で両者を同列に評価することには疑問がある。ともあれ、両時期の在地情勢のより詳細な検討が必要であり、今後の課題としたい。
(90) 九条家本延喜式裏文書(巻二八、東京国立博物館所蔵、平①二九〇〜二九八)。
(91) 北條氏は、受領功過の必要による上京の可能性も指摘された。
(92) 佐藤宗諄註(8)論文にこうした見通しが述べられている。
(93) 十世紀の郡司制を「国衙官人郡司制」と呼称する点についていえば、郡司たる雑色人が国司に差用された存在である点で必ずしも誤りとはいえないが、この呼称が国による郡支配という構図と一体のものとして理解されるとなると適当ではないと思う。そこでこれを「雑色人郡司制」と称してはいかがであろうか。

補註

(補1) 石上英一論文は、のち同『古代荘園史料の基礎的研究』下(塙書房、一九九七年)に収録。
(補2) 清胤王書状については、山口県史編纂事業を通じて調査・研究が進展した。寺内浩・北條秀樹「「清胤王書状」の研究」(『山口県史研究』六、一九九八年)に原本調査所見とそれに基づく釈文が報告されたほか、寺内浩「「清胤王書状」と公文勘会」、佐藤泰弘「清胤王書状群の書状と言上状」(共に『山口県史研究』七、一九九九年)が発表され、同書状を収録した山口県編『山口県史 史料編』古代(同県、二〇〇一年)は、付録として全文の写真図版を収載した。

補記

本章は、九世紀後期から十世紀の地方行政機構の構成を、在地有勢者の存在形態に着目することで検討したもので、一九九一年に発表した（『史学雑誌』一〇〇―九）。本書収録に当たり、表の縦・横の向きを入れかえる等の変更を行った。発表時の紙幅の制約から、史料引用など切り詰めた叙述となっているが、初出のままとした。

卒業論文で郡司制を扱ったことから、大学院修士課程では平安時代の郡司と国衙機構を研究テーマとし、本章の内容は一九八四年に提出した修士論文を整理したものである。発表当時までの研究状況においては、国衙機構を構成する在地層の性格は、伝統的な支配層か、新興層かで理解の違いがあり、また、行政機構としての国と郡の関係では、国による郡支配の強化を見る一方、郡の機能強化が指摘されていた。本論は、国郡の行政機構の構成員が在地支配層として同一の実態であり、彼らが実務を担うことで国郡行政機構の一体化がもたらされたという視点を導入したものである。在地層で構成される国衙行政の担い手の国衙雑色人と雑色人郡司制という枠組みは、幸いにも学界に受け入れられ、在地支配層と受領・受領直属者との相互関係で地方政治社会を見る視角も共有されてきているものと思う。本論と関係する内容では、「「尾張国郡司百姓等解」と藤原元命」（『ＵＰ』三五〇、二〇〇一年）、「平将門の乱をめぐる武力と公権」（『歴史の争点　武士と天皇』新人物往来社、二〇〇五年）、「尾張国郡司百姓等解文」（解題、『東京大学史料編纂所影印叢書　平安鎌倉古文書集』八木書店、二〇〇九年）等を執筆した。

第三章　地域社会と郡司制

はじめに

律令制の地方支配においては、領域区画としての国・郡が基本的な枠組みであり、国・郡の行政は国家の官僚としての国司および郡司によって運営された。主として中央政府からの派遣官である国司に対し、郡司はその地域の政治社会の中で一定の勢力を持つ支配層の出身者であった。

律令制の地方支配は、戸籍制度、班田制、税制、その他様々な要素によって成り立っている。しかし、当時の地域社会において、律令制の諸制度がただ制定されたというだけで実現されたとは考えられない。律令制の地方支配を実効あるものとしたのは、郡司ら地域の支配層が持っていた民衆を統率する権威、実質的な支配力であった。こうした権威はかつての国造が有していた地域に対する支配権の系譜を引くものであり、こうした伝統的支配権を具現する存在を郡司として体制内に取り込むことで、律令国家の地方支配が機能したと考えられる。律令制地方支配の特質に関する理解として、このような見方をとる古代史研究者は多い。

古代における地方支配のあり方は、八～九世紀を通じて社会の変化と共に姿を変えていった。九世紀前期には、擬任郡司制の成立という形で郡司制に原理的な転換がもたらされた。郡司には、国司の下僚として郡務を遂行する実務能力こそが求められるようになり、地方行政の責任が国司に一元化される方向が取られていく。律令制の成立から一世紀あまりの間に、地方支配の構造は地域社会との関係でどのように変わっていったのだろうか。このことを考える中で、古代の地方支配制度と地域社会をめぐる問題を見直していきたい。

一　律令制の成立と地域社会

郡司の支配力

郡司による地域支配の実態を示す史料として、各地の地方官衙遺跡などから多くの出土例が知られるようになってきた郡符木簡が注目される。長野県千曲市の屋代遺跡群から出土した例では、「符　屋代郷長里正等」と書き出し、敷席・鱒・芹・匠丁粮代布などの物品・食物と、人夫・馬などを召し出すことを命じ、郡司の少領が署名している。屋代郷を管下に置く信濃国埴科郡司が発給した郷里制施行期（七一七〜七三九年頃）の郡符である。内容は郡家における何らかの神事の実施に関わるもので、神事のために必要な物品・食物、神事のための建物造営にあたる人夫、用材運搬のための人夫と馬、造営に従事する匠丁への給粮手当としての布などを徴発したものと考えられる。(1)

郡司による部内からのこうした物品・労働力の徴発は、律令の諸規定に基づいて実施された収取というよりは、従来から地域の支配層が有していた支配力に由来する性格のものであろう。(2)こうした徴発はむろん無限定に行われるわけではなく、そこには慣行的な枠組みがあったであろうが、地域の実態に応じて日常的に存在したものと想像される。自己の勢力圏に対してこうした日常的な徴発を含む全般的・総体的支配力を及ぼせる実力こそ、律令制成立時点において地域の支配層に備わっていた伝統的権威、実質的支配力の内容であろう。こうした地域に対する実質的支配力が既に所与のものとして存在していたことを背景として、人身把握・貢納品収取・労働力徴発等、律令制支配のための諸システムも運営可能であったと考えられる。

戸籍・計帳の作成と郡司

律令制地方支配システムの具体的解明が進むなかで、郡や郡司がその運営において果たす役割の重要性が様々な面で指摘されている。こうしたことが、地域の支配層から任命される郡司に具現される実質的支配力が重視される一つの背景となっている。

律令制による人身支配の基礎となるのは、戸籍・計帳制度である。戸令によると、計帳の作成手順は、京国の官司（京職・国司）が毎年六月末日以前に所部の手実（戸の構成員を書き上げた戸ごとの申告書）を徴収し、それに基づいて作成した計帳を八月末日までに中央に提出することとなっている。戸籍は、六年に一度、十一月上旬より作業を始めて翌年五月末日までに作成を完了させ、国・郡・里の里ごとに一巻として各三部を作成して、一部は国に留め、二部を中央に提出する。中央への提出期限は京との遠近により国によって十月末〜十二月末とされていた。

こうした戸籍・計帳の作成について、令の規定では国司が責任を負うこととなっているが、実際には郡司の果たす役割が大きかった(3)。天平期の正税帳によると、計帳作成の資料となる手実を集めるため、国司が部内を巡行していることが知られるが、巡行の日数は各郡三日程度であり、この日数で国司が民衆から直接手実を徴収することができたとは考えられない。各戸からの手実徴収は既に郡司の手で行われており、郡司によって取りまとめられたものを国司が集めてまわったのであろう。戸ごとの構成について申告を受け付けるのは郡司の役割であったとみられる。そもそも、戸ごとの構成を手実として実際に書き上げる作業についても、各戸で行うばかりでなく、当初から郡司の手でなされる場合もあったと考えられる。郡司による取りまとめ作業の一環として、前年との異動を抽出する等の作業が行われていた可能性も考えられる。

正倉院文書として残されている戸籍の実例によると、そのあり方には郡によってかなりの差がみられ、造籍への郡司の積極的関与が指摘されている。(4) たとえば大宝二年（七〇二）の御野国戸籍では、女子の名に郡によって特徴的な違いがある。安蜂間郡や本巣郡に多い「アネメ」（姉売など）・「アネツメ」（姉都売など）が加毛郡ではほとんど例がなく、「コメ」（古売など）・「ツメ」（都売など）等の加毛郡独特の名がみえる。これらは、その意味合いからみて普通名詞的用法に近く、造籍に際して実名のわからない女性ないし実名を告げない女性に対して戸籍作成者が付した名と推測される。そうした場合に用いる名の選択に郡ごとの差があったと思われるのである。また、成年男子の妻妾同籍率や、戸主と戸主の姉妹との同籍率にも郡によりかなりの差がある。これらも実態の反映ではなく、結婚している女性を夫の籍に移すか、結婚前の籍にそのまま残すかについて、郡ごとに運用の差があったことを示すと考えられる。

これらの事例から、戸の編成を決定し、戸内の構成を把握することは郡司の職権として行われていたといえよう。編戸の実権が郡司にあったとすれば、郡内を五十戸一里の里に編成する作業も、郡司の主導で行われたことは間違いない。(5)

貢納・出挙・労働力徴発と郡司

貢納品の収取でも、律令制の調はかつての国造によるヤマト政権への貢納の形態を引き継ぐものであり、部内からの徴収・調達は国造の差配にかかり、そうした構造は律令制にも受け継がれている。こうした視点から諸研究を総括し、個別人身的な律令制諸税の徴収も、実際には郡司に依存する形で運用されていたと指摘されている。(6) 木簡として大量に出土している貢進物付札の分析でも、その多くが郡段階で作成されたものであるとされている。(7) ただこの点については、同筆関係や製作技法の分析から、郡より下位の段階で作成された木簡がかなりあるとの指摘もある。(8) 付札木簡がどこで調製・書記され、貢進物に付されたかということは、必ずしも貢進物徴収の実質的権限の所在を示すものではない。貢進物の割り当てや徴収ないし調達の運用・実態について、より具体的な解明が待たれるところであろう。

正税出挙の運用においても、郡司に依存する部分が大きかった(9)。天平期の正税帳・郡稲帳の分析によると、正税は郡の正倉に収納されているほか、正倉以外の借倉・借屋に収められている例がかなり見られる。こうした形態は特に郡稲の収納において顕著に認められ、天平四年（七三二）越前国郡稲帳では、越前国全体で郡稲を収める正倉・屋八棟に対し、借倉五三棟、借屋一五棟という数であり、さらに正倉・屋八棟のうち七棟は空とされている。郡稲の出挙は、かつての国造の部内に対する出挙を継承したものであり、郡稲を収納する借倉・借屋とは郡司の私倉を意味していると考えられる。これらの倉・屋は、同時に郡司の私稲の収納にも用いられるものであろう。郡による公的な出挙と、地域支配層である郡司の私的な出挙とが未分化な状態で運用されていたことがここにうかがわれる。郡による出挙自体が、郡司に全面的に依存する形で運用されていたということができる。

労働力の徴発という点では、越前国坂井郡の東大寺領荘園の経営形態に関する分析を見てみたい(10)。同郡桑原荘は、天平勝宝六年（七五四）頃東大寺が大伴宿祢麻呂から土地を買得して成立した。その経営は、造東大寺司から越前国史生として派遣された安都雄足のもと、坂井郡の隣郡である足羽郡の大領生江臣東人、専当田使曽祢連乙麻呂が関与して行われた。桑原荘は、買得時の見開田九町を二年ほどで四二町まで拡大させるが、開田部分はすぐ荒廃し、また別に開田を拡げるといった無理な経営状態となり、賃租農民の逃亡などもあって、田使曽祢連乙麻呂は更迭、荘自体も間もなく衰えた。生江臣東人も当初は荘所造営や開田のための功稲七八〇〇束余を寄進しているが、その後の関与については不明である。一方、同じ坂井郡内の鯖田国富荘は、天平宝字元年（七五七）坂井郡大領品治部公広耳から墾田の寄進を受けて成立し、寄進後も荘担当の郡司として広耳が実質的な経営を行ったとみられる。広耳が寄進した墾田は、坂井郡内の処々に散在していたが、広耳死後の天平神護三年（七六七）、百姓田と相博（交換）して一所にまとめる一円化に成功している。桑原荘と鯖田国富荘の対比からは、郡司を通じた賃租農民確保の成否が、安定した経営の実現を左右したと評価されている。

律令制の導入と郡司の支配

律令制地方支配が、郡司の持つ地域社会に対する実質的支配力を背景に運営されたことは、以上の例などからも明らかであり、こうした側面はさらに多くの事例からうかがわれるところであろう。ただ、ここで注意しておきたいのは、律令制システムを運営するための個々の要素、たとえば里や戸の編成、手実の徴収、人ごとに定められた品目・分量の貢納品の徴収といった業務のすべてが、地域の支配層による伝統的支配によって以前から実行されていたとは考えられないことである。彼らが有していたのは、地域に対する統治行為を民衆に受け入れさせるに足る全般的・総体的な権威であり、そうした権威が存在することによって、律令制地方支配のための諸システムが郡司を介して地域に浸透していったという関係で捉えるべきであろう。

地域の支配層の有する権威・支配力は、律令制の地方支配システムを受け入れることによって、全般的・総体的な性格から、より個別的な内容に整理され具体化されることとなった。彼らは地域支配のための新たな行政技術を身につけ、その中で従来行っていなかった行政実務をも担うようになった。この結果、地域に対して従来以上の強権を行使するようなことも生じたであろう。この点、律令制の導入が地域支配層の権限を強化する側面を持つことは既に指摘がある。(11) ただそれは、律令政府によって彼らに新たな権限が付与された結果であるばかりでなく、ある意味では従来から保持していた全般的・総体的支配権の具体化・明確化によってもたらされたものと評価することができるであろう。

郡と二つの地域勢力

律令制の浸透にともなう地域支配層の支配強化としてもう一つ注目すべきなのは、地域支配層の個々を見た場合に、彼らが郡司（郡領）となることで支配力の及ぶ範囲が拡大される効果があったと思われることである。

郡の前身である評の設置について見てみよう。[12] 評の設置は、七世紀中頃の孝徳天皇期に全国一斉に行われたと考えられ、『常陸国風土記』などからの分析によると、多くの場合その地域の支配層二名の申請を受ける形でなされ、その二名が初代の評の官人になったとみられる。『常陸国風土記』には、かつての国造の名称を受け継ぐ評については設置記事がないが、そうした評から分出された評については、申請者二名の存在が記されている。国造のクニ（以下「クニ」と表記）の領域を引き継ぐ形でない評の設置は、常陸国の地域に限らず、こうした形で行われたと推測される。一二〇程度とみられる国造のクニの数（『隋書東夷伝』）に対して、郡の数は八世紀前半で五五五である（『律書残篇』）。また、クニがそのまま評に移行した例はさほど多くないとも指摘されている。とすれば、のちの郡の多くが、こうした二名の申請による建評の方式を取ったことになろう。そもそも、評督・助督といった形の二等官制が評制の成立当初からのものであるとすれば、大宝令制の小郡に相当するような小規模な評を除いて、二名の地域支配層が官人として並存するのが、評本来の性格である。『皇太神宮儀式帳』には、伊勢国度会評・多気評の初代の官人に氏姓の異なる二名が就任したことが記されている。[13] この点は、クニを引き継ぐ形で設置された評にしても同様であろう。時代は下がるが、天平七年に郡司の大領・少領（郡領）への同姓者並任を禁止する法令が出されているが（後述）、これは、代々郡領を輩出する勢力が一郡内に二氏族以上ある状態に対応する法令であろう。平安時代の郡司読奏の儀式次第を示す『西宮記』でも、「立郡譜第」の姓は一郡に二、三あるとしている。

このように、評（郡）は、複数の地域支配層を並存させる形で設置されるところに大きな特質がある。[14]『常陸国風土記』からうかがわれる分出評の例は、既存の評二つのそれぞれ一部を割いて一評とする方式であり、立評申請者（初代の評の官人）は、既存評から割かれたそれぞれの部分に対して勢力を有する支配層であったと考えられる。二つの地域支配勢力がそれぞれの支配領域を合体させて評を設置する形である。評の設置が行われた七世紀半ば頃までに、地域に対する国造の支配においては、国造一族内の結合が緩み、一族内に諸勢力が分立する傾向が生じていたとみられる。こうした情勢の中で行われた評の設置とは、こうした分立する勢力の支配領域を組み合わせて一つの行政単位とすることに他ならない。評の設置には、国造のクニがそのまま評となる場合や、一つのクニを分割して複数の評を置く場合なども考えられる。こうした場合においても、評設置時点の国造は、既にかつてのようなクニの領域全体に対する支配力は維持できなくなっており、彼の実質的な支配の範囲は一族内に分立する他の勢力と並立するものに過ぎないのであるから、こうした評においても二勢力並存という状況は同じであったと考えられる。

評（郡）を、複数の地域支配層の支配領域を組み合わせて一つの支配の単位としたものと考えた場合、その内部における個々の支配層から見るなら、自己の支配の及んでいない領域が評の中に含まれることを意味する。逆に、自己の勢力圏にもう一名の評の官人の手が及ぶこととともなるが、そうした拮抗関係はクニの時期から存在したものであり、むしろ、自己の支配範囲に対する優越的な地位を確保し、さらに自己の支配下に対するのと同じ権威を評の官人としてより広い範囲に及ぼせることの意味は大きいものであろう。また、こうした形がある程度の期間継続していけば、評の官人や郡領を継承することで地域に対する権威を認められるという状況が生まれていったと思われる。

律令制の成立期において、地域の支配層は、評の官人や郡領となることで、自己の勢力圏を確保すると共にその拡大の可能性を手に入れ、また、律令制地方支配システムの浸透によって支配の内容が具体化・明確化され、自己の支配力を強めることができたと考えるのである。

二　郡司と地域社会

郡領の任用をめぐって

大宝令の制定により評は郡に改められ、評の官人（評督・助督）は郡の大領・少領に引き継がれた（以下「郡領」はそれ以前の評の官人を含む意で用いる）。この時期の郡領は、地域の社会構成の中でどのような存在であったのだろうか。このことを考える手掛かりとなるのが、郡領の任用法に関する分析である。(15)

この頃までの郡領の任用は、従来から郡領を輩出してきた系譜に属する者（譜第に該当する者）を中心に、場合によって中央に出仕して功績のあった者（労効の事実のある者）を任用するといった形で運用されたとみられる。郡領の譜第とは、その者の系譜中にかつて郡領に就任した者が存在する事実に基づいて適用される選考上の基準であり、系譜上の郡領就任者の数などによって譜第の重さがはかられた。後述する天平七年の法令に「難波朝廷以還譜第重大」の語がみえ、また天平十年に「労効譜第」（労効によって郡領に任ぜられた者の子孫の譜第）の適用について変更がなされていることから、(16)八世紀前期には既に譜第の概念が定着していたことがわかる。郡領選考時に譜第基準を勘案することは、大宝令制定当初から既に行われていたとみられる。(17)とすれば、ある程度の人数の郡領を代々輩出してきたような系譜が郡（評）ごとに成立していたことになろう。労効による郡領就任者もあったと思われるが、多くの郡（評）において、建評時の二名の官人の系譜に属する者が代々その地位を継承するというあり方が大勢であったと思われる。

しかし、こうした郡領任用方式には問題も生じてきていた。郡領の選考方法については、天平七年五月に法令が出されている。(18)これは、令の規定では必ずしも明確でなかった郡領の選考方法について、従来の手続きを踏まえつつ、それを整理する形で明確化したものと評価できる。奏任の官である郡領の選考は、まず国司が適任者を選定して中央に推薦し（国擬）、これを受けて中央の式部省が推薦された本人への試問を含めた選考を行い、太政官がその結果を審議して天皇に奏聞し、裁可を得て正式に任用される。天平七年の法令は、国司が候補者を中央に推薦する際に、国司が選定した候補者（以下「国擬者」と表記）とは別に、郡（評）がはじめて設置された孝徳天皇期以降の郡領就任者の系譜に連なるという譜第の事実において重大な者（系譜に含まれる就任者数の多い者）四、五名（「難波朝廷以還譜第重大四五人」）について報告すること、また、譜第がなくとも卓越した能力を持ち労効が人々に高く認められている者（「雖無譜第而身才絶倫幷労効聞衆者」）がいる場合には、その者についても報告することを命じている。

この法令によって国司に求められることは、国擬者と同時に式部省へ報告することになる「難波朝廷以還譜第重大四五人」及び「雖無譜第而身才絶倫幷労効聞衆者」を含めた選考を行い、その中で最も適任と判断される人物を国擬者として推薦することに他ならない。何人かの候補者の中から適任者を選び出すという方法は選考の際に当然行われることであるから、これ以前の国司による郡領選考の方法が、本法令とさほどかけ離れたものであったとは考えられない。本法令の狙いは、それまで曖昧であった郡領選考の実態を明文化することで、選考の客観性・正当性の維持を図ろうとしたものと理解される。このことは逆にいえば、この時期、郡領選考の適切さをめぐって何らかの問題が生じており、そのことが本法令の出される背景になったと推測されるのである。

同姓者並任禁止の背景

天平七年には、この法令と同日に、また別の郡司任用に関わる法令が出されている。(19) その内容は、郡司が終身官（「終身之任」）であることを指摘し、一郡の郡司に同姓の者が並び任ぜられることを禁止するものである。ただし他姓の者の中に適任者がいない場合の例外として少領以上についての並任を認め、また神郡、辺境の郡と国造については適用除外としている。一官司に三等親以内の親族（男系では曽祖父・祖父・父・兄弟・子・孫、父の兄弟とその子、兄弟の子。大宝令では曽孫も含む）を並任することは選叙令で禁止されており、郡司にも適用されていた。この並任禁止の範囲を同姓の一族全体に拡大したのが本法令であり、郡司に関しては三等親以内並任禁止では不十分とする認識があったと考えられる。一郡の大領・少領が一氏族に独占されるような例が増加し、そうしたあり方が適切でないと判断されたのであろう。一つには、一郡二氏族という郡領の本来の性格が損なわれることを防ごうとしたことが考えられる。その後の天平十四年の法令[20]によれば、当時の中央政府が郡領の資質として求めたのは、郡内を統率できる権威を持ち、そのことが郡を超えた近隣の諸地域においても認められている（「当郡推服、比郡知聞」）ことであった。郡領には、郡内の共同体的諸関係を統括する伝統的権威を具現する人物を任ずるべきであるとするのが、この時期の中央政府の意図であろう。具体的には、立評時の官人二名の系譜に属する者が代々郡領に就任するという従来のあり方を大勢として維持しようとしていたとみられる。しかし、現実にはそうした人物は得がたい存在となっていたことが、この時期の郡領任用をめぐる問題の本質であったと思われる。天平七年の法令で「終身之任」が強調されるのも、適任の人物が長く郡領をつとめることが望ましいとする意味合いを持つのであろう。郡領への同姓並任を禁止することで、二氏族の適任の人物が長期にわたって郡領をつとめられるようにし、それによって郡内秩序の安定を図ろうとするのが本法令の意図であったと思われる。

こうした天平七年の二つの法令が出された背景としては、郡領の譜第を有するような地域の支配層（郡領譜第氏族）内部における勢力の分立がさらに進み、支配層個々で見た場合、支配を及ぼせる範囲が縮小する状況があったと思われる。こうした状況においては、郡領選考において競合する候補者は多数存在するにもかかわらず、旧来のような郡内の広い範囲に対して支配的権威を及ぼせる人物は得られないという事態が生じることとなろう。旧来からの郡領二氏族という在り方に反する同姓並任という事態も、氏族を取りまとめる者の存在意義が薄れてきた結果、二氏族の郡領候補者が同列で競合するようになったために生じたことではなかろうか。また、郡領に同姓者がいったん並任されると、郡領の選考基準となる譜第が同姓氏族にのみ加算されていくこととなるから、同姓並任が継続されることとなりかねなかったと思われる。譜第を有する別姓氏族がこれに対抗するためには、氏族内部で郡領の交替を頻繁に行うことで氏族への譜第の加算を確保するといった手段を取る必要がある。この結果生じる事態は、郡領の頻繁な交替とそれによる地域政治社会の秩序の動揺であり、また氏族内への譜第の拡散とそれによる郡領選考の混乱の助長である。これに対して、天平七年の法令は、国司による郡領選考の方法を明文化することで選考上の混乱を回避し、また同姓並任を禁止することで郡領の頻繁な交替を抑制しようとしたと考えられる。しかし、問題の本質は、地域支配層、郡領譜第氏族のさらなる分立にあり、それに正面から対応する地方支配の再編という点では不十分なものであった。

郡領の在職期間

上に見た天平七年の法令をはじめ、郡司が終身官であることを述べる史料は多い。郡司は任期がなく、同一人が終身を通じてつとめることのできる職であった。しかし、郡司が終身官の性格を持つことと、実際に終身官として運用されていたかどうかとはまた別の問題である。実例から個々の郡司の在職期間を検討していくと、多くは三年程度で交替しており、同一職に一〇年以上もとどまっている例は稀であることが指摘されている。(21)

諸史料に氏名の見えることから判明する八世紀の郡司の同一職在職期間として最も長いのは、越前国足羽郡大領の生江臣東人であり、天平勝宝七歳（七五五）、天平宝字元年（七五七）、天平神護二年（七六六）に足羽郡大領として史料に見え、前後一一年の在職が判明する。この他、八年の例（大和国高市郡少領蔵垣忌寸家麻呂）なども見られるが、在職期間が判明する例のほとんどは一～二年という短い期間である。もちろんこうした結果が出るのは史料的制約があるためでもあり、史料から判明する在職期間は一〜二年でも、実際の在職期間はその前後を含めてもっと長かったとも考えられる。しかし、たとえばある人物が少領として見えた後に今度は大領として登場するなど、同一郡の郡司として昇任していることがわかる例によると、その間隔は八年・六年・四年・二年といったものである。郡司の交替がこの程度の年数に一度生じていたことを示している。

同様の状況は、勲位を持つ郡司の分析からもうかがえる。神亀元年（七二四）、聖武天皇の即位にあたり、京官・外官すべての職事官と五位以上の官人の嫡子（「内外文武職事及五位已上為父後者」）に勲一級が授けられた。この中には当時在任していた郡司もすべて含まれていた。したがって、これ以降の史料に登場する郡司で勲位を持たない者は、神亀元年時点ではまだ郡司に任命されていなかったと考えられる。勲位があれば肩書に必ず記したと思われる天平期の正税帳の郡司署名を見ると、天平二年の段階で郡領一二名のうち四名が勲位を持っていない。その後、天平四・六年の例では勲位を持つ郡領がなお多いが、天平八・九・十年になると、一〇名の郡領のうち勲位を持つ者は天平九年に僅か一名だけという状況になっている。一〇年強の年数の間に多くの郡で郡領の交替が生じていたといえよう。また、天平五年の『出雲国風土記』からその時点における同国内の全郡司の肩書きが判明するが、それによれば、勲位を持たない郡領が出雲国九郡のうち六郡であらわれており、それとは別に新任手続き中であることを示す擬少領が一郡に見える（擬任郡司については後述）。このことから、出雲国では一〇年間に九郡中七郡で郡領の交替があったと判断される。なお、勲位の有無による分析では、神亀元年にはより下級の職にあった者が、その後昇任した可能性も考えられるので、郡領の交替はさらに多かった可能性があろう。

地域勢力の存在形態

郡領は、八世紀前期の段階から、数年ないし一〇年程度の間に一度は交替の機会が生じるというのが実情であったとみられる。先に天平七年の法令から推定した郡領任用上の問題は、実態面からも裏付けられるといえよう。こうした状況を生じさせた地域支配層の存在形態、地域社会における政治秩序のあり方はどのようなものであったのだろうか。この点で注目されるのが、天平六年に行われた既多寺大智度論の書写事業をめぐる播磨国賀茂郡の勢力構成に関する分析である。(22)

既多寺大智度論は、天平六年に賀茂郡既多寺で書写された知識経であり、もとは全一〇〇巻からなっていた。かつてはその多くが石山寺に所蔵されていたが、現在は各所に分蔵され、あるいは所在不明となっている。(23)各巻の奥書には、この写経事業を行った知識に参加した者の名前が一人ずつ記されている。既多寺大智度論一〇〇巻は、一〇巻ごとに区切られておそらく帙に入れられ、帙を単位に知識参加者に割り当てられ、奥書が書き込まれていったものと推定される。判明する奥書によれば、第二〜三帙（第一一〜三〇巻）は知識の中心的人物とみられる「尼願宗沙弥」に割り当てられており、第四帙は女性たちに割り当てられた巻であるらしい。第五帙以下は、第五・六帙、第七帙、第八・九帙、第一〇帙の四つのまとまりに分けられ、それぞれのまとまりの中は、まず針間国造姓（針間直を含む）の名前を記した巻が続き、ついで、佐伯直・物部連・山直など他姓の者の名前が続くという構成となっている。他姓については、まとまりを超えて重複するものは見られない。針間国造姓を筆頭に他姓の者を含む四つの集団の存在がここにうかがえるわけである。こうした集団は、知識参加者を便宜的に区分したものとは考えにくく、地域社会の中に現実に存在した集団、人的結合を反映するものであろう。当時の賀茂郡において、針間国造姓の一族は少なくとも四つの勢力に分かれており、それぞれが他姓の別々の氏と関係を結んでいるという状況をここにうかがうことができる。

郡領氏族の分立と一族的結合

ここで針間国造姓について検討すると、播磨国の地域の国造としては針間国造・針間鴨国造・明石国造の存在が知られ、このうち賀茂郡に本拠を持ったのは針間鴨国造であり、針間鴨国造がこの時期までに針間国造の姓を称するようになったとの理解が示されている。なお、先に述べた二勢力並存による評（郡）の設置というあり方から考えるならば、賀茂評設置の際に、針間鴨国造と共に、針間国造の一族が立評氏族として加わった可能性があるかもしれない。賀茂郡については史料がないために郡領氏族の姓がわからないが、大智度論奥書にみえる針間国造姓を持つ一族が、代々の郡領を輩出してきた一族であることは認められよう。したがって、賀茂郡のような状況こそ、郡領譜第氏族の内部における勢力分立の具体例を示すものと評価できるのである。針間国造姓を持つ一族の中で分立するこうした集団こそ、国司による郡領選考の際に選考対象となる候補者が出される母体であり、この時期の郡領の勢力圏のあり方を示すものであろう。

こう考えた上で注目できることは、大智度論書写のための知識を組織するに当たって、氏族内部の勢力分立はあるにしても、四集団全体としては一族としての結合をなお保持している点であろう。この知識に参加しなかった一族がなお存在した可能性もなくはないが、その場合でも、知識を構成する四集団が、一族の中で相当程度の規模を持つまとまりであることは間違いないであろう。こうした一族的結合を維持する上で、知識の中心と目される「尼願宗沙弥」の存在が大きな意味を持ったと思われるが、この点については今後の検討を待ちたい。これら四集団は、一つの写経事業を共同して行っていることから考えても、相互に厳しい対立関係にあるような様子はうかがわれない。むしろ「尼願宗沙弥」のような存在を核として、集団相互に対立が生じた場合にもその宥和をはかる手段をなお保持していると考えてよいように思われる。これを、先にみた天平七年の法令の背後にうかがわれる情勢に引き付けていえば、各集団は、郡領就任を求めて相互に対立したり、分裂傾向をはらんでいたりというよりは、なお一族としての結合を保持する意識の方が強いように思われる。一集団が郡領の地位を独占するのではなく、郡領就任の機会を各集団で均衡させることで、一族全体としての支配を確保・強化するという守旧的な選択が働いていたのではないだろうか。集団間で郡領の地位を適宜交替すること、可能であれば大領・少領の地位を一族で独占すること、逆に他氏族に独占されるおそれがあれば一族として対抗手段をとること、こういった行為は、内部分立をはらみながらもなお一族の結合を維持しようとしている段階の郡領譜第氏族を想定した場合に適合的に理解できると思われるのである。

三　地域社会の変化と郡司制の転換

郡領候補の限定化

郡領任用をめぐる天平七年の法令は、地域社会に対して従来と変わらぬ支配を及ぼせる郡領の任用を継続することを主眼としていた。しかし、当時の地域支配層の内部では、勢力の分立が進行し、かつてのような郡内の広い範囲に支配を及ぼせる存在自体が得られなくなっていた。天平七年の法令は、そうした状況を踏まえた新たな地方支配システムを目指すものではなく、地方支配上の郡司の位置付けについては旧来のあり方の維持を前提とした守旧的な性格を持つものといえる。この結果、郡領任用をめぐる問題は一層深刻化し、天平勝宝元年二月に至って任用制度に関するまた新たな法令が出されることとなった(24)。

天平勝宝元年の法令は、郡領の選考について、立郡（評）にさかのぼる譜第の事実において重大な家（「立郡以来譜第重大之家」）を選定し、今後はその家を嫡系により継承させ、その継承者のみを郡領の候補者として選考の対象とすることを命じたものである(25)。「立郡以来譜第重大之家」（以下「譜第重大家」と表記）とは、立郡（評）時の郡領の系譜に連なり、その系譜中に含まれる郡領就任者の多い者の属する家を意味するのであろう。なお、こうした方式で郡領候補者を選考の都度確保することが可能となるためには、譜第重大家が一郡に一、二家ということは考えにくい。のちの史料に譜第重大家としての資格の取り消し処分が見えることからも、同様のことがいえる。天平七年の法令に「譜第重大四五人」という人数が挙げられており、また同姓並任禁止の適用を考えれば、譜第重大家は氏族ごとに四、五家ないしその前後といった数を選定されるのが一般的な状況であったと考えておきたい。

これ以前の天平七年の法令に基づく郡領の選考においては、選考対象者の範囲は選考のたびに流動的であった。それに対して天平勝宝元年の法令は、郡領となりうる者の範囲を限定し固定化するものである。こうした方式を取る理由について同法令は、従来の選考方法では譜第の軽い者を任用し、譜第の重い者を退ける結果が生じうるために、様々な系譜・家柄の者が郡領就任を望むようになって良俗を乱す状態となっているとして、今後は郡領就任をめぐる争いの源を断ち、無駄な期待を抱かせる余地をなくす措置を取ると述べている。この当時の中央政府の政策判断は、立郡以来の重い譜第を持つ者が郡領に就任することが、地域の良俗を守り秩序を維持するために必要であるとするものであったと考えられる。天平勝宝元年の法令は、譜第重大家の設定という点では、郡領譜第氏族が複数の勢力に分立している現実に対応した性格を持っているといえるが、しかし地方支配上の郡司の位置付けという点では、なお旧来のあり方を変更するものではなかったと考えてよいであろう。

郡領氏族分立の進行

郡領譜第氏族内の勢力分立の傾向は、天平勝宝元年の法令によっても押しとどめることはできず、その深刻さはさらに増したようである。その影響は地方支配の現場にも及び、行政実務の運用にも支障が生じるようになっていったことがうかがえる。

郡領の交替は、八世紀後半になってそれ以前に増して頻繁に行われるようになったことが、擬任郡司の登場頻度の分析から指摘されている。[26]擬任郡司は、郡司の選考手続きの中で、国司により適任者として推薦（国擬）されたのち、中央における任用手続きが終了する以前から郡司としての職務に従事している者を指す。したがって、擬任郡司の存在は郡司に交替が生じたことを示している。史料の性格により擬任郡司のあらわれにくいものを除外して擬任郡司の出現頻度をみていくと、八世紀前半においては、上述の天平五年『出雲国風土記』において郡領一八名中に擬少領が一名、主政・主帳一六名中に擬主政一名といった数で、正任郡司に対する擬任郡司の比率はかなり低い。ところが八世紀後半になると、正倉院宝物として伝わる調庸布等の墨書銘にみえる郡司の例では、郡領においても、主政・主帳においても、正任と擬任の割合はほぼ同じとなっている。こうした擬任郡司の出現頻度の増加は、八世紀後半になって郡司の交替が従来以上に頻繁に生じるようになったことを示すものと考えられる。

郡領就任をめぐる郡内諸勢力の対立が激化していたことは、郡の正倉などが火災で焼失するいわゆる正倉神火事件の頻発からも知ることができる。神火事件の中には、郡領就任をもくろむ「譜第之徒」が、現任郡領の解任を狙って放火する場合があった。[27]譜第重大家同士が、郡領就任をめぐり相争っていたのである。上述した郡領譜第氏族の中での勢力分立状況に即していえば、この時期には、同一氏族内の勢力相互間に容易に調整できないほどの利害対立が生じており、氏族の分裂傾向は正倉への放火という強硬手段をとるほどに深刻化し、もはや修復困難な状況に至っていたということができる。

郡領に求める資質の変化

こうした地域政治社会の秩序の混乱は、行政の現場にも反映されざるをえなかった。[28]八世紀後期を中心に、官物の欠失や諸貢納品の未進等の対策が相次いで出されるようになるが、その際、郡司の解任や譜第重大家の資格剥奪といった形の処分がしばしば命じられており、郡司の責任が強く問われるようになっている。地方行政業務が従来の形ではうまく機能しなくなっていること、その背景として行政実務を遂行する郡司の能力が十分でなくなっていることが、ようやく認識されはじめたといえよう。また、解任された郡司の後任として、「時務に堪える者」や「幹了」（ことをよくなしとげうる者）の登用が命じられる場合も見られ、(29)実務能力の高い人材が郡司にふさわしいとする意識も生まれていた。

しかし、郡領の選考対象を譜第重大家に限定している限り、こうした人材を任用することは難しい。そこで用いられた便法が擬任郡司の形態の応用であり、それを主導したのは地方行政の現場に立つ国司たちであったと考えられる。擬任郡司は、上述したように郡司の任用手続き中にあらわれる過渡的な形態であり、したがって郡司定員内の存在であることが本来の性格である。ところが、八世紀末頃には、郡司定員外の擬任郡司であるいわゆる副擬郡司設置が行われるようになっていた。延暦十七年（七九八）の法令では、諸国司が郡司一名の欠員に対して数人を擬任したり、正式定員内の郡司がありながらさらに副擬郡司を置いたりすることを禁止している。(30)貢納物の中央への輸納業務を担当する郡司（綱領郡司）を国司が任意に交替させることを禁止した延暦十五年の法令では、国司が正任の郡司ではない者を綱領郡司として上京させながら、郡領の交替があったと強弁するために、事の虚実がつかめないと述べている。(31)こうした様態こそ副擬郡司の出現に他ならない。国司は、擬任郡司という形を隠れ蓑にして、当時の郡領選考方式では任用できない人材を郡の行政業務に用いようとしたのである。

こうした擬任郡司（副擬郡司）は、郡の行政業務のある部分のみを担う形で用いられており、このことは郡領譜第氏族のさらなる分立に対応している。また、業務を内容ごとに分掌する処理方式は、いわゆる郡雑任の職務形態と類似するものでもある。郡雑任は八世紀前期よりその存在が知られるが、(32)その中でも管理的業務に従事する税長などの職種に、郡領譜第氏族の中の分立する勢力から就任する者がいたことは十分考えられると思う。勢力分立がさらに進行し、勢力相互の拮抗・対立関係が生じていく中で、郡雑任の性格にも変化があったであろうが、分立勢力を含んだ郡雑任による職務形態の一つの展開として、擬任郡司（副擬郡司）による郡務分掌が発生したのではなかろうか。

延暦十七年三月、副擬郡司を禁止する法令が出された直後に、郡領任用方式もほぼ五〇年ぶりに抜本的に改められた。それまでの譜第を基準とした選考を取り止め、今後は「芸業」にすぐれ郡を治める能力のある者（「芸業著聞堪理郡者」）を郡領に任用することとしたのである。(33)「芸業」とは郡の行政実務を処理する能力を指し、その内容は具体的な条目として定められていた。郡領に求められる資質として、郡の行政業務の一々を処理できる実務能力を重視する方向が国家の政策として認められた。これは律令国家の地方支配における郡司の位置付けの大きな転換といえる。こうした方向は、地方行政の現場にあって、従来の郡司による業務遂行の問題を肌身に感じていた国司たちが求めてきたものである。地域の支配層の分立化・多元化が進行した現実の社会構成に根ざした地方支配システム再編の第一歩と評価できると思われる。

擬任郡司制の成立

ついで、九世紀初期の弘仁年間に二度にわたり郡領の任用制度は改められた。(34)弘仁二（八一一）・三年の改定では、延暦十七年に停止された譜第による選考が復活され、まず譜第ついで芸業によって選考を行うこととなった。この時の改定の主眼は、郡領の国定策をとった点に認められる。国司が推薦した候補者が中央での審査で退けられて別人が任用され、その結果、郡内がうまく治められないような事態が起きても、その責任は国司が負わされるとして、今後は国司からの推薦の通りに郡領を任用することとした。(35)郡領としての資質の判定について、国司がすべての権限と責任を負うことがここに明確にされた。それは、郡司が国司の下僚として位置付けられたことを意味している。さらに弘仁十三年には、国司が選考した人物を三年間擬任郡司にとどめ、この間に郡司としての資質を見極めた上で正任の郡司とする方式が認められた(36)。擬任郡司は、正式任用の手続きを踏むことを前提としない存在となり、先にみた副擬郡司のような形で郡司定員が実質的に増加される結果がもたらされたと考えられる。ここに擬任郡司制が成立することとなった。

擬任郡司制は、従来よりも多くの地域支配層が郡領として行政実務に従事する形態である。擬任郡司となったのは、分立がさらに進行した郡領譜第氏族内の諸勢力などであったと考えられ、あるいは播磨国賀茂郡の事例で見られたような分立勢力の中に組み込まれた他姓者で勢力を伸張させた者なども含まれていたかもしれない。擬任郡司制の成立は、諸勢力分立の進行という現実の社会構成の変化を組み込んだ形の地方支配再編策と評価される。郡内に対する伝統的な権威を体現する郡司の実質的支配力に基づく地方支配という律令制当初の形はもはや維持できなくなった。郡司は地方行政業務の一部を分掌する下僚として国司のもとに組織される存在となり、地方行政の責任は国司に一元化される方向へと進んでいくのである。

ただし、こうした政策の変更によって直ちに地方行政の諸業務が十全に機能するようになったわけではなかった。現実の社会の変化はさらにその先を進んでいたといえる。擬任郡司制は従来よりも多様な地域の支配層を行政の受け皿として組織することを可能としたが、しかし、この時期にはいわゆる富豪層の動向として知られるような体制から離脱する方向の活動が地域支配層の中に見られるようになってくる。こうした社会の新たな動きへの対応を含めた地方支配の全面的な再編には、なお一世紀ほどの時間を要することとなるのである。このの ち九世紀後期から十世紀にかけて確立される地方行政のあり方は、受領国司制が成立する中で、地域政治社会の中で一定の勢力を持つ支配層が国衙の雑色人として組織され、彼らによって国と郡の行政が担われるという形である(37)。そこに至る過程を見通した上でいうならば、擬任郡司制の成立は、地域支配層の地方行政への広範な登用と、彼らによる地方行政業務の分掌を準備するものであった。擬任郡司制によって、郡司に対する国司の支配力・影響力の相対的強化が進む一方、地域支配層の実務能力は受領国司体制を支える要素となり、彼らの地域社会における地位が新たな性格で確立されていくことになったと思われるのである。

おわりに

以上、律令制下の地域社会のあり方について、地域の支配層の分立状況を主たる手掛かりとし、特に郡司制の構造と絡めた分析を試みた。地域における諸勢力の存在形態はこれまでも注目されて来た問題であるが、ここでは諸勢力を上層と下層といった重層関係で見るだけでなく、分立並存の構造に着目し[38]、それが律令制当初からの形であると見る視点から、この時期の地方支配の特質とその変化を考えてみた。とはいえ、叙述の主たる部分は郡領の任用政策と、その直接的背景となる地域の政治社会構成の素描に過ぎない。地域社会と地方支配の諸相について同様の視点から見直していくことが、視点の有効性を検証する意味からも必要である。取り上げるべき多くの問題が残されており、今後の課題としなくてはならない。

註

（1）長野県埋蔵文化財センター編『長野県屋代遺跡群出土木簡』（同センター、一九九六年）。
（2）平川南「出土文字資料の研究方法」（同『墨書土器の研究』吉川弘文館、二〇〇〇年）。
（3）伊藤すみこ「奈良時代の婚姻についての一考察（一）」（『国家学会雑誌』七二―五、一九五八年）、平川南「地方官衙における文

書の作成・保存・廃棄」(同『漆紙文書の研究』吉川弘文館、一九八九年)、渡辺晃宏「籍帳制の構造」(『日本歴史』五二五、一九九二年)、杉本一樹「戸籍制度と家族」(同『日本古代文書の研究』吉川弘文館、二〇〇一年、初出一九八七年)。
(4) 南部昇「籍帳研究史の二つの問題」(同『日本古代戸籍の研究』吉川弘文館、一九九二年、初出一九八四年)。
(5) 佐々木恵介「律令里制の特質について」(『史学雑誌』九五—二、一九八六年)。
(6) 大津透「律令収取制度の特質」(同『律令国家支配構造の研究』岩波書店、一九九三年、初出一九八九年)、同「律令制的人民支配の特質」(笹山晴生編『日本律令制の構造』吉川弘文館、二〇〇三年、のち同『日唐律令制の財政構造』に収録、岩波書店、二〇〇六年)。
(7) 今泉隆雄「貢進物付札の諸問題」(同『古代木簡の研究』吉川弘文館、一九九八年)。
(8) 山中章「行政運営と木簡」(同『日本古代都城の研究』柏書房、一九九七年)、寺崎保広「木簡論の展望」(石上英一ほか編『新版 古代の日本10』角川書店、一九九三年)。
(9) 舟尾好正「天平期越前に関する考察」(『ヒストリア』三八、一九七〇年)、不破英紀「郡稲倉の管理形態より見た官稲混合」(日野昭博士還暦記念会編『歴史と伝承』永田文昌堂、一九八八年)、渡辺晃宏「律令国家の稲穀蓄積の成立と展開」(笹山晴生先生還暦記念会編『日本律令制論集 下』吉川弘文館、一九九三年)。
(10) 藤井一二『初期荘園史の研究』(塙書房、一九八六年)、小口雅史「初期荘園の諸様相」(網野善彦ほか編『講座日本荘園史2』吉川弘文館、一九九一年)。
(11) 岸俊男「律令体制下の豪族と農民」(『岩波講座日本歴史3 古代3』岩波書店、一九六二年)。
(12) 鎌田元一「評の成立と国造」(同『律令公民制の研究』塙書房、二〇〇一年、初出一九七七年)。
(13) 森公章「評の成立と評造」(同『古代郡司制度の研究』吉川弘文館、二〇〇〇年、初出一九八七年)。
(14) 大町健「律令制的郡司制の特質と展開」(同『日本古代の国家と在地首長制』校倉書房、一九八六年)。
(15) 拙稿「郡領の銓擬とその変遷」(註(9)『日本律令制論集 下』、本書第Ⅰ部第一章)。
(16) 『類聚三代格』巻七・天長四年五月二十一日官符所引天平十年四月十九日官符。
(17) 今泉隆雄「八世紀郡領の任用と出自」(『史学雑誌』八一—一二、一九七二年、のち同『古代国家の地方支配と古代東北』に収録、吉川弘文館、二〇一八年)。

(18)『続日本紀』天平七年五月丙子条。
(19)『類聚三代格』巻七・弘仁五年三月二十九日官符所引天平七年五月二十一日格。
(20)『続日本紀』天平十四年五月庚午条。
(21)須原祥二「八世紀の郡司制度と在地」(『史学雑誌』一〇五―七、一九九六年、のち同『古代地方制度形成過程の研究』に収録、吉川弘文館、二〇一一年)。
(22)栄原永遠男「郡的世界の内実」(『人文研究(大阪市立大学文学部紀要)』五一(第二分冊)、一九九九年)。
(23)佐藤信「石山寺所蔵の奈良朝写経」(同『古代の遺跡と文字資料』名著刊行会、一九九九年、初出一九九二年)。
(24)註(15)拙稿。
(25)『続日本紀』天平勝宝元年二月壬戌条。
(26)須原祥二註(21)論文。
(27)『続日本紀』宝亀四年(七七三)八月庚午条など。
(28)註(15)拙稿。
(29)『続日本紀』宝亀四年八月庚午条・同十年八月庚申条。
(30)『類聚三代格』巻七・延暦十七年二月十五日官符。
(31)『類聚三代格』巻七・延暦十五年六月八日官符。
(32)中村順昭「律令制下の国郡衙の職員構成」(黛弘道編『古代王権と祭儀』吉川弘文館、一九九〇年)。
(33)『類聚国史』巻一九・延暦十七年三月丙申条等。
(34)註(15)拙稿。
(35)『日本後紀』弘仁二年二月己卯条・同三年六月壬子条。『類聚三代格』巻七にも収録。
(36)『類聚三代格』巻七・弘仁十三年十二月十八日官奏。
(37)拙稿「十世紀の国郡行政機構」(『史学雑誌』一〇〇―九、一九九一年、本書第Ⅰ部第二章)。
(38)今津勝紀「雑徭と地域社会」(『日本史研究』四八七、二〇〇三年)。

補記

本章は、本書第Ⅰ部第一章・第二章での検討を踏まえて、律令制の成立から平安時代初期までの地方支配と地域社会の関係について、地域の支配層の様相に視点を当てて概観したもので、講座論文として二〇〇四年に発表した（歴史学研究会・日本史研究会編『日本史講座　2　律令国家の展開』東京大学出版会）。本書収録に当たり、内容に即して題名を改め、また参考文献・典拠史料等について註として整理した。なお、第Ⅰ部に関わる内容では、「平安時代の国衙と在地勢力」（『国史学』一五六、一九九五年、シンポジウム「古代東国の国府と景観」での報告）で九・十世紀の国府と国衙機構の変遷を概観したほか、多摩市史編集委員会編『多摩市史』通史編一（多摩市、一九九七年）に「郡司と豪族」（第四編第五章第二節2）、「地方政策の変化」（同第六章第一節1）、「受領と国衙」（同第二節1）、「自立する国衙行政」（同第三節1）を執筆した。

第Ⅱ部　牧の制度と社会

第一章　八・九世紀の牧について

はじめに

日本古代の律令国家における牧の実態の解明は、古代の軍事・交通・地方支配制度等を考える上で、また中世社会への転換を探る上で、重要な手掛かりになると思われる。しかし、関連史料の乏しい上に、その中で貴重な材料になる令と延喜式の牧に関する規定（以下、牧規定と呼ぶ）が必ずしも整合的関係にない点が、当該期牧の実態解明にとって大きな障害となっている。令の牧規定があくまで牧一般に関する画一的規定であるのに対し、延喜式では諸国牧・御牧・近都牧等の諸形態に各々異なった個別規定がなされているからである。このため、律令国家の牧の考察に当たっては、令・延喜式両牧規定の相違を無視しうる範囲で論を進めざるをえず、この方法ではその実態に深く斬り込むことは難しい。そこに必要となるのは、令の画一的牧規定と延喜式の個別的牧規定との空隙を埋め、両規定の整合的理解を期する作業である。本論では、当該期牧の実態解明の前提となるべきこの作業を行ってみたい。

牧に関する先行研究を繙くと、(1)西岡虎之助氏の著名な論文「武士階級結成の一要因としての『牧』の発展」(2)が、牧全般に及ぶ先駆的業績としてなお真先に参照すべき価値を有している。本論も氏の業績に多くを導かれたものであるが、ここで取り扱う令制と延喜式制の関係について、氏の見解を参看しておきたい。古代から中世に至る氏の詳細かつ慎重な論議を、ここでの関心についてのみあえて整理すれば次のように解しえよう。氏は中世に至る牧の変遷を三期に分かち、第一期を令制の牧、第二期を延喜式制の牧、第三期を私牧とされた上で、前二者の関係について、第一期の令制の牧は実施途上で早くも崩壊・頽廃に向かい、そこに別種の牧として第二期の牧、すなわち延喜式制の牧が発生した、と考えられた(3)。要するに氏は、第一期と第二期の牧を連続的でない別種のものとする理解を示されたわけである。しかし、この考え方に問題がないわけではない。たとえば、当時の牧経営の実際を考えると、中央政府の牧といえども在地有力者層による牧の経営があってはじめて成立しえたと思われる。そして、在地の牧経営自体には、令制の牧がいったん崩壊した後に、式制の牧がまた新たに発生するというような変化は考えがたいと思う。むしろ多くの場合、在地段階での牧経営の実態は連続していると考えるべきである。それゆえ、中央政府の牧という視点から見る場合でも、令制と式制の両制度を、単純に別種の制度と捉えることはできないと考える。この点から本論では、令制と延喜式制の連続性を重視しつつ、以下考察を進めていきたい。

一　令制と延喜式制

まず、令・延喜式両牧規定の根本的相違がどこにあるかを確認しておきたい。

はじめに令の規定を見る(4)。職員令によると牧及び公私馬牛を管掌する官司は、中央では兵馬司、現地では国司である(5)。厩牧令によれば、個々の牧には牧長・牧帳・牧子が置かれるが(6)、現地での牧経営の最終責任は国司にあると判断される(7)。そして、牧で飼育した馬の用途に関して令制では厩牧令13牧馬応堪条に、

凡牧馬、応レ堪二乗用一者、皆付二軍団一。於二当団兵士内一、簡二家富堪レ養者一充。免二其上番及雑駈使一。

とあるだけで他に規定がない。ここで軍団に「付」された馬のその後の使途については別に考える必要があるが(8)、こ

表2　八・九世紀諸牧国別整理（付記のないものは延喜式、年月のみ付記したものは六国史による）

国名＼諸形態	諸国牧 (牧)馬	諸国牧 (牧)牛	諸国貢繋飼 (疋)馬	諸国貢繋飼 (頭)牛	官牧馬牛直 馬	官牧馬牛直 牛	(他史料)	御牧 (牧)年貢	御牧 (疋)年貢	国飼馬 (疋)左寮	国飼馬 (疋)右寮	国飼馬 (弘仁式)	国飼馬 (宝亀3符)	近都牧 (牧)左寮	近都牧 (牧)右寮	飼戸	備考
右京																○	
山城										6		（畿内）	○			○	美豆廐。
大和											5	（畿内）	○			○	停宇陀肥伊牧（延暦18・7）。
河内											6	（畿内）	○			○	
摂津											10	（畿内）	○		3	○	＊1
伊賀												○					
伊勢										10		○	○				給鉄印（慶雲4・3）。
尾張																○	
遠江			4		○												白羽官牧馬直。
駿河	2			4		○	○										＊2
甲斐								3	60								進上御馬部領使（天平10・駿河税帳）。
相模	1		4	8	○												官牧馬牛直。
武蔵	1	1	10			○		4	50								神埼牧牛直。
安房	2																
上総	1	1	10														藻原牧（朝野群載・巻17）。
下総	4	1	4														
常陸	1		10														
近江										10		○	○	1			小神旧牧賜諱（嵯峨）（延暦18・9）。
美濃											10	○	○			○	
信濃								16	80								
上野			45	6		○		9	50								＊3

下野	1	4					
陸奥							*4
出羽							進上御馬（天平4・越前郡稲帳）。
丹波				5 ○○	1		
伯耆	1						
出雲							蜛蝫嶋牧（風土記）、天平6・計会帳。
播磨				○○	1		家嶋寮牧。
備前	1						
安芸							野三百町賜甘南備内親王以為牧地（延暦23・正）。
周防	1 1	4					検牧馬牛（天平10・税帳）。
長門	1 1	2					
紀伊				○			
阿波							進上御馬（天平10・淡路税帳）。
讃岐		4					停廃三野郡託磨牧（貞観7・12）。
伊予	1	6 2	○				忽那嶋馬牛…以其価直混合正税（貞観18・10）。
土佐	1						
筑前	1						
肥前	3 3ヵ						
肥後	2						停大宅牧（貞観6・11）。
豊後							検校牧馬（天平9・税帳）。
日向	3 3						
大隅							廃吉多野神二牧（貞観2・10）。

＊1　（摂津）給鉄印（慶雲4・3）、罷大隅媛嶋二牧（霊亀2・2）、廃河辺郡畝野牧（大同3・7）、地三百町為後院牧（承和8・12）、典薬寮味原牛牧。

＊2　（駿河）荒廃田卌町…為大野牧田（類史・天長8・9・11）、官牧牛…其直者混合正税（承和12・3）、官牧牛直。

＊3　（上野）下上野国父馬（天平6・尾張税帳）、利根郡長野牧賜三品葛原親王（弘仁2・10）、占市牧牛直。

＊4　（陸奥）進上御馬（天平6・尾張税帳）、進上御馬部領使（天平10・駿河税帳）。

の条文から、令の牧規定は軍団に「付」する騎用馬を準備するためのものと一応定義できる。

次に延喜式の規定を見よう。式制牧規定は多岐にわたるので、詳しくは後論で触れることとするが、それら諸規定は大別して次の二種に分類できる。第一は地方で飼育した馬牛を中央に貢上する規定であり、第二は貢上馬の中央での用途及び飼養法の規定である。地方からの貢上には諸国牧及び御牧からのものと諸国貢繫飼馬牛とが規定されており、一二の例外(9)を除いて左右馬寮に送られる。中央左右馬寮での飼養法には馬寮厩舎での櫪飼《たてがい》、畿内近国に飼養させる形となる国飼《くにがい》、畿内近国の近都牧での牧飼《はなちがい》がある。(10)こうした延喜式の規定を令制との比較で性格付けるなら、令に規定のなかった中央への馬牛貢上を前提とした規定である点に、その特徴を見出せよう。

結局、令の牧規定が軍団に「付」する騎用馬を準備するためのものであるのに対し、延喜式の規定が中央への貢上のためのものである点に、両規定の根本的相違は存在するのである。両規定の整合的理解を阻む最大の原因もここにある。これと類似する指摘は既になされているが(11)、ただ本論ではこうした相違があくまで両者の規定としての性格の相違に過ぎない点に注意を喚起したい。両者に実態としてもこうした差があるかどうかは、また別の問題である。

そこで、両規定のこうした差をそのまま実態の違いと捉えられた西岡氏の見解を検討しよう。氏のそうした理解の根拠は、「軍団に兵馬を供給する機関(12)」である令制の牧は、軍団と同様「全国に劃一的に設置された」と想定された点に求められる。そのため氏は、「全国的・劃一的な性質を離れ」、「京都の軍備もしくは中央政府の需要をみたすために、逮当な牧地をもつ特殊な諸国にかぎって設置された」延喜式制の牧を、令制の牧とは「別種の牧」と考えられたのである。(13)こうした氏の見解は、令制牧の設定を示すと思われる『続日本紀』文武天皇四年（七〇〇）三月丙寅条「令下諸国定二牧地一放中牛馬上」の記事や、延暦十一年（七九二）の軍団・兵士制廃止との関連で、見逃せぬ視点を含むものである。

ところが、『続日本紀』慶雲四年（七〇七）三月甲子条、牧駒犢に捺す鉄印頒布記事によれば、当時公的牧が実際に経営されていたのは「摂津・伊勢等廿三国」に過ぎなかった。この点について西岡氏は、「令の精神」は牧を全国に画一的に設置する点にあり、その実現に向かいつつあったが、その実施が完了しないうちに令制の牧は崩壊・頽廃に至った、と主張された[14]。しかし、こう考えること自体が氏の見解の根拠となる先の想定と矛盾すると思われる。令制の牧が全国的存在となっていなくても「兵馬」供給が可能であったことになるからである。要するに、「兵馬」供給の必要性は令制の牧を全国画一的存在と考える根拠にはならないと思われるのである。ここでは、軍団に限らず公的に使用される騎用馬一般が、民間から調達されている当時の状況を見ることで、この点を補足しておきたい。

既に橋本裕氏は、牧から軍団への「兵馬」供給は行われておらず、軍団騎兵隊の騎馬にはその兵士の私馬が充てられていたという見解を示されており[15]、少なくとも「兵馬」に民間私馬が含まれていたことは確実であろう[16]。また、廐牧令25官私馬牛条に規定のある官私馬牛帳は、有事における兵馬調達のためのものであった[17]。さらに、軍団・「兵馬」に限らず、民間からの騎用馬調達一般について見よう。まず大化改新詔第四条に官馬貢納規定が見え[18]、またいわゆる東国国司詔に「以二公事一往来之時、得レ騎二部内之馬一」とあると共に、その所犯として「取二田部之馬一」「取二国造之馬一」等が挙げられている[19]。令においても、駅伝馬等の騎用馬を民間から調達する規定がある[20]。以上から、民間の騎用馬所有[21]及びその調達は八世紀以前より行われており、令制自体もそれを企図していたと考えられる。その後、一部を除いて軍団に騎用馬を送ること自体が不要となるが、公的用途に民間から騎用馬を調達する状況は延喜式規定まで続いている[22]。

次に、こうした民間騎用馬の生産について触れておきたい。その際、まず山野河原等での小規模放牧が考えられるが、それと共に在地における私牧経営の存在を重視すべきであろう。廐牧令8死耗条は、牧馬牛の疫死率算定に「牧側私畜」との比較を必要としており、これは私牧の存在を前提にした規定と思われる。[23][補1]また天平六年（七三四）出雲国計会帳に見える「種馬帳」[24]は、「公私牧父馬」を共に保護する政策の存在を参考にすれば、[25]公的牧のみならず私牧の父馬をも含めて記載した帳簿と推測できる。さらに、八世紀後期以降「寺幷王臣百姓（豪民）」等の私牧が多く史料に登場するようになる。[26]これらから、私牧の存在は八世紀段階よりさして例外的ではなかったといえよう。ただし、そこに必要となる財力からいって、在地での私牧の所有・経営主体は有力者層に限られていたと考えられる。また、中央寺社院宮王臣家等の牧にしても彼らが中央に居る限り、現地では在地有力者層が経営に当たっていたと思われ、この点は公的牧も同様であったろう。後述する通り、現地で牧経営に当たっている天平勝宝六年（七五四）の「知牧事」や神護景雲二年（七六八）の「牧主当」は、在地有力者たる郡領である。

在地における牧経営の意義をこのように考えると、公的に使用する騎用馬の調達方法としては、民間に依存する方式こそむしろ一般的なあり方であったといえそうである。そもそも、令制の牧自体がこうした在地有力者層による牧経営の存在の上に成立しえたと考える方が現実的なのである。それゆえ、令制の牧を全国画一的存在と考える必要のないことも、また明らかとなろう。

ところで当時の公的牧は、令に規定のない中央への牧馬貢上を現実には行っている。この点からいって、令と延喜式の規定の差をそのまま実態の差と捉えること自体、そもそも誤りである。廐牧令13牧馬応堪条（前掲）『令集解』所引古記、

　皆付㆓軍団㆒、謂此名㆓兵馬㆒。今行事、毎㆑年簡試進上、不㆑留㆓於団㆒也。

及び『続日本紀』天平四年八月壬辰条、

　勅、東海東山二道及山陰道等国兵器牛馬並不㆑得㆑売㆓与他処㆒。一切禁断勿㆑令㆑出㆑界。其常進㆑公牧繋飼牛馬者、

不レ在二禁限一。但西海道依二恒法一。

によれば、天平年間には牧馬の中央への貢上が恒例となっていたことが判明する。[27]馬の貢納自体は大化改新詔に見えるから、貢上の必要性はかなり古くより存したと思われる。それゆえ、牧馬貢上も令制当初より行われていたと解するのが自然であろう。[28]

さてここにおいて、令・延喜式両牧規定の違いが、単に規定としての性格・目的の違いに過ぎないことは明らかである。令制の牧を全国画一的存在と考える必要はないし、そもそも両規定の差を実態の差と捉えること自体誤りである。そして両規定の整合的理解のためには、実態に即した形で両者の間を埋めていく必要がある。以下では、この間の牧にいかなる制度的変化があったかを考えることで、この作業を進めたい。

二　中央官司の変遷

まず、牧の制度的変化を追う上での前提として、牧を管理する中央官司の変遷をまとめておきたい。その結果を表示したのが図2である。令制では、牧の管理は兵馬司の職掌であり、左右馬寮は中央に集められた馬の飼養を担当している。[29]

『続日本紀』天平神護元年（七六五）二月甲子条「始置二内廐寮一」の記事から、そこに内廐寮の新設されたことが知られる。内廐寮の性格については左右馬寮の姉妹官庁と考えられているが、[30]いくつかの点で違いが認められる。[31]中で最も注目すべきは、内廐寮が所管牧を持つ点である。神護景雲二年正月二十八日格[32]の引く内廐寮解は、「信濃国牧主当」伊那郡大領金刺舎人八麿解を受けて出されており、ここに内廐寮が牧を管理していたことが判明する。これは、

図2　牧関連官司の変遷

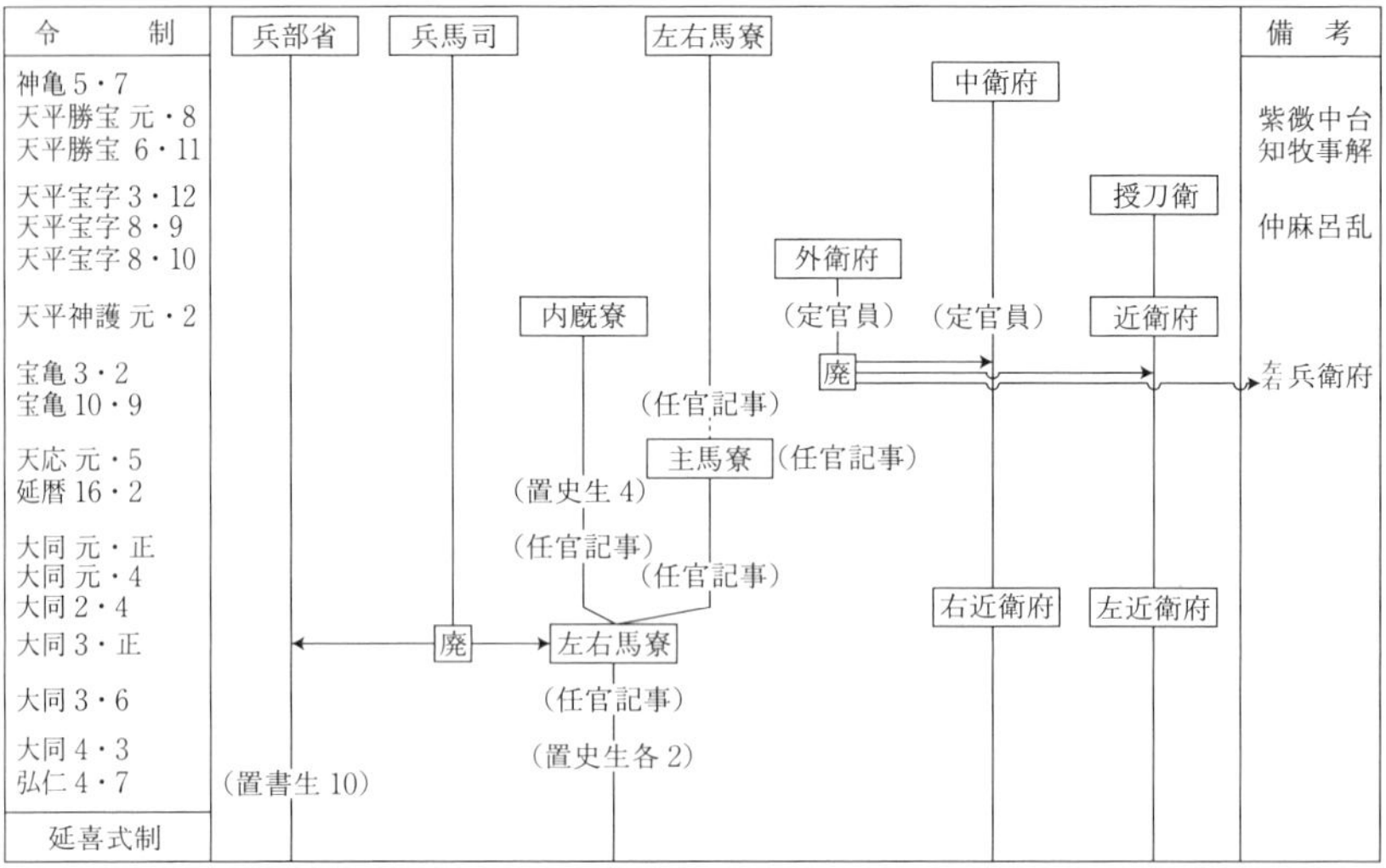

衛府については，笹山晴生「中衛府の研究」（同『日本古代衛府制度の研究』1985年，初出1957年）参照.

令制左右馬寮に対する内廐寮の明らかな特異性といえる。また、亀田隆之氏が指摘された通り[33]、内廐寮の設置は同日に実施された令外三衛の整備と共に、仲麻呂乱後の中央軍事機構から仲麻呂色を払拭するための政治的措置であったと考えられる。その際、所管牧の存在に留意すると、内廐寮の設置とは中央軍事機構への他から独立した騎用馬供給機関の設置であったと意義付けられよう[34]。

内廐寮設置で中央の馬飼養機関に三寮が鼎立するという状態は、そののち左右馬寮が主馬寮に統一されるという変更を受けた。その年月は不明だが『続日本紀』の任官記事等から、宝亀十年（七七九）九月より天応元年（七八一）五月の間であることが知られる[35]。ここで左右馬寮が一体化されたことは、和銅四年（七一一）に両寮を総括する馬寮監が置かれた事実[36]と通じる所があって興味深い。そしてまた、内廐寮はなお存在し続けるから、左右馬寮の統一は逆に内廐寮設置意義の重要性を示すであろう[37]。

その後、延暦十一年に軍団・兵士制が停廃され、大同二（八〇七）・三年には諸衛府の六衛府への改編・整備が行われるが、牧関連官司も大同三年に大改編を受けた。この改編については、従来次の点が知られている。㈠任官記事から内厩寮は大同元年正月、主馬寮は同年四月以降まもなく廃止され、大同三年六月までに左右馬寮が再置されていること[38]、㈡兵馬司も大同三年正月二十日詔で廃止されていること[39]、㈢『官職秘抄後附』の記載から、兵馬司はその際馬寮に併合されたと思われること[40]、等である。結局、改編の正確な時期や、内厩寮・主馬寮・兵馬司と左右馬寮との関係などは不明となっていた。

ところがこの間の事情について、渡辺寛氏の発見された東北大学附属図書館所蔵の狩野文庫に収める『類聚三代格』の巻四に、次のような注目すべき記載が見出される[41][補2]。

弘大同三正廿五詔隼人司併㆓衛門府㆒。内兵庫併㆓左右兵庫㆒。兵馬司併㆓内厩主馬寮㆒、即依㆑令左右馬寮。詔書略㆑之。

この大同三年正月二十五日詔は、狩野本『類聚三代格』によく見られる取意文であって[42]、文意が取りにくい[43]。しかしともあれ、同詔によって兵馬司は内厩寮と主馬寮に併合され、それと共に両寮も令制の名称である左右馬寮に改められた、と解することができよう[44]。少なくともここに、改編の時期は明白となったわけである[45]。ただし、同詔によって結果的に左右馬寮に併合されることとなった兵馬司については、『類聚三代格』巻四・弘仁四年（八一三）七月十六日官符に関連記載が見える。同官符は、兵部省に書生一〇人の設置を認めたものだが、同省解はその理由の一つとして次のように述べている。

加以依㆓去大同三年正月廿日詔書㆒、廃㆓兵馬司㆒。自㆑茲以後、彼司之務、惣帰㆓於省㆒。衆務繁劇、既殊㆓昔時㆒。

ここに見える正月二十日詔と先の二十五日詔とは兵馬司の廃止・併合に関する同内容のものと考えるが[46]、右の記載によれば兵馬司職掌の中には所管官司である兵部省に吸収されたものもあったこととなろう。

さて、こうした変遷の結果が延喜式制へ続くこととなる。延喜式では兵部省及び左右馬寮に所管牧が存在するが[47]、これは上述の変遷から当然の結果といえる。すなわち、兵部省は兵馬司の「務」を引き継いでおり、左右馬寮は所管牧を持つ内厩寮の職掌を受け継ぐと共に、兵馬司をも併合しているわけである。まずはこうした事実を確認して、以下延喜式制諸形態の分析に入っていきたい。

三　諸国牧

続いて、延喜式に見える各種の牧について、そこに至る変化を追ってみたい。延喜式に諸国牧・御牧・近都牧の三種の牧が見える。(48) ここで特徴的なのは、諸国牧（一八箇国）・御牧（四箇国）・近都牧（四箇国）の置かれる国々が、武蔵一国を唯一の例外として、(49) 全く重複していない点である。このことから、延喜式制は馬政に関する牧・国・地域ごとの役割分担を定める意味を持っていると捉えられ、これは令制から延喜式制への変化を考える上で一つの指針となろう。

まず、最も広範に見える諸国牧(50)について検討する。諸国牧に関する規定の中心は兵部式諸国牧条であり、畿内から離れた一八箇国の計三九牧(51)を掲げた上で、

右諸牧馬五六歳、牛四五歳、毎年進二左右馬寮一。各備二梳刷剉一。其西海道諸国、送二大宰府一。但帳進レ省。

と規定する。諸国牧からは、一部の例外(52)を除き、左右馬寮に馬牛が貢進されるわけである。ところが、左右馬寮式には諸国牧やそこからの貢上に直接触れる規定がまったく見当たらないし、そもそも諸国牧条で牧馬牛帳の進上先は兵部省となっているのである。

以上から、諸国牧が兵部省所管牧として存在することは明らかである。官司の変遷から見て、それは兵馬司の職掌

を引き継いだための現象であろう。それゆえ、諸国牧は令制の牧と制度上直接連続する存在であり、大同三年に所管が移動されたに過ぎないと解しうる。(53) ただし、延喜式で他形態と区別される意味での諸国牧の成立となると、それは御牧など他形態の成立に規定される問題であるので、後論で述べていきたい。

次に、諸国牧から中央への馬牛貢上制度を検討しよう。本論では、左右馬寮式繫飼条、

凡諸国所レ貢繫飼馬牛者、二寮均分検領、訖移二兵部省一。其数（国別貢進数略）。(54) 毎年十月以前長牽貢上、路次之国不レ充二秣蒭牽夫一。並放二飼近都牧一。

に見える諸国貢繫飼馬牛の制度こそ、諸国牧からの貢上に当たると考える。以下、その理由を述べよう。第一に、同条の兵部省への移送規定は、これら馬牛がなんらかの点で兵部省管下にあることを、すなわち諸国牧との関連をうかがわせる。(55) 第二に、『西宮記』巻五「駒牽事・上野御馬」(56)に、

上卿着二左仗一、外記覧二解文一。先申二候由一。入レ筥。上卿令レ開。繫飼文留レ座。勅旨牧在二馬寮式一、毎年駒牽是也。官牧在二兵部式一、諸国進繫飼是也。（下略）

とあり、兵部式に規定される「官牧」（諸国牧）から貢進されるのが繫飼馬であるとの解釈を示している。第三に、『類聚三代格』巻一八・延暦十五年十月二十二日官符は「諸国貢繫飼馬牛事」として、

諸国所レ貢馬牛、或年歯過レ老、不レ中二乗用一。或疲痩殊甚、不レ似二御馬一。加以貢上違レ期、惣為二緩怠一。此則所司検領乖レ方、国司繫飼不レ勤之所レ致也。宜下仰二所司一、馬五六歳牛四五歳為レ限令上レ貢。

と命じており、同官符末尾の貢進馬牛年齢規定は前掲諸国牧条の年齢規定にそのまま継受されている。(57) 以上三点は、諸国貢繫飼馬牛が諸国牧からの貢上制度であることを示す有力な材料となる。

ただここで問題となるのは、貢繫飼馬牛が定められていながら、それと対応すべき諸国牧の見られない国が存在する点である。(58) この点のみ取ると、本論の推定は成り立ちえないかに見える。しかしその際、次の史料に注目したい。

そうした国の中で駿河国は、牛を貢進する規定がありながら馬牧しか見えないわけだが、その関連記事が『続日本後紀』承和十二年（八四五）三月癸酉条に存している。

駿河国言、官牧牛百頭、放飼多レ煩。望請、依レ数売却、其直者混二合正税一、永為二出挙一、以二其息利一、年析御牛買二備民間一、依レ例貢上者。許レ之。

同条によれば、「放飼多煩」という理由から牧を廃し、売却した牧牛の代価は正税に混合して、以後はその出挙利息をもって「年析御牛」を民間から調達するという方法の案出されていたことが判明する。そして、延喜主税式上諸国本稲条駿河国の項に「官牧牛直一千三百卌四束」とあるのは、まさにこの措置と対応するものであろう。さらに、類似の措置が貞観十八年（八七六）に伊予国忽那嶋牧でも知られ(59)、また諸国本稲条では遠江・相模・武蔵・上野の諸国にも「牧馬（牛）直」の記載がある(60)。それゆえ、こうした措置はかなり広範に行われていたと推測できるのである。そして、このような本来牧で生産していた貢上用馬牛を正税による調達に変換する措置があったならば、諸国牧のない繋飼馬牛貢上国があっても支障はないわけである。むしろこの事実は、諸国貢繋飼馬牛の制度を諸国牧からの貢上形態と捉える先の推定を裏付けるものと考える(61)。

さて、諸国牧からの貢上形態をこう考えた上で、その存在をさかのぼって見ておこう。諸国貢繋飼馬牛は、延暦十五年官符に既に見られたが、さらに『続日本紀』天平四年（七三二）八月条（先掲第一節）には「常進レ公牧繋飼牛馬」とあった(62)。これは、天平期に恒例化していた牧馬牛貢上が、延喜式でいう諸国貢繋飼馬牛の形で行われていたことを示すと思う。要するに諸国牧は、貢上に関しても令制当初の牧と連続する形態と理解できるのである。

最後に、こうした系譜で捉えられる諸国牧・諸国貢繋飼馬牛制の延喜式段階における姿として、次の点に注意しておきたい。それは、貢上制度としてのこれらの形態が延喜式段階までに既に衰退していたことである。大宰府管内に

「応レ進二馬牛帳別巻一事」を命じた『類聚三代格』巻一七・延暦八年九月四日官符、

凡責二馬牛課一、具在二令条一。今也大宰府内馬牛、徒載二公文一、都無二生益一。或国雖レ経二数年一、而其帳未進。或国雖二僅進レ帳、而事多二脱誤一。

や、先に見た延暦十五年官符は、この八世紀末における公的牧の経営の行き詰まりを示している(63)。そして、次節で述べる通り、その中で九世紀初期以降、牧馬貢上については御牧関係史料がほとんどとなるのである。先に触れた、他形態と区別される意味での諸国牧の成立も、こうした動向に対応する現象と想像できよう。また、九世紀中期に見られた貢上用馬牛の正税運用による調達への変更自体が、そもそも諸国牧の形態の衰退を示すものであろう。結局、延喜式の諸国牧関連規定は、こうした衰退の結果としてあらわれたのである。このことは、それら諸規定の実効性への疑問を提起する。たとえば、諸国牧がありながら繋飼馬牛貢上規定のない国(64)の存在や、御牧が四箇国合わせて二四〇疋の馬を貢上するのに対して、諸国貢繋飼馬は御牧所在国の三倍近い国にその半分にも満たない数しか規定されていないこと、諸国牧に牧馬牛帳勘出規定のないことなど(65)は、それを端的に示していると考える。要するに、延喜式段階の諸国牧は、在地での実態はともかく(66)、中央への貢上機関としての制度的意義はほぼ失っていたと思うのである。

四　御　牧

次に、延喜式において貢上の主流となる御牧について検討する。なお、御牧とは延喜式段階における勅旨牧を指すと考えてよいようである(67)。御牧は、左右馬寮式御牧条で甲斐・武蔵・信濃・上野の四箇国に計三二牧が置かれ、

右諸牧駒者、毎年九月十日国司与二牧監若別当人等一、甲斐、信濃、上野三国任二牧監一、武蔵国任二別当一。臨レ牧検印、共署二其帳一。簡二繋歯四歳已

上可レ堪レ用者一、調良、明年八月附二牧監等一貢上。若不レ中レ貢者、便充二駅伝馬一。信濃国不レ在二此限一。若有二売却一混二合正税一。其貢上馬、路次之国各充二秣蒭并牽夫一、逓二送前所一。其国解者、主当寮付二外記一進二大臣一。経二奏聞一分二給両寮一、閲二定共品一。

と規定されている。そして、同式年貢条によれば御牧からは年に二四〇疋の馬が貢上される。[68] 御牧関連規定はその他多岐にわたるが、以下では本論考察の手掛かりとなる次の二点に整理して見ていきたい。

第一に、その所管について。左右馬寮式に規定されている点から明らかな通り、御牧は左右馬寮所管牧として存在している。同式で左右馬寮を御牧の「主当寮」とすること（御牧条）[69]、御牧のみに置かれる官人である牧監・別当の考を校定するのが左右馬寮であること（牧監条）[70]、御牧のある四箇国の牧馬帳の勘出を左右馬寮が行うこと（牧監帳条）などからそれは確認できる。左右馬寮の持つ御牧管理権は、官司の変遷から見て兵馬司系か内厩寮系のものとなるが、兵馬司系の牧管理権は主として兵部省の諸国牧管理権に連なると思われるので、御牧は内厩寮所管牧の系譜を引くものと考える。

第二に、御牧の官人について。御牧には令制にない特殊な官人として、甲斐・信濃・上野に牧監が、武蔵に別当が置かれている（左馬寮式御牧条）。牧監の定員は信濃国に二名、甲斐・上野両国に各一名である（兵部式牧監条）。一方別当は、国単位に置かれる牧監と異なり、一牧ないし数牧に一名という具合に牧単位に置かれるものである。[71] この他、牧監の職田（民部式上職田条等）[72]・把笏・秩限・解由（兵部式牧監条）・欠失馬塡償責任（『延喜交替式』）等の規定や、牧監・別当による牧馬貢上時の手続（左右馬寮式御牧条）・牧馬帳貢進（同条・同式牧監帳条）・牧格検校（『延喜交替式』）などの規定が見える。これらの規定から、牧監・別当が令制の牧長・牧帳・牧子とはまったく別の存在であることは言うまでもない。牧監及び別当の性格を令制との対比で整理すれば、両者は令制の国司に代わる牧の現地最高責任者であり、牧経営と牧馬貢上を職務とする専任官であることが指摘できる。

御牧の所管と官人に関する以上二点を参考にして、次に御牧の系譜とその変遷過程を追ってみたい。牧の現地管理責任者の存在は、正倉院文書として残る天平勝宝六年十一月十一日付「知牧事吉野百嶋解」(73)にまず知られる。

一牧裏事

右、依二去八月三日大風雨一、河水高漲、河辺竹葉被漂仆埋。但以外竹原幷野山之草甚好盛。

一牧子六人長一人丁五人事

右、率二常件人一、令二見妨守一幷上下御馬以レ次祗承。望請、於国司誂二給牒書一、而如レ常止レ役、欲レ得二駈使一。

一給二衣服一而欲レ令二仕奉一事

右、件牧子等、為二貧乏民一、其無二衣服一率仕奉醜。

以前事條、具録如件。仍謹請レ裁。以謹解。

天平勝宝六年十一月十一日

知牧事擬少領外従八位下吉野百嶋

同解は、某牧の現状を報告すると共に牧子の待遇について処置を求めたものであるが、牧の所在地は不明であり(74)(補3)、文章も難解である。ただ同解の宛先は、文中で「於国司誂二給牒書一」と申請しているから、国司以外の、国司に牒を送るような存在である。吉田孝氏の指摘(75)を受けて西山良平氏は、第二次文書の検討から、この宛先が紫微中台であることを明らかにされた(76)。それゆえこの牧は、兵馬司管下にあって国司が現地責任を持つという令制本来の牧とは異なり、私的性格の強い牧と思われる。しかし、そこに「知牧事」として郡領たる現地管理責任者が見えることは、その後の公的牧における現地担当官の出現に至る先駆的形態として重要である。

なお、ここに存在の明らかとなった紫微中台の牧の持つ意義について一言しておきたい。藤原仲麻呂勢力下の紫微中台の牧は、その武力的基盤である中衛府(77)への騎用馬供給機関と捉えることが可能であろう。とすれば、所管牧を持つ内厩寮の設置は、仲麻呂政権下のこうした形態に対応した措置と位置付けられ、前述した内厩寮設置の政治的意味はここに一層明らかとなろう。そしてまたこのことは、「知牧事」の持つ先駆的意義、すなわちその後ほぼ同一の形態が内厩寮所管牧の現地担当官である「牧主当」に継受されていくことの意義、を補強するものである。

そこで次に、神護景雲二年正月二十八日格(78)(補4)を見よう。

去神護景雲二年正月廿八日格偁、内厩寮解偁、信濃国牧主当伊那郡大領外従五位下勲六等金刺舎人八麿解偁、課欠駒者計レ数応レ決。而免レ罪徴レ価者。依レ律科レ罪、不レ合レ徴レ価者。右大臣宣、奉レ勅、雖二行来年久一、然為レ姦日甚。自レ非二功徴一、何遏二巧詐一。宜下科レ罪徴レ馬一莫上所レ免者。

同格は牧の駒の課欠に際する科罪・塡償に関する内容を持つが、同格の引く内厩寮解は「信濃国牧主当」伊那郡大領金刺舎人八麿解を受けて出されており、ここに内厩寮所管牧の現地管理担当官として「牧主当」の存在が知られるのである。ここで「牧主当」が郡領である点が、先の「知牧事」との類似性・関連性をうかがわせる。ただこの「牧主当」は、明らかに公的牧の現地担当官である点で「知牧事」とは異なっており、以下述べる通り、この「牧主当」こそが御牧の牧監・別当に直接発展していく存在と思われる。またこのことは、御牧が内厩寮所管牧の系譜を引くという先の推定を裏付けると共に、御牧の形態がこの段階で既に一部で成立していたことを示すものである。ただし、当段階の特徴として、この「牧主当」が郡司の中で牧についてはその人物が専ら担当するという意味での専当官であり、牧監・別当のような専任官でない点に注意しておきたい。

専当官でなく、牧に関わる専任官の存在は、『類聚三代格』巻一五・延暦十六年六月七日官符から、信濃国においてはじめて判明する。

応レ賜二信濃国監牧公廨田一事

右被二大納言従三位神王宣一偁、奉レ勅、監牧之司雖レ非二正職一、而離レ家赴レ任、有レ同二国司一。宜下以二埴原牧田六町一為中公廨田上。自今以後、永為二恒例一。但以二当土人一任者、不レ在二賜限一。其新任之年、便以二牧田稲一給二佃新町別一百廿束一。

監牧はすなわち牧監であるが(79)、同官符の中のその説明から、それが中央の任命する専任官であることは明らかであり、そのまま延喜式制にあらわれる存在である。そして、同官符はわざわざ中央より監牧を派遣する状況の発生を示しているから、信濃国に限っては早くもこの頃、国内に御牧のみが存在し、それを専任官たる監牧が統括するという延喜式制にそのまま連続する形態が成立していたと考えてよいと思う。

また同官符では、公廨田支給の例外として「但以二当土人一任者、不レ在二賜限一」と規定する点に注目したい。この例外規定は、あたかも郡領という「当土人」であった以前の「牧主当」の存在と対応するかに思われる。この点から、従来は「当土人」を牧の現地担当官に任じていたが、この頃より中央から専任官を派遣する例が一般化したため、公廨田を設定したという状況が推測できよう。とすれば、監牧（牧監）とは、専当官であった従来の「牧主当」が専任官として独立した所に発生したものと解しうる。その背景には、専任官を派遣し、さらに公廨田支給を必要とするほど牧現地担当官の職務が重要となっていたこと、換言すればそれだけ御牧が貢上組織として重要化しつつあったことが考えられよう。先述したこの頃の牧経営の行き詰まりを想起したい(80)。

牧の現地管理責任者の姿を示す史料として、『類聚三代格』巻一八・弘仁二年五月二十二日官符にも触れておきたい。同官符は「応レ禁三断乗二用公私牧父馬一事」を命じたもので、「凡牧馬遊牝任レ意、良駒可レ育。今聞、主当人等競繋二父馬一私事二乗用一。因レ此課欠多レ数、蕃息減少」と現状を述べた上で、その禁断を国司に命ずると共に、「郡司百姓見知不レ告、亦与同罪」と定めている。ここに見える「主当人」は、広く公的牧・私牧の関係者を指す一般的呼称と解されるが、その中には「牧主当」や監牧も含まれたであろう。そして、同官符ではこうした「主当人」の動向が牧経営混乱の一因と意識されており、「主当人」に対する管理強化の方向を示している点に注意しておきたい。

さて、監牧設置と「主当人」の動向とをめぐるこうした状況を視点に入れつつ、次に信濃国監牧に関する『貞観交替式』天長元年（八二四）八月二十日官符を検討しよう。

停レ徴二課欠駒直一事

（中略）清原真人夏野奏状偁、有レ格徴二諸国課欠駒直一。牧子等不レ堪二其苦一、競逃二他郷一。諸国雖三共被二此弊一、而信濃尤甚。咸依三監牧与二課欠一。伏望、停レ徴二駒直一、依レ法科レ罪、永罷二監牧一、令二国司掌一者。奉レ勅、今所レ徴稲、毎レ駒二百束。宜下減二百束一徴中百束上。国司者政事忙、不レ可三兼二掌牧事一。須下監牧二員省二一員一留中一員上、国司相共検校上。其監牧歴以二六年一為レ限。遷替之日、准二国司一責二解由一。

同官符の引く清原夏野奏状は、全国的な牧経営行き詰まりの状況を述べ、信濃国で特にそれが甚だしい理由の一つとして監牧の存在を挙げている。この点、先の弘仁二年官符と相通ずる所がある。同奏状はその対策として、監牧を廃止し、その職務を国司に委ねるよう求めているのである。このことだけからすると、監牧は牧経営の混乱を助長するのみであるかに解されよう。しかし、同官符と同日に官長責任の強化や専当制の重視など国司責任の明確化を図る諸法令が出されており、[81] この奏状もそれらとの関係で評価する必要がある。同官符は結局、監牧の定員を一名に減じはしたが、その六年という秩限と解由を責めるべきことを定めているから、諸事多忙な国司に代わって牧経営に携わる監牧の責任をむしろ明確化したものと捉えられる。この点で同官符は国司責任の明確化を企図した同日の諸法令と共通性を持つのであり、牧経営に関して国司に代わる監牧の機能と責任を強化した上で、貢上確保のためのその重要性を認めたものといえる。[82]

そして、この前後から信濃国以外での御牧の整備がうかがえるようになる。『類聚三代格』巻一八・天長三年二月十一日官符は、美濃国解を受けて「諸国貢上御馬騎士等数」を定めたものであり、「須下信濃上野両国各牧監一人、甲斐武蔵両国各主当一人、馬医毎レ国一人、但騎士者率二馬六疋一以充中一人上」と規定する。ここに、信濃国についで上野国にも牧監が存在していること、また甲斐・武蔵両国には「主当」の存在することが判明するのである。また同官符は、延喜式で御牧の置かれる四箇国のみを取り上げている点でも注目できる。さらにその翌年、『類聚三代格』巻五・天長四年十月十五日官符によって、甲斐国にも牧監が置かれた。同官符の引く同国解を次に掲げる。

此国所レ領牧与二信濃国一同。頃年蕃息漸多繫飼歳倍、牝牡之数于レ今千余。而至二当監事一品秩稍卑、按二検馬政一於レ事無レ勢。望請、准二信濃国一同置二牧監一。謹請二官裁一者。

ここに設置された牧監が、前年まで存在した「主当」に代わる存在であることは明白であろう。また、牧監の設置が牧経営強化のために求められている点も注意される。

以上の通り、この九世期初期に、信濃国に続いて上野・甲斐両国にも牧監が置かれ、武蔵国でも「主当」の存在していることが明らかとなる。そして、当期以降、牧馬に関してこの四箇国を特に対象とする規定が一般化していく点を考え合わせると、延喜式制とほぼ同質の四箇国による御牧体制はこの時期に成立したと考えられるのである。四箇国を特に対象とする規定の早い例として、弘仁十一年に撰進された弘仁主税式の次の規定を掲げておく。

凡諸国牧馬入京路次飼秣者、甲斐武蔵等国疋別日四把、信濃上野等国一束、並日行二一駅一。遣二父馬一亦准レ此。其長牽馬者、不レ在二此限一。

さて引き続いて、延喜式に至るその後の展開を追っていこう。まず牧監は、本来国司の負うべき機能・責任のいくつかを負わされる形で制度上さらに整備されて、延喜式制に至っている。『類聚三代格』巻一八・貞観十八年正月二十六日官符は、御牧のある四箇国に「応レ令三牧監等検二校牧格一事」を命じており、また同・寛平五年（八九三）三月十六日官符は「検甲斐武蔵信濃上野等国御牧使」の解を受けて「応レ令三牧監塡二償欠失牧馬一事」を定めている。両官符によれば、牧格検校や欠失馬塡償の責任は本来国司にもあるが、「国務繁多不レ遑二巡紏一」「雑務繁多、不レ遑二専一一」という状態の国司に対し、牧監は「所レ職専事二撫飼一」「専二行牧事一、無レ所二兼済一」として、これらの職務・責任を牧監に負わせることとしたのである。こうした点からも、牧監はいわば令制国司職掌のうち、牧に関する部分が独立した官職と捉えられよう。

残る武蔵国の別当について次に見よう。武蔵国では貞観十二年まで「主当」が存在しており(83)、それが次に掲げる『政事要略』巻五五・延喜四年（九〇四）五月二十四日官符までに別当となっている(84)。

太政官符兵部省

応下勅旨諸牧別当以二四年一為二秩限一責中解由上事

右検二交替式一、牧監既定二秩限一、責二其解由一。至二于別当一未レ立二此法一。因レ玆動致二緩怠一不レ勤二預事一。御馬減耗、職此之由。況乎職掌是同、拘放何異。論二之政途一理不レ可レ然。左大臣宣、奉レ勅、自今以後、諸牧別当、四年為レ限、遷替之日、准二牧監一責二解由一。但至二于課欠亡失一、准二寛平五年三月十六日格一同令二塡償一者。省宜二承知依レ宣行一レ之。符到奉行。

同官符によれば、別当は秩限がやや短いが、職掌・責任(85)・交替規定などは牧監と全く同質の存在である。それゆえ、その専任官として成立するに至る背景や、国司との関係等は牧監同様に解される。ただ別当は牧単位に置かれる点で牧監とはっきり異なっており、これをどう考えるかが問題となろう。この点にあまり確定的なことはいえないが、延喜式で武蔵国のみ他三国と異なり諸国牧が存在すること、同国には延喜以降に勅旨牧を設定した史料のあること(86)などがここで参考になりそうである。すなわち、一国全体が御牧のみでないと牧監は置けず、一方牧の経営管理強化のための専任官は必要であったので、その便法として別当が生まれたのではないだろうか。ともあれ、武蔵国に牧単位の別当が出現したのは、同国で御牧の設定が最も遅れており、一国全体としての御牧化が完成していなかったための現象と考えたい(87)。

次に、この点との関連からも、御牧の設置とは実際どのように行われていたのかを推測してみたい。十世紀初期の勅旨牧設置を命じた官符によると(88)、それは牧を新設するのではなく、従来から存在する牧を勅旨牧に転入する形で行われている。そして、既存牧を転入するこうした方法こそが、内廐寮所管牧の設置以来、御牧設定の一般的なあり方であったと思われる。西岡氏が既に指摘された通り(89)、『政事要略』巻二三には御牧の馬に捺されている焼印の文字を示す記載がある。それらを整理したのが(補5)表3であるが、その印の大半は「官」字印となっており、この「官」字印は廐牧令10駒犢条の規定に則したものである。この点から、御牧の大部分は従来より存在する令制本来の牧を転入することで設定されたと考えられよう(90)。もちろん、中に御牧として新設された牧のあったことは否定できないが、その多くは既存の公的牧の所管を変更する形で設定されていったと思われるのである。

表3 『政事要略』巻二三牧馬印記載の整理

国名（延喜式制御牧数）	「官」字印	他字印	不明
甲斐（3牧）	―	穂坂牧「栗」	2
武蔵（4）	4	―	―
信濃（16）	15	望月牧「牧」	―
上野（9）	9	―	―
計（32）	28	2	2

＊式制御牧以外では、武蔵秩父牧が「未」字印、同小野牧が「拡」字印であることが知られる。両牧は共に承平年間に勅旨牧となった。同巻所収の承平元年十一月七日・同三年四月二日両官符参照。

最後に、以上の検討の結果をまとめておく。御牧の発生は内廐寮の創設を契機とし、紫微中台の牧の形態を前提としたものであって、直接的には内廐寮設置当時の政治的動向との関連で理解できるものである。ただし、現実の牧の段階での変化は、中央への牧馬貢上自体は従来より行っていたわけであるから、単に所管官司の変更に過ぎないといえる。その設定はまず信濃国で進められ、八世紀末にはその一国全体の御牧化が完成したようである。その中で、従来の「牧主当」に代わる専任官としての牧監が、貢上馬確保のために発生して来る。大同三年に内廐寮は左右馬寮に改められたが、それ以後、御牧の延喜式制に直按つながる形への整備が進められたようである。四箇国による御牧体制の確立もこの九世系初期におさえられる。その背景には、先掲の牧監関係史料等に見られたような当時の牧全般における経営の混乱・行き詰まりが考えられる。こうした状況の中で、牧馬貢上こそを主目的として中央直轄性も強い御牧の形態が、貢上馬確保策として重視され、御牧中心の整備が以後進められることとなったのであろう。これは一方で、諸国牧など御牧以外からの貢上を一層衰退させることに通じたと思われる。その結果が、貢上の中心を御牧とする延喜式規定にあらわれているのである。要するに、御牧の形態は制度上明らかに以前と異なる性格を持つこととなったが、それはあくまで従来の牧から貢上を確保せんがための措置であり、その点で御牧はいわば令制本来の牧の一発展形態といえるのである。

五　国飼馬と近都牧

最後に、近都牧との関わりから中央での馬飼養法を検討し、それらの系譜について考えたい。延喜式で左右馬寮馬の飼養法には、櫪飼・国飼・放飼の三形態が見える。それらの規定の中心は諸行事にどの飼養馬を用いるかという点にあるが、ここではそこには触れず、それら諸形態の管理関係を手掛かりに検討を進めたい。なお、櫪飼は馬寮廐舎での飼養法であってこの点問題とならないので、対象外としたい。

まず国飼馬を見よう。左右馬寮式国飼数条によれば、国飼馬は畿内近国の八箇国に左右寮各三一疋の計六二疋が規定されており、(91)その牽進時には専当国司が任に当たる。また、延喜主税式上国飼秣条・左右馬寮式青馬条に国飼馬の秣米規定があり、国飼馬の飼養は各国の責任で行われたことがわかる。さらに、左右馬寮式国飼条に牽進に際し(92)ての次の規定がある。

凡諸節及行幸応レ用二国飼御馬一者、斟二量須数一奏聞。乃下二官符一令レ進。唯牧放飼馬者、寮移二当国一、国即令二牧子牽送一。但摂津国鳥養牧、豊島牧不レ移二当国一、寮直放繋。

すなわち、国飼馬を京へ牽進させる場合、左右馬寮は太政官を通じて国に官符を下す必要があるわけである。これらの点から、国飼馬の管理権は左右馬寮ではなく、各国にあったと考えるべきである。よって、国飼馬は各国に馬寮馬を飼養させたというより、各国に国飼馬を置いて飼養させ、時に応じて貢進させたものと考えた方が正確である。この点で、国飼馬は一種の貢上制度と捉えられる。

国飼馬の存在は、設置国にやや出入りはあるが、(93)弘仁主税式に延喜式とほぼ同内容の秣米規定が見え、さらに国司長官が国飼馬を専当すべきことを命じた次の『類聚三代格』巻一八・宝亀三年（七七二）五月二十二日官符までさかのぼることができる。

（上略）国飼御馬、設為二機速一。而大和、河内、摂津、山背、伊勢、近江、美濃、丹波、播磨、紀伊等諸国所レ飼、或有二病患一、或有二疲弊一。若有二彼事一、必致二闕失一。此国司等不レ存二捉搦一、怠慢所レ致。奉公之道豈合レ如レ此。宜レ令下長官専二当其事一、能加二検校一、勿上令二更然一。自今以後、永為二恒例一。

国飼馬が畿内近国に置かれることと同官符の内容から、本来国飼馬は中央政府にとって重要な軍事的意味を持っていたと思われ、薗田香融氏が馬飼部の分布との一致から指摘された通り[94]、国飼馬的制度の存在は令制以前のかなり古い時期までさかのぼれるようである。それゆえ、馬の往き来の容易な畿内近国からは令制の当初より国飼馬の形で牧馬貢上が果たされていたと考える[95]。そしてむしろ、必要に応じて京に貢進する国飼馬的形態こそが他の牧馬貢上形態の成立をうながした本来的あり方であったと思われるのである[96]。ただし、延喜式段階までに国飼馬制はその本来的意味を失っており、儀式的意味のみが伝わっていたと思われる。『類聚三代格』巻一八・承和十三年三月二十一日官符によれば、節会の期日変更と絡んで国飼馬の入京期日はしばしば改められており、また国飼馬設置国も時と共に縮小されている[97]。これは、前述した牧馬貢上全般に見られる傾向の反映でもあろう。

次に放飼を見よう。これは諸国からの貢上馬を近都牧等で放牧飼養する方法であり、諸国貢繋飼馬には「放二飼近都牧一」との明文規定（左右馬寮式繋飼条、先掲第三節）がある。そして、左右馬寮式寮牧条

凡放二播磨国家嶋一御馬、寮直移レ国放繋。寮別卅疋。従二当年十月一始放飼、来年三月下旬繋取。其路次之国、各充二使等食幷牽夫一逓送。

摂津国鳥養牧、右寮、豊嶋牧、右寮、為奈野牧、右寮、近江国甲賀牧、左寮、丹波国胡麻牧、左寮、播磨国垂水牧、左寮、

右諸国所レ貢馬牛、各放二件牧一、随レ事繋用。

によると、寮牧[98]と左右各三牧の近都牧とが畿内近国に置かれている[99]。同条及び前掲国飼条から牧放飼馬の管理関係を見ると、それらの牽送・放繋に際しては寮が太政官を経ることなく直接当国に移を送って指示する規定となっており、さらに摂津鳥養・豊嶋両牧に対しては寮が直接指示する方式が取られる。このことは、官符を必要とする国飼馬の方式に比しても明らかな通り、近都牧に対する馬寮の権限の強いことを示している[100]。換言すれば、馬寮は近都牧に対して御牧と同等ないしそれ以上の直轄性を持っているのである。

この点から次に、近都牧の系譜を考えたい。馬寮直轄牧たる性格は、まず内廐寮所管牧との関係を考えさせる。しかし、貢上を第一義として牧馬の生産が不可欠である内廐寮所管牧と、飼養を第一義とする近都牧とは、系譜上全く異なる存在と考えるべきである。むしろ中央で飼養を担当する牧は、内廐寮に限らず、貢上馬がある限り常に必要であろう。それゆえ、飼養のための近都牧的形態は令制当初よりなんらかの意味で存在したと考える。そしてその際、中央での飼養を担当し、畿内近国にあって直轄性が強いという近都牧の特徴から、そこに令制以前より存在したであろう朝廷直轄牧との連続を考えたい。憶測となるが、次のような仮説を提示しておく。令制成立以降、令規定に則した形で把握されるようになった朝廷直轄牧は、まず国飼馬に当たる形で牧馬の生産・貢上・飼養を行っていたが、一方その飼養機能からか、地方よりの貢上馬の飼養をも担当したと思われる。その後、貢上制度の整備にともなって飼養用牧の必要が高まる中で、飼養こそを規定上の第一義的機能としたのが近都牧ではないだろうか。むろん、こうした変化は徐々に進んだものと思われ、その時期を確定することはできないが、牧諸形態全般の傾向から、やはり九世紀初期に近都牧・国飼馬の延喜式的形態確立の画期を考えられよう。

さて以上から、畿内近国における牧の令制当初より存在した形態と連続するものとして、国飼馬及び近都牧を理解できると思う。最後に顧みれば、遠国の諸国牧からの貢繋飼馬は、いったん近都牧に送られた上で京へ牽進される点で国飼馬的貢進形態を踏襲していると解しうる。これは、国飼馬的貢進形態こそが牧馬貢上の本来的姿であり、他の形態もこれを前提に発生したと考える上で、示唆的な材料となろう。

おわりに

最後に、令制と延喜式制の連続という視点から、本論をまとめておく。

律令国家の牧は令制の当初から、令に明文では規定のないいくつかの機能形態を含み持つものであり、そもそも画一的な性格を持つものではなかった。中央への牧馬貢上は、畿内近国では国飼馬に連続する形態で、遠国では諸国牧からの貢繫飼馬に当たる形で、各々行われていたと考えられる。さらに、畿内近国の朝廷直轄牧の伝統を引く牧などでは遠国からの貢上馬の飼養をも行っており、それが近都牧に発展していったと思われる。廐牧令13牧馬応堪条の「皆付二軍団一」という規定は、むしろこうした諸形態に共通する内容を取ったものと考えられよう。[105] 憶測すれば、同条は国飼馬・貢繫飼馬等の用途に充当する以前に必要となる牧馬の飼養・調良を意味するものと思われるのである。[106] この点で付言しておくと、「皆付二軍団一」の規定を、それらの牧馬はすべて軍団で使用される、という内容でのみ捉える解釈は誤りであろう。[107]

こうした牧の中で、結果的に最も革新的な意義を持つこととなるのは、天平神護元年以降設定の始まった内廐寮所管牧（御牧）の形態である。しかし、それも大部分は既存の牧の所管を変更する形で設定されたと思われるから、従来の貢上形態の中に所管のみ異なる形態が加わったに過ぎない。

八・九世紀の牧の変遷の中で最大の画期は、八世紀末から九世紀初期に顕在化した牧制度・牧馬貢上制度全般の行き詰まりであろう。これは、やはりこの頃顕在化する調庸等の麁悪・違期・未進に示されるような律令制自体の全般的行き詰まりに対応する現象である。この点からいえば、牧制度の変遷の中で延暦十一年の兵制改革は法規定上一定の意義を持ったではあろうが、むしろそれもこうした律令制支配全体の変化の中で捉えるべきであろう。(108)この中で牧の制度は、従来の諸形態の役割を明確化する形で分化・整理されていったようである。たとえば、貢上確保のために御牧の形態が重点的に整備される一方、諸国牧にあたる形態は一層衰えたと言える。そしてその帰結が、延喜式規定に示されているのである。

要するに、延喜式制につながる牧の諸形態は令制の段階で既に準備されていたのであり、牧個々で見れば停廃・新設があろうが、全体の内容として令制の牧と延喜式制の牧とは連続的に理解すべきであり、理解できると考える。

以上、本論をまとめてみたが、憶測にかかる部分も多く、当初の目的を果たしえたかどうか怖れるばかりである。本論が、今後の関連研究の進展になんらか寄与する所があれば望外の幸いである。ただそれにしても、当然触れるべきでありながら及びえなかった問題は多い。なかでも当該期の牧を扱う上で、令制前の貢馬制度との関連(109)や、十世紀以降の見通しにつながる私牧の検討等は欠かせない視点ではなかったか。本論全般に散見されるであろう解釈・論点の誤りと共に、今後の課題としたい。大方の御批判・御叱正を願いたい。

註

(1) 後論で触れるもの以外で牧全般を扱った研究を、管見の限りで挙げておく。邨岡良弼「古牧考附馬政略」(『歴史地理』四―一～三、一九〇二年)、帝国競馬協会編『日本馬政史・一』(一九二八年)、一志茂樹「官牧考」(『信濃』二―四～五、一九五〇年)、佐藤虎雄「平安時代前期における馬政」(古代学協会編『延喜天暦時代の研究』吉川弘文館、一九六九年)、段木一行「武蔵国小野牧について」(『歴史手帖』三―五、一九七五年)、同「古代末期東国の馬牧」(豊田武先生古稀記念会編『日本中世の政治と文化』吉川弘文館、一九八〇年、のち同『中世村落構造の研究』に収録、吉川弘文館、一九八六年)、児玉幸多「古代の官牧について」(川村優編『論集房総史研究』名著出版、一九八二年)。

(2) 西岡虎之助「武士階級結成の一要因としての『牧』の発展」(同『荘園史の研究』上、岩波書店、一九五三年、初出一九二九年)。
(3) 主として西岡虎之助註(2)論文第二・三章。なお、この点に関する氏の議論には第一節でも触れるので参照されたい。
(4) 本章で引く令文は日本思想大系本『律令』による養老令文であるが、特に断らない限り大宝令も同内容と考えられる。令の条文には同書により条文番号を付した。
(5) 職員令25兵馬司条・70大国条。
(6) 厩牧令5牧毎牧条。
(7) 厩牧令10駒犢条・12須校印条等に見える校印作業規定参照。
(8) 西岡氏をはじめとする従来の通説的理解では、本条で軍団に「付」された牧馬は「兵馬」・騎馬等として使用されたと無前提に考えられている。しかし令文には、軍団に送った牧馬をその後いかなる使途に振り当てるかについて明文の規定はない(なお、厩牧令16置駅馬条『令集解』所引古記及び令釈は、「牧馬堪₂乗用₁」をまず伝馬に充てるとする)。それゆえ、牧馬の最終的な、あるいは一般的な使途として何を予定していたかは、実態と合わせてさらに吟味する必要があろう。この点、本論全体の考察を踏まえて最後に再び触れることとする。
(9) 兵部式諸国牧条・斎宮祭馬条等に、下総国・西海道諸国の例外規定が見える。なお、本章では『延喜式』の各条は、上記の要領で表記する。
(10) 以上の諸形態については西岡虎之助註(2)論文第三章参照。ただし、国飼(馬)を一種の貢上方式と理解すべき点、第五節で後述する。また、これら諸形態については表2を随時参照されたい。
(11) たとえば、西岡虎之助註(2)論文三一一・三二九〜三三〇・三三三頁等。ただし、軍団に送られた牧馬の使途の理解には従えない。註(8)参照。
(12) なお、令制の牧のこうした捉え方にも問題がある。註(8)・註(11)参照。
(13) 西岡虎之助註(2)論文三〇六・三二九頁。
(14) 西岡虎之助註(2)論文三〇六・三一二〜三一五頁。
(15) 橋本裕「律令軍団制と騎兵」(『続日本紀研究』二一七、一九八一年、のち同『律令軍団制の研究』に収録、橋本裕氏遺稿集刊行会、一九八二年)。

(16) 橋本説に対しては、村岡薫氏が前述した西岡説にほぼ則って令制牧の設置目的という観点から、軍団騎兵隊への騎馬供給をめぐって、批判を試みられた（村岡薫「律令国家の官牧兵馬政策とその意義」、竹内理三先生喜寿記念論文集刊行会編『律令制と古代社会』東京堂出版、一九八四年）。本論の立場からいえば橋本説のうち牧馬が軍団にまったく送られていなかったかどうかは、軍団における騎用馬の存在形態の解明と合わせてなお検討を要すると思う。ただし、職員令24兵部省条『令集解』所引古記に「兵馬、謂官牧馬配㆓諸国軍団㆒及騎士私馬。又毎㆑人閲馬等也」（傍点引用者、以下同じ）とある点などから、「兵馬」に民間私馬の含まれていることは明らかと考える。なお、時代の下る陸奥・出羽の史料となるが、『日本後紀』弘仁六年（八一五）三月辛卯（二十）条、『類聚三代格』巻一九・同日官符、及び同貞観三年（八六一）三月二十五日官符から、「兵馬」として民間騎用馬の調達されている例が知られる。

(17) 職員令25兵馬司条『令集解』所引諸説。

(18) 『日本書紀』大化二年（六四六年）正月甲子朔条。

凡官馬者、中馬毎㆓一百戸㆒輸㆓一匹㆒。若細馬毎㆓二百戸㆒輸㆓一匹㆒。其買㆑馬直者、一戸布一丈二尺。

(19) 『日本書紀』大化元年八月庚子条・同二年三月辛巳条。

(20) 廐牧令16置駅馬条・20駅伝馬条・21公使乗駅条、また公式令51朝集使条等。

(21) なお、その中心は在地有力者層によるものとなろう。

(22) 兵部式。

凡諸国駅伝馬、皆買㆘百姓馬堪㆓騎用㆒者㆖置之。不㆑得㆑買㆓用国司私馬㆒。

(23) なお疫死に関する「牧側私畜」との比較は唐令にも規定があり、この点から日本令の規定は唐令の単なる継受に過ぎないとも考えられそうである。しかし、日唐廐牧令の特に牧に関する規定を比較すると、日本令は唐令の大幅な改変・取捨選択を行っており、そもそも日唐では牧の管理関係（牧官のあり方等）が異なっている。こうした改変は日本の実態を反映したものであろうから、「牧側私畜」との比較規定を残したことは、逆の意味で日本の実態を何らか踏まえたものと思われるのである。以上、唐令については仁井田陞『唐令拾遺』（東方文化学院東京研究所、一九三三年）による。

(24) 『大日本古文書』一―五九八頁。

(25) 『類聚三代格』巻一八・弘仁二年五月二十二日官符（第四節参照）。

(26)『類聚三代格』巻一六・延暦十七年十二月八日官符等。実例としては『朝野群載』巻一七・寛平二年（八九〇）八月五日藤原良尚蔭子菅根等連署庄園施入帳から、藤原黒麻呂が宝亀年間に国守となった上総国に藻原牧を所有していたことが知られる（西岡虎之助註(2)論文四二六頁及び戸田芳実「九世紀東国荘園とその交通形態」、『政治経済史学』二〇、一九七五年、のち同『初期中世社会史の研究』に収録、東京大学出版会、一九九一年）。そして九・十世紀以降、私牧の例は非常に多くなる（西岡虎之助註(2)論文第四章参照）。

(27)なお牧馬であるかどうかは不明だが、天平期の正税帳に中央への「御馬進上」の存在が知られ、参考となろう（表2備考欄参照）。また、この正税帳の記載から、本文に掲げた史料の「進上」「進公」が中央への貢上を指すことは明らかである。

(28)村岡氏は註(16)論文で牧馬貢上の義務化・恒常化を養老・神亀年間に考えられたが、制度的整備の進展はともかく、貢上自体は令制牧成立当初から存在したと考えたい。

(29)職員令25兵馬司条・63左馬寮条。

(30)坂本太郎「馬寮監」（同『日本古代史の基礎的研究（下）制度篇』東京大学出版会、一九六四年、初出一九五四年）、亀田隆之「内厩寮」（同『日本古代制度史論』吉川弘文館、一九八〇年、初出一九五八年）。

(31)九条家本延喜式裏文書として伝わる宝亀四年（七七三）二月二十五日付の民部省宛太政官符案（『大日本古文書』二一―二七八頁、『寧楽遺文』三三六頁）から、寮馬飼養に用いる乾芻の調達法に違いが認められる。同官符は摂津職解を受けて出されているが、左右馬寮の乾芻は、その交易に要する価銭と運送に要する功銭共に当国調銭が充当されている。価銭に調銭を用いる方式は、廐牧令2馬戸分番条「凡馬戸、分番上下。其調草、正丁二百圍、次丁一百圍、中男五十圍」の『令集解』所引古記が、「今行事、調草輸停、官以㆑銭仰㆓買畿内㆒充㆓馬寮㆒也」と述べているのと一致する。ところが、内廐寮の乾芻調達においては、功銭こそ「左右馬寮例」に准じて当国調銭で支弁されるものの、価銭は内廐寮自らが準備することになっている。こうした違いは、内廐寮に令制左右馬寮と異なる独自の財政基盤のあったことを推測させ、後述する所管牧の存在や寮庄田・牧田との関連が注意される。

(32)後掲。註(78)参照。

(33)亀田隆之註(30)論文。

(34)内廐寮設置を政治的背景から解する亀田氏の説に対して、薗田香融氏は「内廐寮設置を勅旨牧の成立と関係させて、騎兵重視にもとづく純粋な軍備強化策と理解する」として異論を提示された（薗田香融「わが上代の騎兵隊」『史泉』二三・二四、一九六二年、のち同『日本古代の貴族と地方豪族』に収録、塙書房、一九九二年）。しかし、所管牧（薗田氏のいわれる「勅旨牧」）を持つ内厩寮設置の政治的意味は、その萌芽として紫微中台の牧が存在する点から一層補強できる（第四節参照）。それゆえ、薗田氏の指摘されたような騎兵・騎馬を重視する情況はあったにせよ、内厩寮設置の直接的契機は政治的理由によると考える。

(35)『古事類苑』官位部二四、坂本太郎註(30)論文、亀田隆之註(30)論文。

(36)『続日本紀』和銅四年十二月壬寅条。坂本太郎註(30)論文参照。

(37)この点、米田雄介「勅旨省と道鏡」（『古代学』一二―一、一九六五年）六三頁参照。

なお、左右馬寮の主馬寮への統一によって、その機能・職掌にも変化があったかどうかは一つの問題である。亀田氏は註(30)論文で、官人の性格・兼任状況から、官司としての位置付けが内廐寮より低位にあった左右馬寮は、主馬寮への統一後、内廐寮と同等になったと指摘された。この点、本論で問題とする牧管理機能等の有無を考える参考ともなるが、史料上にその存在を明らかにすることはできず、不明とせざるをえない。

(38)亀田隆之註(30)論文。また註(35)参照。

(39)本節後掲の弘仁四年官符所引。

(40)『古事類苑』官位部一四・二四、西岡虎之助註(2)論文三三一頁参照。

(41)なお、狩野本『類聚三代格』の内容については、飯田瑞穂氏が「『類聚三代格』巻第四の復原に関する覚書」（『中央大学文学部紀要』一一二、一九八四年、のち同『飯田瑞穂著作集　三』に収録、吉川弘文館、二〇〇〇年）で紹介されている。また、その性格や官符の配列等は、渡辺寛「類聚三代格の復原に関する若干の問題点」（『皇学館大学紀要』一一、一九七二年）、熊田亮介「類聚三代格復原に関する覚書」（『歴史』四九、一九七六年）及び飯田論文参照。

(42)飯田氏が註(41)論文で、同詔の復原を試みておられる。

(43)本論では、同詔引用に際して付した訓点で読んでおく。なお、「即依レ令左右馬寮」は「即ち、令により左右馬寮とす」の意に解したい。

(44)こうした併合・改編の関係からか、『類聚三代格』巻一五・大同三年十月十三日勅に左右馬寮田の設置が見え（後掲註(72)・註(80)参照）、また『日本後紀』大同四年三月己未条に両寮へ史生各二員を置く記事が見える。

(45)なお、内廐寮・主馬寮と左馬寮・右馬寮との間になんらかの系譜関係がないかどうかも気になる所である。そもそも前二寮の機能差が不明であるから（註(37)参照）、この点に確定的なことはいえないわけである。そしてまた、諸規定から推して、前二寮及び兵馬司の諸機能をいったん一つにまとめた上で、いずれの機能もほぼ同質となるように分配して左右二寮を設置した、というのが最も実態に近いと考える。ただその上で、本論全体の考察を仮に認めて憶測すると、次の点が興味深い。㈠内厩寮所管牧（御牧）の設定が最も早く進み、八世紀末には一国全体の御牧化が完成していたと思われる信濃国の牧監の考を校定するのが左寮であること（左右馬寮式牧監条）。㈡そうした信濃国の御牧のほとんどすべてが、『吾妻鏡』文治二年（一一八六）三月十二日条によれば左馬寮領となっていること。㈢対して御牧設定が最も遅れていたと思われる武蔵国の別当の考は右寮が校定すること（㈠に同じ）。㈣朝廷直轄牧との連続を考えられる近都牧の中で、畿内にあって直轄性の最も強い摂津国の牧が右寮管下にあること（左右馬寮式寮牧条）、㈤牧馬貢上の本来的姿と考えられる国飼馬の中で、畿内の大和・河内・摂津各国の馬が右寮管下に集中していること（同式国飼数条）。以上の諸点を参考にしていえば、左右寮への機能分配には内厩寮系を左寮へ、主馬寮（令制左右馬寮）系を右寮へ、という傾向がうかがえるのではないだろうか。そして、一方に、あるいは双方にない機能は、新たに付加される形を取ったと思われるのである。

（46）　大同三年正月の大規模な諸司統廃合に際しては、二十日詔と二十五日詔とが出されており、国史大系本（『令集解』職員令・『弘仁格抄』格巻八・『類聚三代格』巻四）が両者を区別せずに二十五日詔を二十日詔に誤って混同してしまっていることは、既に吉田孝氏が指摘されている（吉田孝「類聚三代格」、坂本太郎・黒板昌夫編『国史大系書目解題　上』吉川弘文館、一九七一年）。また、飯田氏も狩野本『類聚三代格』に触れて同様の指摘をされ、狩野本の二十五日の日付を二十日の誤りかと考えられた熊田氏の見解を正された（共に註(41)論文）。すなわち、『弘仁格抄』では「式部上」に二十日詔が見える一方、「兵部」に二十五日詔が見えるからである。そして、吉田氏が『類聚三代格』記載として復原された二十日詔は文官同士の統廃合を内容として式部格にふさわしく、狩野本『類聚三代格』から知られる二十五日詔は武官への統合を内容として兵部格にふさわしいものであった。この点から『弘仁格』及び『類聚三代格』では文官同士の統廃合（文官への統合）は二十日詔、武官への統合は二十五日詔と各々区別して編纂・収載されていたとまず考えられる。ただしこのことは、詔原文の内容もそうであったことを意味するものではない。武官への統合の少なくとも一部については、二十日にも詔の出されていることが知られるからである。そこで、狩野本『類聚三代格』に見える二十五日詔の内容につき、関連史料を検討しておきたい。

(A)「隼人司併㆓衛門府㆒」　まず(A)の内容を持つ二十五日詔の存在はさらに、狩野本『類聚三代格』巻四に全文の残る大同三年七月二十六日官奏（国史大系本ではほぼ全文欠。なお狩野本によるその全文が、飯田註(41)論文に紹介されている）からも知られる。隼人司再置に関する同官奏には、「准㆓今年正月二十五日詔書㆒、廃㆓省件司㆒、併㆓衛門府㆒」と述べられているのである。ところが、『類聚国史』巻一〇七では二十日条に「詔曰云々。隼人司併㆓衛門府㆒」とある。また隼人司再置についても、『日本後紀』は八月庚戌朔条に記すうえ、「其隼人司、依㆓今年正月廿日詔書㆒、既従㆓廃省㆒、併㆓衛門府㆒」と述べている。よってここに、同内容の二十日詔・二十五日詔の存在が判明するのである。なお(A)につき付言すると、吉田氏は、隼人司はその後復置されたので『弘仁格』編纂時に二十五日詔から(A)の内容は削除された、と推定されたが、狩野本の二十五日詔取意文の存在からこの推定は否定されよう。令制で衛門府管下にあった隼人司は、大同三年正月同府に併合されたが、同年七月その衛門府が左右衛士府に併合されるに至って（『日本後紀』）、今度は兵部省管下に復置された。隼人司が復置されたにもかかわらず、『弘仁格』編纂時に(A)を削除しなかったのは、こうした経過を伝えるためであろうか。

(B)「内兵庫併㆓左右兵庫㆒」　(B)については、職員令65内兵庫条『令集解』所引二十五日詔以外に関連史料が見当たらず、二十日詔原文に(B)の内容があったかどうかは不明とせざるをえない。

(C)「兵馬司併㆓内厩主馬寮㆒、即依㆑令左右馬寮」　本文前掲弘仁四年官符から、「廃㆓兵馬司㆒」を内容とする二十日詔の存在が知られる。

以上から、少なくとも(A)・(C)については二十日にも詔の出されていたことが明らかとなる。また、(B)についてもその可能性を否定できないと思う。それゆえ、両詔原文の関係は、まず二十日に諸司統廃合全般の内容を含む詔が出され、その中の武官関係について別に二十五日詔が出されたのだと考えたい。そして、『弘仁格』編纂時には、二十日詔から兵部省関係を削って、先述したような形で両詔を収載することとしたのであろう。よって、（C）に関する二十日詔と二十五日詔とは同内容と考える。

(47) 兵部式諸国牧条、左右馬寮式。詳細は後論参照。

(48) 表2及び後論参照。

(49) 武蔵国のみ諸国牧と御牧が存在する。

(50) 兵部式に見える「諸国牧」は、従来「官牧」と呼称されることも多い。本節後掲『西宮記』には「官牧在㆓兵部式㆒」とあり、確かに「諸国牧」すなわち「官牧」とする用例のあったことが知られる。しかし他方で、左右馬寮式牧監帳条は「官牧馬帳」の寮への進上を御牧のある四箇国についてのみ規定しており（西岡虎之助註(2)論文三六一頁参照）、少なくとも御牧を含んだ公的牧一般を「官牧」と呼ぶ用法もあったことになろう。この意で「官牧」の語を用いた研究も見受けられるのである。本論ではこうした混乱を避けるため、史料引用以外には「官牧」の語は用いず、兵部式諸国牧条の牧は諸国牧と表記する。

(51) 馬牧・牛牧・馬牛牧がある。なお西岡氏は「官牧」（諸国牧・前註参照）に主税式上諸国本稲条に見える牧も含めて数えておれるが（註(2)論文三三一〜三三二頁）、それらは延喜式段階の諸国牧ではないと思われる。本節後論参照。

(52) 註(9)参照。

(53) 諸国牧の設置時期については、貞観三年以降とされる竹内理三氏の説も出されているが（竹内理三「大和朝廷と東国の馬」、同編『古代天皇制と社会構造』校倉書房、一九八〇年、のち同『竹内理三著作集　八』に収録、角川書店、二〇〇〇年）、その意義の変化はともかく、制度的・系譜的には本文のように考えられよう。

(54) 一三箇国より馬一〇五疋・牛二二頭。表2参照。

(55) 御牧からの貢上馬にこうした規定はない。

(56) 新訂増補故実叢書本による。改定史籍集覧本では巻八。

(57) 左右馬寮式御牧条（後掲・次節）に見える御牧貢上馬の年齢規定は、これと形式が異なる。

(58) 表2参照。遠江（馬）・駿河（午）・上野（馬・牛）・讃岐（馬）の四箇国。

(59) 『日本三代実録』貞観十八年十月十三日条。同条では、馬牛放飼による「百姓之愁」を理由に「除二非年貢一之余、皆悉沽却、以二其価直一混二合正税一」と申請した「伊予国言」が認められている。ただ忽那嶋牧は、延喜式の諸国牧になお見え、諸国本稲条にも何ら記載がない。それゆえ、同牧の措置は駿河国とはやや異なるようである。しかし、牧馬牛を売却して得た価直を正税に混合する点で同質であり、以後の貢上用馬牛調達はやはり民間に依存する形とならざるをえなかったのではなかろうか。

(60) 表2備考欄参照。

(61) 以上の検討でなお対応すべき牧史料の見えない繋飼馬牛貢上国は、上野（馬）・讃岐（馬）の二国のみとなる。このうち上野国は、御牧との関連で考えるべきであるが、不明とせざるをえない。讃岐国は、貞観七年に託磨牧が停廃されているから（表2備考欄参照）、その際、先と同様の措置が取られたのではないだろうか。

(62) 天平四年の「牧繋飼牛馬」について西岡氏は、牧の牛馬と繋飼牛馬との二種を指すと解されたが（西岡虎之助註(2)論文三三六頁）、「牧繋飼牛馬」一種と考えるのが自然であり、本論の推定とも適合する。ただし、同じくこれを一種と解された村岡氏は、

「牧繋飼牛馬」という「表現は、延喜式などにみられる厳密な制度上の呼称とは理解し難い」とされた（村岡薫註(16)論文）。しかしその場合でも、延暦十五年官符及び延喜式の諸国貢繋飼馬牛を、天平四年の形態の発展形として捉えることが可能である。

(63) また、「盗取官馬」の防止のため「百姓私馬牛印」の大きさを定めた『類聚三代格』巻一七・延暦十五年二月二十五日官符も参考となろう。

(64) 表2参照。駿河（馬）・武蔵（牛）・安房（馬）・上総（牛）・下総（牛）・伯耆（馬）・備前（馬牛）・周防（牛）・長門（馬）・土佐（馬）の諸国。

(65) 御牧の牧馬帳勘出は、左右馬寮式牧監帳条に見える。

(66) 福田豊彦「鉄と馬と平将門」（『月刊百科』一九六、一九七九年、のち同『東国の兵乱ともののふたち』に「鉄と平将門」と改題して収録、吉川弘文館、一九九五年）、同『平将門の乱』（岩波新書、一九八一年）、同「尾崎前山とその周辺」（東京工業大学製鉄史研究会『古代日本の鉄と社会』平凡社、一九八二年）等参照。氏は、将門の乱とも絡め、在地における諸国牧の意義を強調されている。

(67) まず、前節に掲げた『西宮記』が「勅旨牧在二馬寮式一」と述べているし、また『政事要略』巻二三・延喜九年（九〇九）十月一日官符（註(88)参照）で勅旨牧となった武蔵国立野牧は、延喜式では御牧に含まれている。さらに、延喜式で御牧しか置かれていない信濃国について、同国内の牧を勅旨牧と呼ぶ史料も散見される所である。なお、勅旨牧について新旧両義・広狭両義を考える立場もあるが（西岡虎之助註(2)論文三三七〜三四〇頁）、本論ではあくまで史料上「勅旨（牧）」と明記される牧に即して勅旨牧の語を用いたい。

(68) 表2参照。

(69) その具体的意味は、左右馬寮式牧監条から、甲斐・信濃両国の「主当寮」が左寮、武蔵・上野両国のそれが右寮ということであろう。

(70) また兵部式牧監条参照。なお、両条でその結果を兵部省に移する規定となっているのは、牧監・別当が馬寮管下にあって武官であるためである。職員令63左馬寮条及び公式令52内外諸司条の『令集解』所引諸説参照。

(71) 『政事要略』巻二三所収の延喜九年十月一日官符（註(88)参照）・承平元年（九三一）十一月七日官符・同三年四月二日官符等参照。

(72) 同条は甲斐・上野二国の牧監職田のみを規定するが、信濃国の牧監においては同国内の牧田（馬寮庄田）がこれに当たったと思われる。『類聚三代格』巻一五・延暦十六年六月七日官符（本節後掲）及び主計式下牧田地子条・主税式上馬皮直条（弘仁主税式同条）・左右馬寮式庄田条等参照。また註(80)も参照されたい。

(73) 『大日本古文書』四―三一頁。

(74) ただし、畿内近国の牧であろうとの推定が可能だと思う。同解二条に「上下御馬以次祇承」とあるが、これは後述する国飼馬に類似する形態、すなわち必要に応じて京と牧の間で馬を往き来させる形態の存在を示すと思われるから、この牧の所在地は京からさして離れぬ畿内近国であろう（註(96)参照）。また同解一条に見える「去八月三日大風雨」は、『続日本紀』天平勝宝六年是年条に「是年八月、風水。畿内及諸国一十、百姓産業損傷。並加二賑恤一」と記される「風水」に当たるものであろう。この被害に遇ったのは畿内を中心とした諸国のようであり、この点も右の推定と符合する。

(75) 吉田孝「律令時代の交易」（同『律令国家と古代の社会』岩波書店、一九八三年、初出一九六五年）二九九頁及び注(14)。

(76) 西山良平「家牒・家符・家使」（『日本史研究』二一六、一九八〇年）。

(77) 笹山晴生「中衛府の研究」（同『日本古代衛府制度の研究』、一九八五年、初出一九五七年）。

(78) 『類聚三代格』巻一八・弘仁三年十二月八日官符所引。

(79) 『貞観交替式』天長元年（八二四）八月二十日官符（本節後掲）は「監牧」の語を用いているが、同官符を引く『類聚三代格』巻五・天安二年（八五八年）五月十一日官符は、これを「牧監」と呼んでいる。

(80) なお、この信濃国監牧公廨田は延喜式に直接の規定が見えないわけであるが、左右馬寮式庄田条の信濃国所在馬寮牧田一百八十四町五段二百五十三歩に含まれるものと思われる（註(72)参照）。また、延喜式の馬寮庄田の成立は『類聚三代格』巻一五・大同三年十月十三日勅によるものであり、これは同年正月の内廐寮・主馬寮の左右馬寮への改変の直後である点でも注目できる（註(44)参照）。延喜式制に至る変化の契機として大同三年の改編の持つ意義をうかがわせるからである。

(81) 『類聚三代格』巻七・嘉祥二年（八四九）三月八日官符所引天長元年八月二十日官符、同巻十二・承和十一年七月二十六日官符所引同日騰勅符など。なかでも前者は、夏野奏状を受けて出されている。また、「令三介以上別処二六年之秩一」と命じた同巻五・承和二年七月三日官奏所引同日格、「択二良吏一事」「択二国守一事」等を命じた同巻七・同日官符、「国司公廨不レ塡論定未納事」「諸社封物令二国司検校一事」に関する二通の『貞観交替式』同日符、等も参考となろう。

(82) なお信濃国牧監定員はその後『類聚三代格』巻五・天安二年五月十一日官符により、再び二名に増員されている。

(83) 『類聚三代格』巻一八・貞観十三年六月十三日官符の引く甲斐・武蔵両国苑の前年十一月五日官符文中に「牧監主当等」とあることから「主当」の存在が判明する。

(84) なお同官符は、先に触れた寛平五年官符を別当にも適用すべきことを定めているから、寛平五年には未だ別当は存在していなかったようである。仮に当時既に別当が存在していれば、寛平官符に何らか記述があってよさそうである。

(85) 同官符は、上述の貞観十八年官符で牧監に負わされた牧格の検校には触れていない。しかし、牧格検校責任を別当も負っていたことは延喜年中の史料から確認できる。『政事要略』巻二二に引く左大弁橘朝臣澄清伝宣の年月未詳宣旨は「諸牧可二造レ格囲一レ牧之状、章條巳明也。而今如レ聞、牧監別当等、不レ慎二此旨一、无レ心二営搉一」と述べるが、『公卿補任』から同宣旨は延喜十三年以降二十一年まで出されたものと判明するのである。そこで『延喜交替式』を検じてみると、四箇国の牧格は「令二牧監等検校一」とあり、これは貞観十八年官符を継受した規定である。これらを総合して考えると、牧格検校に関する貞観十八年官符はそのまま別当にも適用されると当時解釈されていたと思われる。むろん、貞観十八年官符のいう「牧監等」とは別当や「主当」を意味するものではなく、具体的には同官符中に触れられている牧監と牧長・牧帳・牧子や飼丁を指したものであろう。それが、別当出現以降、「牧監等」の語に引かれて別当にも適用されたのではなかろうか。

(86) 註(71)に挙げた諸官符参照。

(87) 既に磯貝正義氏が、同様の指摘をされている（同「古代官牧制の研究」、同『郡司及び釆女制度の研究』吉川弘文館、一九七八年、初出一九七一年）。

(88) 註(86)に同じ。一例として延喜九年十月一日官符を掲げる。

太政官符武蔵国司

応下立野牧為二勅旨一幷以二八月廿五日一定中入京期上事

右、右大臣宣、奉レ勅、件牧宜下為二勅旨一、即蔭孫藤原道行充二其別当一、毎年令レ労二飼十五疋御馬一、合期牽貢上者。国宜二承知依レ宣行一レ之。符到奉行。

(89) 西岡虎之助註(2)論文三二六頁註七。

(90) まず、牧馬印の文字は牧が新設された時点での性格を示すと考えてよいであろう。ただし、ここで言う新設とはあくまで中央政府ないし中央勢力と関連を持つ牧としてのものである。それに先行して多くの場合、在地の牧経営が成立していたであろうが、それは中央との関連の有無において性格が大きく異なっており、ここでは別個に扱いうると思う。さて、そうすると「官」字印は公的牧として新設されたことを意味するものとなる。公的牧としては、令制本来の牧と御牧（内廐寮所管牧・勅旨牧）とが考えられるから、ここに考え方としては次の二通りがありえよう。第一は前者でのみ「官」字印が用いられたとする考え方であり、第二は両者を含めた公的牧すべてで「官」字印を用いたとする考え方である。第一の場合、御牧のほとんどが、令制本来の牧として新設された牧を転入したものとなり、全く問題はない。また、その際「官」字以外の印を用いる御牧は、新設御牧かまたは私的性格の強い既存牧（たとえば後院牧等）からの転入と考えられる。そして表3備考に挙げた例などは、私的性格の強い既存牧を転入した例となる。とすれば、新設御牧の占める割合は一層小さいものとなろう。他方、第二の考え方は若干の検討を要する。この場合、「官」字印を用いる牧の中に新設御牧も含まれることになるからである。しかし、一方で「官」字以外の印を用いる御牧は私的性格の強い既存牧から転入されたものとなるから、そうした非公的牧をも御牧に転入する必要があったことになる。とすれば、「官」字印を用いる御牧にしても多くは既存の公的牧を転入したものと思われ、新設御牧はやはり例外的存在であったとみるのが自然であろう。以上から、どちらの考え方を取るにせよ、御牧の大部分は既存の令制本来の牧を転入することで設定されたと解せると思う。なお私見では、第一の考え方によると「官」字以外の印を用いる牧の性格が複雑になり過ぎる点から、また八・九世紀を通じた公的牧制度の連続性を重視する立場から、第二の考え方がより妥当なのではないかと思う。

(91)　表2参照。
(92)　国飼数条・国飼秣条によれば、国飼馬は青馬節・端午節に牽進される例であったようである。
(93)　表2参照。ただし、後掲する宝亀三年官符の文章からすると、当時国飼馬が設置されていた国はもう少し多かった可能性がある。たとえば、伊賀国などにも置かれていたかもしれない。
(94)　薗田香融註(34)論文。
(95)　なお、国飼馬が牧馬であるかどうかには若干の吟味が必要であろう。各国での国飼馬の飼養は、多くの場合牧と離れた国の廐舎で行われたと考えるのが自然に思われるからである。ただし、その、調達は本来牧からのものであり、交易等による調達はあったとしても、状況の変化による二次的な形と考えられる。国飼馬は馬寮櫪飼馬と共に四月駒牽・五月節会に用いられるが、その際、駒を産出した牧名を奏する規定があり（左右馬寮式六日条、『西宮記』巻三「四月・二十八日駒牽」（故実叢書本）等。また『九条殿記』「五月節」（大日本古記録『九暦』五三頁）も参照）、また六国史にも四月駒牽について「閲二諸牧御馬一」等とする記事が散見される（『続日本後紀』承和十五年四月丙辰条、『日本三代実録』仁和三年（八八七）四月二十八日条等）。さらに、伊勢国では慶雲四年の鉄印頒布記事（第一節参照）から牧の存在が知られるのに、馬の貢上としては国飼馬の史料しか見られない（表2参照）。こうした点から、国飼馬は本来牧から調達されるものであったと考えてよいであろう。そしてまた、国飼馬の制度のもととなった形は直接牧と京との間を往き来させるものであったと思う（次註参照）。この点で本論では国飼馬を牧馬貢上の一形態と考えるのである。要するに、国飼馬も諸国貢繋飼馬と同様に、規定上、牧との関係が表現されていないわけである。

(96) この点、後述する近都牧の理解を踏まえて、また補足したい。なお、天平勝宝六年の「知牧事吉野百嶋解」（先掲・第四節）には牧子の職務として「上下御馬以次祇承」とあったが、これは必要に応じて京へ牧馬を牽進し、不要時には牧に戻して飼養するという国飼馬的貢進形態の存在を示すと思われる（註(74)参照）。この例などは、以上の推定を裏付ける有力な材料となろう。また、公式令51朝集使条や『類聚三代格』巻一八・養老六年（七二二）八月二十九日官符等に見える、京との遠近によって朝集使・国司の上京時に駅馬を用いるか「当国馬」を用いるかを区別する政策の存在も、ここでの参考になりそうである。

(97) 表2及び註(93)参照。

(98) 本論では、この寮牧も近都牧に含めて論ずることとしたい。

(99) 放飼にはこのほか左右馬寮式廐畠条に、山城国美豆廐付属の野地で「夏月簡二御馬不一レ肥者一遣飼。亦諸祭料馬同令二放飼一」という規定がある。

(100) これはまた、牧放飼馬が国飼馬と異なり、馬寮所有馬となっていることを示す。

(101) 延喜式段階の近都牧で、実態上も牧馬生産がまったく行われていなかったかどうかは問題であるが、少なくともそれは公的機能を持つものではなかったと考えられる。左右馬寮式父馬条に父馬を「放」す際の手続規定はあるが、これは近都牧での生産に関わるものとは思われず、他にも延喜式中にその関連規定は見当たらない。

(102) 近都牧の存在する国にはすべて国飼馬が置かれていた点が参考となろう。表2参照。

(103) 特に遠国からの貢上馬増加が、その背景にあったと思う。後論参照。

(104) 一方で、国飼馬と牧との関連は明文に示されないままとなったわけである。註(95)参照。
なお、近都牧のすべてが朝廷直轄牧の伝統を引くものかどうかは問題であり、中には直轄牧の形態を前提として飼養用牧に転入された一般牧があったと思う。そしてこう考える時、馬寮から近都牧への指示方法に二方式があり、その直轄性に強弱を認められる点が参考となろう。

(105) 調良の必要性については村岡薫註(16)論文九一〜九二頁に指摘がある。

(106) この点補足すると、同条の意図する所は、騎用に堪える牧馬を軍団に所属させ、その間、調良をもほどこし、その上で貢進等の諸用途に振り当てることであったと思う。国飼馬的貢進形態を牧馬貢進の本来的姿とすれば、貢進馬を同条とまた別に用意することはなく、軍団を通す形で貢進が予定されていたと考えられるのである。ただし、第一節に挙げた天平期諸史料によれば、実際には牧で調良した上で直ちに貢上する形を取ったようである。

(107) 廐牧令13牧馬応堪条の古記（第一節）が「今行事」として「不レ留二於団一也」と述べる点、また同16置駅馬条・19軍団官馬条の同じく古記が「牧馬堪二乗用一、付二軍団一令レ養。是除レ充二伝馬一以外、名為二兵馬一」「軍団官馬、謂付レ団令レ養牧馬也」等と記す点などが前註と合わせて参考となろう。

(108)『続日本紀』宝亀十一年三月辛巳条に見られるような、兵制改革以前からの軍団の衰退を想起したい。

(109) この点については高橋富雄氏の「古代東国の貢馬に関する研究」（『歴史』一七、一九五八年）、同「国造制の一問題」（『歴史学研究』二四四、一九六〇年）等の研究があるが、言及しえなかった。

補註

（補1） 廐牧令に関する日唐令比較の問題は、いわゆる天聖令の出現によって状況が大きく変わり、あらたな研究の展開に向かいつつある。佐藤健太郎『日本古代の牧と馬政官司』（塙書房、二〇一六年）等、また佐藤著書への筆者書評（『日本歴史』八三八、一九一八年）参照。

（補2） 狩野文庫本『類聚三代格』全文の写真図版と翻刻が、関晃監修、熊田亮介校注・解説『狩野文庫本類聚三代格』（吉川弘文館、一九八八年）に収録された。

（補3） 吉野百嶋解に述べられている牧の所在地については、佐藤健太郎氏が大和国吉野郡内の可能性を指摘され（同「内廐寮と勅旨牧の成立について」、同(補1)著書、初出二〇〇二年）、鷺森浩幸氏は、奈良県五条市の吉野川・宇智川合流点付近に比定される栄山寺領高栗栖牧の近傍と推定する説を示されている（同「奈良時代の牧と馬の貢上」、『奈良学研究』一五、二〇一三年）。鷺森氏は、吉野百嶋解は紫微大忠で馬寮監を兼ねた賀茂角足のもとに届いたものであり、その牧は紫微中台の牧でなく「国飼馬の牧」であったとされるが、本論で述べたように、国飼馬は国司の管理下にあったと考えられる。また、本論註(95)等で「国飼馬の牧」の存在を推定したが、その管理形態の理解など、なお慎重な検討が必要であろう。

（補4） 論旨と直接かかわらない点であるが、神護景雲二年正月格を載せる弘仁三年十二月八日太政官符（『類聚三代格』巻一八）の引用関係について指摘をいただいた。なかでも、田島公氏が「古代信濃国の牧の管理・経営と金刺舎人八麻呂の申請」（『市誌研究ながの』四、一九九七年）において、詳細に論じられた。弘仁三年官符によると、課欠駒に対する罰則については、年次順に①信濃国牧主当金刺舎人八麿解、②内厩寮解の申請と、③神護慶雲二年正月二十八日格、④延暦二十一年八月十四日官符、⑤延暦二十二年三月九日官符、そして⑥弘仁三年十二月八日官符による命令が出されている。申請・命令の内容は、A「免罪徴価」、B「依律科罪不合徴価」、C「宜科罪徴馬一莫所免」、D「停徴馬、毎駒一疋徴価四百束」、E「応徴課欠駒価稲毎疋二百束事」の五件が見える。①―A、⑥―Eの対応は明らかであるが、②・③・④・⑤とB・C・Dの対応が問題となる。本論では②―B、③―C、④・⑤―Dが対応するものとして、Cまでを神護景雲二年格として掲げた。一方、③―B、④―C、⑤―Dと対応させる理解もありえるのであり、田島説はこちらを取る。この場合、①・②―A（牧主当解と内厩寮解が同内容）または②・③―B（内厩寮解と神護景雲二年格が同内容）と理解することとなる（田島説は前者）。官符の引用関係として、こちらの方が落ち着いた解釈であろう。ただ、その理解には一つ問題を感じている。それは、神護景雲二年格によって状況がどう変わったかという点である。本史料は課欠駒に対する罰則として、律による科罪と課欠分の塡償責任について述べたものである。Aは「塡償のみ」、Bは「科罪のみ」、Cは「科罪かつ塡償」であり、D・Eは駒そのものでの塡償をやめ、Dは代価四〇〇束、Eは二〇〇束の徴収としている（D・Eは科罪に触れていない）。ここで、課欠に対する罰則の令制当初からのあり方を見ると、科罪については廐庫律牧馬牛死失課不充条に定められている。しかし、塡償責任はどうだろうか。廐牧令7毎乗駒条に責課に関する褒賞規定、9失馬牛条に牧馬牛の逸失・非理死損に対する塡償規定はあるが、同令の『令集解』所引諸説を含め、課欠の塡償責任に関する記述は見当たらない。したがって、課欠への罰則は、科罪・不塡償が律令制本来の、すなわち神護景雲二年格が出される以前のあり方であったと思われる。とすると、③神護景雲二年格―B「科罪のみ」と理解したのでは、同格の前後で対応になんの変化もないことになり、格の出される意味がなくなってしまうと思うのである。この点から、本論では③―Cの理解を提示した。この場合、④・⑤が同じDの内容に対応することとなるが、延暦二十一・二十二年と近接していることから、牧馬数点検（校印）の時期に近い八月と、放牧馬の狩り籠め時期に近い三月に、重ねて官符が出された可能性を考えておきたい。以上から、神護景雲二年格の引用範囲については、問題の所在を示す意味も込めて初出時の考えを維持したい。課欠駒塡償の様態について議論が深まることは、牧の経営実態をうかがわせる手掛かりとしても興味の引かれる論点であると思われる。

（補5）　牧で用いられる焼印の文字については、西本昌弘氏が報告された東山御文庫本『新撰年中行事』の発見により新たな知見が加えられた（同「東山御文庫所蔵の二冊本「年中行事」について―伝存していた藤原行成の「新撰年中行事」―」、同『日本古代の年中行事書と新史料』吉川弘文館、二〇一二年、初出一九九八年。同編『新撰年中行事』八木書店、二〇一〇年）。『新撰年中行事』原本の写真によれば、甲斐・穂坂牧は「粟」とも読み取りうる字形（『政事要略』は「栗」）、武蔵・秩父牧は「朱」（同じく「未」）、同・小野牧は「松」と読み取りうる字形（同じく「拡」）が記されており、上野については「但有封牧以春字云々」（同じく「□《（封カ）》有春字」）との記述がある。山梨県編『山梨県史』資料編三（同県、二〇〇一年）史料五三二・一七二七・一九二九、『同』通史編一（同、二〇〇四年）第六章第五節、佐藤健太郎「駒牽の貢上数と焼印に関する一考察」（同（補1）著書、初出二〇〇五年）など参照。「粟」と「栗」など、類似する字形の読み取りを断定することはなかなか難しいように思われる。

補記

本章は、日本古代の牧制度について、令制と延喜式制を連続的に捉える視点から検討した内容で、一九八六年に発表した（『史学雑誌』九五―一）。初出時の付記で述べたように、東京大学大学院『令集解』演習（笹山晴生教授）で廐牧令の牧に関する諸規定を担当したことから検討した内容をもとに、一九八四年十一月の史学会大会日本史部会で発表し、成稿したものである。思い起こすと、その頃、研究室に狩野文庫本『類聚三代格』の写真が持ち込まれ、国史大系本にはない記載が残っている巻四・加減諸司官員并廃置事を眺めていたところ、兵馬司・内廐・左右馬寮などの文字が目に入ってきた。なんとも言えない驚きと感激の経験であった。当時は、牧に関する史料は時期が離れると相互の関係の措定が難しく、どこまで論を展開できるか扱いにくい印象があったが、そうした状況を一歩進めることができたと思う。その後、古代の牧と馬をめぐる研究は次第に盛り上がり、考古学などの立場からの検討も増え、裾野が広がってきたと実感している。なお本論は高橋富雄編『馬の文化叢書　2馬と日本史1』（馬事文化財団、一九九五年）にも収録された。

第二章　文献から見た古代牧馬の飼育形態

はじめに

古代の甲斐国には、穂坂牧・柏前牧・真衣野牧の三つの御牧が存在した。また「甲斐の黒駒」と称されるように、甲斐国は良馬の産地として著名であった。甲斐の古代史を考えていく上で、この御牧の存在を無視することはできない。牧は、古墳時代から奈良・平安時代を通じて存在し、武士発生の重要な舞台ともなって中世に続いた。こうした牧を取り上げることで、地域の歴史を長いスパンで浮かび上がらせることができよう。

山梨県内に所在の推定される古代の牧には、御牧である穂坂・柏前・真衣野三牧のほか、小笠原牧・逸見牧等を挙げることができる。牧の集中地域の一つである八ヶ岳山麓では、考古学的な発掘調査の進展により、平安時代の集落の様相について多くの知見が明らかにされつつある。宮間田遺跡では、全国でも唯一の「牧」の文字が墨書された土器が出土し、古代の牧との関係が注目されている(1)。平安時代の甲斐国の解明は今後急速に進展することが予想され、『山梨県史』古代分野の編纂にとっても重要な課題の一つとなろう。平安時代の在地社会の様相を考えていくためには、当時の国司制度の変化や荘園制の展開とも関連して、中央と地方双方の政治的・経済的動向の総合的分析が不可欠となる。中央と地方両者の力学が相互に作用する場である牧は、こうした分析を進める上で絶好のフィールドである。

甲斐国の牧については、既に磯貝正義氏の貴重な研究がある。(2) また、ここ数年は、様々な観点から古代の牧を取り上げる研究が増加しつつある。(3) ただ、一般民衆や在地の有力者達の動向など、地域により密着した歴史を考えるためには、牧の実態をできるだけ具体的に明らかにすることが必要である。(4) 筆者はかつて、文献史料からうかがえる古代の牧の実態について概括的な見通しを述べたことがあるが、(5) そこでは史料的な論拠等を詳しく提示して論ずることができなかった。この点についてあらためて報告することとしたい。

以下では、古代の日本にどのような形態の牧があったかを概観した上で、牧の経営に地域の人々がどのような形で参加していたかを考え、飼育形態と施設を中心に古代の牧の実態を具体的に検討する。なにぶんにも馬に関する生物学的・農学的知識に乏しい上に、史料的な制約から憶測に及ぶ点の多い内容であるが、今後の考古学的な調査や牧をめぐる地域社会の解明の前提作業となれば幸いである。識者のご教示・ご叱正をお願いしたい。

一　牧の諸形態と変遷

牧とは、馬牛などを放牧して飼育するための土地と施設の総称である。本論では馬の牧を考察の主たる対象とする。(6) 牧の経営は、馬が家畜として人間に利用され、用途に適した個体の生産や飼養が人為的・効率的に行われることが必要となった段階で開始される。家畜馬の用途として日本では、人を乗せる（乗馬・騎馬）、荷物を運ぶ（駄馬）、農具を牽く（農耕馬）といった形態が見られる。

日本では、四世紀末から五世紀にかけて古墳の副葬品として馬具が出現しはじめる。朝鮮半島をめぐる軍事情勢を背景として、この頃、乗馬の風習が日本に本格的に導入されたとみられる。(7) 日本列島に馬が移入されたのがこの四世紀末から五世紀のことであったとする見解が有力になりつつある。(8) 諸史料によれば、このの ち六・七世紀に乗馬の普及とその質の向上は急速に進んでいる。その背景には、馬の生産を人為的手段を用いて効率的に行う牧の存在を考えざるをえない。したがって、牧の経営の日本への導入も五・六世紀段階までさかのぼると思われる。

牧の経営はこののち奈良・平安時代を通じて継続されるが、その多くは乗用馬の生産・飼養を主たる目的とする牧であった。各種の文献史料に記載があったり、制度が定められていたりする牧は、ほとんどが乗用馬を対象としたものと判断されるからである。(9) 乗用馬の生産という目的において共通する牧は、飼育形態においても年代を越えて共通するところが多かったと思われる。古代の牧に関する史料にはかなりの年代幅があり、その分析において時代差を無視できない場合もあるが、本論で取り扱う飼育形態の検討においては、大勢として上記のように仮定して差し支えないものと思う。

日本における公的な牧の制度は、八世紀初めに律令制の牧制度としてはじめて成立した。文武天皇四年(七〇〇)三月、牧の設定が諸国に命じられ(『続日本紀』同月丙寅条)、その後の七年間で二三箇国に牧が設定されたことが知られる(『続日本紀』慶雲四年(七七〇)三月甲子条)。これ以前から存在した朝廷の牧や、中央・地方の豪族ないし有力者らの経営する牧が、国家の牧として把握されるようになったというのが、令制の牧の設定の実態であろう。

令の編目の中では厩牧令を中心に牧に関する規定がある。これらは、のちの法令で変更されたものを除き、公的な牧で遵守されるべき規範であり続けた。ただ、その内容は概して画一的であり、運用の実態を考えると不明瞭な点も多い。たとえば、牧馬の用途について、乗用に堪えるものは軍団に「付す」とのみ定めているが(史料17)(10)、軍団に「付した」乗用馬がどのような形で利用されたかは必ずしも明らかではない。八世紀のかなり早い段階から、牧馬の少なくとも一部は京に貢進されていた(『令集解』厩牧令牧馬応堪条所引古記、『続日本紀』天平四年(七三二)八月壬申条)。牧個々の実態はかなり多様であり、令文にはそれらを捨象した汎用的な内容が記述されたと解される。

牧馬貢進の形態から見ると、令制の牧の担う役割は地域によってやや異なる形を取ったものと考えられる。京に近い畿内近国の牧馬は、必要なときだけ京に送られ、それ以外のときはもとの国や牧に戻されて飼養された(11)。こうした形は、かつての朝廷の牧からの牧馬貢進の形態が発展したものであろう。古代においては、馬を常時廐に入れておく方法とは別に、こうした馬の飼い方も普通に行われていたらしい。しかし、遠国の牧から京に送られてきた馬は、いちいち京都と本国の間で往復させることはできない(12)。そこで、これらの馬を受け入れて飼養することも、畿内近国の牧の役割とされた(13)。したがって、畿内近国の牧は、牧馬の生産だけでなく、自牧及び他牧出身馬の飼養という役割を果たしていたことになる。

令制の牧は、八世紀後期から九世紀初期にかけて大きく変容した。その中心となったのは、御牧の制度の展開である。令制の牧は、中央官司では兵部省の下の兵馬司に管轄されるのが本来の形であり(職員令兵馬司条)、これに対して御牧は八世紀後期に設置された内廐寮の所管牧に由来し、のちには左右馬寮の所管となった。ただし、御牧の多くは令制の牧の所管を変更する形で設定されたものと思われ、この意味では御牧も令制の牧から派生した形態である。御牧は、そもそもは藤原仲麻呂の乱後の政治情勢を背景に、中央軍事機構へ他から独立した形で馬を供給するために生じた形態であった。ところが、八世紀末から九世紀にかけて政府の牧の経営の行き詰まりが全国的に明らかになると、政府は、馬の生産から供給・飼養までを同一官司が一貫して取り扱い、直轄性も強い御牧の形態に注目し、牧からの貢上馬を確保するために御牧を重点的に整備する政策を採用した。御牧が設定された信濃・甲斐・武蔵・上野の四国には施策が集中される一方、他の国の牧は必要に応じて整理されることとなった。この結果、畿内近国の牧の果たしていた役割は、国飼馬《くにがいのうま》と近都牧《きんとのまき》の二つの制度として特化され、国飼馬は牧との関わりを持たず、近都牧は牧馬生

表4　延喜式に見える馬牧と貢馬

国名		御牧（牧）	御牧 貢馬（頭）	諸国牧（牧）	諸国牧 貢繋飼馬（頭）	国飼馬 左馬寮（頭）	国飼馬 右馬寮（頭）	近都牧 左馬寮（牧）	近都牧 右馬寮（牧）
東海道	常陸			1	10				
	下総			4	4				
	上総			1	10				
	安房			2					
	武蔵	4	50	1	10				
	相模			1	4				
	甲斐	3	60						
	駿河			2					
	遠江				4				
	伊勢					10			
東山道	下野			1	4				
	上野	9	50		45				
	信濃	16	80						
	美濃						10		
	近江					10		1	
畿内	山城					6			
	大和						5		
	河内						6		
	摂津						10		3
山陰道	丹波					5		1	
	伯耆			1					
山陽道	播磨							1	*
	備前			1					
	周防			1	4				
	長門			1					
南海道	讃岐				4				
	伊予			1	6				
	土佐			1					
西海道	肥前			3					
	肥後			2					
	日向			3					
合計		32	240	27	105	31	31	3	3

＊ほかに寮牧1

産の機能を求められない形となった。また遠国の牧も、政府にとって重要性の高い御牧と、それ以外の諸国牧《しょこくのまき》とは明らかに異なる扱いを受けることとなった。兵馬司が廃止となったために兵部省の所轄となった諸国牧は、令制の牧の最も基本的な形態を受け継ぐ存在ではあるが、中央への牧馬貢上の機能は徐々に薄れつつあった。

九世紀から十世紀にかけて、国飼馬や諸国牧の制度は形骸化の度合いを強めていったが、御牧の経営は表面上はまず順調に推移した。しかし、十世紀の半ばを過ぎる頃から、御牧の貢馬数の不足や貢馬期日の遅延が目立つようになり、ついには貢馬自体が行われなくなって、十一世紀には公的な牧の制度は実質的な意義を失った。これに代わって、乗用馬の生産・供給機関として私牧の役割が重要化した。公的な牧の制度の衰退は、決して牧経営自体の衰退を意味するものではなく、牧経営の私的部分の拡大によってもたらされたものである。この頃から上級貴族・権門への私的な貢馬が増加し、彼らの私牧が史料にしばしば登場するようになるのも、こうした事情に対応している。牧の現地における経営はこの後も途切れることなく、むしろ一層活発化して古代末に至ったと理解される。

二　牧経営に従事する人々

ここでは、牧の実際の運営業務にどのような人々が従事していたかを見ていきたい。まず律令の条文を見よう。

〔史料1〕廐牧令牧馬長帳条

凡牧馬長帳者、取㆘庶人清幹、堪㆓検校㆒者㆖為之。其外六位及勲位、亦聴㆓通取㆒。

〔史料2〕廐牧令牧毎牧条

凡牧、毎レ牧置二長一人・帳一人一。毎レ群牧子二人。其牧馬牛、皆以レ百為レ群。

〔史料3〕厩牧令牧牝馬条

凡牧牝馬、四歳遊牝、五歳責レ課。牝牛、三歳遊牝、四歳責レ課。各一百毎レ年課二駒・犢各六十一。其馬三歳遊牝而生レ駒者、仍別簿申。

〔史料4〕厩牧令毎乗駒条

凡牧馬牛、毎レ乗二駒二疋・犢三頭一、各賞二牧子稲廿束一。其牧長帳、各通二計所レ管群一賞レ之。

〔史料5〕厩牧令須校印条

凡須レ校二印牧馬一者、先尽二牧子一。不レ足、国司量二須多少一、取二随近者一充。

史料1・2によると個々の牧には実務を行う職員として牧長・牧帳が各一名と、牧子数名が置かれた。牧長は個々の牧の運営を統括する存在であり、牧帳は事務の担当者に当たる。牧長と牧帳は、牧周辺に居住する「庶人」から選ばれるが、牧の運営を主導するだけの権威と実力を有することが求められている。外六位ないし勲位を持つ者の登用も認められており、在地において郡司に準ずる程度の階層に位置するものと考えられる。牧子は、牧長の下で牧運営の実務に従事し、牧馬牛一〇〇頭（一群）につき二名を置く規定である。牧長・牧帳・牧子は、職務に従事する代わりに庸と雑徭とを免じられた（賦役令舎人史生条）。

律令では、牧馬の維持・管理と繁殖について、牧長・牧帳・牧子の負うべき責任を明確に規定している。牧では、毎年四歳以上の牝馬に一〇〇頭に対して子馬六〇頭という繁殖率が定められており（史料3）、牧長・牧帳・牧子は、これを超えて駒を増やすことができれば褒賞を得ることができたが（史料4）、これに満たない「課欠」が生じた場合は、国郡司と共に罪を科された（厩庫律牧馬牛死失課不充条）。牧馬の死失は、一〇〇頭に対して一〇頭までの自然減が毎年認められており、病死については近傍の民間の馬と同じ割合までは責任を免除されたが（厩牧令死耗条）、それ以上であればやはり罪を科された（厩庫律牧馬牛死失課不充条）。また、牧馬が逃亡するなどして行方不明となった場合は、一〇〇日の期間捜索して発見できなければ、担当の牧子が七割、牧長と牧帳で合わせて三割の割合で代価の弁償が求められた（厩牧令失馬牛条）。

令の定める牧の職員は以上の通りであるが、牧の運営に関わるあらゆる実務がこれらの牧帳・牧帳・牧子だけで遂行可能であったとは考えがたい。牧の周辺には牧馬の飼育を主たる生業とする集団が居住し、その構成員が総体として牧の経営を担っていたと考えるべきであろう。令文も、こうした集団の存在を想定していると思われる。史料5では、牧馬の校印の作業（後述）に牧子だけでは手が足りない場合には、牧の「随近者」を徴発することを定めている。これら「随近者」には、牧馬の取り扱いに関する一定の知識や技能が期待されていたのではないだろうか(14)。こうした観点からいえば、牧長とは、牧経営集団を代表ないし統率する者であり、牧帳はその補佐役に相当する。同様に、牧子も単なる牧馬飼育係というよりは実務の中心となるような人物であって、牧長・牧帳に次ぐ集団内の有力者であったかもしれない(15)。

こうした牧の経営に携わる集団の役割や技能を考える場合、中央の馬寮の厩舎での飼育業務に関する規定が参考となろう。令制の左右馬寮には、一般官司と共通する四等官などのほか、馬医、伴部である馬部、および飼丁が所属した（職員令左馬寮条）。飼丁は、馬寮所属の雑戸である馬戸（馬飼）が分番で当たり、馬一～三頭ごとに一名の馬丁（一般飼育係）や、馬一頭ごとに一名の穫丁（飼料となる芻の調達係）として働いた。馬戸はこのほか、調として芻を貢進した（厩牧令厩細馬条、馬戸分番条）。雑戸と公民の違いはあるが、牧の経営に携わる集団の実態も、馬寮厩舎の運営を支えるこうした馬戸の姿から類推すると理解しやすい。

『延喜式』によると、馬寮厩舎には馬医・馬部・飼丁のほかに騎士が所属している。飼丁（馬丁）は、馬一頭あたり一名が衛士から充当され、刈青草丁（穫丁）・飼牛丁には仕丁が充てられた（『延喜式』左馬寮・飼馬条）。『延喜式』段階でも、馬寮管轄下の飼戸（馬戸）が、右京・山城・大和・河内・摂津・美濃・尾張の諸国にあったが（同・飼戸条）、雑戸身分ではなくなっており、このため飼丁も馬戸が分番する形ではなくなっていたのであろう。飼丁は、行幸などの際の牗《くちとり》人や、外国使節の乗馬の馬子をつとめることがあった（同・御馬条、巡幸条、蕃客条）。馬部は、負名の氏から採用され（同・馬部条）、諸社の祭礼に奉納される馬に牗人として供奉したり（同・祭馬条）、行幸時の馬子をつとめるなどした（同・御馬条）。馬医も、諸社への奉納馬に供奉するほか（同・祭馬条）、競馬の際の判定役をつとめる等の規定がある（同・六日条）。騎士は令文には見えない職種であるが、馬寮の勤務評定を受ける正規の官人であって、暴れ馬を乗りこなすといった技能に優れた者であった（同・覧駒条、騎士条）。

こうした馬寮厩舎で見られるのと同様の職種が牧にも存在したであろうことは、天長三年（八二六）二月十一日官符及び貞観十三年（八七一）六月十三日官符（『類聚三代格』巻一八）から推定できる。両官符は、甲斐・武蔵・信濃・上野四国の牧から京に貢進される牧馬に同行する牧の職員の数が多く、時に横暴な行為に及ぶため、経路となる国の郡や駅にとってその応対が大きな負担となっていることへの対策として、牧馬貢進に同行する人数を制限し、資格のない者が駅馬等の提供を強要することを禁じた法令である。これによれば、牧馬貢進に責任を持つ牧監・主当といった上級管理者のほかに、牧長・馬長・書生・騎士・馬医・居飼・占部・足工といった名称の「雑色人」が貢馬に同行している。これらの「雑色人」は、牧の周辺に居住する経営集団の一員であって、[16]それぞれの名称に示されるような実務に従事していたのであろう。彼らの多くは、「身是白丁」とあって身分的には一般庶民と異ならないが、御馬貢上使の構成員としてかなりの威勢を振るっており、一部有力者を含むものと考えられる。

牧長は令文に見える役職そのものであり、馬長は牧長の異称と思われる。書生も令制でいえば牧帳に相当しよう。[17]居飼は、馬寮廐舎でいえば飼丁に当たるような一般飼育係と思われる。[18]馬医と騎士は、馬寮のそれとほぼ同様の職能を持つものであろう。貢馬と同行することが正式に認められていることからも、両者はかなりの高級技能者であったと思われる。記録によると、貢馬が京に到着した際に行われる駒牽の儀式で、馬寮の騎士が乗りこなせない暴れ馬がいると、同行の国騎士が替わって乗ってみせた例がある。[19]騎士は乗馬の技能に優れ、牧馬の調教に任じていたものであろう。占部・足工も中下級技能者と思われるが、詳細は不明である。[20]

三　牧馬の飼育形態

古代の諸史料に見える家畜馬の飼育形態を分類すると、繫飼《けいし》と放飼《ほうし》とに大きく分けることができる。繫飼は「つなぎかい」であって、各種機関の廐舎で行われる場合や、貴族から一般庶民にいたる個人レベルの廐におけるものまで、様々な規模があった。『延喜式』では、設備の整った馬寮廐舎における「つなぎかい」を、特に櫪飼《れきし》（たてがい・いたがい）と呼んで他と区別している。後述の通り、牧においても一部の牧馬を牧の廐舎で繫飼することがあった。また、軍団に付された牧馬の飼養を兵士に行わせたり（史料17）、駅馬の飼養を駅戸に委託する例があることから考えて（廐牧令置駅馬条）、牧近傍に居住する人々が一〜数頭の牧馬を預かり、個人ないし集落規模の廐で繫飼すること（預託舎飼）も行われたと思われる。繫飼は、必要が生じた際に直ちに馬を利用できる飼育法であるが、馬の運動不足を招きやすく、また飼料調達の手間がかかった。

放飼は「はなちがい」である。古代日本における牧馬の飼育方法に関する安田初雄氏の研究によれば、放飼には限定放牧と自由放牧の二つの方式が存在する。放牧中の馬が自由に移動したりしないように、柵・堀・土塁等を利用して外部と区画した内部で放飼するのが限定放牧であり、山野や河原、あるいは寺社の境内などの空閑地で自由に放飼するのが自由放牧である。放飼は、繋飼とは逆に、急の用に間に合わない欠点はあるが、馬の体調維持に適しており、何よりも飼料調達を必要としない利便があった。

安田氏の整理からもわかる通り、これらの飼育形態は単独で用いられるより、場合によっていくつかが使い分けられるのが普通である。たとえば、馬寮廐舎の櫪飼馬が、夏季体調のすぐれない時には放飼されるといった具合である（史料14、後述）。牧における飼育形態も、牧馬の種別により、また季節により、放飼と繋飼が、あるいは自由放牧と限定放牧が使い分けられていたようである。

〔史料6〕『延喜式』主税上・馬皮直条

凡諸国牧馬、不㆑堪㆓貢進㆒者、申㆑官売却、混㆓雑皮直㆒、毎年出挙。用㆓其息利㆒、以充㆓貢馬経㆑国之間及牧馬秣料㆒。但信濃国者、便用㆓牧田地子㆒、其皮直送㆓左右馬寮㆒。

〔史料7〕『延喜式』兵部省・諸国牧条

諸国馬牛牧

（牧所在国一八及ビ牧名三九略ス）

右諸牧馬五六歳、牛四五歳、毎年進㆓左右馬寮㆒。各備㆓梳・刷・剉㆒。（中略）

凡牧牝馬牛廿歳已上者、不㆑在㆓責課之例㆒。

〔史料8〕『延喜式』左馬寮・御牧条

御牧

甲斐国柏前牧・真衣野牧・穂坂牧
武蔵国石川牧・小川牧・由比牧・立野牧
信濃国山鹿牧・塩原牧・岡屋牧・平井手牧・笠原牧・高位牧・宮処牧・埴原牧・大野牧・大室牧・猪鹿牧・萩倉牧・新治牧・長倉牧・塩野牧・望月牧
上野国利刈牧・有馬島牧・沼尾牧・拝志牧・久野牧・市代牧・大藍牧・塩山牧・新屋牧

右、諸牧駒者、毎年九月十日、国司与㆓牧監若別当人等㆒、甲斐・信濃・上野三国任㆓牧監㆒、武蔵国任㆓別当㆒。臨㆑牧検印、共署㆓其帳㆒。簡㆓繋歯四歳已上可㆑堪㆑用者㆒、調良。明年八月、附㆓牧監等㆒貢上。若不㆑中㆑貢者、便充㆓駅伝馬㆒。信濃国不㆑在㆓此限㆒。若有㆓売却㆒、混㆓合正税㆒。其貢上馬、路次之国各充㆓秣蒭并牽夫㆒、逓㆓送前所㆒。其国解者、主当寮付㆓外記㆒進㆓大臣㆒。経㆓奏聞㆒、分㆓給両寮㆒、閲㆓定其品㆒。

〔史料9〕『延喜式』左馬寮・不課条

凡牝馬歳廿已上、不㆑在㆓責課之限㆒。

まず、牧馬の種別と構成について明らかにしておきたい。令制の牧や延喜式制の諸国牧・御牧など、乗用に適する馬の生産・供給を目的とする牧では、母馬となりうる牝馬はできるだけ多数いることが望ましい。五歳以上一九歳以下の牝馬は責課として繁殖を義務付けられ、それ以外は不課とされた（史料3・7・9、『令集解』廐牧令死耗条）。一方、牡馬についてはこれとは逆の事情が生じる。より優れた個体の効率的な生産を図り、限られた数の優秀馬だけを種馬（父馬）とする生殖管理を行うためには[21]、あまり多数の牡馬を牧にとどめておくことは望ましくない。五歳ないし六歳となった牧馬は中央に貢上し、残りは駅伝馬に充当するか、民間に売却するという規定（史料6・7・8）は、一定年齢以上の牡馬は原則として牧にとどめておかないことを示している。したがって、牡馬の扱いも生殖能力を持つようになる年齢を境として変化し、父馬を除けば四・五歳以下の牡馬（蓄息）しかいないというのが、生産を目的とする牧の通常の形であったろう。以上の事情から考えて、牧では牝馬は特段の理由がない限りそのまま牧にとどめられ、牧から他に供給される馬のほとんどは牡馬であったと思われる。後掲の史料11は、こうした牧馬の種別と構成をよく示している。

次に、牧における飼育形態について検討しよう。結論から言えば、生産を主たる目的とする牧においては、夏から秋は限定放牧、冬から春は自由放牧というのが最も基本的な形態であり、調教を受けている一部の牧馬については繋飼が行われていたと判断される。

牧格（柵）の維持・修理を命じた貞観十八年正月二十六日官符（『類聚三代格』巻一八）及び延喜年中のものと推定される年未詳宣旨（『政事要略』巻二二）によれば、牧馬が逃げ失せたり、囲い外に出た牧馬が農作物に被害を与えることを防ぐために、牧には格（柵）・湟（堀）などの囲い施設が設けられており、限定放牧が行われていたことが知られる。

〔史料10〕『日本三代実録』貞観十八年十月十三日条

伊予国言、菅風早郡忽那嶋馬牛、年中例貢、馬四疋、牛二頭。其遺馬三百余疋。牛亦准レ之。嶋内水草既乏、蕃息滋夥。青苗初生、風逸踏破、翠麦将レ秀、群入食損。百姓之愁、莫レ甚二於斯一。望請、除二非年貢一之余、皆悉沽却、以二其価直一、混二合正税一。詔、従レ之。

自由放牧については、史料10が参考となる。同史料は、伊予国の忽那嶋牧の馬牛が、島内に水や草が少ないために、苗代田に入り込んだり、生えたばかりの麦を食べてしまったりすると述べており、こうした弊害から同牧の経営を放棄することが認められた。前述の貞観十八年官符と同じ年であることから考えると、こうした弊害は牧格の維持・修理の徹底によって解消されるような事例ではなかったことになろう。史料10は自由放牧の状況を述べたものであり、それが牧一般で広く行われていた飼育形態であることを示している。(22)

繋飼については、『続日本紀』天平四年八月壬辰条に「牧繋飼牛馬」が見え、甲斐国に牧監を置くことを命じた天長四年十月十五日官符（『類聚三代格』巻五）にも「蕃息漸多、繋飼歳倍」とあり、史料8では「簡二繋歯四歳已上可レ堪レ用者一」と命じている。牧に繋飼馬のいたことは明らかであろう。

〔史料11〕『朝野群載』巻二一・安和元年（康保五、九六八）某牧御馬帳（牧馬生益勘文書様）

牧馬生益

某牧司解　申実録言上康保五年御馬帳事

康保四年定馬八十六疋七分

牡馬廿五疋　父馬一疋　蕃息廿四疋

牝馬六十一疋七分　不課廿二疋七分　費〔責〕課卅九疋

除九疋六分

神馬一疋　某毛　年

倒〔例カ〕死八疋六歩　某毛　年　牡馬四疋　某毛　年　牝馬四疋六分　某毛　年

遺七十七疋一分

牡馬廿疋　父馬一疋　蕃息十九疋

牝馬五十七疋一分

不課廿疋一分

費〔責〕課卅七疋

番課廿二疋二分　牡馬十二疋　某毛　年　牝馬十一疋二〔衍カ〕分　某毛　年

除為二猪狼一被レ斃御馬廿七疋

牡馬十二疋　某毛　年　牝馬十五疋　某毛　年

右、件御牧之間、為二廿日実検一、以二四月一日一、狩二籠牧内一実検。十一〔衍カ〕月一日出二牧門一。

都合大小馬七十二疋三分

牡馬廿一〔衍〕疋　父馬一疋　蕃息十九疋

牝馬不課十七疋三分　某毛　歳廿四以〔上〕下二歳以〔下〕上
　　費〔責〕課卅五疋　某毛　五歳以〔上〕下十八歳以〔下〕上

右、件御馬帳、勘録如レ件。以解。

康保　年五月廿七日

限定放牧と自由放牧の季節による使い分けについては次の史料がある。牧馬帳の書式として『朝野群載』に引用された史料11は、公私いずれの牧のものか不明であるが、内容から安和元年の牧馬帳を引き写したものであり、牧の実態を知る上で貴重な史料である。同史料には、「以二四月一日一、狩二籠牧内二」「十一〔衍カ〕月一日出二牧門一」とあり、夏から[23]秋の間は牧の囲いの中に入れて限定放牧が行われ、冬から春にかけては自由に出入りできるようにした自由放牧が行われていたことを示している。史料10によれば、自由放牧を行っているのは稲の苗や麦の生える時期であり、史料19では草が枯れる時期となっている。自由放牧が冬から春に行われていたと考えて差し支えなかろう。先に触れた貞観十八年官符及び年未詳官符によれば、限定放牧を行う理由の一つは、民業への損害を防ぐこと、すなわち牧馬が農作物に被害を与えるのを防ぐことにあった。この点からも、夏から秋に限定放牧の必要が高かったのであろう。それと共に、飼料の問題と生殖管理の問題が、季節による限定放牧と自由放牧の使い分けの背景として重要な意味を持って

表5　安和元年牧馬帳

項目＼馬種	牡馬			牝馬			合計	備考
	父馬	蓄息	計	責課	不課	計		
前年合計	1頭	24頭	25頭	39頭	22頭7分	61頭7分	86頭7分	
神馬		(1)	(1)				1	減
例死		(4)	4	(2)	(2.6)	4.6	8.6	合計1割減
遺(差引)	1	19	20	37	20.1	57.1	77.1	
番課(繁殖)		12	12		10.2	10.2	22.2	責課6割増
猪狼被斃		(12)	12	(2)	(13)	15	27	減
本年合計	1	19	20	35	17.3	52.3	72.3	

(　) 内は計算による推定値.

いたと思われる。

飼料には、草葉などの芻と、穀物等の秣があるが、季節による影響を受けるのは芻である。繫飼ないし櫪飼の場合、夏から秋にかけては刈り取った青草をそのまま飼料に用い、冬から春は、夏季に刈り取って貯蔵していた干草を飼料とした（廐牧令廐細馬条、『延喜式』左馬寮・飼馬条）[24]。一方、放飼の場合、原則的には飼料調達の手間はかからない。ただし、ある場所の草を食べ尽くしてしまっても、しばらくすればまた生えてくる季節と、そうでない季節とでは、放飼に必要となる土地の広さには大きな違いがある。したがって、年間を通じて限定放牧を行うためには、囲いを設けた冬季だけの放牧地を別途維持するか、夏季に飼料を調達しておいて、冬季には日々牧馬に給餌するといった労力が必要となる。こうした事情を勘案すれば、冬季には自由放牧を行うというのが当時の現実的な方策であったと思われる。なお、冬季は放飼を行わずに繫飼に切り替えることも考えられるが[25]、この場合は飼料調達と共に、かなりの数に及ぶ牧馬をすべて収容できるような廐舎を維持したり、あるいは預托先を求めるといったことが可能かどうかが問題である。一部牧馬の繫飼はあったとしても、全牧馬の冬季繫飼はまず不可能であったと思う。

種馬を用いた生殖管理は、先にも触れたように、より優秀な馬の効率的な生産を目的とする牧において、不可欠の処置であったと思われる。馬は初夏を中心とした時期に発情し、生殖管理を行うためにはこの時期の牝馬・牡馬の自由な接触・交配を制限しなくてはならない。このためにも、牝牡やその他の種別によって放牧地を別にする限定放牧の措置が必要とされたと考える。

次に、繋飼と放飼の使い分けを見よう。放飼に比べて繋飼は手間のかかる飼育形態であり、繋飼が採用されるにはそれなりの理由がある。史料8によれば、御牧では毎年九月の校印の作業に際して、四歳馬以上で乗用に適するものが選定され、繋飼された。繋飼馬はほぼ一年かけて調教され、翌年の八月に京に貢進される原則であり、貢進されなかったものは駅伝馬に充当されるか、売却された。したがって、御牧の繋飼馬とはすなわち次期貢進予定馬であり、繋飼を必要としたのは調教のためであった。通常であれば、四歳の九月から五歳の八月に至る間の牡馬がこれに該当しよう。諸国牧についても、京への貢進馬を「貢繋飼馬」と称することから見て(26)、御牧と同様の様相が推定される(27)。

〔史料12〕『延喜式』左馬寮・国飼条

凡諸節及行幸応レ用二国飼御馬一者、斟二量須数一、奏聞。乃下二官符一、令レ進。唯牧放飼馬者、寮移二当国一、国即令二牧子牽送一。但摂津国鳥養牧・豊嶋牧、不レ移二当国一、寮直放繋。

〔史料13〕『延喜式』左馬寮・寮牧条

凡放二播磨国家嶋一御馬、寮直移レ国放繋。寮別卅疋、従二当年十月一始放飼、来年三月下旬繋取。其路次之国、各充二使等食幷牽夫一逓送。

（近都牧所在国及ビ牧名六略ス）

右、諸国所レ貢馬牛、各放二件牧一随レ事繋用。

〔史料14〕『延喜式』左馬寮・廐畠条

山城国美豆廐、畠十一町、野地五十町余。

右、二寮夏月、簡二御馬不レ肥者一遣飼。亦諸祭料馬、同令二放飼一。

（下略）

最後に、生産目的以外の牧における飼育形態にも触れておこう。近都牧では、京に送られてきた遠国の諸国牧からの「貢繋飼馬」が放飼されていた（史料13、『延喜式』左馬寮・繋飼条）。これらの馬は、諸社の祭礼や、節会・行幸等に際して用いられるが、その都度、馬寮の指示により繋ぎ取られて京へ牽送された（史料12、『延喜式』左馬寮・祭馬条）。指示があり次第、牽送馬を用意できたとすれば、限定放牧が近都牧の主たる飼育形態であったと思われる。牽送の直前などには、臨時的に繋飼が併用されたかもしれない。播磨国家島の寮牧では、十月から三月まで、左右馬寮の馬各三〇頭が放飼された（史料13）。冬から春にかけての飼料調達の手間を省くための放飼であり、島という地形を利用した自由放牧が行われたものであろう。京に程近い馬寮の美豆廐では、夏季に体調のすぐれなくなった櫪飼馬が放飼された（史料14）。体調の回復を図るための短期的な放飼であり、限定放牧が行われたと思われる。廐と称する施設でもあるから、夜間は繋飼されたものかもしれない。

四　牧の一年

以上の検討を踏まえて、乗用馬の生産を主たる目的とする牧の一年を再現してみよう。

〔史料15〕廐牧令駒犢条

凡在レ牧駒・犢、至二二歳一者、毎レ年九月、国司共二牧帳一対、以二官字印一、印二左髀上一。犢印二右髀上一。並印訖、具録二毛色歯歳一、為二簿両通一。一通留レ国為レ案、一通附二朝集使一、申二太政官一。

〔史料16〕廐牧令牧地条

凡牧地、恒以二正月以後一、従二一面一以レ次漸焼。至二草生一使レ遍。其郷土異レ宜、及不レ須レ焼処、不レ用二此令一。

〔史料17〕廐牧令牧馬応堪条

凡牧馬、応レ堪二乗用一者、皆付二軍団一。於二当団兵士内一、簡二家富堪レ養者一充。免二其上番及雑駈使一。

〔史料18〕『延喜式』左馬寮・父馬条

凡応レ放二父馬一者、具録二色数一奏。訖即申レ官施行。

〔史料19〕『政事要略』巻七〇・寛弘二年（一〇〇五）二月九日勘文

勘文

播磨豊忠問。寛弘二年二月九日明法博士令宗允正答。

仮令、随近人々之牛、相二当草干之時一、不レ令二繫立一、放二飼山野一。然間、二月十六日依レ例焼二掃野一。爰件人々牛幷豊忠牛、都合四頭、慮外焼死。仍彼牛主等、責二可レ弁之由一。償不之理、謹請二明判一。謹問。

答。（下略）

牧では、正月になって春を迎えると、草の成長をうながすために放牧地の野焼が行われた（史料16）。冬から春の間、牧馬の多くは山野に自由放牧に出ており、貢進予定馬や種馬(28)だけが繫飼されて牧内に残されていた。したがって、牧内の放牧地に囲い込まれた状態となっている馬はいないはずであるが、自由放牧中の牛が野焼によって焼死した事件などもあり（史料19）、こうした事態を避けるためにも、野焼は区画ごとに順次行われる必要があった。

四月になって、牧の周囲の農作物や放牧地の草が生え揃い、馬の発情期も近くなると、自由放牧に出ていた牧馬は牧の区画の中に集められた（史料11）。この狩り込めは、勢子役の者が自由放牧の範囲を周って牧馬を牧内に追い込むといった作業であり、いわゆる野馬追のような形で行われたと思われる。集められた牧馬の中には、春に生まれたばかりの子馬が母馬に連れられた姿も見られたであろう。

一部の繋飼馬を除き、牧馬はこののち夏・秋の間、牧内の放牧地で限定放牧された。この時期の放牧は、飼料となる草の状況に応じて、いくつかの放牧地を順次移動したり、生殖管理の必要から牧馬の集団ごとに異なる区画を用いるといった方式で行われたとみられる。初夏の発情期には、放牧地に種馬を放して（史料18）、責課の牝馬がしかるべく種馬と遊牝（交配）するような方策が取られたであろう。場合によっては、現代と同じような人の介添えをともなう種付けが行われたかもしれない。この時期には芻の刈り取りも行われ、繋飼馬の冬・春のための飼料として貯蔵された。(29)

秋は、牧にとって最も忙しい時期であった。牧馬の校印と選定の作業を九月に実施し、これと前後して牧からの貢馬を進発させなくてはならないからである。史料5・15によれば、校印には国司・牧監等が立ち会い、牧子のほか牧周辺に居住する人々が動員されて、(30)(補1)焼印による牧馬の確認と毛色・年齢等の登録が行われた。新たに二歳となった馬は、この時牧馬として登録され、焼印を捺された。選定については史料17に規定があり、史料8によれば、四歳馬以上の乗用に適するものの選定が校印と同時に行われている。

牧馬の貢進は、御牧では八月に行われる規定であり（史料8）、校印・選定に先だって実施されたことになる。御牧からの貢馬が京に到着すると駒牽の儀式が行われるが、その日取りは国により牧により異なっており、甲斐国諸牧（柏前牧・真衣野牧）が最も早く八月七日、穂坂牧は八月十七日であり、最も遅い上野国諸牧が八月二十八日というのが十世紀頃の恒例であった。甲斐国諸牧の貢馬などは、七月中に牧を進発しなければ間に合わないことになる。また、前述のように、貢馬には牧監・別当やかなりの数の牧の職員が同行しており、駒牽終了後、九月の校印までに帰国するというのもかなり厳しい日程である。一方、諸国牧からの「貢繋飼馬」の貢進期限は十月であり（『延喜式』左馬寮・繋飼条）、この場合は、検印・選定の作業を貢進に先行して実施することもできよう。以上から見て、これらの日程は、牧やその形態により幾分の違いがあったものと思われる。(31)

冬を迎えると、牧の門が開けられ、牝馬と三歳以下の子馬たちはふたたび牧周辺の山野での自由放牧に出される。自由放牧といっても、馬は地形に応じて一定の範囲内を移動する習性であって、その地を離れてしまうということは滅多にない。一方、種馬や、貢進予定馬として選定された四歳牡馬は、繋飼されて冬を越した。貢進予定馬は、校印ののち約一年をかけて調教されたのである。繋飼は牧の廐舎で行われ、あるいは牧周辺の人々に預托される場合もあったと思われる。

五　牧の施設

一志茂樹氏は、牧は放牧地域・繋飼地域・牧司居住地域等から構成されていたと指摘された。性格の異なる施設群ないし地域の複合体として牧が構成されていたとする視点は、牧の景観の復原を考える上で重要である。ここまでの検討を踏まえていえば、牧を構成する中心的な要素となるのは、限定放牧のための施設と地域、繋飼のための諸施設、その他牧馬飼育のために必要となる特殊施設、管理・運営のための諸施設であり、自由放牧地域、牧経営集団の居住地域、耕作地域などがこれに付随していたと想定される。ただし、これらの施設群や地域は、それぞれが画然と区別される場合もあろうが、いくつかの要素が混じりあって構成されていることもありえよう。たとえば、自由放牧地域は他の施設群、諸地域を含み込む形となるし、繋飼のための諸施設や管理・運営のための諸施設が、牧経営集団の居住地域と一体である場合も考えられる。むしろ、その実態は今後個々の牧に関する調査が進展することで判明していく問題である。ここでは、そうした調査の前提作業として、牧とその周辺にどういった施設の存在が想定されるかを整理しておきたい。

夏・秋の限定放牧に関わる施設として、まず放牧場が存在した。限定放牧のための放牧場のあり方は、牧の所在する地域の自然条件と関わって、かなり多様なものであろう。他の諸施設と隣接して設けられるばかりではなく、適地を求めてやや遠隔の地に所在する場合もあり、また地域的にある程度集中して置かれることも、散在することもあろう。放牧場の周りは格（柵）・湟（堀）など(32)で囲われ、場合により内部もいくつかに区画されていたであろう。囲いや区画として地形を利用することもあろう。なお、これらの囲い・区画施設の維持にかなりの労力が必要であったこともあり、限定放牧の管理はさほど厳密なものではなかったようである(33)。

繋飼のための施設としては、廐舎が必要である。参考として中央の馬寮廐舎の例を挙げると、底板を敷いた三メートル四方ほどの区画に馬一頭が入り、熟麻で編んだ縄で繋がれており、櫪《ふね》（飼葉桶）・馬水桶などが備えられていた（『延喜式』左馬寮・馬引具条）。また、平城宮跡では馬寮廐舎と思われる東西六メートル弱、南北四〇メートルという長大な建物跡が発掘されている(34)。ただし、これは当時の最も整備された廐舎であり、牧の廐舎がどの程度のものであったかは不明である。預託舎飼が行われていたとすれば、牧経営集団の住居ないし集落に繋飼のための廐が付属していたことも考えられる。また、調教が目的の繋飼であれば、調教のための馬場なども設けられていたかもしれない。

このほか、牧馬の飼育上必要となる特殊施設として、四月の狩り込め作業や九月の校印・選定作業のための施設、種付けのための施設などがあろう。管理・運営のための施設としては、牧馬帳の作成など牧の経営に関わる文書事務の処理を行うための事務用建物、飼料や各種の備品類を納める倉庫、馬具等を製作する工房などが不可欠である。

牧の周辺には、牧の経営を支える集団の集落と、彼らの耕作地が存在したはずである。(35)集落は、廐や馬具工房等が付随するなど、施設や立地条件などの点で、一般集落とは異なる性格を持っていたであろう。

牧周辺の山野は、牧馬の自由放牧の範囲でもあった。自由放牧地域は、海・山や丘陵・河川などの自然の境界に応じておのずと一定の範囲に定まるものであり、牧の設置自体がそうした地形を考えてなされたはずである。したがって、莫大な労力を投下してその全体を囲う施設を設けることはなかったであろう。ただ、自然の境界を一部補うことで効率的な条件が得られるならば、部分的に土塁・堀などが設けられた可能性はある。自由放牧範囲に含まれる集落や耕作地などでは、牧馬の立ち入りを制限したい箇所に馬柵《ませ》などが設置されたであろう。

おわりに

以上、生産を目的とする牧を中心に、古代の牧馬の飼育形態について文献史料から推測できるところを筆者なりに整理してみた。今後、考古学的な発掘調査も含め、個々の牧の現地に関する情報が一層豊富となり、それと照合させることで本論推測の当否が検討され、牧の実態と牧馬飼育をめぐる地域社会の様相がさらに具体的に解明されることを切に期待したい。

註

(1) 武川村教育委員会『宮間田遺跡発掘調査報告書』(一九八八年)。
(2) 磯貝正義「古代官牧制の研究―甲斐の御牧を中心として」(同『郡司及び采女制度の研究』吉川弘文館、一九七八年、初出一九七一年)。

(3) 甲斐国との関わりでは、岡田干毅氏が、九世紀前半に行われた甲斐国の等級の変更を、御牧の経営管理に当たる牧監の設置と関連させて論じられた(「甲斐国と周防国の等級の変更について」、『続日本紀研究』二八五、一九九三年)。

(4) 古代の牧の実態に関する先行研究では、一志茂樹氏(「官牧考」、『信濃』二―四・五、一九五〇年)、西岡虎之助氏(「武士階級結成の一要因としての『牧』の発展」、同『荘園史の研究』上、岩波書店、一九五三年)、安田初雄氏(「古代における日本の放牧に関する歴史地理的考察」、『福島大学学芸学部論集』一〇、一九五九年、のち高橋富雄編『馬の文化叢書　2馬と日本史1』に収録、馬事文化財団、一九九五年)の研究が、貴重な価値を有する。本論も多くをこれらの研究に導かれたものである。ただ、これら諸氏の研究が発表されてからかなりの年月が経過していることから、この問題をその後の研究段階に即して見直してみる余地があると思われる。なお、以下で触れる一志氏・安田氏の見解は、すべて右記の論文による。

(5) 長野県編『長野県史　通史編・第一巻(原始・古代)』第四章第三節第一・二・三項(長野県史刊行会、一九八九年、山口英男執筆担当)。

(6) 以下、古代の牧の制度と諸形態については、拙稿a「八・九世紀の牧について」(『史学雑誌』九五―一、一九八六年、本書第Ⅱ部第一章)、同b「農耕生活と馬の飼育」(戸沢充則・笹山晴生編『新版　古代の日本8　関東』角川書店、一九九二年)及び註(5)『長野県史』参照。

(7) 小林行雄「上代日本における乗馬の風習」(『史林』三四―三、一九五一年)。直木孝次郎「馬と騎兵」(同『日本古代兵制史の研究』吉川弘文館、一九六八年)。

(8) 町田章「家畜と牧―馬の生産」(石野博信ほか編『古墳時代の研究』四、雄山閣出版、一九九一年)参照。

(9) それらの牧で生産された馬の一部が、結果的に乗用以外に用いられることはあったであろうし、乗用馬以外の駄馬等の生産を主目的とした牧が存在した可能性も否定できない。吉川敏子氏は、馬寮及び牧の制度の変化と駄馬の供給・管理の必要性との関連を強調されており(「古代国家における馬の利用と牧の変遷」、『史林』七九―四、一九九一年)、従来等閑視されていた貴重な視点を提示したものといえよう。ただ、古代の牧に関する史料を見る限り、そこに記述されているのは乗用馬の生産・飼養を主目的とする牧の姿であり、駄馬等の生産があったとしても、あくまで副次的な形態としてしか知ることができない。駄馬生産の実態は、当時の駄馬の供給形態の解明と合わせて総合的に判断する必要があり、今後に残された課題となろう。

(10) 令制の牧が乗用馬の生産を目的とすることはここに明らかである。

(11) 『延喜式』段階に至ると、こうしたあり方は国飼馬の制度として規定された。国飼馬は山城・大和・河内・摂津・伊勢・近江・美濃・丹波の諸国に配置され（『延喜式』左馬寮・国飼数条）、白馬節会や五月節会などの儀式の際に京に牽進されたり（同・覧駒条、五日式条、六日条、青馬条）、行幸時に用いられたりした（史料12）。また、伊賀・播磨・紀伊などにもかつては国飼馬が置かれていた（『類聚三代格』巻一八・宝亀三年（七七二）五月二十二日官符、『弘仁式』主税）。

(12) 『延喜式』段階になると、遠国の令制の牧の大半は、諸国牧として把握され、そこからの貢馬は諸国貢繋飼馬として規定されている（『延喜式』兵部省・諸国牧条、左馬寮・繋飼条）。諸国牧は駿河・相模・武蔵・安房・上総・下総・常陸・下野・伯耆・備前・周防・長門・伊予・土佐・筑前・肥前・肥後・日向に置かれ、貢繋飼馬は遠江・相模・武蔵・上総・下総・常陸・上野・下野・周防・讃岐・伊予から進上された（註(6)拙稿a参照）。また、遠国のうち甲斐・武蔵・信濃・上野四国の牧は、『延喜式』段階までに御牧となり、毎年の貢馬数が定められている（史料8、『延喜式』左馬寮・年貢条）。後論参照。
　なお、従来の牧に関する研究では、諸国牧を指して「官牧」という用語がしばしば使われている。しかし、「官牧」には広狭両義があり、狭義には『延喜式』兵部省に規定される諸国牧のみを指して「官牧」という用例も見られるが、広義には公的な牧ないし政府の牧全般を「官牧」と称することがある。本論ではこうした混乱を避けるため、広義の「官牧」については「公的な牧」ないし「政府の牧」と、狭義の「官牧」については「諸国牧」と称する。

(13) こうした遠国からの貢馬の飼養を担当する牧を、『延喜式』では近都牧の制度として定めており、摂津国（三牧）・近江国（一牧）・丹波国（一牧）・播磨国（一牧）に近都牧が置かれ、ほかに播磨国に寮牧があった（『延喜式』左馬寮・寮牧条）。後論参照。

(14) 廐牧令で校印作業についてのみ「随近者」の徴発を規定したのは、それが雑徭として扱われるためであろう（『令集解』廐牧令須校印条参照）。実際は、牧馬飼育のための多くの業務が彼らに担われていたのであるが、雑徭として扱われる校印作業以外は明文にあらわれていないと解される。

(15) ただし、牧馬一〇〇頭あたり牧子二名という規定には徭役（庸と雑徭）免となる員数を定める意味合いもあり、この人数が、集団内の階層性と対応したわけではないと思われる。

(16) ただし、馬医は国ごとに一名という形で同行しており、国衙の職員という扱いであった可能性もある。

(17) 馬長・書生という令制と異なる職名が用いられているのは、正式の牧長・牧帳となると法制上の責任まで負わされるので、これを避けるためであろう。牧子の名称が見られないのも、同様の事情と思われる。両官符では、居飼などが牧子の職務に相当しよう。

(18) 貞観十八年正月二十六日官符(『類聚三代格』巻一八)に、牧長・牧帳・牧子とは別に牧の飼丁が記載されている。

(19) 『吏部王記』天慶四年(九四一)九月十三日条(『政事要略』巻二三所引)・『小右記』永観二年(九八四)十月二十二日条等。

(20) 足工は、あるいは蹄の手入れに関わる技能者であろうか。

なお、以上述べた以外に、御牧には管理・運営の最高責任者として牧監ないし別当が存在し、またこれに先行して牧主当・主当人・主当と称される管理者がいたことが知られる(『類聚三代格』巻五・天長四年十月十五日官符、同巻一五・延暦十六年六月七日官符、同巻一八・弘仁二年(八一一)五月二十二日官符、同・弘仁三年十二月八日官符、同・天長三年二月十一日官符等)。それらの中にも、牧現地と関わりを持つ者がいたであろう。いずれも牧長より上級の地位であり、階層的にも牧長より上位で、地域の牧経営全般を統括しうる人物であったと考えるが、紙幅の都合からここでは省略する。

(21) 牧に父馬(種馬)がいたことは、弘仁二年五月二十二日官符(『類聚三代格』巻一八)及び史料18等参照。また、天平六年の尾張国正税帳に、上野国に下す父馬が尾張国を通過した記事が見える(『大日本古文書』一―六一一頁)。

(22) このほか史料19には、草の枯れる冬季に牛を自由放牧に出すことを通例とする記述がある。飼料が少ないという事情から自由放牧が行われるとすれば、牧馬も同様であろう。

(23) 旧暦では四月より九月まで。月表示はすべて旧暦による。

(24) なお、『延喜式』左馬寮・諸衛営条によれば、芻を刈り取るための畠では、二月に耕種し、七月までに刈り収めることとなっている。

(25) 『令集解』廐牧令牧地条所引穴記。

(26) 註(6)拙稿a参照。

(27) なお、「貢繫飼馬」の京への進上期限は十月とされているので(『延喜式』左馬寮・繫飼条)、貢馬進発の時期は御牧とは異なっていたかもしれない(後論参照)。あるいは、「貢繫飼馬」は牧から直接京に向かうのではなく、いったん国衙等に集められてから、あらためて進発した可能性もある。

このこととも関連して、こうした牧の繫飼馬の存在をどこまでさかのぼれるかは検討が必要である。令の規定では、乗用に堪えるとされた牧馬は軍団に付され、その後は軍団兵士の中で適当な者が飼養を担当した(史料17)。また、軍団官馬の飼養を担当している兵士が希望すれば、その馬の「調習」が認められるという規定もある（廐牧令軍団官馬条）。したがって、牧馬の調教は、軍団に付されたのちに兵士の手で行うというのが令文の意図であった可能性が強い。中央への貢進も、軍団兵士による調教を経てから行われたものであろう。よって、この段階で行われていた調教のための繫飼は、軍団の廐舎を用いるか、軍団兵士への預托という形態であったと思われる。軍団はそののち、天平年間に一時期兵士が停止され、延暦十一年（七九二）には一部を除いて廃止される。この間、兵士による調教というあり方にも動揺があったはずであり、その結果いつしか調教作業が牧に吸収されるようになったのであろう。なお、牧の繫飼馬の存在が以上のような系譜で捉えられるとすれば、牧の廐舎での繫飼だけでなく、牧周辺での預托舎飼ということも十分考慮されてよい。

（28）種馬が繫飼されていたことは、弘仁二年五月二十二日官符（『類聚三代格』巻一八）参照。

（29）『延喜式』左馬寮・庄田条に、信濃国の牧における冬季の芻の調達に関する規定が見える。

（30）牧の焼印は、令文では「官」字印が用いられることとなっていた（史料15）。御牧などでは、他の文字の印も使われ、『政事要略』の記載によれば、甲斐・穂坂牧は「栗」字、信濃・望月牧は「牧」字であった（註（6）拙稿a参照）。また、延暦十五年二月二十五日官符（『類聚三代格』巻一七）によれば、百姓私馬牛にも焼印が捺されており、それを官の焼印より大きくして官の印を焼き乱し、官馬を盗み取るという不正を防止するために、私馬牛の印を縦二寸、横一寸五分以下に制限した。このことから、官馬牛の印は、この規格より幾分大きかったものと思われる。

（31）九世紀前期には、信濃国御牧からの貢馬は九月二十日前後に京に到着する例であったようであり（『日本紀略』弘仁十四年九月乙亥条、天長五年九月庚子条、同六年九月己亥条、同七年九月癸巳条）、また甲斐国貢馬についても十月一日に京に到着した記事がある（同天長六年十月丁未条）。この場合、貢馬進発は校印と同時並行ないし連続して行われる作業となろう。

（32）なお、湟については、単に掘り込みがなされるだけでなく、掘り上げた土を積み上げた土塁と組み合わされていた可能性がある。

（33）牧格の維持・修理を命じた前述の貞観十八年正月二十六日官符（『類聚三代格』巻一八）では、牧格の朽損ばかりでなく、焼損したり、盗み取られることが問題とされている。焼損するのは、放牧場で野焼が行われるためであろう。この結果、農作物に被害が出たり、牧馬が行方不明になるとしている。また、長保四年（一〇〇二）八月二十二日勘文（『政事要略』巻二二）には、私牧の牝馬が「官牧」にきて遊牝するとあり、これも限定放牧の管理がさほど厳密でないがゆえに生ずることであろう。

（34）奈良国立文化財研究所『平城宮跡発掘調査報告XII』（一九八五年）。

（35）　延暦十六年六月七日官符（『類聚三代格』巻一五）、史料6、『延喜式』主計下・牧田地子条等に見える牧田も、こうした耕作地の中に含まれていたであろう。

補註

（補1）　焼印の文字については、本書第Ⅱ部第一章（補5）参照。

補記

本章は、本書第Ⅱ部第一章の検討により、牧に関する史料の連続的な理解が可能となったことを受けて、文献からうかがわれる牧の現場の実態について検討したもので、一九九四年に発表した（『山梨県史研究』二）。山梨県史の編纂事業に加えていただいた関係で『山梨県史研究』に寄稿したことから、甲斐国に視点を当てた叙述となっている。本書収録に当たり、県史編纂との関わりの記述に手を入れ、初出時に掲載していた墨書土器や牧の景観の写真図版を割愛し、表の縦・横の向きを入れかえるなどの変更を加えている。なお山梨県史では、「御牧の成立」（山梨県編『山梨県史』通史編一第六章第五節、二〇〇四年）を執筆したほか、御牧と関連の深い朝廷行事である駒牽に関する史料収集とその検討も行い、駒牽に関する網羅的な編年史料集の編纂（『同』資料編三第一章付「駒牽関係史料」、同県、二〇〇一年）と、「駒牽と相撲」（前掲『同』通史編一第七章第五節）の執筆を担当した。後者では、駒牽の儀式内容と実施状況を整理し、当時の政治状況との関連などについて述べた。

第Ⅲ部　「額田寺図」の作成と行政機構

第一章　額田寺伽藍並条里図の復原をめぐって

はじめに

額田寺伽藍並条里図の概要

額田寺伽藍並条里図(補1)は、奈良時代に民間で作製された荘園図の現存する実例として貴重な価値を有する。本図は、古代における土地所有の制度や実態、条里制の施行、土地の利用形態等の問題の検討、あるいは初期仏教史や建築史など、多種多様な研究の基本的素材として利用されるべき史料といえる。しかし、本図は現状でかなり傷みがひどく、分析の前提として記載情報の読解という困難な作業が不可欠であり、このため各種研究への利用はむしろ低調であったといわざるをえない。本図の所蔵機関である国立歴史民俗博物館では、東京大学史料編纂所及びその他の研究者も参加して、本図の復原複製（復原模写）のための共同研究を行い、一九九三年三月に複製を完成させた。以下では、この作業に参加した一員として復原作業の実際について報告すると共に、その過程で明らかになった若干の知見を紹介し、大方のご批判・ご教示を得たいと考える。なお、以下の内容は、共同研究の成果に基づき、筆者個人の責任で取りまとめたものである。

額田寺伽藍並条里図は麻布に描かれており、料布の現状は、地辺及び左辺・右辺が欠損し、現存部中にも数箇所の欠落がある。この結果、大きく七つほどの布片に分かれ、これを縫い合わせる形の補修（時期不明）がなされている。

現状の料布の寸法は、縦が右辺で一一〇・九センチ、左辺で一一三・四センチ、横が天辺で六六・九センチ、地辺で七二・七センチという計測値を得ている。

本図の作製時期については、図中に見える「法花寺庄」の設定時期や人名の分析から、天平宝字五年（七六一）以降、天平宝字年間をさほど下らない時期の作製であることが指摘されている[(1)(補2)]。当時の荘園図は班田の直後に作られる場合が多いから、本図も天平宝字五年に行われた班田の直後に作製された可能性は高く、また図の全面に大和国印が捺されている点から見て、班田実施にともなう額田寺の寺院地及び周辺の寺領の認定が、本図作製の目的であったと考えられる[(2)]。現存の額田寺伽藍並条里図は、額田寺（現・額安寺、奈良県大和郡山市額田部寺町）に伝来し、奈良国立博物館に寄託の後、国の所有となったものであり、奈良時代作製の原本とみて支障ないであろう。

本図に描かれている現地は、古代の大和国平群郡額田郷、現在の大和郡山市額田部北町・同南町・同寺町に含まれる額田部丘陵とその周辺地域に当たり、佐保川と初瀬川が合して大和川となる合流点の北方に位置する。丘陵の北部及び西部は昭和四十年代に工業団地化し、往時の面影は失われたが、丘陵内部には本図に描かれた池や道筋など、古代をしのぶよすがが随所に残されている。ただ、こうした景観も近年の宅地化等の開発の進展により急速に失われつつある。

本図には条里及び坪を示す方格が描かれており、これは平群郡条里（大和国京南路西条里）の九・十条三・四里にあたる。図の上下及び左右中央に二重線で書かれているのが条・里の界線であり、右上が九条三里、左上が九条四里、右下が十条三里、左下が十条四里である。

本図は、早くは関野貞氏によって紹介され、また西岡虎之助氏が蒐集された摸写本の写真図版が『日本荘園絵図集成』[(3)]上に収載された。その後、東京大学史料編纂所編『日本荘園絵図聚影』[(4)]三が原本の写真図版（カラー・モノクロ・

図３　額田寺伽藍並条里図（国立歴史民俗博物館蔵）

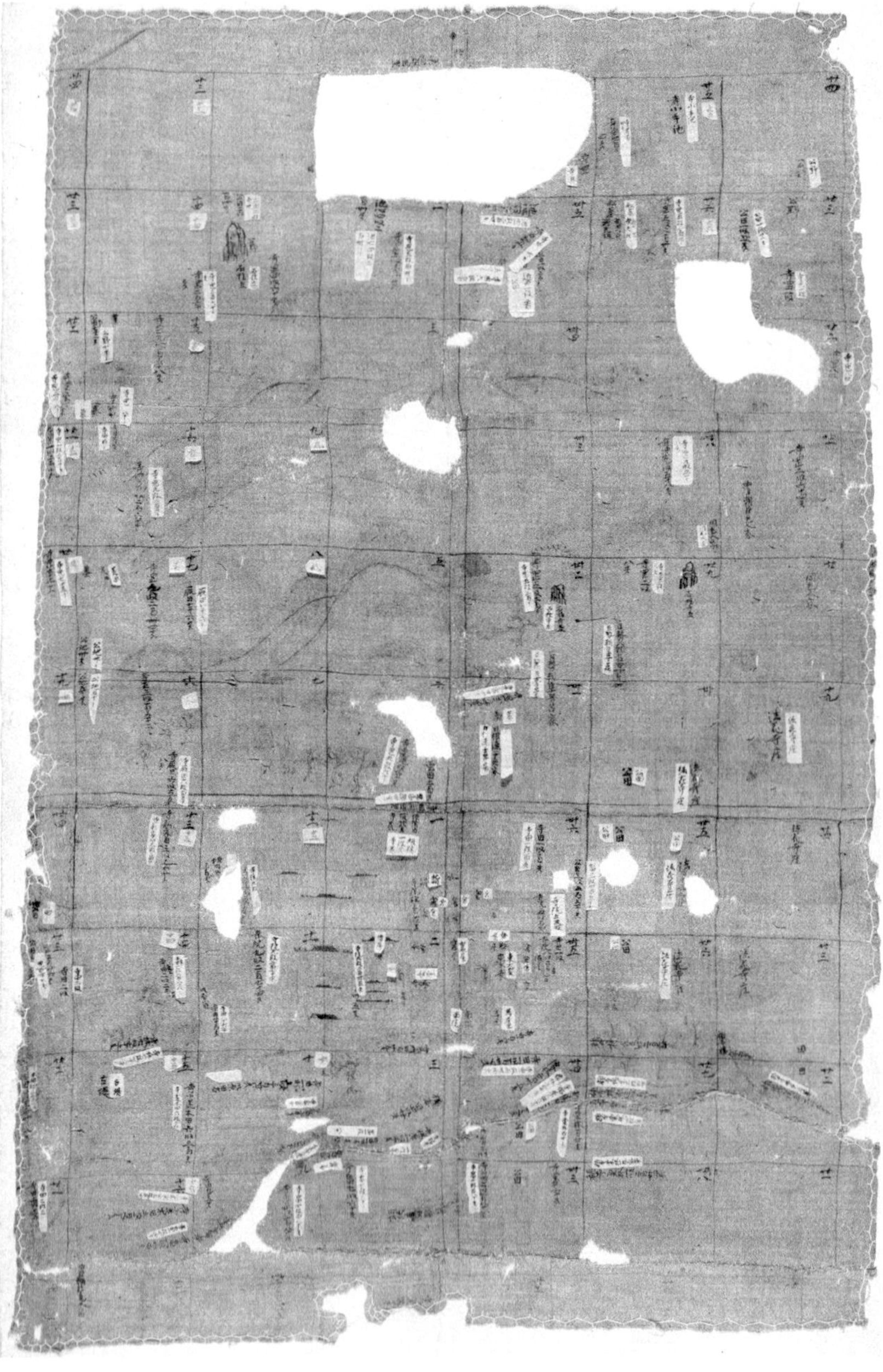

図４　額田寺伽藍並条里図（復原複製，国立歴史民俗博物館蔵）

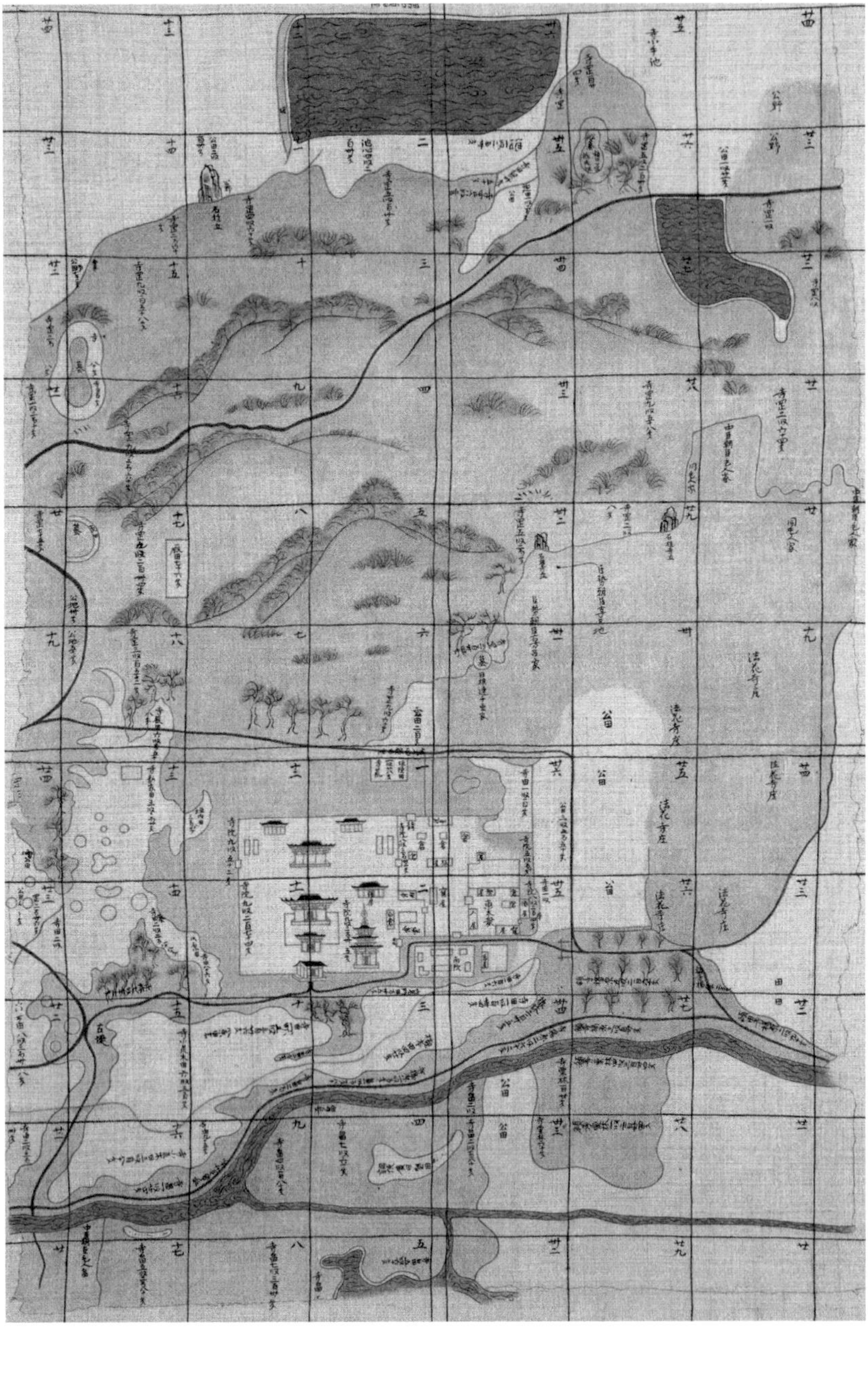

X線・赤外線）を収め、基本的データを提供している。また本図に関する研究としては、金田章裕氏・石上英一氏・伊藤寿和氏・服部伊久男氏等の研究を挙げることができる。(5)

復原に至る経緯

国立歴史民俗博物館では、従来より全国の主要な荘園絵図の複製作製事業を継続的に実施しており、一九九三年三月から五月を会期として企画展示「荘園絵図とその世界」を開催するに当たり、同館の所蔵品である額田寺伽藍並条里図を、奈良時代に作製された当初の姿に復原して複製することとなった。東京大学史料編纂所では、『日本荘園絵図聚影』に同図を収録するに際して調査を実施した経緯もあり、また画像史料の模写に長年の伝統を有する技術官スタッフを擁する点から、復原複製への協力を申し入れた。この結果、両者共同の研究事業として復原作業に当たることとなったのである。共同研究には、平川南氏・永嶋正春氏・古瀬奈津子氏・仁藤敦史氏（以上、国立歴史民俗博物館、所属は当時、以下同じ）、岡田隆夫氏・黒田日出男氏・石上英一氏・加藤友康氏・保立道久氏と筆者（以上、東京大学史料編纂所荘園絵図研究グループ）、及び宮本尚彦氏・村岡ゆかり氏（以上、同史料保存技術室）が参加した。麻布の織成・調製は高田装束研究所（代表・高田倭男氏）に依頼し、復原複製（復原模写）の実際の描画は村岡ゆかり氏が担当した。また、服部伊久男氏（大和郡山市教育委員会・考古学）、金田章裕氏（京都大学・歴史地理学）、高橋学氏（立命館大学・古環境復原研究）に、それぞれの専門分野からの指導と助言を仰いだ。作業は一九九一年九月から九三年三月にかけて行われ、この間一〇回ほどの検討会と、前後四回にわたる現地調査を実施した。現地調査に際しては、大和郡山市教育委員会、額安寺住職喜多寿佳氏、奈良県教育委員会吉田栄治郎氏、及び額田部北町在住の森川修氏・池田勘左衛門氏の協力を得た。なお、復原作業については既にいくつかの報告がなされている。(6)

一　調査と検討

欠落・欠失量の推定

復原に当たって、まず現状で料布がどれほど欠落・欠損しているかを推定した。基本的な手掛かりとなるのは条里の坪の平均辺長であり、欠損の及んでいない部分で測定した結果、一〇・五センチ（古代の三寸五分に相当）という結果が得られた。これにしたがって欠損を補い、あるいは料布に延びの出てしまった部分はもとの状態に縮めるという操作によって、現存部分が本来どれほどの大きさであったかが推定できる。

既に指摘されている通り、本図の欠落部分については、現地形と対照させることで何が記載されていたか判明する部分がある。図の上部中央のほぼ二坪分の欠落は、額田部地域に工業団地が造成される以前まで存在した「小手が池（大池・お玉が池）」に相当する。その右下の長靴状の欠落は「東池」にあたる。「東池」は、現在も一部は池として残り、それ以外の部分ももとの池の形のまま公園となっている。また図の下方で、右辺からの二筋の裂け目と地辺からの裂け目が合流しているのは、東北から流れる佐保川と東方からの初瀬川が、その間を流れる中川を含めて合流し大和川となる状況を描いていたものと思われる。本来はこれらの池や川には共通する彩色がなされていたと考えられるから、これらの欠損・欠落はそうした彩色に由来するものであろう。それ以外の欠落は今のところ原因不明であり、あるいは料布が畳まれた状態で長期にわたり放置されていたことと関連するものと思われる。

現存部分以外の四囲の欠失については、確実な根拠はないけれども、「東大寺開田図」などの例から類推して、現状ではそれぞれ部分的にしか記載されていない四つの里について、本来はその全体が本図に描かれていたであろうことが考えられる。その右端には書出の文言が、左端には書止文言と三綱や国司・班田使らの署判が記されていた可能性が高い。現存部分が上下方向の里界線を中心にほぼ左右均等に残存している点からみて、左右の欠失は料布の折り目に由来するものかもしれない。上記の欠失量の推定も、料布が左右方向には四つに畳まれていたと考えて支障を来たさないものである。(7)

布の使用法と規格

以上のように料布の大きさを推定した上で、次に料布がどのように縫合・調製されていたかを検討した。まず布の経糸・緯糸の関係を点検していくと、布の「耳」（緯糸の折り返し端）の部分が天辺の一部に残っていることがわかる。したがって、料布は織り上がりの布を横位置に用い、布の経糸が料布の左右方向、緯糸が上下方向となる状態で使用されていると判断される。そして、料布の縦の長さは一一〇チセン以上あって、これは通常考えられる古代の布の織幅をはるかに超えているから、料布は織り上がった布を何条か縫い合わせて作られていることとなる。

料布に認められる縫目を点検すると、本来料布を調製した際の原縫目と、料布に損傷が生じた後にそこを補修して縫い合わせたためにできた縫目を見分けることができる。原縫目と認められるのは、料布上下中央の二重条界線の下の線に沿う縫目である。縫代幅は一定しており、縫目の周辺で布地や記載に大幅な歪みが生じることもなく、縫目にまたがる記載もほぼ連続する。ただ、条界線などが僅かに縫目の中に折り込まれている部分があるから、現状の縫目は料布調製当初の縫目そのままではなく、当初の状態を踏襲して補修時に縫い直されたものであろう。他方、この部分以外の縫目は料布の損傷の補修にともなう縫目とみられ、縫代幅が一定せず、縫代がほんの僅かしかない部分が多い。縫目の周囲の布地や記載にはかなりの歪みが生じており、また縫目の前後で文字・界線等の不連続が認められる。

以上から、本図の料布は二条の布を上下二段に縫合して作製されたものと推定される。そして、布本来の「耳」を残す天辺から中央の原縫目までの長さ（約六九センチ）に縫代幅を加えたものが、料布に用いられた布の一条の織幅となる。この織幅は、ちょうど古代の調布の規格（幅二尺四寸、七二センチ前後）に近似する。この点から、本図の料布も当時入手しやすかった規格品である調布を用いて調製されたものと推定した。料布をこれと同様に調製して描画に用いた奈良時代の実例としては、正倉院に所蔵される「墨画仏像（麻布菩薩）」（縦一三八・五センチ、横一三三・〇センチ。ただし縦の長さは、原縫目の縫い直しによってやや縮められているであろう）を挙げることができる。また、宝亀十一年（七八〇）の西大寺資財流記帳（補3）に「田薗山野図」として「寺院一巻　白絁二副　長五尺　京職所造」と記されている「寺院図」も、絁を用いてはいるが、二条を上下に縫い合わせて長さを五尺とした料布に描かれていたものであろう。

こうした検討を踏まえて、復原した料布の寸法は、織幅約七二センチの麻布を上下二段に縫い合わせて、縦を約一四〇センチとした。これは、坪一辺一〇・五センチの二条一二坪分に、二重条界線の幅一・五センチと、上下マージンそれぞれ六センチ内外を加えた値に相当する。また横の長さについては、先に述べた通り確定できない部分はあるが、上と同様に二里一二坪分に二重里界線の幅と左右端マージンを加えて約一四〇センチとした。本来はさらに書出・書止・署判を記した部分があったと考えられるが、その内容を推定することが不可能であるため、今回の復原からは除外した。

復原に用いる麻布の織成と調製は高田装束研究所が担当した。原材料には韓国産の苧麻を用い、糸の撚りの程度や織の密度（一センチあたり経糸一一本、緯糸一〇本）は原本観察から推定した。古代の麻布の復原織成はあまり類例のない仕事であり、また今回の作業では織成自体が目的ではなく、でき上がった麻布の上に明瞭な形で描画できることが第一の条件となるため、工程ごとに様々な試行錯誤が必要となった。「晒し」の工程では、料布の地色が本来どの程度まで漂白されていたかの推定が必要となり、これは描いた文字や彩色の見やすさに関わってくる。また、布地の風合いや柔軟性には、「晒し」と共に、砧による「叩き」の工程が深く関連するが、「叩き」には糸がつぶれることによって布面の平滑度を増す効果があり、これも描画に直接影響を及ぼす。「叩き」によって布地が予想外に伸びることも今回の作業で判明した。描画のための布地の表面処理としては「礬水ひき」を施した。にじみを抑えるための措置であるが、原本に「碁水ひき」が行われていたか否かは不明である。これらの一連の作業では、本来の料布の姿に近づける努力はするにしても、確定的な復原ができない部分については描画の効果・便宜を優先させて調製することを第一義とし、実際に描画・彩色の実験を行ってみて、その結果によってより適当なものを選択していった。古代における画布としての麻布の調製方法の解明は、今後に残された大きな課題となろう。

彩　色

記載の復原にあたり、まず彩色に用いられた顔料の特定が課題となった。現状の肉眼観察では、寺院の伽藍を描く線と、墓（古墳）やその他の地目の境界と思われる線とが朱色（橙色）に、道と思われる太めの線と大和国印の印影が晴赤褐色に見える。布地のかなりの部分は褐色に変色しており、変色の度合いには場所により若干の差があり、これは彩色の状況を反映するものと思われる。また、先に述べた通り、池・川に当たる部分の欠落は彩色に由来するものと考えられる。

古代の絵画技法に関する研究によれば、当時利用された顔料の種類はさほど多様なものではなく、赤色系統では朱（水銀朱）・丹（鉛丹）及びベンガラ等の赤色酸化鉄系の顔料が用いられる。また、池や川の欠落と布地の褐変については、いわゆる「緑青焼け」に由来するものと考えられ「東大寺山堺四至図」やその他の「東大寺開田図」でも川・溝や樹木等の彩色に緑青ないし白緑の使用が見られる。周知の通り、緑青と白緑は物質的には同じ酸化銅であるが発色は異なり、緑青は粒子がより大きく、白緑は細かい。

本図のX線撮影写真を用いた検討の結果、赤色顔料のうち朱色（橙色）に見える部分はX線を透過しない鉛丹が、暗赤褐色の部分はX線を透過するベンガラないしその他の赤色酸化鉄系顔料が用いられていると判定された。この結果は、光学顕微鏡を用いた観察でも確認された。光学顕微鏡観察では、寺域の東方から南方を流れる溝（水路）と思われる線に白緑の付着が認められ、また樹木の周囲の樹影と見られる箇所で緑青の粒が検出された。この結果、本図の彩色に緑青と白緑が用いられていたことが明らかとなったが、大きく欠落している池・川の部分の周辺からは使用された顔料の残存を確認することはできなかった。これは、欠落部の周囲が補修に際して裁断されているためと思われる。(8)

以上の検討を踏まえて、実際の復原模写では、赤色顔料として鉛丹と代赭を、緑色には白緑と緑青を用いた。鉛丹は、現在入手可能なものは数年で暗紫色に変色するという話であり、使用を躊躇したが、たまたま史料編纂所に戦前の鉛丹が保管されていたので、それを使用した。赤色酸化鉄系顔料は、本来はベンガラが使用されていたとも考えられるが、現在入手できる顔料の色合いとのかねあいから、代赭を用いることとした。緑青は番手の異なるものを混合し、粒子の大きさに若干の幅をもたせた。なお、現在調達可能な顔料はある意味で限られており、それらが奈良時代の顔料と同質である保証もないことを指摘しておきたい。

文字

記載されている文字については、赤外線ビデオによって観察し、読み取りを行った。従来から寺院内の建物名などで読解に違いもあったが、今回の作業ではじめて読み取れた部分もあり、建物名の判読では一箇所を除いて定見を得ることができた（表6参照）。読解の詳しい内容については、別に報告する機会を得たいと考えている。(補4)

現地調査

本図には、地形や植生に関わる記載が線描・彩色等の方法で表現されている。それらの表現の意味を明らかにする

表6　額田寺伽藍並条里図（復原複製）記載内容　　（その1　9条）

条	里	坪	原本欠損	A1寺院	A2寺田	A3…田	A4寺畠	A5寺岡	A6…林	A7楊原	B1公田	B2公野(地)	B3…田	B4…	合計面積	他の地目・記載
9	3	13	僅存													
9	3	14	僅存													
9	3	15	僅存, 縫目													
9	3	16	僅存													中臣朝臣毛人家（cf. 17坪）
9	3	17	僅存													（cf. 16坪）
9	3	18	僅存													
9	3	19														法花寺庄
9	3	20														同毛人家
9	3	21						2-064							2-064	中臣朝臣毛人家
9	3	22	池, 縫目					8-000							8-000	（池）
9	3	23	池					1-000			1-021	*			2-021	（池）
9	3	24										*				
9	3	25						0-124							0-124	寺小手池
9	3	26	池					5-230							5-230	船墓, 額田部先祖, （池）
9	3	27	池, 縫目					○								（池）
9	3	28						9-058							9-058	同毛人家
9	3	29														巨勢朝臣古麻呂地（32坪）, 石柱寺立
9	3	30									*					法花寺庄
9	3	31						0-234							0-234	巨勢朝臣古麻呂家（cf. 32坪）, 墓, 日根連千虫家
9	3	32						5-200							5-200	巨勢朝臣古麻呂地（29坪）, 石柱寺立, 巨勢朝臣古麻呂家（cf. 31坪）
9	3	33						○								
9	3	34	欠アリ, 縫目					○								
9	3	35			0-030			6-250			*		1-200	1-240	10-000	A2寺田墾, B3迫田・公田, B4池心
9	3	36	池					*								（池）
9	4	1	池													（池）,［里界-北, 第四額田里］
9	4	2						5-120						4-240	10-000	B4池心／［里界］
9	4	3	欠アリ, 縫目					○								［里界］
9	4	4	欠アリ, 縫目					○								［里界］
9	4	5						○								［里界］
9	4	6	欠アリ					9-060			0-200				9-260	［里界］
9	4	7						○								
9	4	8						○								
9	4	9						○								
9	4	10	縫目					○								
9	4	11						4-060			2-140	*			6-200	石柱立
9	4	12														堤
9	4	13														
9	4	14						0-026							0-026	
9	4	15	縫目		0-080			9-158				0-072			9-238	墓,「寺田」（擦消）
9	4	16			0-100			9-260							10-000	（墓）
9	4	17				0-076		9-244				0-030			9-350	A3 厩田, B2公地／荒田, 墓
9	4	18				6-158		3-152				0-050			10-000	A3寺厩田, B2公地
9	4	19	僅存													
9	4	20	僅存					0-075							0-075	
9	4	21	僅存					1-210							1-210	（墓）
9	4	22	僅存, 縫目					0-2?8							0-2?8	（墓）
9	4	23	僅存													
9	4	24	僅存													

*：地目のみ記載　　○：地目記載なし（全坪寺岡か）

（その2　10条）

条	里	坪	原本欠損	A1 寺院	A2 寺田	A3 …田	A4 寺畠	A5 寺岡	A6 …林	A7 楊原	B1 公田	B2 公野(地)	B3 …田	B4 …	合計面積	他の地目・記載
10	3	13	僅存													［条界］
10	3	14	僅存													
10	3	15	僅存，川													
10	3	16	僅存，川													
10	3	17	僅存													
10	3	20	半存													
10	3	21	川													
10	3	22	川							2-090			*		2-090	A7 額田寺楊原，B3 田
10	3	23								0-020			*		0-020	A7 額寺楊原，B3 田
10	3	24														法花寺庄，［条界］
10	3	25	欠アリ								*					法花寺庄，［条界］
10	3	26								5-260	*				5-260	A7 額寺楊原／法花寺庄
10	3	27	川						4-324	3-130					8-094	A6 額寺栗林，A7 額寺楊原
10	3	28	川						1-234						1-234	A6 額寺栗林
10	3	29	半存													
10	3	32	半存，川													
10	3	33	川				2-180		0-060		*				2-240	A6 寺栗林
10	3	34	川		1-144		2-000		0-355	2-062	*				6-201	A6 橡林 0-235／寺栗林 0-120，A7 寺楊原
10	3	35		8-264	1-106										10-010	A2　1-000. 0-106／東太衆-酒屋・倉 2・竈屋・務屋・□屋，馬屋，南院，
10	3	36		5-110	1-100						3-150				10-000	(碁)，倉 2，［条界］
10	4	1		8-332		1-028									10-000	A3 垣陸田，寺荒／瓦屋・倉 3・板屋・北門，［条里界-第四額田里］
10	4	2		9-235		0-125									10-000	A3 竈門田／竈屋・食殿・食堂・正倉・僧房・門，［里界］
10	4	3	川			4-020	1-180			1-100					6-300	A3 槻本田，A4 畠，A7 寺楊原／寺畠，［里界］
10	4	4	川				7-060						?-???		7-060 以上	B3 調使…墾田／［里界］
10	4	5	半存，川				5-060 以上								5-060 以上	A4 一箇所不明／［里界］
10	4	8	半存				7-330									
10	4	9	川		0-095		4-300								7-330	A4　4-180，0-120
10	4	10	川		3-336		1-040								5-035	A2 河原田荒，A4　0-200，0-200／寺田「一町」(抹消)
10	4	11	欠アリ	9-274	0-086										10-000	A2 川原田寺田
10	4	12	欠アリ	9-052		0-308									10-000	A3 垣内田／［条界］
10	4	13				3-220									3-220	A3 寺新家田／(墓)，［条界］
10	4	14			2-288				7-072						10-000	A6 寺林／墓，(墓)
10	4	15				6-300									6-300	A3 寺小荒木田／古堤
10	4	16	川			3-180	1-024							?	5-204	A3 寺小荒木田，B4 中臣朝臣毛人畠（16・17 坪）／…
10	4	17	半存				5-028							?	5-028	(cf. 17 坪)
10	4	20	僅存													
10	4	21	半存，川		2-330										2-330	
10	4	22	半存										8-338		8-338	B3…田／(墓)
10	4	23	半存			2-000					0-100			0-236	2-336	B4 岡／(墓)
10	4	24	半存					?-???			*				?-???	［条界］

*：地目のみ記載　　○：地目記載なし（全坪寺岡か）

と共に、原本の読み取りから復原した内容が妥当なものであるかどうか検討するため、現地調査を行った。現地調査は、その成果を原本の読み取りにフィードバックし、あらためて現地と照合するという具合に繰り返し行う必要があり、前後四回にわたって実施した。また、古代の地形や景観の復原については、服部伊久男氏・金田章裕氏・高橋学氏に参加を願って検討会を開催した。

本図の中央上部に位置する小手が池は、工業団地造成のために埋め立てられる以前は、本図の記載範囲よりさらに北方まで拡がっていた。本図で池の西辺には堤が描かれているが、北辺がどのような状態であったかが検討課題となった。また、池の西南隅付近に堤とは異なる鉛丹の線が描かれているが、補修による縫目にかかっているため正確に判読しがたく、これが何の表現であるかの判定が必要となった。工業団地造成以前の航空写真によれば、池の東南の現在融通寺の所在する丘から続く尾根状の高まりが、かつては池の東側から北側に及んでおり、ある時期に北側の高まりが除かれて池が拡張されたとみられる。奈良盆地で奈良時代以前に築造された溜池は、谷の出口を塞き止めて築造された「谷池」が通例であったと考えられるから、本図に描かれた奈良時代時点の小手が池は、西側の出口を堤で閉じた「谷池」であり、池の北限も本図の範囲に収まるものと判断した。西南隈の記載は用水の出口と考えて差し支えなく、水路は額田部丘陵の西側に沿って流れ、丘陵西南方の水田の灌漑に当てられていたものであろう。

本図下方の大和川合流点付近の記載の復原に当たっても、復原した河川の流路が地形と矛盾しないものかどうか問題となった。本図のこの付近に見られる筋状の欠損を河川の彩色に由来する「緑青焼け」と考えると、東から流れてくる三河川（北から佐保川・中川・初瀬川）は、まず東から西に流れる中川に初瀬川が南から合流し、その西で佐保川が東北から合して大和川となるという状況に復原され、中川と初瀬川の合流点付近には沼地状のよどみが描かれていたと推定される。ただ、このように推定すると、現在の大和川（初瀬川）南岸にあって近世には既に存在していた吐田の集落ののる自然堤防が、かつての初瀬川の流路ないし沼地状のよどみと重なることになる。この点については、大和川合流点付近は河川による土砂堆積がきわめて盛んであり、現在集落の存在する自然堤防の形成も近世をさかのぼらず、奈良時代に上記のような流路を推定することは可能であると判断した。

本図の記載が具体的に現地のどの地点に相当するかを判断する上では、古墳の存在が大きな手掛かりとなる。この点から、古墳の所在情報の収集を行った。本図に描かれた古墳と現地に存在する古墳との関係については、既に服部伊久男氏による整理があるので(9)、ここでは省略する。なお、本図の十条三里三六坪に見えるひょうたん型の記載は、現在推古神社の社殿が建っている盛土状の高まりに相当し、一九九二年に服部氏が表面採集によって五世紀後半から六世紀前半におさまる埴輪片を発見されたことにより、古墳であることが確実となった。古墳の実際の分布と図中での位置との比較検討は、条里方格を施した図の中に現地形をどのように表現しているかを考える上で避けて通れぬ問題である。額安寺周辺に正方位よりやや東に傾いた地割が存在し(10)、額安寺旧境内の発掘調査（第五次、一九九一年度、大和郡山市教育委員会）によれば同様の地割の方向が七世紀に既に見られることなども、この点の参考となる。

二　復原模写の実際

工程

復原のための実際の模写の作業内容については、模写担当者による報告もあるので(11)、ここでは特に注意すべき点にのみ触れておきたい。まずはじめに、記載の読み取りのために詳細な原本観察を行った。実物の観察はむろんのことであるが、肉眼での観察を補う手段として、カラー写真、X線撮影写真、赤外線撮影写真及び青フィルターをかけて撮影した写真による観察を併用し、効果があった。X線写真は顔料の別を見分けるのに有効であり、赤外線写真は墨色を強調するとともに、赤色系統を逆に白く浮き出させる効果があり、また青フィルター写真は赤色系統を強調して写し出す。これらの写真はいずれも原寸大に焼き付けたものを用い、このことは原本との比較及び写真相互の照合を行う上で便宜があった。原本観察に関しては、絵画史料を通常歴史研究の対象としてしか観察した経験のない歴史研究者に比して、実際に描画を行う立場の模写担当技術官（画家）の観察が、微細な描画・彩色の痕跡の読み取り能力において数段上回っていることを指摘したい。実際、研究者が疑問に思うような部分でも、技術官の指摘にしたがって光学顕微鏡による確認を行うと、顔料を検出できる場合があった。いわばあるべき描画・彩色の姿を予想した読み取りができるか否かといった点に、能力差が認められるのである。こうした能力は画家としての創造的活動を通じて身に付くものであり、研究者には通常望みえない境地である。この種の作業に画家の参加は不可欠と考えられる。

　描画を進めていく前提として、奈良時代の絵画技法の検討も行った。樹木・叢や山の端の表現、河川・池などの水面の表現などは、顔料の褪色・剥落や欠落のために判読が困難であり、同時期の絵画を参考として、表現を推定する必要が生じた。

　実際に麻布に復原図を描くまでには、かなり手間のかかる工程が必要となった。詳細は省略するが、はじめに原寸大写真をポリエステルフィルムにトレースし、本図の現状における写しを作製した。ついで、これをコピーしたものを切り貼りするなどして、欠失の補修等によって縮められている部分は補い、歪みは補正し、また復原すべき記載を書き加えて、復原下図を作製していった。これと並行して、「小下図」と称する原本より小さい復原図を描き、これをもとに復原内容の検討を行った。完成した復原下図は、いったんポリエステルフィルムにトレースし、これを用いて麻布に転写した。この作業は、麻布を広げた上にポリエステルフィルムを置き、フイルムを巻き取りながら残像を利用して転写する方法で行われた。なお、今回の作業では、麻布を用いて複製を仕上げる前段階として、和紙を用いた複製を作製した。

復原に際しての留意事項

今回の復原は、記載・表現内容の復原を第一義として実施したものであり、何よりも本図に記載された情報を研究資料として容易に利用できる形で提供する点に主眼を置いた。素材や作製上の技術面も含めた復原という方向もありえないわけではないが、現時点ではそうした方向での十全な復原は困難であり、かつそれが記載・表現内容の復原と矛盾する場合もあると判断した。たとえば料布の原材料となる麻や、彩色のための顔料を考えても、奈良時代と同じものを現在調達することは容易でない。また麻布の織成・調製の技法も、今後の解明を必要とする部分が多い。さらに、素材の選択によっては記載・表現がかえって見えにくくなる事態も起こりえよう。こうした観点から、今回の作業では科学的分析によって詰められる部分とそれを踏まえた可能性の部分とを峻別し、あくまでも可能性にとどまる部分については、記載・表現の復原という目的に即した処置を許容する方針を取った。

絵画的表現の復原では、現時点の検討で確定できない部分は、全面的に模写担当画家の芸術的感性に委ねることとした。たとえば、「緑青焼け」による欠落や変色と判断される箇所を復原する場合、「緑青焼け」が強く生じた部分とそれほどでもない部分の色調にどのような差を設けるかという点を取っても、問題は決して単純ではない。一般的には同面積に同量の緑青と白緑が塗られていたとすれば、粒子が小さく表面積の大きい白緑の方が「緑青焼け」が強く生じると考えられるが、白緑が薄く塗られ、緑青が厚く塗られていたとすれば事情は異なってくる。また、白緑の上に緑青や藍などを重ね塗りしていた可能性も考える必要がある。復原描写を進めていけば、こうした事例は軽重様々な形であらわれてくる。それらがいずれも可能性にとどまるとすれば、どの方法がその場合に最もふさわしいとするか、判断の多くの部分が模写担当者に委ねられることとなる。その際にものをいうのは、絵画史料の模写に関するノウハウの蓄積であり、それは個人レベルの問題にとどまらず、組織として維持される模写の伝統が重要な意味を持つであろう。同時に、復原に関わる研究者と模写担当画家とが復原に関する十分な共通理解を形成していることも必要である。この点で、研究機関がこの種の技術部門を擁することには大きな意義があることを合わせて指摘しておきたい。

文字の復原においては、解読の成果を反映させ、必要に応じて字をおこす方法をとった。たとえば、一部欠損のある文字でも、判読が確実であれば文字全体を補って記載した。歪み・にじみ等で読み取りにくくなっている文字も、その状態をそのまま模写するのではなく、判読しやすい形に書き直した。ただし、判読不能の文字については、現状通りかやや控え目に写し取り、今後の検討による補足も可能とした。

現存部分周囲の欠損部分は、先述の通り記載内容を復原しえないので、坪界線と坪数を記して本来存在したであろうことを示し、他の記載は加えなかった。書出・書止の文言や署判等も復原を省略した。

本図が当初作製された際に、どのような順に描画・彩色が施されたかという点は、記載・表現内容の復原という観点からも重要な意味を持つ。部分的には、丹の線が書かれた上に樹木が描かれているといった記載の順序が判明した箇所もあったが、これを本図全体にわたって調査・判定することはできなかった。実際の描画においては、重ね塗り等で見えにくくなった箇所にあとから墨や彩色を足すことも十分考えられ、復原模写の作業でも同様の処置を避けえない場合があった。こうしたことから、描画・彩色順の復原は行わなかった。

なお、本図には大和国印が全面に捺されている。しかし、これを復原すると折角の記載が隠れてしまう恐れがあり、記載・表現のわかりやすさを優先させる観点から、印影の復原は省略した。記載を損なわずに国印の存在を示す工夫もあると思われるが、国立歴史民俗博物館では古代の印に関する研究を実施し、その中で大和国印を復原する計画もあるので、この点は将来の課題とした。

三　成果と課題

彩色と境界棲

本図の線描及び彩色の状態は、復原の結果次のように区別される。まず鉛丹の線は、額田寺の伽藍を描くのに用いられていると共に、地目・地形の境を表示する意味を持っている。後に述べる道・川・溝の線が地目・地形の境となっている箇所もあるが、それ以外の部分で境を示す必要がある場合に、鉛丹の線が引かれたとみられる。また、本図では彩色の有無によって、平坦地と起伏地が区別されていると判断される。すなわち、寺院の伽藍域は彩色のない素地のままであり、また田も寺田・公田・墾田の区別なく無彩色であるのに対し、岡・畠・原・林等に相当する部分は、寺地・公地等の区別に関わりなく「緑青焼け」とみられる変色が認められ、彩色が施されていたと考えられる。この部分には白緑を薄目に塗って復原した。これ以外にも、河川及び池、溝（水路）、樹影・叢にあたる部分が、それぞれ別途に緑青・白緑系顔料による彩色ないし線描が施されていたと思われる。復原では、河川及び池には緑青を厚目に塗り、溝（水路）は白緑で濃く描き、また樹影・叢は緑青で薄く彩色した。赤色酸化鉄系顔料で引かれた線は、丹の線よりやや太めに描かれており、道を示すものと判断した。復原では代赭を用いた。文字、条里坪の界線、及び上に述べた以外の絵画的表現にかかる線描には墨が用いられている。石柱、山の稜線、樹木・草の線等がこれに当たる。

本図の各種の線や彩色の意味を上のように考えた場合、これが、寺領を一見して明白な形で表示するような表現方法となっていないことを指摘しておきたい。同じように彩色が施されていても、それは寺地だけを示すものではなく、公地や寺領以外の土地が混在している。丹の線にしても同様であり、寺領とそれ以外の境界だけの表示とはなっていない。このことは、本図の作製目的やその背景を解明する上で一つの手掛かりになると思われる。

土地の記載方式

文字記載については、坪ごとの地目記載・面積記載の有無に一定の原則が認められる。一つの坪が同一地目・同一領有主体の場合は、一般に地目・面積とも記載されていない。同一坪に異なる領有関係が存在する場合、及び異なる地目の寺領が存在する場合は、地目の記載がなされ、寺領には面積記載が加えられている。寺領以外は、寺領と関わる箇所に必要に応じて面積記載がなされているようである。

こうした記載方式とも関わって、本図において岡・原・林といった地目にも面積記載があることは、奈良時代の史料としてかなり特異な形態ということができよう。本図の地目や面積の記載には、もととなった資料の存在が想定されるが、それがどういった性格の資料であるか、今後の検討が必要である。このことは、古代の土地所有の制度と実態の見直しにつながる課題でもあろう。

おわりに

冒頭にも述べた通り、本図は様々な観点からの研究対象として利用さるべき史料である。今回の復原によって、その一部については解明の手掛かりなり、見通しなりを提供できたのではないかと考えるが、その一方で、復原によって新たに設定すべき課題も多数生まれてきた。上に述べた以外にも、たとえば額田部氏の氏人の居住形態の解明であるとか、この地域の古代の道をめぐる論点などを指摘することができる。なによりも、完成した復原複製から得られる情報量は多大であり、ただ眺めているだけで時の経つのを忘れてしまう思いは作業関係者がみな味わっているところである。今回の復原複製の完成を機会に、復原内容に関する批判も含めて、本図をめぐる研究が一層進展することを期待したい。

註

（1）福山敏男『奈良朝寺院の研究』（高桐書院、一九四八年）、狩野久「額田部連と飽波評」（同『日本古代の国家と都城』東京大学出版会、一九六一年、初出一九八四年を一部補訂）。

（2）石上英一「古代荘園図」（同ほか編『新版　古代の日本10　古代資料研究の方法』角川書店、一九九三年、のち同『古代荘園史料の基礎的研究』上に序論として加筆して収録、塙書房、一九九七年）。

（3）西岡虎之助編『日本荘園絵図集成』上（東京堂出版、一九七六年）。

（4）東京大学史料編纂所編『日本荘園絵図聚影』三（東京大学出版会、一九八八年）。

（5）金田章裕a「田図・古代荘園図における条里プランの表現」（同『古代日本の景観』吉川弘文館、一九九三年、初出一九八六年）、同b「歴史地理学の方法と古代史研究」（註（2）『新版　古代の日本10』）、石上英一「日本古代における所有の問題」（岸俊男編『日本の古代15　古代国家と日本』中央公論社、一九八八年、のち同『律令国家と社会構造』に収録、名著刊行会、一九九六年）、同註（2）論文、伊藤寿和「大和国における奈良時代の農業的土地利用の諸相」（『日本女子大学紀要（文学部）』四一、一九九二年）、服部伊久男「国宝額田寺伽藍並条里図にみえる墓について」（『同志社大学考古学シリーズV　考古学と生活文化』同シリーズ刊行会、一九九二年）。

（6）石上英一註（2）論文、永嶋正春「「額田寺伽藍並条里図」に見る古代の顔料」（国立歴史民俗博物館編『図録　荘園絵図とその世界』同館、一九九三年）、古瀬奈津子「「額田寺伽藍並条里図」復原複製のできるまで」（同）、村岡ゆかり「額田寺伽藍並条里図の復元模写製作」（『東京大学史料編纂所研究紀要』四、一九九四年）。

（7）　石上英一註（2）論文。
（8）　永島正春註（6）論文。
（9）　服部伊久男註（5）論文。
（10）　金田章裕註（5）論文b。
（11）　村岡ゆかり註（6）論文。

補註

（補1）　額田寺伽藍並条里図の原本と復原複製図の写真図版を本章の図3・4として、釈文図を本書第Ⅲ部第二章の図5として掲載した。

（補2）　天平勝宝八歳六月から翌天平宝字元年十二月の間に「大倭国」の表記が「大和国」に変更されていることから、その後の間もない時期が、額田寺図の作成時期の上限となることを、本書第Ⅲ部第二章で指摘した。

（補3）　初出時は『寧楽遺文』を参照したが、その後、拙稿「「西大寺資財流記帳」の書写と伝来」（佐藤信編『西大寺古絵図の世界』東京大学出版会、二〇〇五年）に、西大寺所蔵の原本の調査に基づいた西大寺資財流記帳の釈文を掲載している。

（補4）　額田寺図の原本調査所見を、拙稿「荘園絵図調査報告七　額田寺伽藍並条里図」（『東京大学史料編纂所研究紀要』五、一九九五年、荘園絵図研究グループとして執筆）で報告した。そこに掲載した釈文図は本書第Ⅲ部第二章に収載している。また、東京大学史料編纂所編『日本荘園絵図聚影』釈文編一・古代（東京大学出版会、二〇〇七年）がトレース図（釈文）と解説を収録している。

補記

本章は、本文に述べたような事情から行われた額田寺伽藍並条里図の復原複製作製の報告で、その際に実施した史料学的検討等の内容を述べたもので、一九九二年三月の条里制研究会で報告し、一九九三年に発表した（『条里制研究』九）。初出では横書であったのを改め、参考文献等を註として整理したほか、現地の六〇〇〇分の一地形図は掲載を割愛し（本書第Ⅲ部第二章図6・8参照）、額田寺伽藍並条里図（原本）の写真図版を加えた（図2）。

第二章　額田寺伽藍並条里図の基礎的考察

はじめに

額田寺伽藍並条里図（補1）（以下、額田寺図と略称）は、古代の大和国平群郡額田郷を本拠とした額田部氏の氏寺である額田寺の寺域及び周辺の寺領を、麻布に彩色をもって描いた奈良時代の荘園図である。額田寺の後身である額安寺（1）（奈良県大和郡山市額田部寺町）に伝来し、戦後、奈良国立博物館に寄託の後、国の所有となり、現在は国立歴史民俗博物館に所蔵されている。この間、一九六二年に重要文化財に、一九七七年に国宝に指定された。

額田寺は、奈良盆地の北西部、額田部丘陵の南端にあり、奈良盆地北方から流れる佐保川と、南方からの初瀬川とが合して大和川となる合流点を臨む位置にある。額田寺図には、額田部丘陵と佐保川・初瀬川合流点を含めた地域が描かれている。図の右上部が、平群郡条里（大和国京南路西条里）の九条三里、左上部が九条四里、右下部が十条三里、左下部が十条四里に当たる。

大和朝廷以来の伝統を持つ畿内中堅豪族の氏寺とその周辺の所領に関わる図であることが、額田寺図の最大の特色である。国家事業として創建された東大寺などの官営大寺の所領とは異なる特徴を、そこに読み取ることができよう。記載内容を見ても、多様な文字記載、建物・構造物の描写、その他の絵画的記載、条里方格と地形の表現方法など、古代荘園図の中で特異な事例となっている。

図5 額田寺伽藍並条里図の記載内容（上半）

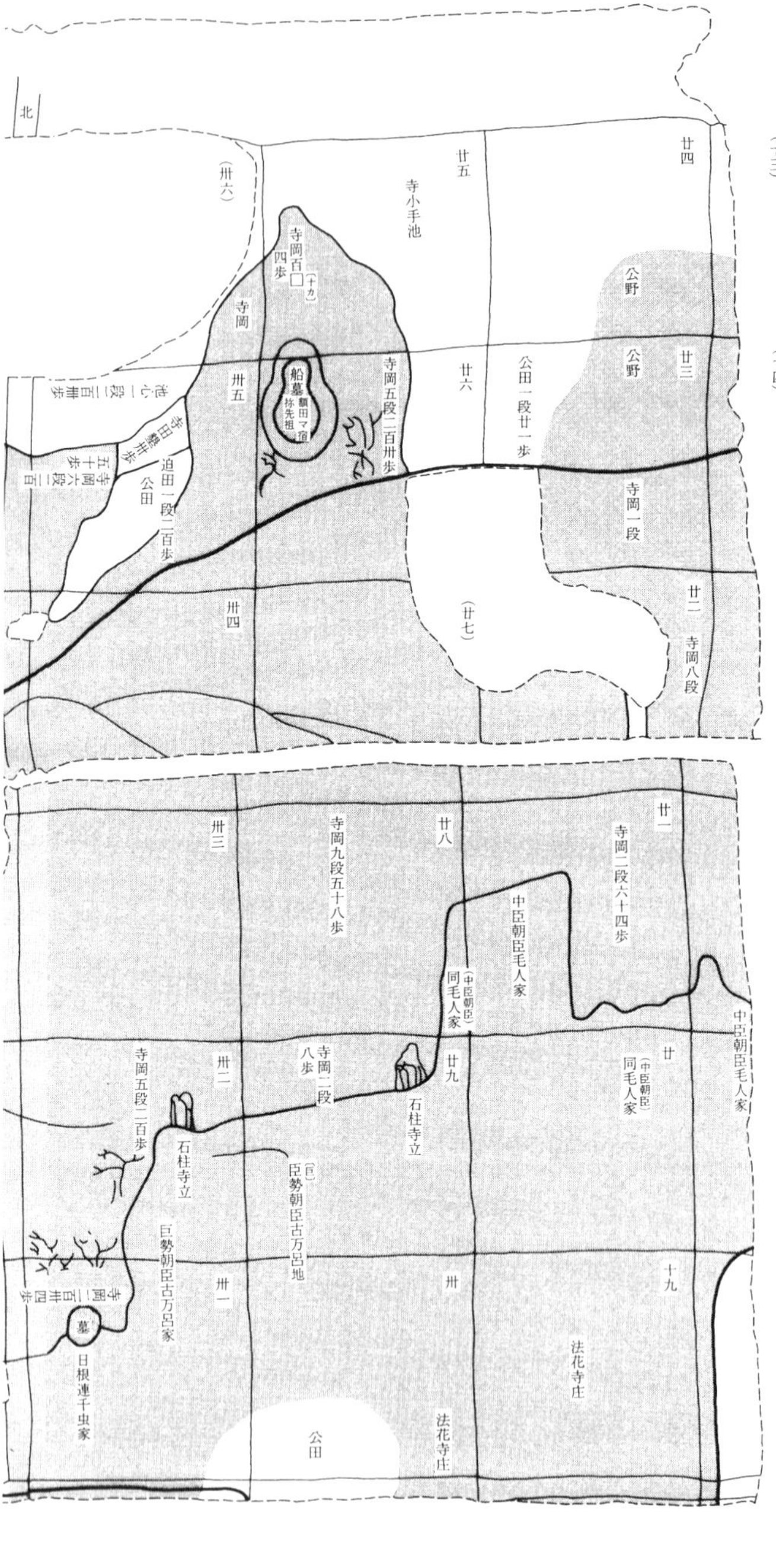

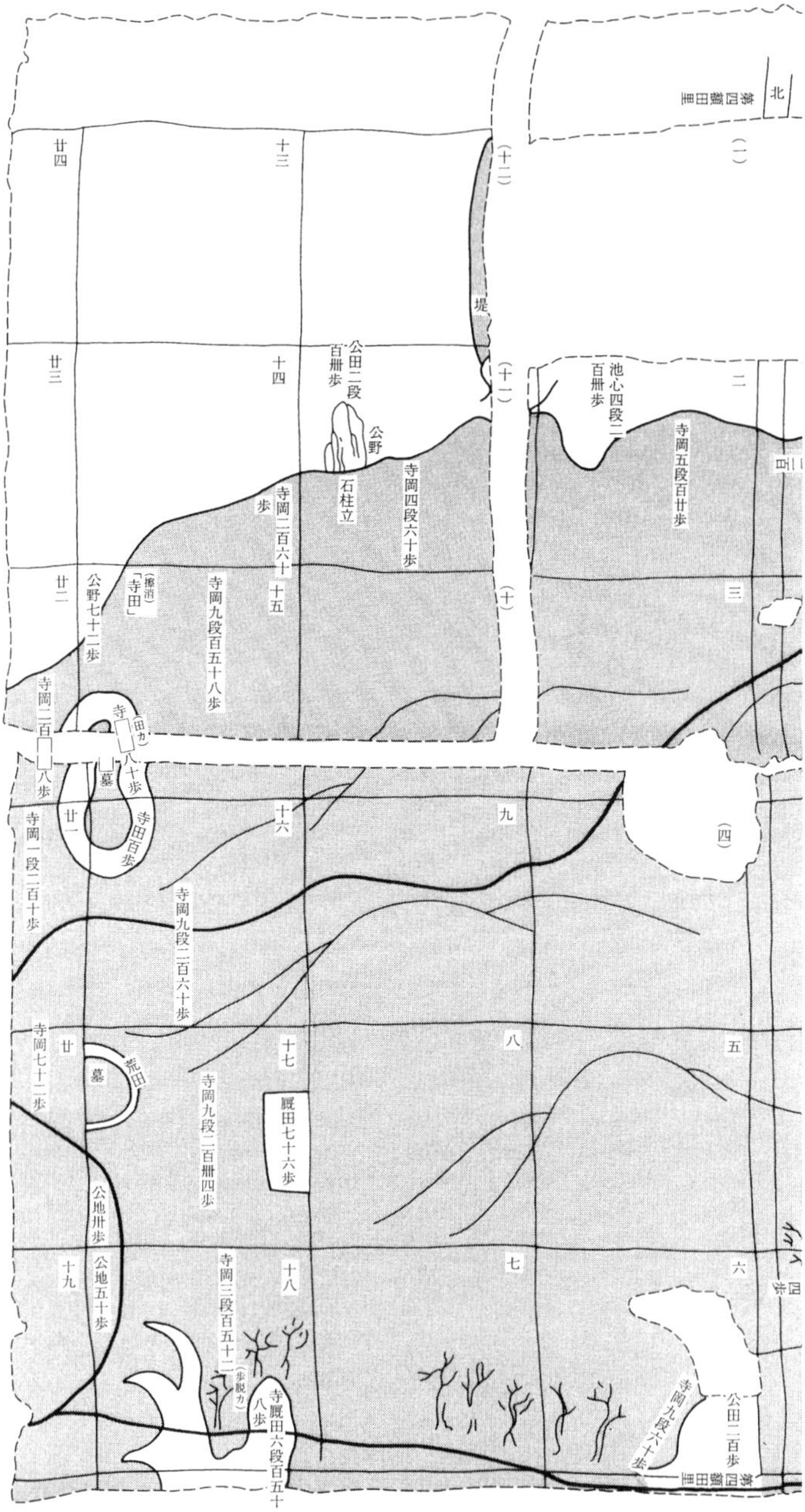
北
第四額田里
(一)
(十二)
(十一)
(十)
(四)
廿四
十三
廿三
十四
廿二
十五
廿一
十六
九
廿
十七
八
十九
十八
七
二
三
五
六
堤
公田二段百卌歩
公野
石柱立
寺岡四段六十歩
寺岡二百六十歩
池心四段二百卌歩
寺岡五段百廿歩
公野七十二歩
(擦消)「寺田」
寺岡九段百五十八歩
寺岡二百□八歩
寺□(田カ)八十歩
墓
寺田百歩
寺岡一段二百十歩
寺岡九段二百六十歩
寺岡七十二歩
墓
荒田
寺岡九段二百卌四歩
圧田七十六歩
公地卅歩
公地五十歩
寺岡三段百五十二(歩脱カ)
八歩
寺圧田六段百五十
寺岡九段六十歩
公田二百歩
第四額田里
四歩

図5　額田寺伽藍並条里図の記載内容（下半）

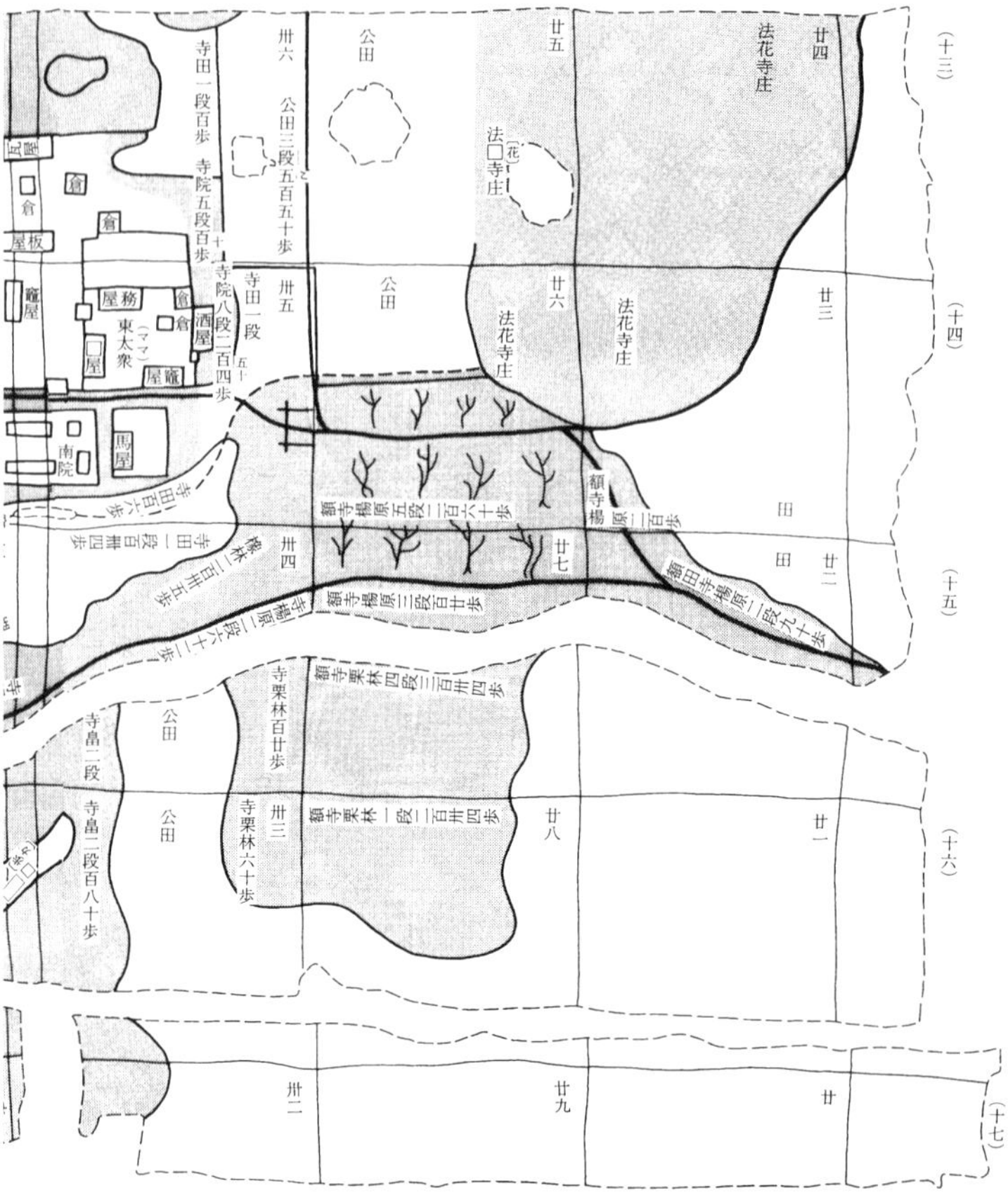

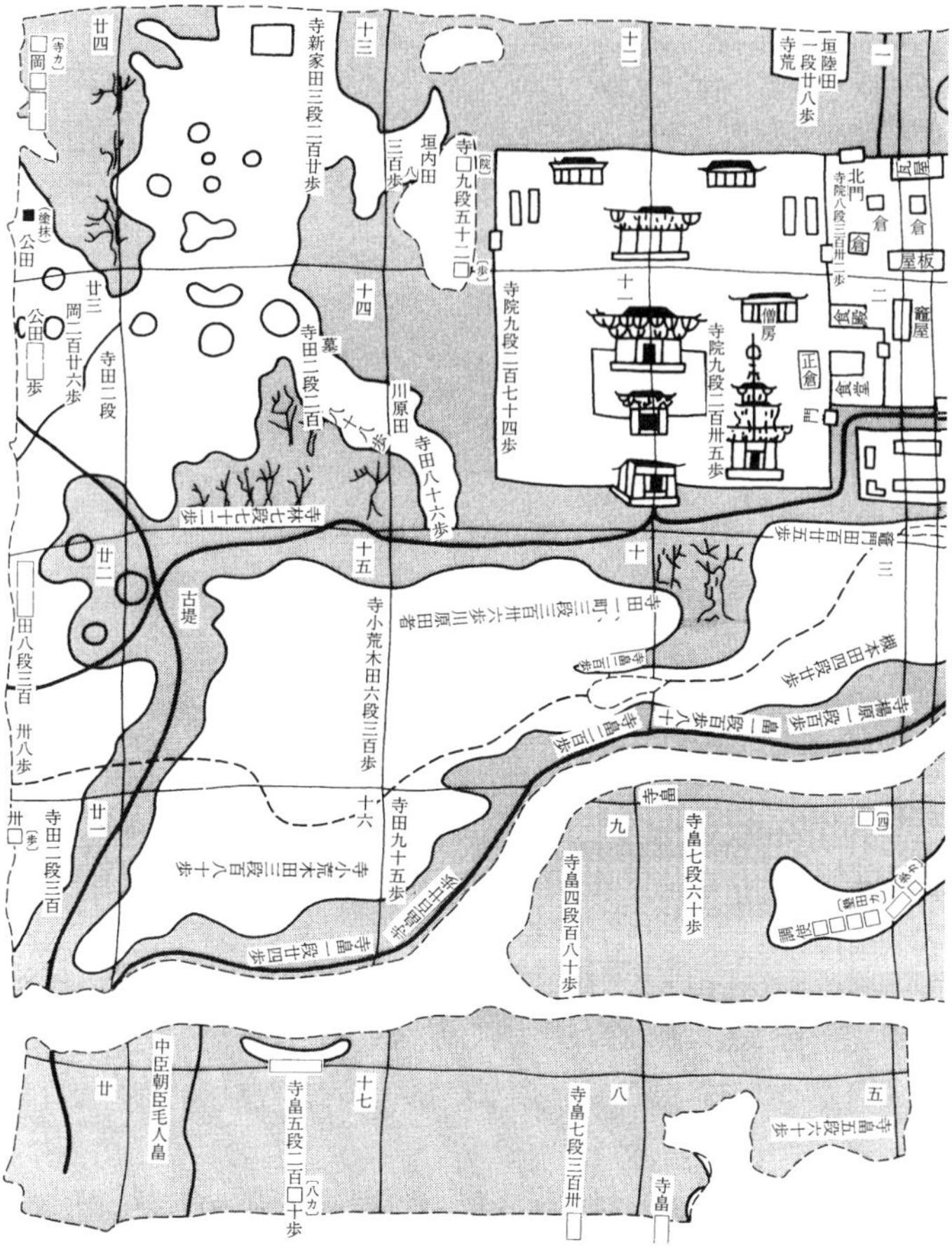

細実線：墨線，中実線：丹の線，太実線：ベンガラの線（道），太破線：緑青系顔料の線，網部分：彩色部分（緑青系顔料）．各布片は本来の位置関係に戻す形で配置した．「大和国印」の表記は省略した．

左右頁の図は，そのまま連続するものであるが，読解の便宜のため，頁綴代付近は同一部を重複して掲載している．

山口英男「荘園絵図調査報告七　額田寺伽藍並条里図」（『東京大学史料編纂所研究紀要』5，1995年）の図を改編．

一　現状と復原

図の現状

額田寺図の現状は、経年による傷みがかなり進行している。料布の左右と地辺は欠損し、大小の欠落（穴）や裂け目が広がっている。この結果、現状の料布はおよそ七つの布片に分かれ、これを縫い合わせる形の修補が施されている。料布全体は、いわば裏打に相当する綿布に縫い付けられている。

現状の図は、顔料の剝落・変褪色や料布の劣化のために、全体として褐色を呈し、くすんだ印象が強い。このため、記載内容の判読はきわめて困難である。それでも、文字、条里方格線、山の稜線などの墨書や、寺の伽藍を描く朱色の線、道と思われる暗赤褐色の線などを肉眼で認めることができる。図の全面には「大和国印」を印文とする正方形朱印が捺されている。ただ、明瞭に見分けられるものは少なく、その数は不明である。なお、現状の図には文字の判読を墨書・朱書で示した和紙の附箋が随所に貼付されている。

記載の判読にこのような困難がともなうことが、これまで額田寺図の研究資料としての利用をある意味で制約していた。しかし、本図の判読に必要な各種データの提供が進むことで、それを踏まえた復原研究の試みが積み重ねられつつある。額田寺図をめぐる研究は、今後飛躍的に進展することが期待できる。

刊行されている資料

額田寺図は、はやくは関野貞氏によって、奈良盆地の条里復原の有力な資料として取り上げられ、関野氏が写し取った模本の図版が『平城京及大内裏考』に掲載された(2)。その後も折々に本図の紹介が行われたが(3)、額田寺図の研究資料としての利用度を高める上で大きな力となったのは、西岡虎之助編『日本荘園絵図集成』に西岡氏蒐集の模写本が収載され、詳細な観察成果が示されたことであろう。(4)さらに、東京大学史料編纂所編『日本荘園絵図聚影』に、額田寺図原本のカラー・モノクロ写真、赤外線撮影写真、X線撮影写真が収められ、原本に即した研究を行うために必要な資料が学界共有のものとなった。(5)この後、額田寺図の所蔵機関である国立歴史民俗博物館では、東京大学史料編纂所と共同して額田寺図の復原研究を実施し、完成した復原複製本が特別展「荘園絵図とその世界」（一九九三年三〜五月）に原本とともに出陳された。彩色の様態も含めて、記載内容全般に及ぶ科学的分析を踏まえた学際的共同研究の成果が、復原複製という可視的な形態で提示されたことは、額田寺図研究への間口を広げる点で大きな意義を持つものである。(6)

研究史の概要

額田寺図をめぐる初期の研究には、石田茂作・福山敏男氏らによって行われた額田寺の草創をめぐるいわば寺院史の立場からの研究がある。(7)これらの研究では、聖徳太子の羆（熊）凝道場と額田寺の関係、古瓦の検討、額田部氏の性格、額田寺と大安寺・道慈との関係等の問題が扱われ、伽藍・建物を中心とした額田寺図の記載内容や図の作製年代も論じられた。この段階で示された論点の多くは、今日もなお検討すべき課題として残されており、これらの論考の持つ意義は貴重である。ただ、額田寺図を研究に用いる上で資料的な制約のあったことは否めず、対象資料に内在する問題を深めるまでには至っていない。

戦後になって、米倉二郎氏が歴史地理学の立場から額田寺図を取り上げられた。氏は、図の現地比定及び記載内容の紹介と共に、条里界の二重方格線の意味や、丘陵上での条里地割の施行の問題など、本図に内在する検討課題にも触れられた。(8)また、一九六〇年代後半以降、額田寺図に関連する資料の提供・充実が進められたことも注目される。

文献史料の面では『大和郡山市史』の編纂が進められ、堀池春峰氏を中心に額安寺文書の調査が行われた[9]。額安寺文書は、平安後期以降の文書からなるが、額安寺及び寺領の沿革を知る上で貴重である。考古学の面でも、昭和工業団地の造成にともない、額田寺図にも描かれている額田部狐塚古墳の発掘調査が行われた[10]。

額田寺図に関するその後の研究段階を形成する出発点として注目されるのは、一九八四年に公表された狩野久氏の論考「額田部連と飽波評」である[11]。同氏の研究は、奈良国立文化財研究所による原本調査の所見、特に赤外線写真・X線写真から得られる情報に基づいて記載内容を判読し、欠失量・欠失記載の復原、作製年代、額田部氏の性格、額田寺の草創と沿革等の論点について最新の研究状況に即した見直しを行い、あわせて七世紀の額田部連と飽波評について地域史的観点から検討したものである。この後、原本に関する各種データの公表が進んだことにともない、額田寺図をめぐる研究状況は徐々に活性化しつつある。古代における大土地所有の実態を示す資料として荘園図の検討を進める石上英一氏の論考[12]、古代荘園図における現地の表現と認識に関する金田章裕氏の論考[13]、額田寺図から読み取れる土地利用の諸相を検討した伊藤寿和氏の論考[14]、そして図に描かれた現地の考古学的調査に携わる立場から額田寺図の読解を深めようとする服部伊久男氏等の論考は[15]、今後の研究の方向を示すものである。

料布の復原

現状の額田寺図の料布の大きさは、最大で縦一一三・四チセン、横七二・七チセンを計る。欠損・欠落部分を復原すると、本来の料布は、古代の調布の規格に相当する幅二尺四寸（約七二チセン）の麻布を上下に二条縫い合わせて調製されたものと思われる。原料布の推定寸法は、縦約一四〇チセンで、上下に二里（一二坪）分の記載がちょうど収まる長さである。横長は定めがたいが、現存部分に見える九条三・四里及び十条三・四里の四つの里の全体が描かれていたとすれば、一四〇チセン程度となろう[16]。また、図の右方には書出文言と地目・面積記事が、左方には書止文言と大和国司・大和国班田使・額田寺三綱等の署判が記されていたと考えられることから、横長を一五〇ないし二〇〇チセンとする推定もある。逆に、現存部分周囲の欠損はさほどの量ではないとの見解が示されたこともある。なお、この問題は、原図の折り畳み方の検討とも関わる。(17)

彩色の復原

本図の彩色には、丹（鉛丹）、酸化鉄系赤色顔料（紅殻・代赭等）、緑青及び白緑が用いられている。肉眼で朱色に見える線が丹、暗赤褐色に見える線が酸化鉄系顔料である。丹はX線を透過せず、酸化鉄系顔料は透過するので、X線撮影写真を参照することで両者を判読できる。酸化鉄系顔料は、道に相当する線と「大和国印」に用いられており、丹は地目の境界線や建物等の輪郭線に用いられている。緑青系顔料（緑青・白緑）は、経年によっていわゆる「緑青焼け」をおこし、この結果、布地の褐変・劣化や、甚だしい場合は彩色部分の脱落を生じさせる。本図では、池・川の記載に相当すると思われる部分に、大きな穴状の欠落や筋状の欠損があり、緑青系顔料が塗られていたとみられる。(18)また、額田寺の記載の南に布地が劣化して裂け目になりかかった線があり、白緑の付着が認められた。これは溝（水路）を示すものであろう。このほか、本図の広い範囲にわたって布地が褐色に変色している部分があり、緑青系顔料が塗られていたと思われる。その中でも樹木や叢の周辺では変色がやや強く、彩色の度合いに違いが認められる。(19)

こうした方法による調査・判読の成果は、国立歴史民俗博物館の復原複製本に結実し、関連の報告もなされている。以下、本図の記載はこれらにしたがって見ていくこととする。

二　記載内容

文字による記載

額田寺図の記載内容は、表現の形態にしたがって、文字による表現、線及び彩色による平面的表現、絵画的な立体的表現の三種に大別できる（表7）[20]。以下、表7に即して、気付いたところを補足していきたい。

文字記載の方向は、図の上を天として正位に記すものが最も多い。一部に横位の文字もあり、多くは図の右方を天とするが、左方を天とするものもある。

条里呼称のうち、里名は、九条四里と十条四里の第一坪の上に条界線に沿って「第四額田里」と書かれている。これは条ごとに付けられた里の番号と名称である。坪の数え方はいわゆる千鳥式である。

地目関係記載は、本図に見える文字記載の中心ともなっている。それらは、内容から地目記載と面積記載とに分けることができる。地目記載は、一般に「寺田」「公田」「法花寺庄」「中臣朝臣毛人家」「額田寺楊原」というように〔所属＋地種〕の形を取るが、所属が明記されていないこともある。また、「新家田」「小荒木田」といったいわゆる小字地名的名称が用いられている場合もある。面積記載は地目記載にともなって付されているが、面積記載のない地目もある。これらの地目関係記載は、条里の坪ごとに記されており、条里プランに基づく田図・田籍等となんらかの関連を持っていることがうかがえる。なお、地目関係記載がまったくない坪もある。

建物名称は、額田寺の寺域内に見られるが、名称の記載のない建物もある。寺院外の構造物にも名称が併記されている場合があり、「船墓」「石柱」には由来に関する説明的記載がともなっている。

表7　額田寺図の記載内容と表現形態

表現形態	記載内容	墨書・彩色の別	例
文字による表現	方位	墨書	「北」
	条里呼称 里名 坪番	墨書	 「第四額田里」 「一」「二」…
	地目関係記載 所属・地種 小字地名的名称 面積	墨書	 「寺院」「寺田」「寺田墾」「荒田」「寺荒」「陸田」「寺畠」「寺林」「寺栗林」「橡林」「寺楊原」「寺岡」「岡」「公田」「公野」「公地」「田」「畠」「法花寺庄」「中臣朝臣毛人家」「中臣朝臣毛人畠」「巨勢朝臣古万呂家」「巨勢朝臣古万呂地」「調使…墾田」「池心」 「迫田」「厩田」「垣陸田」「竈門田」「槻本田」「川原田」「垣内田」「新家田」「墓田」「小荒木田」 （省略）
	建物・施設名	墨書	「僧房」「食堂」「食殿」「門」「北門」「正倉」「倉」「瓦屋」「板屋」「務屋」「竈屋」「酒屋」「□屋」「馬屋」「東太衆」「南院」
	構造物名称	墨書	「寺小手池」「堤」「古堤」「石柱」「船墓」「墓」「□墓」
	その他説明的記載	墨書	「（船墓）額田部宿祢先祖」「（石柱）寺立」
平面的表現	条里坪界線	墨線	
	道	紅殻カ	
	川	緑青カ	
	池	緑青カ	
	溝（水路）	白緑	
	地目の境界	丹	
	構造物輪郭	丹	建物（指図）・墓・堤
	土地条件 起伏地 平坦地	 白緑カ 素地	 畠，林，楊原，岡，家，地，堤 田，寺院建物域，など
立体的表現	構造物	墨・丹	建物（建図），石柱，門
	自然景観	墨・緑青	山の稜線，樹木，叢

平面的表現による記載

条里の方格線が本図のほぼ全体にわたり引かれている。このうち条と里の界は二重に表現されている。これは、現実に条・里界が一定の幅を持っていたことを意味するのではなく、班田図が一条一巻の形で編成され、一巻の中では一里ごとに個別に記載されていたことの反映であろう。(21)

道は、およそ次のように整理できる。

a―九条三里一四坪から西南方向に同四里二一坪に至る道

b―法花寺庄の東縁を南に進み、南縁から西に向かって額田寺の寺域内に入り、寺の門（南大門）を経て西方に至る道

c―額田寺の東方で道bから分岐して北に進み、九・十条の境で折れて西方に至る道

d―川（佐保川・大和川、後述参照）の北岸に沿う道

e―十条三里二二坪で道dから分岐し、道bに合流する道

f―図の左方中央附近で道cと合流する道

g―図の左端下方附近で道bと交差し川（大和川）を渡る道

a〜eは東西方向の、f・gは南北方向の道である。道と推定する主たる根拠は、記載と対応する道がいくつか現地に残っていることであり、特に道aはほぼそのままの位置で現在も用いられている。

川は、東方ないし南方からの三つの河川（北から佐保川・中川・初瀬川に相当するか）が額田寺の南で合流し（大和川）、西方に流れ下る様相が描かれていたとみられる。現状では「緑青焼け」の作用により欠落し、裂け目となっている。池は、図の東北方と北辺中央附近の二箇所に描かれていたとみられる。現状では「緑青焼け」により、穴状の欠落

となっている。東北方の池は、現地の東池（現在も一部残存）と位置や形状が合致する（以下、東池と表記）。北辺の池は、右方に「寺小手池」と注記があり、その現地にはかつて大池が存在し、小手が池とも呼ばれていた（以下、小手池と表記）。「寺小手池」とあることから、寺に所属する池であったと考えられる。池の西方には池を塞き止める堤が描かれている。堤の南端附近には丹線の痕跡があり、堤にともなうなんらかの施設が描かれていたと思われるが、料布の裂け目があるため判然としない。東池の所属についてははっきりしないが、池の北方の公田の水利に用いられているように思われる。

溝（水路）は、額田寺の東方、法花寺庄の西南附近から発し、額田寺の南方を西に向かう白緑の線として描かれている。川・池と共通する緑青系顔料を用いた線であることや、現地の対応する箇所に用水路が存在することが、これを溝（水路）と見る根拠である。

本図の下地は、緑青系顔料（白緑）で薄く彩色された部分と、素地のままの部分に塗り分けられており、彩色部分は「緑青焼け」によって現状では褐色に変色している。地目との関係を見ると、起伏地（岡・畠・林・楊原など）は彩色され、平坦地（田や寺院の主要伽藍域・雑舎域）は素地のままとなっている。したがって、彩色の有無は基本的に地形の違いに対応するものと考えられる。（補2）図に示される岡（額田部丘陵）とその周りの平地の様相は、現地形ともよく合致する。

地目の境界の表記には、基本的に丹の線が用いられている。一部では、道・川などの線が地目境界となっている。地目境界線は地目関係の文字記載とほぼ対応する形で引かれている。ただし、文字記載から見て地目境界が存在するはずの箇所でも、境界線が明示されていない場合がある。

額田寺の内部には、丹の線により建物や区画の輪郭が指図《さしず》（平面図）として描かれている。この他、墓や堤の輪郭線が丹で描かれている。「墓」と明記されているのは四箇所であるが、これ以外にも現地との対応から墓と思われる記載がある。

立体的表現による記載

額田寺の主要伽藍が建図《たてず》（立面図）で描かれている。描写の方向は視点を南方正面に置き、これは本図の立体的表現にほぼ共通する視点の置き方である。ただ、南大門だけは視点がやや西により、建物が若干東に向いているように描かれている[補3]。

額田寺東方の十条三里二六坪と三五坪の界線にあたる箇所には、道bをまたぐ形で井桁上の構造物が丹で描かれている。これは、額田寺周辺の一定の領域と外部との境界を示す施設と思われ、その形状から冠木門のような構造がうかがえる。この門だけは、視点を東におき、道bの方向を正面とした描写となっている。

額田寺北方の丘陵には、墨線で描かれ薄墨で色付けされた石柱が三箇所に見え、「石柱寺立」とあって、額田寺が設置したものであることが明記されている。三箇所の石柱はいずれも地目境界線上に位置し、寺領と非寺領の境を示すために設置されたものと解される。

樹木は、およそ八箇所ほどにまとまりをもって描かれている。幹や枝は墨で描かれ、枝の周囲は緑青で彩色されていたようである。十条三里二六・二七坪の「楊原」や、同四里一四坪の「寺林」の樹木は、地目の記載と対応している。特に「楊原」の樹木は、枝ぶりの描写が他と明らかに異なっており[22]、楊であることを強調する表現となっている。また、額田寺南大門南方の槻（欅）と思われる大木の描写は、額田寺の前の空間（広場）の特殊な性格を表示しているとの指摘がある[23]。丘陵の景観を示す山の稜線（墨線）の上方も、布地の変色が周囲より強く、山をおおう形で樹木が描かれていたとみられる。山肌には叢（灌木）が点在している。叢（灌木）は、墨で描いた枝の周囲を緑青系顔料で彩色されている。

土地の所属に関する表記の特徴

本図は、条里の方格線を位置表現の基準としている。その最大の理由は、条里プランに基づいて土地の所属関係を表記する必要があったためであろう。土地の所属を示す地目関係の記載は坪ごとに記載され、これに対応して地目境界線が明示されている。地目の境界は平坦地と起伏地の境に該当することが多い。したがって、地形条件の表記も地目関係記載と一定の対応関係を持ち、ひいては条里方格線とも連関していることとなる。

土地の所属に関する表記の方式は、寺領と非寺領とでやや異なっている。地目境界線の記載箇所を整理した表8によれば、寺領の周囲（寺領と公地・公田や第三者所属地との境界）及び寺領内部の異なる地目間には、原則として境界線が明示されている。しかし、寺領以外では、所属関係ないし地目を異にしても、特に境界を明示しない原則のようである。

また、面積記載の特徴を整理した表9によれば、寺領には原則として面積が表記されているが、非寺領の多くには面積記載がない。非寺領で面積記載があるのは「公田（地・野）」にほぼ限られている。また、寺領が存在しない坪では例外なく面積記載がないことも指摘できる。以上から、寺領には面積を示し、非寺領には必要のない限り面積を記載しないというのが本図の基本原則であると思われる。面積記載がある非寺領はいずれも寺領のある坪の中に存在するから、非寺領への面積記載はなんらか周辺の寺領との関わりからなされたことが推測される。ただし、現時点でその理由について具体的に明らかにすることはできない(24)。

領有に関する主張

土地の所属関係の表記は本図の主題の一つであり、本図は寺領の内容と範囲を明示・確定する役割を果たしている。

表8　境界の表記

種別／位置	境界線あり	境界線なし	条里坪界で所属・地目の異なる箇所（左記以外）
寺領内地目間	**丹線**（実例省略） **道**　寺岡・寺院（B6・D1） **川**　寺楊原・寺栗林（C27, 34） 寺楊原・寺畠（C34） **水路**　寺田・寺院？（C35）＊1	＊2	
寺領・非寺領間	**丹線**（実例省略） **道**　寺岡・公野（A23） 家・寺院（A31・C36） 公田・垣陸田（B6・D1） 寺岡・公地（B17, 18） **川**　寺楊原・公田（C34）	＊2	
非寺領相互間		法花寺庄・公田（A30, C25）＊3 巨勢朝臣古万呂家・日根連千虫家（A31）	家（地）・庄（A19・20, 29・30）
非寺領内地目間		公野・公田（A23, 24）	
不明	**道**　寺楊原・橡林（C34）	寺楊原・畠（D3）	橡林・寺楊原（C34・D3）

（　）内は坪番号．A＝九条三里，B＝九条四里，C＝十条三里，D＝十条四里．
＊1 C35は，彩色部分の判読に難があり，復原上問題が残る．
＊2 A35の寺田・寺岡間及び寺田・公田間は，X線写真では丹の痕跡が判然としない．
＊3 C26の法花寺庄・公田間にも一部に丹線が見えるが，あるいは擦消されたものか．

この点で注目されるのは、文字による記載だけでは所属が明らかでない土地や、土地の所属を示す地目記載が全くない坪が存在することである。ところが、これらの箇所を図で見ると、多くは額田寺に所属する土地とみなさざるをえない。「厩田」「橡林」「竈門田」「槻本田」「垣内田」等は、周囲を寺領に囲まれており、額田寺の影響下にある土地とみなされる[25]。また地目記載のない坪のうち、丘陵内にまとまって存在する十坪は、その隣接地がすべて「寺岡」であることから、同様に「寺岡」であることを暗示させる。これらの例は、文字によって寺領と明記

表9　面積記載の特徴

所在＼種別	面積あり	面積なし	面積有無不明
寺領のある坪	**寺領**　寺岡／寺田墾／寺田／額田寺楊原／額寺楊原／額寺栗林／寺栗林／寺畠／寺楊原／寺院／寺林〔寺厩田／垣陸田…寺荒／川原田寺田／寺新家田／寺墓田／寺小荒木田〕	**寺領**　寺岡（A36）／寺畠（D3）＊1	
	非寺領　公田（A23, B6・11, C36, D23）／公野（B15）／公地（B17・18）〔迫田…公田（A35）〕	**非寺領**　中臣朝臣毛人家／公野（A23, B11）／巨勢朝臣古万呂地／巨勢朝臣古万呂家／日根連千虫家／法花寺庄／公田（C26・33・34）／中臣朝臣毛人畠	**非寺領**　調使…（D4）／公田（D24）
	所属記載なし　池心／橡林／畠／岡〔厩田／竈門田／槻本田／垣内田〕	**所属記載なし**　荒田（B17）／田（C22・23）	
寺領のない坪		**非寺領**　法花寺庄／中臣朝臣毛人家／公野（A24）／公田（A30, C25）＊2	
寺領の有無不明な坪		**非寺領**　中臣朝臣毛人家（A16・17）	
	所属記載なし　…田（D22）		

（　）内は坪番号．A＝九条三里，B＝九条四里，C＝十条三里，D＝十条四里．〔　〕内は小字地名的名称．

＊1 D3は同一坪内に面積のある「寺畠」がもう1箇所ある．

＊2 ほかに地目記載のない坪がある（A27・33・34，B3・4・5・7・8・9・10・12・13，C21）．

することはできないが、図として描くことで、その箇所が寺領であること、ないし寺の影響下にあることを表現していると解される[26]。いわば、この図には、寺院と周辺の土地に対する寺領としての支配の正当性の主張が込められているといえよう。

　額田寺図に描かれている内容は様々であるが、その各々が寺の主張を構成するための不可欠な要素であったと思われる。本図の内容のどれ一つを取っても、なんらかの記載の意味や目的があったはずである。この点を明らかにする作業が今後も必要であろう。

三　作製の経緯

作製年代の検討

本図の作製年代を限定する上では、まず、本図に見える人名が参考となる。中臣朝臣毛人は、天平宝字二年（七五八）八月に従五位下、同八年正月に従五位上となり、この間、神祇大副等をつとめたことが知られ[27]、巨勢朝臣古麻呂も同八年正月に従五位下に叙されている[28]。その後の経歴は両人とも不明であるが、彼らは天平宝字年間を中心としてその前後に活動した人物と思われ、額田寺図もその頃作製されたことになろう[29]。

額田寺図には「法花寺庄」という記載も見える。「法花寺」はもと「宮寺」と呼ばれ、天平十八年（七四六）四月から同十九年正月の間に名称を法華寺（法花寺）と改めた[30]。なお、光明皇太后の没後、天平宝字五年六月に周忌法会料として法華寺に施入された京南田十町[31]が、額田寺図の「法花寺庄」に相当する可能性も指摘されているが[32]、確証はない。

「大和国印」も年代を限定する要素となる。大和国の表記は、天平勝宝八歳（七五六）六月から翌天平宝字元年十二月の間に「大倭国」から「大和国」に変更された[33]。図の作製開始は国印押捺より前のこととなるが、両者の時期がさほどかけ離れていたとは考えられない。

以上から、額田寺図の完成時期は、天平勝宝八歳六月を上限とし、天平宝字年間をさほど下らぬ時期と限定できる。なお、現存の額田寺図は、伝来の事情、経年による傷みの程度、書風・画風、料布が麻布である点などから、奈良時代に作製された原本と見て差し支えないであろう。

作製契機の検討

本図がいかなる契機で作製されたものであるか、明確にはわかっていない。古代荘園図の例では、①寺地の施入ないし占定、②田地開墾状況等の調査報告、③田地誤班給の訂正等が、作製の契機になっている(34)。このうち、③は班田の実施と直接関わり、②も班田を控えて調査が行われた例があることから、班田との関連性を指摘できる。額田寺図も班田となんらかの関係があるとみて、天平宝字五年の班年前後に作製されたとする推定も示されている(35)。ただ、額田寺図は、主に田地のみを描いた②や③の例とは表現の内容・形態がやや異なっている。

寺院と周辺の寺領を描き、額田寺図と内容的に類似する図としては「東大寺山堺四至図」が挙げられる。同図は、聖武上皇の没した天平勝宝八歳に、孝謙天皇の勅によって東大寺周辺の寺領が設定され、その寺地の境界を確定する目的で作製された可能性が高い(36)。また、宝亀十一年（七八〇）の「西大寺資財流記帳」には、「田薗山野図」を書き上げた中に「寺院一巻、白絁二副、長五尺、京職所造」とあり、西大寺図が存在したことが知られる(37)(補4)。この西大寺図は、同資財帳に「雑書」として「一巻、右京職解文、検西大寺堺内在百姓家地応給帳、天平神護二年(38)」と記されていることから、天平神護二年（七六六）に寺域が確定されたことにともない作製されたものと判明する。以上から、額田寺図も、施入などの形で、寺領・寺域が公式に設定されたことを直接の契機として作製されたと考えるのが妥当であろう。

額田寺の寺領ないし寺域が設定された時期や事情は、現時点で不明とせざるをえない。天平宝字年間前後における額田寺・額田部氏及び額田部地域をめぐる情勢の検討が、今後の課題となろう(39)。

作製手順の検討

額田寺図の描画の順序について、記載内容相互の関係などから判断すると、①条里方格線、②道・川・池及び地形表現と建物・施設・構造物、③地目境界線、④文字記載、⑤「大和国印」押捺といった順に書き進められたと推測される。ただし、地目境界線や彩色による地形条件の表記は、地目関係の文字記載と対応して描かれている。したがって、②・③にしても、④との連関を念頭において描かれたはずである。この点から見て、図を作製する際に参照すべき資料として、ある坪にいかなる地目が存在するかを示すデータが事前に準備されていたと考えられる。この資料には、寺領だけでなく、公田・公地や第三者所属の地目を含めて、額田寺図に見える地目のおおよそが記載されていたであろう。

こうした資料として、国衙等に保管されている田図・田籍が利用されたことが考えられる。額田寺図には、二重の条里界線など、班田図を引き写した痕跡が認められ、額田寺図作製のための典拠資料の一つが班田図であったことはほぼ確実である。ただ、額田寺図の作製のためには、班田図をそのまま用いるだけでは不十分な点がある。まず、班田図に記載のある土地については、そのいずれが寺領となるのか、事前に認定されている必要があろう。また、班田図に記載のない地目が寺領とされるのであれば(40)、それらの位置の確定と面積の算定が別途行われていなくてはならない(41)(補5)。

寺領の認定

以上から、額田寺図作成に当たっては、班田図を基礎としつつ、坪ごとに寺領の地目と面積を確定する作業がまず行われたと思われる。その上で、先に述べた①から④の実際の描画作業に取りかかったのであろう。最終段階の⑤国印押捺は、寺領の公式の認定を意味する。とすれば、事前の寺領確定作業にも国衙が関与していたと考えるべきであろう。

寺領の確定が具体的にいかなる作業であったかは判然としない点が多いが、基本的には、班田図を基図として田籍その他の資料(42)や現地と照合させながら、寺領とする箇所・範囲とその面積を確定する作業が行われたと思われる。たとえば、「寺岡」は平地と接する丘陵周辺の坪にのみ記載があるが、これはこの時に新たに寺領と認定され、面積が算定されたものかもしれない。また、新たに寺領として設定された地目の面積は、坪の総面積（通常なら一町）から他を差し引く方法で算出できる場合があったと思われる。逆にいえば、合計がちょうど一町となっている坪は、そうした操作で算定された面積を含んでいる可能性がある。この点で、「寺院」の記載のある坪は、いずれも合計面積が一町であることに注意しておきたい。(43)

四　額田寺とその周辺

額田部氏と額田郷

額田部氏は、大和朝廷以来の伝統を持つ畿内の中堅豪族である。外国使節の掌客その他の儀礼関係に携わり、また朝廷の馬の飼養、儀礼用の騎馬の管理に関わった。河川及び陸上の交通と密接なつながりを有したことも指摘されている。推古天皇（額田部皇女）などの王子女の養育に従事することもあった。(44)天武天皇十三年（六八四）十二月に額田部連が宿祢姓に改められ、また、天平宝字二年に額田部氏の複姓氏族である額田部河田連三当が額田部宿祢の姓で叙位された。(45)

『日本書紀』仁賢天皇紀に、日鷹吉士が高麗より還って工匠須流枳・奴流枳らを献じ、大倭国山辺郡額田邑の熟皮高麗はその後裔であるとの記事があり、(46)額田郷の地域は古くは山辺郡に属した時期があったらしい。隣接する飽波郷の地域とともに、七世紀には飽波評を構成し、大宝令施行にともない平群郡に統合された。飽波評は、東を佐保川、南を大和川、西を富雄川に画された一つのまとまりを持つ地域を形成し、この地には聖徳太子晩年の宮居とされる飽波葺墻宮が営まれた。飽波村の官奴婢の存在や、称徳天皇行幸の例から、飽波宮は奈良時代にも引き続き営まれていたことが知られる。こうした地理的環境と宮の存在、そしてこの地に居住する自立的な人間集団の存在が、飽波評成立の背景になったと指摘されている(47)。

額田寺の所在する額田部丘陵は、東西一キロ、南北一・五キロ、周辺との比高差が三メートルから十数メートル程度の低丘陵であるが、奈良盆地では珍しい独立丘陵で、周囲の眺望に恵まれた景勝の地である。『万葉集』に詠われた「大島の嶺」を額田部丘陵に当てる説もあり、当時の官人たちが別宅を設けるような地域でもあった(48)。

額田部地域の古墳

額田部丘陵周辺は、奈良盆地北西部における古墳の集中分布地域の一つである（表10・図6）(49)。これらの古墳のうち、船墓古墳・額田部狐塚古墳・鎌倉山古墳は、額田寺図に「墓」と記載され、丹線で輪郭が描かれている。推古神社古墳と来迎墓ノ間古墳群も、文字記載はないが、同様に輪郭が描かれている。一方、九条四里一七坪の「墓」は、対応すべき古墳が確認されていない。松山古墳・堀ノ内古墳などは、現存の図の範囲外に位置するが、原図にはなんらかの形で記載のあった可能性もある。

額田部地域では、五世紀前半の松山古墳に始まり、六世紀後半ないし七世紀前半の鎌倉山古墳に至る古墳の系譜を追うことができる。特に五世紀後半から六世紀前半には推古神社古墳、額田部狐塚古墳、船墓古墳が相次いで築造されている。額田部地域を勢力範囲とする首長の系譜が五世紀以来成立していたことがうかがわれる。船墓古墳に「額田部宿祢先祖」と明記されているように、額田寺図に古墳が描かれたのは、額田部氏がこの地域に何世代もさかのぼる伝統的な支配権を持っていることを主張するためであろう。古墳から氏寺へという氏族祭祀の変化を解明する上でも貴重な事例である(50)。

表10　額田部地域の古墳

図中の位置	図中の表現	古墳名	墳形・築造年代・他
9条3里25・26坪	二重瓢箪形,「船墓」	船墓古墳	(前方後円墳), 6世紀前半, 北半部現存(前方部ヵ)
9条3里31坪	円形,「墓」	鎌倉山古墳	(円墳), 6世紀後半〜7世紀前半, 全壊
9条4里15・16・21・22坪	二重瓢箪形,「□墓」	額田部狐塚古墳	前方後円墳, 6世紀初頭, 全長約50 m, 長軸方位南南西, 発掘調査
9条4里17坪	円形ヵ,「墓」	(不明)	(図では西方断ち切り, 小字「小山」あり)
10条3里36坪	瓢箪形	推古神社古墳	前方後円墳, 5世紀後半〜6世紀前半, 全長約39 m, 長軸方位東南東
10条4里13・14・15・22・23・24坪	円形・三日月形など	来迎墓ノ間古墳群	円墳・方墳等, 5世紀後半〜6世紀代か, 市立墓地公園化にともない数基確認
		松山古墳	円墳, 5世紀前半, 径52 m, 発掘調査
		堀ノ内古墳	円墳ヵ, 6世紀前半, 径約20 m

額安寺周辺の考古学的調査

額安寺周辺の考古学的調査としては、早くは石田茂作氏の報告があり、(51)近年も奈良県立橿原考古学研究所・大和郡山市教育委員会によって、額安寺旧境内の発掘調査が継続して行われている。

額安寺周辺で出土ないし採集された瓦で最も古いものは、額安寺旧境内第二次調査で出土した手彫忍冬唐草文の軒平瓦の断片であり、法隆寺若草伽藍出土瓦と類似し、七世紀第二四半期のものとされている。飛鳥時代の瓦片はこのほかにも数点見られるが、古代の瓦で最も多いのは奈良時代のものである。胎土観察によれば、これらの瓦は額田部丘陵周辺で焼成されたものらしく、奈良時代には専用の瓦笵が使用されていたと指摘されている。(52)

額安寺旧境内第四次調査では、奈良時代の遺構面でかなり大規模な整地が行われていたことが判明した。整地土には埴輪片が混入し、寺院造営以前に六世紀初頭前後の古墳が存在したと考えられる。(53)

第五次調査では、額安寺の西方で掘立柱建物三棟と掘立柱塀

図6　額田部地域の古墳

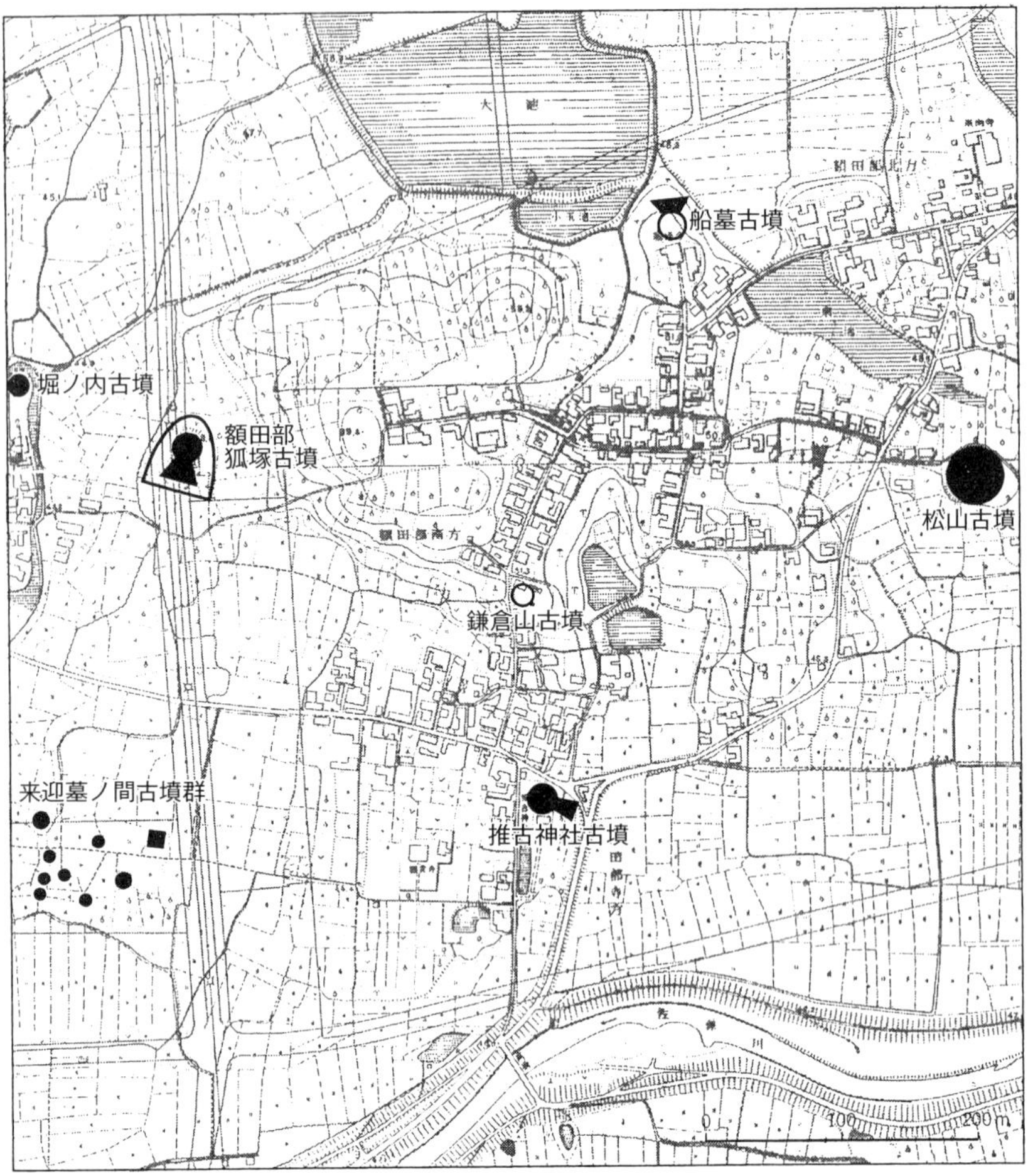

服部伊久男「額田寺と条里」『条里制研究』10，図9を一部改変

一条が検出された。これらの建物や塀の方位は、座標北に対して約一〇度東偏する角度でほぼ揃っている。この方位は、額田部丘陵の西方に認められる正南北方向よりやや東に傾いた地割痕跡の方向と一致する。建物等の遺構の年代は明らかにされていないが、この地域の東偏地割が正方位地割に先行する可能性が指摘できる。(54)

以上から、この地には七世紀前半にさかのぼってなんらかの寺院が存在し、その後、奈良時代になって伽藍の造営がかなりの規模で行われたと推定される。この七世紀前半にさかのぼる寺院が額田寺の前身であることはまず間違いない。そして、後述する伽藍配置の特徴から見ても、奈良時代に造営された伽藍が額田寺図に描かれたものと判断できよう。(55)

額田寺と羆凝道場

額田寺草創の正確な事情は不明であるが、七世紀前半にさかのぼる額田寺の前身と羆凝道場（熊凝寺）の伝承との関係が注目されることは、既に指摘されている通りである。天平十九年の「大安寺伽藍縁起幷流記資財帳」によれば、田村皇子（舒明天皇）が飽波葦墻宮に病臥中の聖徳太子を見舞った際に、太子は自らが開いた羆凝村の道場を大寺となして営造したいという希望から、道場を朝廷に譲り献じ、後事を田村皇子個人に託し、その後即位した舒明天皇は、その十一年（六三九）に百済川のほとりに百済大寺を建てたという。百済大寺は天武朝に移建されて高市大寺（のち大官大寺）となり、さらに平城京に移って大安寺となった。宝亀六年淡海三船作の大安寺碑文もほぼ同様の事情を記し、(56)舒明天皇が百済大寺建立を企てた時点で、熊凝の寺は兵乱のために廃絶の状態であったとする。『日本三代実録』に引く元慶四年（八八〇）の大安寺三綱牒(57)は熊凝道場を平群郡にあったものと記述している。

これらは、寺の由来を聖徳太子に結び付けようとする大安寺の立場からの主張であり、(58)全面的に信用することはできない。ただし、熊凝道場と聖徳太子の関係まで大安寺側の創作とみる必要はなく、むしろ熊凝道場が聖徳太子と結び付くことを前提として、大安寺と熊凝道場が関係付けられたようにも思われる。この熊凝を摂津に当てる説もあるが[59]、飽波葦墻宮との関係などから、宮からさして遠からぬ場所を考えるのが妥当である。したがって、額田寺の前身が熊凝道場に関わる可能性は高いと思われる。

額田寺と道慈

奈良時代の額田寺を考える上では、道慈との関係が従来から注目されてきた。八世紀前半に活躍した道慈は、卒伝によれば、俗姓額田氏、添下郡の人とあり[60]、額田部氏の一族の出身である。大宝二年(八〇二)の遣唐使にしたがって唐に渡り、長安の西明寺に止住し、養老二年(七一八)に帰国した。帰国後の道慈は、平城京の大安寺の移建造営に尽力し、国分寺造営の建策にも関与した。道慈は「工巧」にも優れたといわれ、造営事業との関連がうかがわれる[61]。

額安寺文書中には、道慈を額安寺本願とし、あるいは額安寺を道慈移住の地とする記述が散見される。また、額安寺に伝わる乾漆虚空蔵菩薩半跏像は奈良末期の作とされるが、その台座に墨書された弘安五年(一二八二)十一月の修理銘には、同像は道慈所持の本尊であり、氏寺である額安寺に安置されたものと記されている。額田部丘陵内には「道慈山」という字名も見られる[62]。これらが同時代の史料でないことには問題があるが、道慈が額田部氏一族の出身であることから、額田寺となんらかの関係を持っていた可能性はあろう[63]。道慈の没年(天平十六年)からみて、道慈と額田寺図に直接の関係を認めることは難しいが、額田寺図作製に至る額田寺の動きを考える上で、この問題の検討は今後に残された課題である。

額田寺の伽藍

額田寺図によれば、額田寺を構成する建物は、主要伽藍と雑舎に分類できる。雑舎は、主要伽藍の東方に隣接する建物群(以下、東方雑舎と略称)と、その南の「南院」の区画、及び「馬屋」のある区画からなる。東方雑舎域の中には「東太衆」と称される区画がある。額田寺の寺域は十条三里三五・三六坪及び同四里一・二・一一・一二坪の六坪にまたがり、「寺院」とされる土地の総面積は五町一段一七七歩である。ただし、図によれば、寺の建物域は「寺院」とされる範囲の全体には及んでいないようである。また、建物域を画する外郭の周囲は、「寺岡」等に連続する起伏地となっているらしい。図の記載から判断すれば、主要伽藍域の一辺は一町ないし一町半程度、東方雑舎域は一町四方程度と考えられるが、図の表現の確度には問題があり、正確な規模は不明とせざるをえない。(64)

主要伽藍のうち、建図で描かれているのは八棟で、丹と墨の二色を用い、組物や屋根・相輪の意匠までかなり詳細に表現されている。うち七棟には文字による注記はないが、伽藍中軸に南から南大門・中門・金堂・講堂が並び、東南方に三重塔、北方の東西に僧房二棟が配置されていることは明らかである。残る一棟は東方中央附近にあり、「僧房」と注記されている。建物規模は、僧房が正面五間である以外は、すべて正面三間の表現となっている。ただし、これが実際の規模を示すものではない可能性が指摘されている。(65)

金堂と中門は丹線で結ばれ、一つの区画をなしている。通常であれば廻廊がめぐらされていたものであろう。講堂の東西には、南北に長い建物が二棟ずつ描かれている。注記がないのでいかなる建物か判然としないが、僧房と推定する見解もある。(66)主要伽藍域の外郭は築地と推測され、南大門のほかに東に三棟、西に一棟の門がともなっている。外郭東辺には張り出し部があり、「食堂」が配置されている。その主要伽藍に面する側には目隠し的な築地ないし塀が描かれている。(67)なお、張り出し部の北外側にも、外郭に取りつく形で「食殿」が描かれているが、あるいはこれは東方雑舎に属する建物かもしれない。

金堂に廻廊が取り付き、講堂は廻廊外にあって、廻廊内に建物がない伽藍配置は、興福寺や東大寺に類する形式であり、奈良時代前葉から九世紀初頭に見られるものである。(68)ただ、「僧房」「食堂」の配置や主要伽藍内に「正倉」が

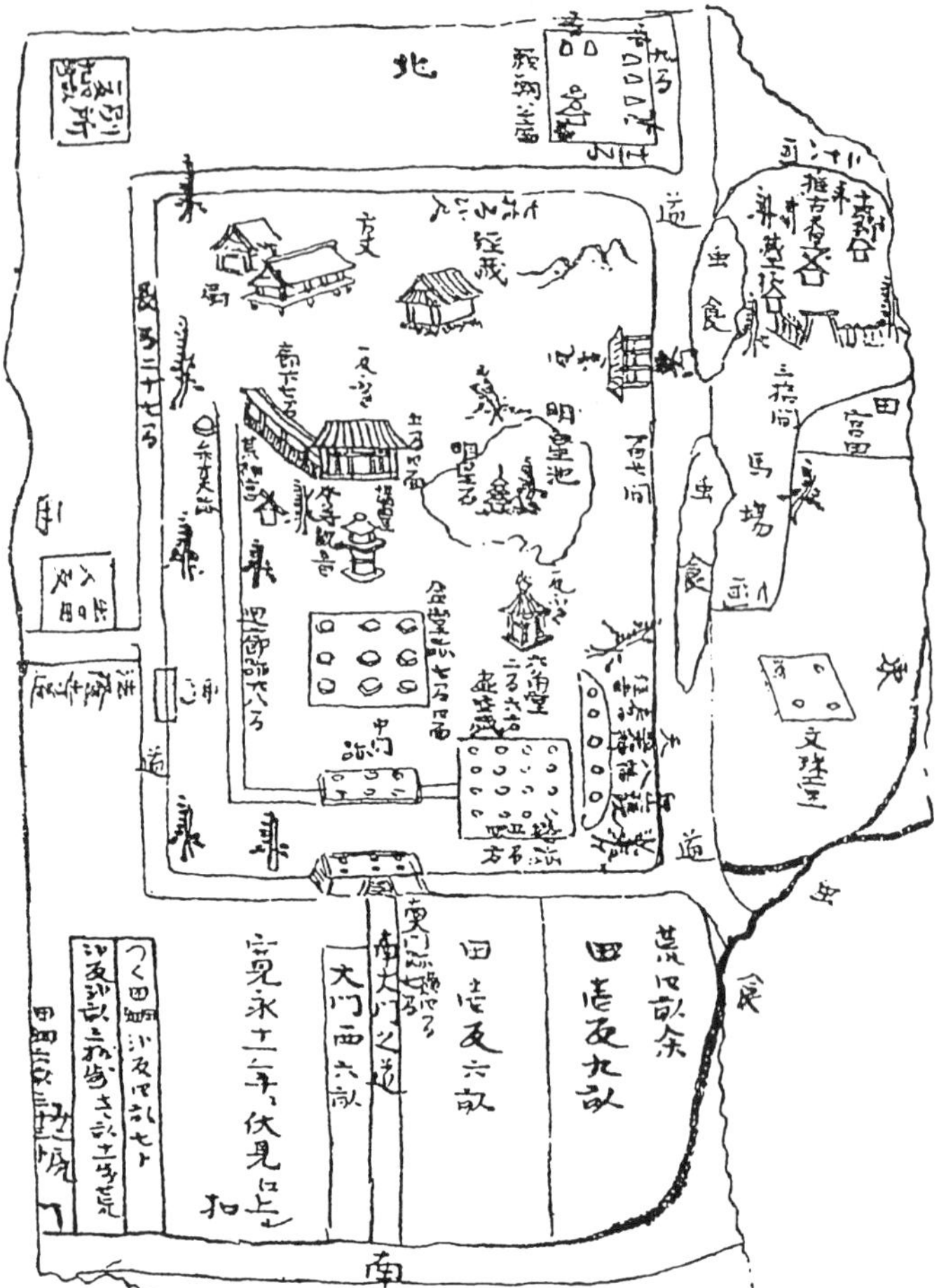

図7　額安寺境内図（寛永11年，『大和志料　上巻』より）

あることなどは、類例のない特異なあり方とされる。[69]

雑舎については詳細は省略するが、各建物や区画（院）の機能や性格の解明が課題である。額田寺の壇越である額田部氏の居宅が雑舎の中に含まれているのではないかとの指摘や、[70]東方雑舎北辺の「瓦屋」を瓦製作の工房とする見

方が提出されている。(71)

これらの建物の現地比定は、今後の考古学的調査等に待つ点が多い。石田茂作氏は、額田寺図と寛永十一年（一六三四）の年紀のある額安寺境内図（図7）(72)及び現地を照合させて、現在の額安寺本堂が、額田寺図の講堂附近に位置すると指摘されている。(73)(補6)

額田寺の土地利用

現状の額田寺図からうかがわれる額田寺領の内容は、「寺院」五町一段一七七歩、「寺田」三町八段六一歩、「寺畠」三町七段一九四歩以上、「寺岡」九町五段九二〜一八二歩、「寺林」七段七二歩、「寺栗林」七段二八歩、「寺楊原」一町五段一一二歩である。(74)

額田寺図からは、額田寺の土地利用の様相をうかがうことができる。むしろ、寺領の確定という図の作製目的からいえば、当該地が寺の維持に不可欠の土地であると表現することが、寺領としての正当性を主張するために必要であったと思われる。土地利用の様相を図から読み取る際には、この点に留意する必要があろう。たとえば、樹種を明らかにした林の記載に注目してみると、栗は建築材として、橡子には写経料紙の染料としての用途があり、(75)寺院がこれらの林を領有することはきわめて自然といえよう。

五　条里と表現

条里方格線と位置表現

現存する額田寺図の記載範囲は、条里方格線に従えば南北一〇町半（一一〇〇メートル《メートル》強）、東西六町半（七〇〇メートル《メートル》前後）ほどである。図に描かれている池や古墳などは、現地比定を行う際の定点となる。したがって、図のおおよその範囲を現地に投影することは難しくない。北は大池（小手池）から、南は大和川の合流点附近まで、東は東池附近から、西は額田部狐塚古墳ないし来迎墓の間古墳群の周辺までとなる。ところが、このレベルを越えてより詳細な現地比定を行おうとすると、様々な問題が生じてくる。

本図における位置表現の骨格となっているのは、条里の方格線である。ある地域に所在する諸事象・物体に関する情報を図に表現する場合、現地のある地点を図上のどの点に対応させるか、位置の基準を設定することが必要となる。額田寺図では、条里を示す方格線が基本的にこの役割を担っている。

ただ、こうした方格線と現実の景観との間には少なからぬ矛盾が生じている(76)。その原因は、基本的には、条里プランを示す方格図と現実の地形との位置関係の齟齬に求められよう。一般に田図等で、図上に直線で表示される条里坪の方格線は、実際にそのような境界が地表上に存在するわけではなく、多くの場合、畦畔・溝・道などからなる現実の地割を条里プランに相当させて、図の記載と現実との対応関係の読み取りが行われていると考えられる(77)。額田寺図では、東西南北の正方位を示す直線的な条里方格線に対応させて地目記載がなされ、さらにそれにしたがって地目境界線や地形条件の表記がなされている。しかし、方格線に対応すべき現実の地割が直線でなかったり、正方位に合わなかったりすることは十分考えられ、方格線と地形の表記との間には矛盾が生じざるをえない。さらに、額田寺図で最も大きな面積を占めているのは丘陵地であり、丘陵上には条里プランに相当するような地割は実際上存在しないと思われる。額田寺図では、条里プランが存在しない箇所まで、方格図の中に描き出そうとしていることになろう。

位置表現の補助となる記載

以上から、条里を示す方格線だけでは本図の位置表現の基準として不十分であったと思われ、これを補うような別の手法が併用されていたことが想定される。この点で、図のいくつかの記載が、条里坪の界線や、界線の方向と一致することが注目される。これらが現実の景観と条里プランの関係を仲立ちしていると考えられる。

まず注目できるのは道の記載である。道bから分岐した道cは、十条三里二六・二五坪と三五・三六坪の界線上を北に進み、九条・十条の界線に達したところで直角に西に折れ、正確に二町分だけ二重条界線の間を進んでいる。また、道bは、道cの分岐点を西に進んで額田寺の領域に入っていくが、そこに描かれている門が二六坪と三五坪の界線上にのっていることも注目できる。

額田寺の伽藍の表現においても、条里方格線との対応が見られる。主要伽藍の中軸線が、九条四里一・二坪と一一・一二坪の間の坪界線にのっていることは早くから指摘がある(78)。また、瓦屋・倉・板屋・竈屋や南院の二棟の建物が、方位を揃えて三里・四里の二重界線にのる形で描かれている。総じて、額田寺の建物・施設の方位は、条里と同じ方位に描かれている。

十条四里一三坪と一四坪の境に描かれている三本の樹木も注意を引く。この樹木の記載が何を意味するかなお検討を要するが、正確に坪界線にのる形で描かれている点に、なんらかの意図を認めることができる(79)。図の北端中央の小手池の表現も、条里方格線との対応がうかがわれる。池は九条三里三六坪・四里一坪のほぼ二坪分に相当し、池の北・西・南の三辺が条里坪の界線に沿う方位を示している。条里方格線と平行の方位を示す点では、大和川及び東方から大和川に直線的に合流する川が、方格線の東西方向に沿う形で描かれていることも注意される。

こうした条里坪の界線と合致する表現は、そうした形で記載された物体ないし事象が、現実の景観を条里プランと対応させて読み取るための指標として位置付けられていることを意味していると思われる(80)。特に額田寺とその周辺にこの種の目印が多いことは注目される。これは、条里プランと現実の景観の矛盾が、額田寺周辺に集中していることをうかがわせる。

現地比定

額田部丘陵周辺の条里地割は、丘陵をはさんで東西方向の界線に南北半町程度のずれが見られる。石上英一氏は、額田寺図に描かれている条里方格線には、東から延伸する坪界線に合致するもの、西から延伸する坪界線に合致するもの、それらとは異なるもの（伽藍南方の東西坪界線）があるとされ、これを踏まえた現地比定試案を提示された。(81) 石上氏の試案は、東西界線のずれがこの附近で吸収される結果、額田部丘陵周辺の条里プランがきわめて複雑な様相を呈していることを示している。また、額田寺図に描かれている条里方格線を、周囲の条里地割の延長線として位置付けた点も注目される。

額田部丘陵の西方には、浅い開析谷状の低地があり、その中に額田寺図にも記載のある来迎墓の間古墳群が点在している。この附近には、正南北方向よりやや東偏した地割の痕跡が認められる。このことから、金田章裕氏は、この部分の額田寺図の表現は、東偏した方格を基準とした土地の所在を、正方位の一般的な条里プランの中に封じ込める形で描いたものであると指摘された。(82) 額田部丘陵は奈良盆地では珍しい独立丘陵で、奈良盆地のほぼ全域に及ぶ正方位統一条里の空白地帯となっている。大規模で統一的な条里分布地域の縁辺部に、これと方位を異にする小規模な条里地割区が存在する例はしばしば見られるところであり、額田部地域もこの点で統一条里地域の縁辺部と同一の性格を持っているといえよう。

額田寺図の現地比定に当たっては、まず里ごとに、さらに厳密にいえば坪ごとに、現地のどの箇所を描いたものであるかを明らかにする必要がある。その場合、現地に投影した条里方格線は、場所によって方位を異にし、連続線にすらならないこともありえよう。また、図に見えるすべての坪が現地に投影されるとも限らない。古墳・池の位置・

図 8　額田寺図現地比定試案

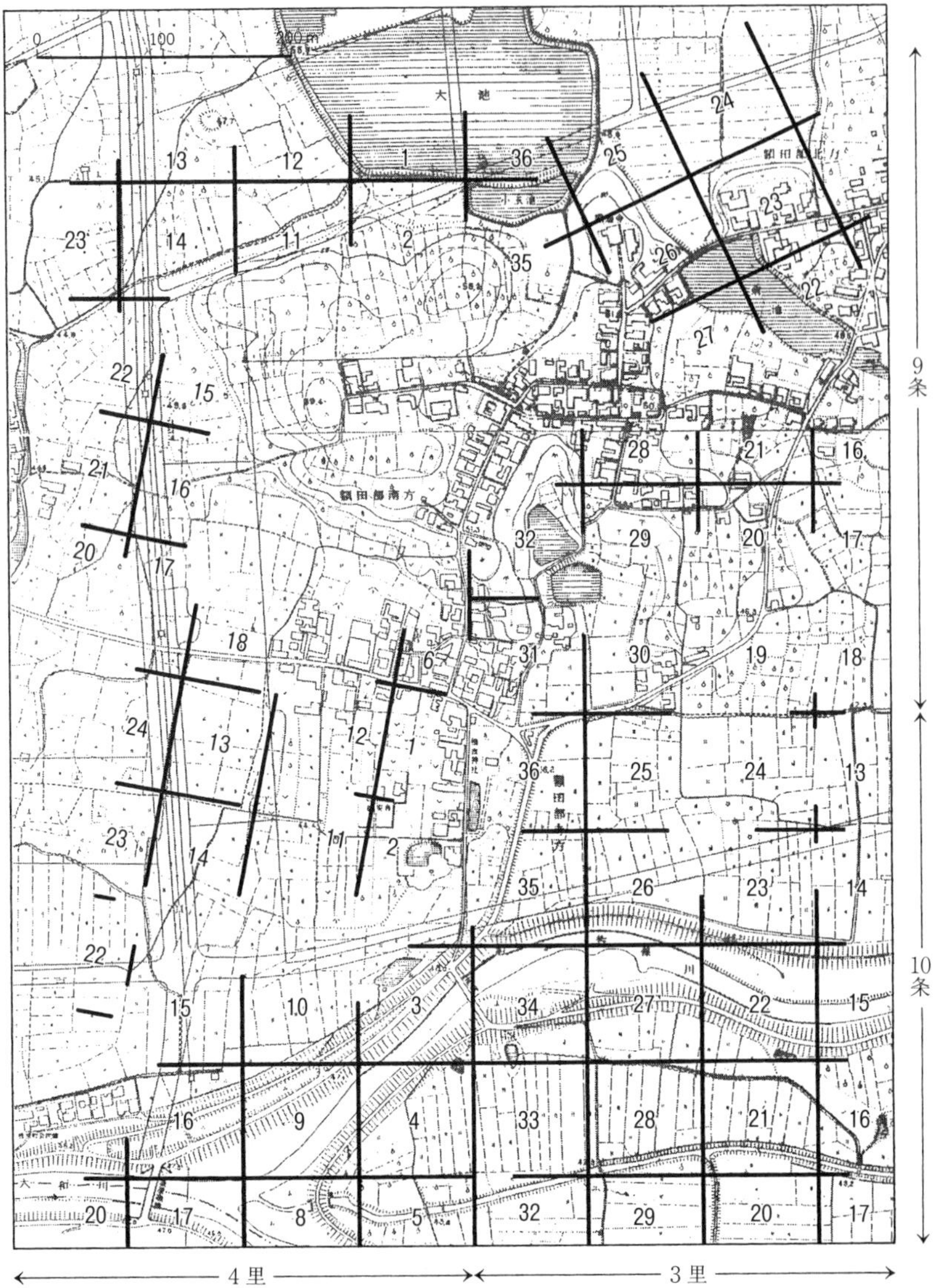

本図は，額田寺図に見える坪が，現地のどの付近に対応するかを概念的に示した試案である．東池・船墓古墳・小手池・額田部狐塚古墳・推古神社古墳・額安寺本堂（額田寺講堂？）などを現地との照合の基準点とし，主として図中の表現（東池・小手池・額田寺伽藍・大和川など）によって条里方格の方向を推定した．一部，周辺の遺存地割を参考とした．
（原図：大和郡山市昭和工業団地工場配置図．縮尺 3000 分の 1.）

形状や遺存地割が現地比定の手がかりとなるが、それによって定められるのは当該箇所周辺のいくつかの坪にとどめる必要があろう。図8は、以上の観点からの現時点における現地比定試案である。(補7)

おわりに

額田寺図には、古代荘園図の中でも随一といえるほどの豊富な情報が包蔵されている。本図をめぐる研究の分野は、今後ますます拡大するものと予想される。その際に必要となるのは、額田寺図に描かれた地域に関する情報である。古代史・考古学・歴史地理にとどまらず、中世史・近世史や民俗学を含めた総合的な地域史の深化が求められることはいうまでもない。(83)そして何よりも重要なのは、この地域の歴史的環境と景観の保存である。研究の深化にともない、地域の歴史の新たな評価・検討がなされようという時になって、既にその対象となるべき歴史的環境は失われ、景観も一変しているという事態はなんとしても避けなくてはならない。額田部丘陵周辺では、昭和四十年代に北部と西部を中心に昭和工業団地の造成が行われ、往時の面影が失われた。それでも丘陵の内部などに、古代・中世・近世以来の景観が重なり合いながら残されている場所は多い。しかし、農地や丘陵地の宅地化が急速に進み、豊富な歴史をたたえた景観がみるみるうちに消え去りつつある。地域と学界・行政が一体となった対応を切に望みたい。

註

(1)　額安寺文書（後述）によれば、鎌倉時代には「額安寺」と呼称されるようになっている。なお、「額田寺」の呼称は額田寺図の中に見える。

（2）関野貞『平城京及大内裏考』（『東京帝国大学紀要（工科三）』一九〇七年）。

（3）東京美術学校編『南都十大寺大鏡二三　西大寺大鏡一』（大塚巧芸社、一九三三年）が、原本の写真図版を掲載した早い例であろう。

（4）西岡虎之助編『日本荘園絵図集成』上（東京堂出版、一九七六年）。

（5）東京大学史料編纂所編『日本荘園絵図聚影』三（東京大学出版会、一九八八年）。なお、同書編纂にともなう原本調査の報告に、拙稿「荘園絵図調査報告七　額田寺伽藍並条里図」（『東京大学史料編纂所研究紀要』五、一九九五年、荘園絵図研究グループとして執筆）があり、釈文も掲載している。

（6）復原作業については、以下に報告がある。永嶋正春「「額田寺伽藍並条里図」に見る古代の顔料」（国立歴史民俗博物館編『図録荘園絵図とその世界』同館、一九九三年）、古瀬奈津子「「額田寺伽藍並条里図」復原複製のできるまで」（同前）、石上英一「古代荘園図」（同ほか編『新版　古代の日本10　古代資料研究の方法』角川書店、一九九三年、のち同『古代荘園史料の基礎的研究』に序論として加筆して収録、塙書房、一九九七年）、拙稿「『額田寺伽藍並条里図』の復原をめぐって」（『条里制研究』九、一九九三年、本書第Ⅲ部第一章）、村岡ゆかり「額田寺伽藍並条里図の復元模写制作」（『東京大学史料編纂所研究紀要』四、一九九四年）。

（7）石田茂作a『飛鳥時代寺院址の研究』（聖徳太子奉讃会、一九三六年）、同b『総説飛鳥時代寺院址の研究』（大塚巧芸社、一九四四年）、福山敏男『奈良朝寺院の研究』（高桐書院、一九四八年）等。

（8）米倉二郎「庄園図の歴史地理的考察」（『広島大学文学部紀要』一二、一九五七年）。

（9）柳沢文庫専門委員会『大和郡山市史　史料集』（大和郡山市役所、一九六六年）。

（10）「額田部狐塚古墳」（『奈良県史跡名勝天然記念物調査抄報』一七、奈良県教育委員会、一九六六年。泉森皎氏執筆）。また『額田部狐塚古墳周濠部―発掘調査概要報告―』（大和郡山市教育委員会、一九八四年。服部伊久男氏執筆）参照。額安寺周辺では、この後も丘陵内の古墳や「額安寺旧境内」の発掘調査が実施されている。

（11）狩野久「額田部連と飽波評」（同『日本古代の国家と都城』東京大学出版会、一九九一年、初出一九八四年を一部補訂）。

（12）石上英一註（6）論文、同「日本古代における所有の問題」（岸俊男編『日本の古代15　古代国家と日本』中央公論社、一九八八年、のち同『律令国家と社会構造』に収録、名著刊行会、一九九六年）。

（13）金田章裕『古代日本の景観』（吉川弘文館、一九九三年）、同「歴史地理学の方法と古代史研究」（註（6）『新版　古代の日本10』）。

(14)　伊藤寿和「大和国における奈良時代の農業的土地利用の諸相」(『日本女子大学紀要（文学部）』四一、一九九二年)。
(15)　服部伊久男a「国宝額田寺伽藍並条里図にみえる墓について」(『同志社大学考古学シリーズⅤ　考古学と生活文化』同シリーズ刊行会、一九九二年)、同b「条里図と四至図」(『同志社大学考古学シリーズⅥ　考古学と信仰』同会、一九九四年)、同c「額田寺と条里」(『条里制研究』一〇、一九九四年)。
(16)　註(6)拙稿。
(17)　狩野久註(11)論文、石上英一註(6)論文参照。
(18)　池・川等の記載が彩色に由来する腐蝕により欠落しているとの推定は、米倉二郎註(8)論文に既に見える。
(19)　顔料・彩色の復原については、永嶋正春註(6)論文、村岡ゆかり註(6)論文、註(6)拙稿参照。
(20)　服部伊久男氏が、額田寺図の建物の表現について、これと同様の三分類を示しておられる(服部伊久男註(15)論文b)。
(21)　金田章裕註(13)著書。
(22)　服部伊久男註(15)論文b。
(23)　石上英一註(6)論文、保立道久「巨樹説話と道祖神」(『史潮』三三・三四、一九九三年)。
(24)　寺領所在坪内の非寺領でも、面積記載のない例があるから、寺領所在坪では非寺領でも面積が記載されたということはできない。非寺領への面積記載の理由としては、たとえば、周辺の寺領を確定した際の地目の分割ないし相博といった要因が考えられるかもしれない。
(25)　「既田」と「馬屋」、「竈門田」と「竈屋」の対応や、「槻本田」と寺の正面の大木との対応なども、これらを寺領とみなさせる表現になっていると思われる。
(26)　同様のことは、対応する地目記載のない一部の土地（十条四里三・一〇・一三〜一六・二一・二二の起伏地など）についてもいえる。また、これとの関連では、河川の両岸のほとんどが寺領（寺畠）で占められていることも、水運などの河川利用に額田寺の強い影響力が及んでいることの表現のように思われる。
(27)　『続日本紀』天平宝字二年八月庚子条・同三年十月戊申条・同六年十一月丁丑条・同八年正月乙巳条、「官人歴名」(『大日本古文書』一五―一三〇頁)。
(28)　『続日本紀』天平宝字八年正月乙巳条。なお、天平勝宝二年の但馬国司牒に、正七位上但馬史生として署名している(『大日本古

文書　東大寺文書』三―一九〇・一九三頁)。
(29)　福山敏男註(7)著書、狩野久註(11)論文。
(30)　天平十九年正月二十日法華寺政所牒（『大日本古文書』九―三二八頁）が「法華寺」の初見で、天平十八年四月二十二日宮寺三綱牒（同九―一九九～二〇〇頁）までは「宮寺」であった。『続日本紀』では天平十七年五月戊辰条に「宮寺」とあり、天平勝宝元年閏五月癸丑条以降「法花寺」となる。
(31)　『続日本紀』天平宝字五年六月辛酉条。この時、山階寺（興福寺）に「京南田卌町」が、法華寺に「田十町」が施入された。
(32)　福山敏男註(7)著書、狩野久註(11)論文。
(33)　『続日本紀』では、「大倭国」が天平勝宝三年十月丁巳条まで用いられ、天平宝字二年二月己巳条以降、「大和国」の表記になる。国司の例では、天平勝宝八歳六月二十一日の東大寺献物帳等に署名している藤原永手の肩書に「大倭守」とあるのが、「大倭国」の表記の最も下る例である（『大日本古文書』四―一七一・一七五頁）。また、『続日本紀』天平宝字元年六月壬辰条まで見える大倭宿祢小東人が、同十二月壬子条からは大和宿祢長岡となっている。氏の表記の変更は、国名表記の変更と同時かそれ以降に行われたであろうから、遅くとも天平宝字元年十二月以前に国名表記の変更がなされていたことになる。以上から、「大倭国」から「大和国」への表記変更は天平勝宝八歳六月から天平宝字元年十二月の間と限定できる。
(34)　①では、水無瀬荘・猪名所が施入、新嶋荘・大豆処が占定の例となる。東大寺山堺四至図も、寺領の設定及び施入の例となる可能性がある。③は山田郡田図の例がある。他の荘園図はほとんどが②の例となる。
(35)　石上英一註(6)論文。
(36)　岸俊男「東大寺山堺四至図について」（同『日本古代文物の研究』塙書房、一九八八年、初出一九八三年）。
(37)　「西大寺資財流記帳」（『寧楽遺文』）。この他、同資財帳の「田薗山野図」の中には添下郡の瑜伽山寺・阿弥陀山寺・秋篠山寺の図が見える。また、承平元年（九三一）「神護寺実録帳」にも「神護寺図二枚」とある（『平安遺文』一―二三七号）。寛平二年（八九〇）頃作成の「広隆寺資財交替実録帳」（同一―一七五号）には「雑公文」として「画図一巻」「文図一巻」とあり、これも寺の図であろう。
(38)　西大寺創建時の経緯については、福山敏男「西大寺の創建」（同『日本建築史研究　続編』墨水書房、一九七一年）参照。
(39)　また、額田寺図に描かれた額田寺の伽藍がいついかなる事情で造営されたものかを解明する必要もあろう。前田晴人氏は、天平宝字二年七月に額田部河田連三当が正六位上から外従五位下に叙され、額田部宿祢の姓を名のっていること（『続日本紀』同月丙子条）と、額田寺図の作製との関連を指摘されている（前田晴人「額田部連の系譜と職掌と本拠地」、『日本歴史』五二〇、一九九一年、のち同『古代王権と難破・河内の豪族』に収録、清文堂出版、二〇〇〇年）。さらに、孝謙（称徳）天皇がこの地域に密接な関係を持っていた可能性のあることにも注目できる。黒田慶一氏は、額田部地域の古称でもある「熊凝（クマゴリ）」は「大郡」のことを示し、孝謙天皇が即位当初に常居していた「大郡宮」（『続日本紀』天平勝宝元年十月丙子条・同年十一月庚申条・同二年正月庚寅条・同年二月戊辰条）は、熊凝村（額田郷）にあったと推測された（黒田慶一「熊凝考」、高井悌三郎先生喜寿記念事業会編『歴史学と考古学』真陽社、一九八八年）。称徳天皇となってからも二度にわたり額田部地域近傍の飽波宮に行幸した記録がある（『続日本紀』神護景雲元年四月乙巳条・同三年十月己酉条）。あくまで憶測に過ぎないが、伽藍の造営、寺領の設定、叙位・改姓は一連の出来事で、その背後に孝謙（称徳）天皇の意志が働いていたのかもしれない。

(40)　班田図にいかなる地目が記載されていたかは必ずしも明らかではないが、古代の荘園図を通覧した限りでは、岡・楊原・林といった地種に所属や面積を付して示した例は見られないようである。

(41)　寺領設定に際してこうした作業が実施されたことは、「西大寺資財流記帳」に「田籍（帳）」「墾田帳」「墾田文図」「林地帳」「栗林図」「杣図」等の帳簿や図が所領ごとに書き上げられていることからも判明する。その中で、宝亀九年の武蔵国の「墾田文図」と「林地帳」は、『続日本紀』宝亀八年六月乙酉条に見える武蔵国入間郡人大伴部直赤男による施入が官許されたのにともない、国衙によって作成された図・帳であろう。

(42)　班田図では把握しえない地目等に関する資料が、国衙や寺にあった可能性もあろう。

(43)　九条三里三五坪は合計一町一〇歩となるが、これはいずれかの段階での誤記によるものと考えたい。

(44)　狩野久註(11)論文、本位田菊士「額田部連・額田部について」（『続日本紀研究』二三八、一九八五年）、前田晴人註(39)論文。

(45)　『日本書紀』天武天皇十三年十二月己卯条及び『続日本紀』天平宝字二年七月丙子条。

(46)　『日本書紀』仁賢天皇六年是歳条。なお、この額田邑熟皮高麗は、令制では大蔵省の典革所管の狛戸となり、『令集解』職員令大蔵省条所引古記・令釈の引く別記に狛戸として挙げられている「宮郡狛人」がこれに当たるとの指摘がある（黒田慶一註(39)論文）。

(47)　狩野久註(11)論文。

(48) 狩野久註(11)論文、岸俊男「鏡王女と額田王の周辺」(同『古代史から見た万葉歌』学生社、一九九一年)。
(49) 以下、額田部丘陵周辺の古墳については、註(15)の服部伊久男氏の一連の研究、註(10)『額田部狐塚古墳周濠部』、大和郡山市教育委員会『松山古墳Ⅰ―第一・二次発掘調査概要報告書』(同市教委、一九九一年。服部伊久男氏執筆)参照。
(50) 石上英一註(6)論文、服部伊久男註(15)論文a。
(51) 石田茂作註(7)著書a。
(52) 山川均『額田寺旧境内表採軒瓦調査報告(額田寺関連文化財調査報告一)』(大和郡山市教育委員会、一九九五年、同市教委編として執筆)等参照。
(53) 前園実知雄「大和郡山市額安寺旧境内発掘調査概報」(奈良県立橿原考古学研究所編『奈良県遺跡調査概報一九八五年度(第二分冊)』同所、一九八六年)。
(54) 服部伊久男註(15)論文c。
(55) さらに厳密にいえば、飛鳥時代から奈良時代の間に寺が廃絶した時期がないかどうかの検討が必要であり、石田茂作氏は、白鳳時代と推測される瓦が少ないことから、移建により寺が廃滅した可能性を指摘された(同註(7)著書a)。ただし、その後の事例増加を踏まえた再検討が必要であろう。
(56) 『寧楽遺文』所収。
(57) 『日本三代実録』元慶四年十月二十日条。
(58) 狩野久註(11)論文、黒田慶一註(39)論文。
(59) 古くは、大江親通の保延六年(一一四〇)の南都巡礼の記録である『七大寺巡礼私記』(鵤叢刊四所収本)大安寺の項に見える。
(60) 『続日本紀』天平十六年十月辛卯条。
(61) 井上薫「道慈」(同『日本古代の政治と宗教』吉川弘文館、一九六一年)。
(62) 橿原考古学研究所編『大和国条里復原図』(奈良県教育委員会、一九八〇年)参照。
(63) 上述の大安寺と熊凝道場の関係を大安寺による仮託と見た場合、道慈が額田寺と関わりのあったことが、そうした仮託を生み出す素地になったとの指摘もある(福山敏男註(7)著書等)。
(64) なお、額田寺の伽藍域・建物域の北・西・南辺や内部を区画する線、あるいは北辺から垂直に北にのびる線は、築地ないし塀・

柵等の区画施設の存在を示すものと考えられるが、寺院地の東辺附近の彩色部分の外側に施された線は地目の境界線であり、区画施設の存在を直ちに意味するものではなかろう。

(65) 服部伊久男註(15)論文b。
(66) 福山敏男註(7)著書、服部伊久男註(15)論文c。
(67) 服部伊久男註(15)論文c。
(68) 上原真人「仏教」(『岩波講座日本考古学四　集落と祭祀』岩波書店、一九八六年)。なお、かつて石田茂作氏も、額田寺の伽藍配置を大安寺式として、奈良時代の形式であると指摘された（石田茂作註(7)著書a）。
(69) 服部伊久男註(15)論文c。
(70) 石上英一註(6)論文、服部伊久男註(15)論文c。
(71) 山川均註(52)報告。
(72) 額安寺所蔵。奈良県『大和志料　上巻』(奈良県教育会、一九一四年)、石田茂作註(7)著書aに図版が掲載されている。
(73) 石田茂作註(7)著書a。
(74) なお、図の表現から寺領と推定される土地も含めれば、寺田は四町三段二三〇歩、寺畠は三町九段一四歩、寺岡は一九町五段九二～一八二歩となる。また「橡林」二三五歩も寺領であろう。
(75) 伊藤寿和註(14)論文、服部伊久男註(15)論文b参照。
(76) たとえば、文字で記載された面積と図に表現された面積の齟齬や、坪界によって直線上に断ち切られたように描かれた墓（九条四里一七坪）、地目関係の記載のない起伏地の存在（註(26)参照）など。
(77) 金田章裕註(13)著書第二章。
(78) 田村吉永「額安寺草創所見」(『大和志』五―一二、一九三八年)、福山敏男註(7)著書等。
(79) 九条三里三一・三二坪の界線上にも、樹木が二本描かれている。
(80) なお、こうしたことは、これらの物体・事象が現実にも図の記載に一致するような位置・規模・方位をもって存在したことを直ちに意味するものではない。現実の存在状態の解明は、また別個の検討課題である。
(81) 「額田寺伽藍並条里図現地比定案」（註(6)『荘園絵図とその世界』。石上英一氏作図）。東西界線のずれについては服部伊久男註

(15)論文cも参照。

(82) 金田章裕註(13)論文。周辺の東偏地割の分布については服部伊久男註(15)論文cも参照。

(83) 額田寺図の所蔵機関である国立歴史民俗博物館では、こうした観点から、一九九四年度より三年計画で共同研究『古代荘園絵図と在地社会についての史的研究―「額田寺伽藍並条里図」の分析』を実施した。

補註

(補1) 額田寺伽藍並条里図の原本と復原複製図の写真図版を本書第Ⅲ部第一章の図3・4として、釈文図を本章の図5として掲載した。

(補2) 彩色箇所の評価に関しては、本書第Ⅲ部第四章註(23)も参照。

(補3) 南大門の描写については、本書第Ⅲ部第四章の本文及び註(29)でも触れた。

(補4) 本書第Ⅲ部第一章(補2)参照。

(補5) 額田寺図作製に利用された資料については、本書第Ⅲ部第三章で検討した。

(補6) 額田寺の伽藍については、本書第Ⅲ部第四章であらためて検討した。

(補7) 現地比定の問題には、本書第Ⅲ部第四章おわりにでも触れた。

補記

本章は、本書第Ⅲ部第一章等の額田寺伽藍並条里図復原の成果を踏まえ、これまでの研究状況を整理し、図の基礎的検討を行うことで今後の課題を示そうとしたもので、一九九六年に発表した(金田章裕・石上英一・鎌田元一・栄原永遠男編『日本古代荘園図』東京大学出版会)。本書収録に当たり題名を改め、また判型の関係から図5を見開き四頁の分割掲載に変更した。収録書は、金田章裕氏を代表として一九八〇年代の後半から一〇年ほどにわたって活動した古代荘園図研究会の成果報告書としての性格を持ち、荘園図全般に関わる論考のほか、個別の荘園図ごとの基礎的検討の成果を収録したものである。本論はその中の個別荘園図研究の一つである。

第三章　額田寺伽藍並条里図の作成過程について

――寺領認定と額田寺図――

はじめに

筆者は先に額田寺伽藍並条里図[補1]（以下、額田寺図と略称）をめぐる研究史の概要を整理する機会を得たが、[1]それらで取り扱われている内容は大まかに次のように分類できる。

①　原状の復原
②　記載内容に関する分析
③　図の作成過程
④　図の表現と現地比定
⑤　額田寺とその周辺の歴史的環境

本論では、この中でも③作成過程の問題を取り上げたい。額田寺図の作成過程をめぐる検討課題には次のようなものがある。

Ａ　作成時期及び目的をめぐる検討
Ｂ　作成のための材料及び作業工程をめぐる検討

C　作成のために利用した資料に関する検討

D　景観の描写法に関する検討

Aにおいてまず問題とされたのは、額田寺図の作成時期である。これまでの検討によれば、図に記載されている人名や「大和国印」の国名表記から、額田寺図の作成時期は天平勝宝八歳（七五六）六月を上限として天平宝字年間（七五七～七六五）をさほど下らぬ時期に限定される。この時期にいかなる契機・目的で図が作成されたかの解明が今後の課題であり、班田や寺領認定との関わりが論点として提出されている(2)。

Bについては、一九九一年九月から九三年九月にかけて国立歴史民俗博物館と東京大学史料編纂所の共同で行われた額田寺図の復原複製図の作製作業を通じて知見が蓄積された(3)。奈良時代の絵画の材料をめぐる研究や、荘園図の作画従事者をめぐる研究が既になされており(4)、それらとの連関や、新たな視点からの関連史料の位置付けが今後の課題となろう。

Dも、額田寺図の記載内容が詳細に判明したことによって浮かび上がってきた検討課題であり、また歴史地理学や考古学による周辺の歴史的環境の復原研究の進展とあいまって進められてきた。図の現地比定が一つの目標であり、筆者も試案の検討を行っている(5)。

そして、本論で主として取り上げたいのは、Cの問題である。額田寺図作成の原資料については、基礎図として班田図が利用されていたことの指摘が既になされており(6)、額田寺図の持つ豊富な情報が判明することによって、そうした記載内容がいかなる資料に基づくものか、あらためて検討する必要が生じている。この点の解明は、図の作成主体や作成の経緯・目的の検討に一定の方向性を与えると共に、従来の律令土地制度研究の成果とすり合わせることで新たな知見が得られることも期待される。こうした観点から本論では、額田寺図に記されている情報がどのように存在し、あるいは生成されたものであるのか、類似史料等と照合しつつ検討してみたい。史料その他の制約から、憶説に及ぶ点が多いが、問題の所在を示すための第一歩となる作業としてあらかじめご寛恕を乞う次第である。

一　田地について

額田寺図に記載されている情報のうち、文字で書かれているものを整理すると表11のようになる。この中で、たとえば地積に関する情報などは、現地を実見するだけで得られるものではなく、なんらかのもととなる資料が存在したと考えるべきであろう。

額田寺図の作成された当時、寺家が土地領有に関してどのような資料を有していたかを知る上では、宝亀十一年（七八〇）に作成された西大寺資財流記帳(7)(補2)が参考となる。西大寺資財帳には、「官符図書」として様々な図・帳簿・文書が書き上げられているが、それらのうち土地領有に関するものを所在別に整理すると表12のようになる。以下では、表11・表12を参照しながら、額田寺図作成の原資料のあり様について検討していきたい。

額田寺図作成に際して参照された資料として従来から指摘されているのは、国衙が班田に際して作成した校班田図である。岸俊男氏・金田章裕氏の研究によれば(8)、条里の里の間に空間を設ける額田寺図の記載様式は、条里の条ごとに一巻をなした校班田図の編成に由来するものと推定され、額田寺図はなんらかの点で校班田図の記載様式を継受・踏襲しているものと考えられる。

班田図については、それがいつ頃から作成されはじめたものであるかは必ずしも明らかでない。班田に関わる田図として存在の知られる最も古い例は、天平神護二年（七六六）十二月の伊賀国司解案(9)、同三年二月の民部省牒案(10)及び

表11　額田寺図の地目・地積とその所属

	所属	寺		公		第三者		所属記載なし	
地目	細目	地積記載あり	なし	あり	なし	あり	なし	あり	なし
田		寺田 寺～田		公田	公田			厩田 竈門田 槻本田 垣内田	田
	墾田	寺田墾				～墾田			
	荒田	垣陸田～寺荒							荒田
山川藪沢空閑地	岡	寺岡	寺岡					岡	
	原	額田寺楊原 額寺楊原							
	野			公野	公野				
				公地	公地				
園宅地等	林	額寺栗林 寺栗林 寺林						橡林	
	畠	寺畠	寺畠				中臣朝臣毛人畠	畠	
	家						中臣朝臣毛人家 日根連千虫家		
							巨勢朝臣古万呂地 法花寺荘		
寺院地		寺院							
	建物等								（省略）
構築物等	池		寺小手池					池心	
	堤								堤 古堤
	墓								船墓 墓
	石柱		石柱寺立						

「あり」「なし」は，地積記載の有無を示す．

表12　西大寺資財流記帳に見える土地領有関係資料

所在	郡	No.	記載
所在不明		1	「雑書」「一巻　諸国解文田沽買券十五紙」「在国印」
		2	「一巻　田畠地等献納解文卌四枚」
		3	「一巻　太政官符幷案五十五枚」
		4	「一巻　太政官省々符幷案卅一枚」
		5	「一巻　諸国諸寺雑券文卅八枚」
右京		6	「雑書」「一巻　僧綱牒検園墾田地等在印、幷白紙廿二枚 神護景雲元年」
		7	「一巻　右京職解文検西大寺堺内在百姓家地応給帳 天平神護二年」
		8	「図」「寺院一巻　白絁二副長五尺京職所造」
大和国	添下郡	9	「雑書」「一巻　献入阿弥陀山寺幷財帳白紙（中略）神護景雲元年」
		10	「図」「一巻　添下郡瑜伽山寺白紙」
		11	「一巻　同郡阿弥陀山寺白紙」
		12	「一巻　同郡秋篠山寺白紙」
	高市郡	13	「図」「一条　高市郡加隆庄図白布」
	宇陀郡	14	「図」「二条　宇陀郡桃鳴庄白布一 白紙一」
		15	「二条　宇太郡耳良村栗林白紙一 白布一地味得」
		16	「一巻　同郡茅原庄白紙、無実」
山城国	葛野郡	17	「図」「二巻　葛野郡葛野池白布一 白紙一」
	相楽郡	18	「勅書」「一巻　献入薗帳白紙（中略）在内印 天平神護二年、山背国相楽郡」
		19	「図」「二巻　相楽郡泉木屋並白紙」
摂津国	島下郡	20	「官符」「献入庄家幷墾田神護景雲元年」「一巻　摂津国嶋下郡在内印」「白紙」
		21	「図」「一巻　嶋下郡穂積村白紙二副 長四寸在内印」
	豊嶋郡	22	「図」「一巻　豊嶋郡佐伯村和諸乙幷布勢夜恵女等献白布」
		23	「一巻　同地高志和麻呂所献白紙」
河内国	讃良郡	24	「官符」「神護景雲二年」「一巻　献入庄家幷葦原在内印在河内国更占郡」「白紙」
		25	「図」「一巻／更占郡渚浜庄地在内印 白地」
伊賀国	名張郡	26	「図」「二巻　名張郡栗林図並紙、副文図、国印 一枚白紙」
		27	「一巻　同郡杣図白紙」
武蔵国	入間郡	28	「雑書」「一巻　武蔵国墾田文図宝亀九年 在国印」
		29	「一巻　同国林地帳宝亀九年 在国印」
		30	「図」「武蔵国入間郡榛原庄一枚布 在国印」

近江国

31 「雑書」「一巻　近江国四郡田籍宝亀七年」

滋賀郡・栗太郡

32 「官符」「神護景雲二年」「一巻　献入庄家幷墾田在内印在近江国志賀栗太二郡」「白紙」
33 「図」「六巻　滋賀郡保良庄図一巻布、在内印 五巻白紙」
34 「一巻　栗太郡勢多庄図白紙」
35 「一巻　滋賀郡古津庄図白紙」

野洲郡

36 「図」「一巻　野洲郡柴井庄紙、在国印」

甲賀郡

37 「官符」「神護景雲二年」「一巻　献入栗林在内印在近江国甲可郡」「白紙」
38 「雑書」「一巻　宇治鷲取献入墾田帳白紙（中略）神護景雲四年、在国印在近江国甲可郡」
39 「図」「一巻　甲可郡椋部栗林白紙 在内印」
40 「一巻　同椋部庄田図宇治鷲取所献 白紙」
41 「一巻　甲可郡杣図白紙」
42 「一巻　同郡緑道杣図白紙」

飛驒国

大野郡

43 「雑書」「一巻　検律斐太万呂所献墾田飛驒国解文白紙・（中略）宝亀二年又国解文一枚」
44 「図」「斐太国大野郡田地三巻一布、二紙 並在国印」

若狭国

45 「雑書」「一巻　若狭国焼塩取帳在国印」

越前国

46 「雑書」「一巻　越前国庄々財墾田帳六通、景雲三年」「在国印」

坂井郡

47 「官符」「献入庄家幷墾田神護景雲元年」「一巻　越前国坂井郡在内印」「白紙」
48 「神護景雲二年」「二巻　献入庄家幷墾田在内印在越前国坂井郡」「白紙」
49 「一巻　庄家幷墾田在内印在越前国坂井郡」「白紙」
50 「図」「一巻　坂井郡子見庄白紙 内印」
51 「二巻　同郡高屋庄一布、内印 一紙、在国印」
52 「三巻　同郡赤江庄一布、在国印、一白絁 二副、無印、一布、白」
53 「一巻　同郡馬立綾部合三庄図白絁 在内印」

江沼郡

54 「一巻　同郡牛立庄白絁 在内印」
55 「図」「一巻　江沼郡本堀庄白紙」

越中国

56 「雑書」「一巻　越中国没官物幷田籍五通、景雲三年」「在国印」
57 「一巻　同国稲田帳景雲四年」「在国印」
58 「一巻　同国田籍自景雲二年至宝亀元年」「在国印」

射水郡

59 「図」「二巻　射水郡榛山庄一紙、在国印 一布、在国印」
60 「一巻　同郡中野庄布 在国印」

新川郡

61 「図」「一巻　同新川郡佐味庄紙 在国印」

越後国

62 「雑書」「一巻　越後国水田幷墾田地帳景雲三年」「在国印」
63 「一巻　同国田籍帳、庄々副景雲三年」「在国印」

	頸城郡
64	「雑書」「一巻　頸城郡大領高志公船長田図同(景雲二)年」「在国印」
65	「図」「一巻　頸城郡桜井庄布、在国印」
66	「一巻　同地津村庄紙、在国印」
	蒲原郡
67	「雑書」「一巻　同国鶉椅庄田勘定帳宝亀九年」「在国印」
68	「図」「二巻　蒲原郡鶉橋庄一布一紙並白」
69	「一巻　同庄紙在国印」
70	「一巻　同郡槐田庄紙、在国印」
	古志郡
71	「図」「一巻　高志郡三枝庄白紙」
	播磨国
	赤穂郡
72	「官符」「一巻　取塩木山案在内印在播磨国白紙（中略）神護景雲四年」
73	「図」「一巻　赤穂郡塩山白絁在内印」
	印南郡
74	「図」「一巻　印南郡庄図、土師年足所献紙在国印」
	備前国
75	「願文」「一巻　献入薬院水田、在備前国黄紙（中略）神護景雲四年、無印」
76	「図」「備前国大豆田庄一巻白紙上道広成所献」
	美作国
	大庭郡
77	「雑書」「一巻　美作国解文墾田地文図白紙（中略）神護景雲二年、在国印」
78	「図」「大庭郡田地三巻布三巻紙並在国印」
	安芸国
	安芸郡
79	「図」「安芸国安芸郡牛田庄図二巻布一、紙一並在国印」
	讃岐国
	多度郡
80	「官符」「神護景雲二年」「一巻　献入墾田在内印在讃岐国多度郡」「白紙」
81	「図」「一巻　多度郡田地白絁、高志和麻呂所献在内印」
	寒川郡
82	「官符」「神護景雲三年」「一巻　塩木山案在内印在讃岐国」「白紙」
83	「図」「一巻　寒川郡塩山白絁、坂本毛人所献在内印」
	阿波国
84	「図」「阿波国板野郡庄二巻一白布、一紙在内印粟凡直国継所献」
	丹波国
85	「図」「丹波国船坂杣図一巻白紙」

民部省符案[11]に見える伊賀国の「天平元年（七二九）図」であるが、民部省牒案・民部省符案には「天平勝宝六年計田国司等、不レ検二天平元年・十一年合二歳図一」とあって、班田年でない「天平十一年図」と共にあげられていることなど、その性格・内容等をいわゆる班田図と同じに考えてよいか判然としない部分がある。班田図が整備された形で全国的に作成されたのは、いわゆる四証図の最初となる天平十四年班田からと考えられている[12]。額田寺図の作成年代

は、前述の通り、天平勝宝八歳六月を上限とし天平宝字年間をさほど下らぬ時期と考えられる。したがって、額田寺図が作成された時点で参照された校班田図は、天平十四年以降の全国的に整備された形式の図ということになろう。

校班田図に記載された内容を知る上では、校班田図を基図として作成されたいわゆる「大和国添下郡京北班田図」(以下、京北班田図と略称)(13)・「山城国葛野郡班田図」(以下、葛野郡班田図と略称)(14)の記載が参考になる。これらを分析された宮本救氏は、そこには「口分田・乗田のほか、百姓墾田・寺田・神田・寺墾田・庄田、さらに山・川・野・池・家地・寺地」が記されていると整理された(15)。この点やや詳しく検討しておきたい。

京北班田図には西大寺所蔵本と東京大学所蔵本の二本があり、西大寺と秋篠寺との所領相博図として十三世紀後半に作成され、その後西大寺に伝来した(16)。添下郡京北一・二・三・四条のそれぞれ一里から六里までが記載されている。条ごとに一巻に編成された班田図が基図となっており、四巻(四条分)の班田図を合成して京北班田図が作成されている。このうち、三条図・四条図の部分には、班田図の首部(集計)・尾部(国司等署判・日付)の記載が転写されており、それぞれ弘仁二年(八一一)と宝亀五年の班田図が原図とされたことがわかる(17)。ただし、基図となった班田図が作成されてから十三世紀後半に京北班田図が完成するに至るまでには、数段階に分かれる過程を経ているものと考えられ(18)、当初の班田図の記載内容を考える上では注意が必要である。首部の内容によれば、班田図に記載される田の内訳は次のような構成となっている。

定田＝校定田＋益－損

＝中＋下　(定田の田品別内訳)

＝散田＋口分田＋墾田＋乗田　(定田の田種別内訳)

散田　＝神田＋寺田　(散田の内訳)

口分田＝左京人＋右京人＋当郡人　（口分田の内訳）

墾田　＝左京人＋右京人＋当郡人　（墾田の内訳）

田図部分の各坪の記載は、坪番号・小字地名的名称・田積・田品・所属等（田主・地目・その他）で構成されている。このうち田積がわかる形で記載されているのは、田・寺田・口分田・墾田・乗田であり、おおむね田主が具体的に特定できる形の記載となっている。このほか、山・岡・陵・池・川・井・壟・家・寺院建物（南大門・金堂・講堂）などはその旨の記載はあるが、地積や所属関係は示されていない。なお、原図となった班田図の年次が明らかでない一条図・二条図には、坪に小字的名称や某寺・某社（某神）という表記がありながら地積が示されていない例が多い。[19]

葛野郡班田図は、天長五年（八二八）の班田図を基図として、九世紀末から十世紀初めに道や寺などに関する記載を書き加えて成立し、現存の図は康和三年（一一〇一）にこれを書写したものと考えられる。[20]葛野郡条里の第一条・第二条に属する九里分の内容が知られ、第一条全体と四里分については首部（集計）の記載が伝わっている。それによれば、班田図には水田と陸田が記載されている。水田の内訳は次のような構成となっており、陸田についても同様と思われる。

水田＝校定田＋益－損　（定田の田品別内訳）

＝上＋中＋下　（定田の田種別内訳）

＝散田＋口分田＋乗田

散田　＝神田＋百姓墾田＋嵯峨庄田　（散田の内訳）

田図部分の各坪の記載は、坪番号・小字地名的名称・田積（水田・陸田）・田品（水田）・所属等（田主・地目・その他）で構成されている。田積がわかる形で記載されているのは、水田・陸田・公田（口分田）・神田・墾田であり、おおむね田主が具体的に特定できる形で記載されている。このほか、野・林野・野山・山・川・家・宅・畠の記載があるが、地積はなく、宅地を除いて所属も明らかでない。また、寺・路・墓の記載も見られるが、寺の一部を除いて、もともとの班田図にはなかった記載を後に書き加えたものと思われる。[21] 坪に小字地名的名称のみあって地積記載のない例は、本図にも見られる。

以上から班田図に記載された地目と地積及びその所属の関係を整理すると、次の点を指摘できる。

① 田（水田・陸田）については、おおむね田積、田の種別（寺田・神田・口分田・公田・乗田・墾田）、田主がわかる形で記載されている。

② ただし、田であることを示す小字地名的名称のみ記載があり、田積・田種等の内訳記載のない例もある。

③ その他の地目（野・山・岡・川・家・宅など）や施設等（寺・寺院建物・井・池・陵など）の記載もあるが、地積は示されていない。

④ 上の③にあげた地目・施設等については、宅地や寺などで所属が示されている例もあるが、多くは所属に関する記載がない。

校班田図のあり方を考える上では、校班田図を参照して作成されたことが推定される東大寺開田図なども参考にできる。[22] それらによると、上記①に類する地目として畠や圃・圭が見られ、[23] ③に該当する例として、岡山・藪・藪原・[24] 柴原・[25] 榛林・[26] 浜・[27] 江・[28] 沼・[29] 埖等の地目、[30][31] 荘（所）・[32] 古郡所・[33] 社・[34] 在家・[35] 道・[36] 津・[37] 泉・[38] 泉水・[39] 溝などの施設類を追加できる。[40] 某人畠・[41] 某人家・[42] 某人地といった例は④に該当する。[43]

一方、開田図の記載には上記の①〜④に当てはまらない例も見られる。野・[44] 葦原・[45] 榛林・[46] 三宅所・[47] 社所・[48] 溝所など、[49] 田以外の地目で地積が示されている例がある。なかでも、開墾予定地を意味する野については、「東大寺占野」[50]

「寺野[51]」のように所属を併記したり、「野一町　寺[52]」のように地積・所属双方を記す例がかなり広範に見られる。ただし、これらが校班田図の記載をそのまま引き写した結果であるかどうかは一概に断定できない。

ここで、表11に整理した額田寺図の記載のあり方を班田図と比較すると、次の点を指摘できる。

ア　田については上記①と、家については上記③・④とほぼ同様の記載方式であり、これらは校班田図を利用することで得られる情報といえる。

イ　林・畠・岡・原・野については、多くの場合地積と所属が併記されており、この点は上記③・④と異なる。これらは校班田図を利用することだけでは得られない情報である。

ウ　寺院の面積記載がある点も上記③と異なっており、校班田図を利用するだけでは得られない情報である。

エ　寺内の建物名・区画名の記載があり、校班田図に比して詳細である。

オ　池に所属が記されており、上記④と異なっている。

このうちイ〜オは、額田寺図作成の基礎資料として校班田図のみの利用では不十分であることを示している。額田寺図作成に際しては、これらの情報がどのようにして得られたのか、検討が必要となろう。

なお、田地に関する帳簿として田籍についても付言しておきたい。田籍は、律令制下の土地管理の基本帳簿であり、田令口分条に、口分田班給後「具録二町段及四至一」とあるのが法源とされる。鎌田元一氏の研究によれば[53]、田籍は田地を田主別に記載した帳簿であり、口分田を対象とした一般田籍を中心に、寺田籍・神田籍・墾田籍等の特殊田籍からなる体系を形作っており、寺田籍の例である天平十四年の弘福寺田数帳[54]によれば、田地一筆ごとの所在を条里坪付によって示し、小字地名・田積と荒熟の別、田品、坪内位置が記載されていたとされる。田図との関係でいえば、田籍こそ律令田制の成立当初から体系化されていた基本帳簿であり、田図は田籍を補うものとして後次的に作成されはじめたことになる。いわば各種田籍に記載された内容を所在地別に再編成したものが田図である。この点からいえば、田籍記載の情報は田図に取り込まれていることになる。また、田籍に代えて田図を進上するように七道諸国に命じた弘仁十一年十二月二十六日官符（『類聚三代格』巻一五）によれば、班田ごとの異同が把握しにくい田籍に対して田図が優位性を発揮するようになっていた状況が述べられている。田図が全国的・体系的に整備された状況においては、田籍は田図によって代替可能となり、田図こそが田地把握の実際上の基本帳簿として運用されるようになっていたと考えることができよう。

額田寺図作成時点において、田籍はなお田地把握の基本帳簿としての機能を有していたと思われる。ただし、田地の所在地による把握という点で、田籍より田図の方が額田寺図作成に便宜であったことは否めないであろう。額田寺図作成の際にまず参照されたのは田図であり、田籍は利用されたとしても、田図記載の再確認などの必要に応じて参照されたにとどまるように思われる。

二　林・畠・岡・原について

1　林

律令制下の地目としての林は、自然のままの人工を加えない山林を指すのではなく、人工を加えて木を栽えた地を意味するものと考えられる。(55) 山野占有を禁止した諸法令などでは、「氏々祖墓及百姓宅辺、栽レ樹為レ林、并周二三十許歩、不レ在二禁限一」（『続日本紀』慶雲三年（七〇六）三月丁巳（十四日）条）、「元来相伝加レ功成レ林非二民要地一者、量二主貴賤㆒五町以下作レ差許レ之」（『類聚三代格』巻一六・延暦十七年（七九八）十二月八日官符）、「宅辺側近元来加レ功、栽レ栗為レ林者、准㆓上条㆒量㆓貴賤㆒許レ之」（同・大同元年（八〇六）八月二十五日官符）等とあり、功を加えて林とした地については、一定限度内の私有が認められていた。

校班田図では、葛野郡班田図に「林野」の記載がある。開田図の例では、近江国覇流村開田地図に「林」、越中国射水郡楔田開田地図・同鹿田村墾田地図（紙本）に「榛林」、神護景雲元年（七六七）越中国射水郡鳴戸村墾田地図（布本・紙本）に「榛林二段」の記載がある。東大寺山堺四至図(56)にも「山階寺東松林廿七町」の記載が見られる。また天平十九年二月の法隆寺伽藍縁起幷流記資財帳(57)には、大和国「添下郡菅原郷深川栗林一地」として四至の記載があり、播磨国「印南郡・播磨郡内嶋林十六地」のなかに「加夜波良林」が見える。

天平勝宝八歳六月十二日付の大和国高市郡飛驒坂所の東大寺施入勅書案(58)には「高市郡飛驒坂所／地陸町玖段参伯参拾壱歩（林三町七段五十一歩／見三町二段百八十歩）四至（東伯姓家幷口分田南北西／川幷伯姓家口分田）」という記載がある。同勅書案は、鷺森浩幸氏がいわゆる「文図」の関連史料として検討されたものである(59)。氏によれば、文図とは、施入文書と国郡司の勘がある図とが一体となった文書であり、右の勅書案は飛驒坂所の施入に関する「文図」の施入文書部分の案文と考えられる。この文図の図の部分には、地積を表示した形で林が記載されていたと推定できよう。また鷺森氏は、文図の作成について、荘園の所在地・面積・四至・屋倉の数等を記した施入文書（勅）が作成され、それに基づいて郡司が図を作成し、種々の覆勘がなされ、最終的に国司が勘を付す、という過程を推定されると共に、文図の作成と並行してそれとは別に布・紙に描かれた荘図が作成されていることを指摘された。

ここで西大寺資財帳に見える武蔵国入間郡の所領に関する図・帳簿・文書類について見てみたい。同資財帳には、「雑書」として「一巻　武蔵国墾田文図（宝亀九年／在国印）／一巻　同国林地帳（宝亀九年／在国印）」が見え、「田薗山野図」として「武蔵国入間郡榛原庄一枚布在国印」とある（表12　28・29・30）。これに関連するのが、『続日本紀』宝亀八年六月乙酉（五日）条の「武蔵国入間郡人大伴部直赤男、以神護景雲三年献西大寺商布一千五百段・稲七万四千束・墾田卌町・林六十町。至是、其身已亡。追贈外従五位下」という記事である。[60] 資財帳に見える墾田文図・林地帳は、この宝亀八年の施入墾田・林に関するものであり、宝亀八年に故大伴部直赤男による献納が認可され、それにともなって宝亀九年に武蔵国が墾田文図・林地帳を作成したという経緯が推定される。また、文図と荘図の関連からいって、榛原荘図も当該施入にともなうものとみてよかろう。ここに見える林地帳は、文図・荘図と同様、武蔵国印が捺された公的文書であり、内容としては林の所在やその面積を記したものと思われる。そして、榛原荘図作成に際しては、文図だけでなく林地帳の作成も同時に進められたということができる。

こうした観点から西大寺資財帳の図・帳簿・文書類を見ていくと、献納・施入に関する文書と図の組み合わせの例がいくつか見られる。伊賀国名張郡の栗林図二巻には「並紙。副文図。国印。一枚白紙」と注記があり（表12　26）、この栗林図が文図にともなうものであることがわかる。また、近江国甲賀郡の栗林を献入した神護景雲二年の太政官符（同37）と同郡の椋部栗林図（同39）とは一連の文・図と思われる。同郡には、宇治鷲取献入の墾田からなる椋部荘もあり（同38・40）[61]、武蔵国榛原荘と同様、栗林と墾田からなる一体の所領であろう。このほか、大和国宇陀郡耳良村の栗林図二条（同15）が見え、これについては「白紙一、白布一」とあることから、同じ栗林について紙の図と布の図の二つがあったことがわかる。

さて、これらの事例を勘案すると、校班田図において「林野」「林」等と記載がある場合、それが功を加え一定限度で領有が認められた林であるのか、無主の山川藪沢ないし空閑地等を示すものであるのかをまず検討する必要があるように思われる。葛野郡班田図や近江国覇流村墾田地図に見られる例は、後者の山川藪沢・空閑地を示しているのではなかろうか。一方、「榛林」「栗林」等の形で樹種を明記した林については、前者の功を加えた林とみてよかろう。校班田図では、これらの林が記載されたとしても、所属・地積まで示される原則であったとはいえないようであり、またそうした林全般を登録したような別の公的帳簿の存在も知ることはできない。しかし、林地の施入に際してその当初から地積が判明している例のあることからみて、国衙ないし地主のレベルでは必要に応じてなんらかの方法で林地の範囲・地積を把握していた可能性がある。功を加えた林の領有は、無制限に認められるものではなく、一定の限度が設けられていたことから考えれば、墾田と同様に林地の範囲・地積は公的登録の対象となっていたのかもしれない。また、墾田地と同じように、林地についても施入・献納等を契機に国郡がその帳簿・図を作成することがしばしば行われており、こうした方式が寺家による領有の際の一般的な手続であったと思われる。

額田寺図では、林は地積を付して記載されており、いずれも寺家所属のものと判断できる。右の事例と憶測をもとにいえば、これらの林については、額田寺図の作成に先だって、額田寺への施入ないし献納が認可され、それにともなう文図ないし林地帳・林図といったものが国郡によって作成され、その作業の一環として条里方格ごとの地積の算定・計測も行われ、一方で額田寺図の作成も進められたという経過を一つの仮説として想定できると思われる。

2　畠

畠は、律令制的土地制度における地目では園地に当たるものと考えられる。園地は、絶戸の場合以外は収公されることなく、相続・売買・譲与の認められた土地であり、課税対象ともなっていなかった(62)。田令の規定では、園地には戸の等級によって定められた数の桑・漆を植え、また売買の場合には所部官司に申牒することとされていた(63)。

こうした園地の所属・規模が公的にどのように把握されていたかは判然としないが、園地に植える桑漆に関する帳簿に桑漆帳がある。天平二年五月六日格(64)によれば、「諸国所レ進桑漆等帳、或因二循旧案一、但改二年紀一。或虚作二増減一、与実不レ同。自今以後、厳加二捉搦一、依レ令殖満。毎年巡検実録申レ之」とあり、令文の規定数通りの桑漆が植えられているかを確認するために、国司が毎年桑漆帳を作成し中央に進上することとなっていたことがわかる(65)。この桑漆帳がどのような内容を持つものであるかは推測するしかないが、対象となる園地の地主、所在、桑漆の数は記載されていたであろう。

校班田図では、葛野郡班田図に畠の記載があるが、所属・地積は示されていない。東大寺開田図の例では、摂津国嶋上郡水無瀬荘図・近江国水沼村墾田地図に所属・地積のない畠の記載がある。また、越前国足羽郡道守村開田地図に「百姓畠」「某人畠」の形で所属を示した例が、阿波国名方郡大豆処図に「畠一町」と地積を示した例が見られる。西大寺には、「検園墾田地等」を内容とする僧綱牒（表12 6）、山城国相楽郡に所在する薗の献入勅書（同18）が保管されていたことが知られる。法隆寺資財帳には薗地として、近江国栗太郡物部郷「四段」、大倭国平群郡「十五町」、河内国渋川郡「六町」、同和泉郡「二段」、播磨国揖保郡「十二町二段」、合計「三十一町二段」が記載されている。天平十九年二月の大安寺伽藍縁起幷流記資財帳(66)には、「薗地二処一処、左京七条二坊十四坪 一処、同京同条三坊十六坪」とある。

額田寺図では、畠にはおおむね所属を示して記載しているが、所属記載のない場合もあり、また地積は寺畠についてのみ示されている。上記の事例などから考えると、校班田図では畠は坪ごとに所在のみ示すのが一般的なあり方のようであり、いわゆる荘園図を作成する際に必要に応じて所属の記載を加えているように思われる。所属を知るためには、桑漆帳が参照されたかもしれない。地積は、その図によって領有を主張する当事者の保有地に関してのみ示しているようである。寺家は、施入・献納に関する文書類や資財帳などで畠の地積を把握しており、それらの資料が図の作成の際に参考とされたのではないだろうか。校班田図とも照合しつつ、条里方格にしたがって地積を算出する手続が必要であったと思われる。

3　岡

額田寺図に見える岡は、律令制的土地制度でいうところの山川藪沢に含まれるものと考えられる。山川藪沢は公私共利の地とされ（雑令国内条）、中央貴族や寺院・豪民などがこれを占有することを禁止する法令が、八世紀初期からしばしば出されている。(67) ただし、功を加えた林や墓地・牧地等については例外とされており、現実には官符によって賜地されたり、占買されたりしていた。(68) こうした例外的に占有が認められた山川藪沢について、その所在や規模が公的にどのように把握されていたのかは判然としない。延暦十七年十二月八日官符(69)は、「此等山野並具録二四至一、分明牓示」「其入レ公并聴許等地数、具録申レ官」と命じており、こうした登録方式が全国的に実施されたのは延暦十七年以降のことのようである。

校班田図の例では、山・岡などの地目は坪ごとに記載はあるが、所属や地積の記載は見られず、開田図等の例でも同様である。また、八世紀における山野領有の具体例を整理すると（表13）、寺院が領有する山野として、製塩のための山林（表13　1①・②、4、5、6①・②・③・④）、開墾予定地（同3、7）などが見え、寺院近傍の山野の例も見られる（同1③、2①、7）。これらの山野は、多くの場合四至によって所在が示されており、名称だけで四至記載がないものもある。地積が示されている例では、いずれも一町単位の規模であって町未満の地積を示すものはなく、地積は概数で示されているように思われる。

山を描いた図としては、諸国地図ないし国郡図と呼ばれるものの存在も知られる。(70) 諸国地図（国郡図）に関する史料としては、『日本書紀』天武天皇十年（六八一）八月丙戌（二十日）条に「多禰国図」が、同天武天皇十三年閏四月壬辰（十一日）条に「信濃国之図」が見え、『続日本紀』天平十年八月辛卯（二十六日）条では、諸国に対して「国郡図」の造進を命じている。ついで、天平十五年五月二十八日格に「国図」が見え、国司が任意に館舎を移築することに対して、今後は「載₂国図₁進上」したもの以外の移造を禁止している。さらに、『日本後紀』延暦十五年八月己卯（二十一日）条に掲げる勅では、「諸国地図、事迹疎略、加以年序已久、文字闕逸」という状況から、諸国地図の更新を命じ、「郡国郷邑、駅道遠近、名山大川、形體広狭、具録無ㇾ漏」としている。これらの史料に述べられている図がすべて同じものを指すのか、なお検討の余地があるようにも思われるが、少なくとも、国内の郡・郷・村・駅路等とその路程、山川の所在、国の館舎等の所在を記載した地図が諸国で作成されていたことを指摘できる。ただし、その具体的な記載様式は不明である。山の名称などは記されていたかもしれないし、山の位置などはこの地図から判断できたとしても、山野の地積・領有者といった情報まで一々書き込まれることはなかったのではないだろうか。(72)

山を描いたと思われる図は、西大寺資財帳の中にも見られる。同資財帳には、表13に掲げた塩山の例（表13 6③・④、表12 73・83）だけでなく、伊賀国名張郡・近江国甲賀郡及び丹波国の「杣図」が書き上げられている（表12 27・41・42・85）。杣は、寺院・官衙等の建築用材の伐採を行うために設定された山林であり、製材のための施設などが付随するものと考えられる。したがって、杣図には山林の範囲と諸施設が描かれていたことが推定されるが、具体的な記載内容は不明である。

さて、これらの事例から考えると、山野の領有については、その範囲は通常四至で把握され、その地積を示す場合でも町単位の概数によるのが通例のように思われる。校班田図でも、その範囲に含まれる山野は坪単位（町単位）で記すにとどまり、町以下の面積を特に問題とする必要は通常は生じなかったものであろう。もちろん、方格をなす坪の区画と山野の堺とが一致することはまずありえないから、山野と表記されている坪の周辺の坪にも山野の範囲は広

表13　資財帳に見える8世紀の山野領有

No	所在・規模等	記載史料	出典
1 ① ② ③	焼塩山2処 志麻郡加夜郷蠅野林1処(四至記載あり) 右，検延暦9年以来帳，以大宝3年10月20日官所納 遠賀郡山鹿林東山1処（四至記載あり） 右，大宝3年10月20日官所施入 御笠郡　大野城山1処（四至記載あり）	延喜5年10月1日観世音寺資財帳・山章	『平安遺文』194号
2 ① ② ③ ④ ⑤	山林岳嶋26地のうち 大和国平群郡坂戸郷岳1地 （四至記載あり） 河内国日根郡鳥取郷深日松尾山1地 （四至記載あり） 摂津国雄伴郡宇治郷宇奈五岳1地 （四至記載あり） 播磨国揖保郡5地 〈於布弥岳，佐伯岳，佐乎加岳，小立岳，為西伎乃岳〉 播磨国印南郡・播磨郡16地のうち 〈止奈弥乃利山，伊奈豆母山，伊布伎山，斯止々山，石井前山，夜加山，弥多知山，比利布乃佐伎山，大嶋山，加良止麻利山，比乃利弥山〉	天平19年2月11日法隆寺伽藍縁起幷流記資財帳	『寧楽遺文』
3	墾田地932町のうち 若狭国乎入郡嶋山100町 四至〈四面海〉	天平19年2月11日大安寺伽藍縁起幷流記資財帳	『寧楽遺文』
4	播磨国明石郡垂水郷塩山地360町 （四至記載あり）	天平20年11月23日官符	『東大寺要録』巻6
5	播磨国赤穂郡塩山 〈在坂越郷墾生山者／其四至如官符〉 「勝宝八年有勅特所献入」「寺家山数卌町余」	延暦12年2月29日播磨国府案，年次未詳東大寺牒案，同年4月17日坂越・神戸両郷解	『平安遺文』7・8・9号
6 ① ② ③ ④	9巻　献入稲・塩山・奴婢〈神護景雲3年〉のうち 1巻塩木山案〈在内印〉在讃岐国 1巻取塩木山案〈在内印〉在播磨国〈神護景雲4年〉 田園山野図73巻のうち 播磨国2巻のうち 1巻赤穂郡塩山〈白絁／在内印〉 讃岐国2巻のうち 1巻寒川郡塩山〈白絁，坂本毛人所献／在内印〉	宝亀11年12月25日西大寺資財流記帳・官符図書第5	『寧楽遺文』
7	墾田幷田代　伊勢国桑名郡のうち 7条2多治比辺里田代幷山1処，在寺前（四至記載あり）已上延暦17年人々所進	（延暦17年）多度神宮寺伽藍縁起幷資財帳	『平安遺文』20号

がっていたはずである。そうした坪は、山野とそれ以外の田などの地目が混在していたであろうが、校班田図では山野以外の地目のみ記載されたことになろう。

一方、額田寺図に目を転じると、同図には「寺岡」を一町単位・坪単位で記載されている例はなく、「寺岡」はすべて他の地目が混在する坪に記入されている。また、「寺岡」の記載のある坪は、坪番号以外に何の記載もない坪の周りを取り囲むように分布しており、このことによって、囲まれている内側も寺岡であることを示す表現となっている。こうした額田寺図での岡の記載のされ方は、上に推定した校班田図のあり方とかなり異なるものである。上記の推定に基づいてこの部分の校班田図の記載を復原するなら、額田寺図で「寺岡」の記載のある坪には校班田図では「寺岡」以外の地目だけが記され、「寺岡」で囲まれた内側の坪には地目について何の記載もない状態が想定される。

仮にこの想定を認めると、校班田図においては地目・所属・地積とも未定であった額田部丘陵のこの部分について、額田寺図ではじめて「寺」の「岡」であることが明記されたことになる。とすると、額田寺図はこの部分が「寺岡」として認定されたことと関わって作成され、「寺岡」の範囲や地積の算出・確定の作業と並行して作成された図である可能性が考えられよう。

4 原

額田寺図に見られる原・野は、校班田図や開田図等の例から考えて、律令土地制度でいうところの空閑地に相当するものと思われる。空閑地は、未開墾であるが開墾して水田化される可能性において命名された地目である。(73)

空閑地への営種について養老田令荒廃条では、官人による所部界内の空閑地に対する営種だけが規定されており、官人の任期終了後は収公されることとなっている。『続日本紀』和銅四年（七一一）十二月丙午（六日）条では、「親王已下及豪強之家」による山野占有を禁断すると共に、「有㆘応㆑墾㆓開空地㆒者㆖、宜㆘経㆓国司㆒、然後聴㆗官処分㆖」としており、国司に申請した上で中央の認可を受けて空閑地を占有することが認められている。(74)このち養老七年（七二三）四月に三世一身法が、天平十五年五月に墾田永年私財法が出された。寺家による墾田所有については、『続日本紀』和銅六年十月戊戌（八日）条に「諸寺多占㆓田野㆒、其数無㆑限。宜㆒自今以後、数過㆑格者、皆還収㆓之」とあり、これ以前から一定限度で寺家が墾田所有を認められていたことがわかる。

墾田永年私財法では、「人為㆓開田占地㆒者、先就㆑国申請、然後開㆑之。不㆑得㆘因㆑茲占㆓請百姓有㆑妨之地㆖。若受㆑地之後至㆓于三年㆒、本主不㆑開者、聴㆓他人開墾㆒」とされており（『類聚三代格』巻一五・天平十五年五月二十七日官符）、開墾のための空閑地占定には国に申請する手続が必要とされている。弘仁二年二月三日官符（『類聚三代格』巻一五）では、上記の規定を引用した上で、「頃年占請之輩、偏限㆓四至之内㆒、不㆑論㆓町段㆒。是以、検㆓四至㆒、則渉㆓乎〔于〕官舎人宅㆒、勘㆓町段㆒、則不㆑満㆓四至之内㆒」と述べ、「自今以後、占請之地、一定㆓町段㆒、不㆑依㆓四至㆒」と命じている。これによれば、弘仁二年以前においては、占定された空閑地の把握は四至によるのが通例であり、空閑地の地積を坪ごとに把握することは一般的でなかったと考えられる。

天平神護二年九月十九日越前国足羽郡司解(75)は、天平宝字五年の班田時に東大寺田が自分の治田（墾田）として登録されたことの誤りを認めた別鷹山の伏弁状を引用するものであるが、鷹山はこの間の事情について次のように述べている。すなわち、問題の田は、天平勝宝元年八月に鷹山の父豊足が郡司より「判給」を受けたものであり、同じ五月に寺家野占使による占定が行われたが、天平宝字二年に国司は郡判に従ってこの地を鷹山に給わり、東大寺側の寺田勘使はこれを買い取って寺田とした。ところが、天平宝字四年の校田、天平宝字五年の班田では、鷹山の名義の墾田とされた。現任の国司が「図并券文」を勘検した結果、寺地としての占定が鷹山への給地に先立つことが判明した。

鷹山は直を受け取って寺田として進上したのであり、鷹山の名義となっていることは誤りであるとして、伏弁状を提出したのである。ここで、天平勝宝元年八月の鷹山父豊足が受けた「判給」は、墾田として開墾すべき空閑地の「判給」を意味すると思われる。(76)天平勝宝元年に相前後して重複する内容の空閑地占定が行われ、その後天平勝宝元年・七歳の二回にわたる班田を経ながら、天平宝字二年段階で国司がなお鷹山による領有を認めている点から考えると、国司による空閑地占定の把握は、校班田図に記載されるような形を取らなかったものと推測できそうである。

天平神護二年十月二十一日越前国司解(77)では、丹生郡椿原村所在の田地に関して次のような経緯が述べられている。すなわち、これらの地は天平三年に国司が佐味入麻呂らに「判給」したが、開墾されなかったので、天平勝宝元年四月一日詔に基づき同閏五月四日に東大寺田地として占定され、開墾が進められた。ところが、入麻呂らが訴訟を起こしたため、天平宝字二年に当時の国司は以前の「公験」に基づいて入麻呂らへの「判給」を復した。天平宝字三年、東大寺側の検寺田使は、荒野は寺家が開墾したものであると主張し、入麻呂は、寺家による開墾の功力に相当する稲を進上することを承諾したが、今に至るまで稲は支払われず、田地は国分金光明寺に売却され、天平宝字五年の班田図・田籍に登録されてしまった。こうした経緯からみても、校班田図には、開墾の終わった墾田は記載されるが、空閑地占定の状況は登録されていないと考えられる。空閑地占定に際しては「公験」が発行されており、占定の内容はそれによって把握されていたのであろう。そうした「公験」では、上述の弘仁二年官符の述べるように、占定範囲は四至によって記載されるのが通例であったのであろう。その範囲の中には、口分田や既墾田も混在していたであろう。(78)

一方、額田寺図では空閑地と思われる「楊原」には地積が示されており、また東大寺開田図の中にも地積が付記された「野」の例が見られる。(79)空閑地の把握が上記のように行われているとすると、坪ごとの空閑地の地積を知るためには、占定に関する「公験」と校班田図を照合する方法が取られたと思われる。「公験」によって明らかになる占定地の範囲を校班田図の上に落とし、その範囲の中にある無主の空閑地が占定された開墾予定地となるのであろう。その地積は、坪ごとに全体の地積（通常は一町）から無主の空閑地以外の地積を差し引くことで算出できる場合が多かったと思われる。(80)

額田寺図においても、空閑地占定の「公験」を額田寺が所持しており、その所在・地積が額田寺図作成の際に校班田図と照合して確定された可能性がまず考えられる。ただ、額田寺図に見える「楊原」は、現存部分の合計で二町に満たず、空閑地の占定としてはかなり小規模といわざるをえない。また、図中に寺の墾田はほとんどないし、「楊原」に隣接して開墾の結果として形成されたと考えられるような寺田もあまり見られない。こうした点からみると、「楊原」とされる土地は以前から額田寺によって占定されていたのではなく、額田寺図の作成にともなって、寺周辺の空閑地を寺家占有地として登録する作業が進められたと考える余地があると思われる。

おわりに

以上、額田寺図に見える地目を中心に、それらの情報の存在・生成の形態を考えてみた。額田寺図の記載では、このほか寺院やその建物の記載、池・堤等の施設に関する記載などについても、同様の検討が必要と思われるが、本論では及ばなかった。

額田寺図の作成過程は、校班田図をもとにして、そこに現地を実見して得られる地形情報を付け加えるといった単純なものではないようである。額田寺図の基図が校班田図であることは確実と思われるが、記されている地目に関する情報は校班田図のみから得られるものではない。

林については、寺家に施入・献納が行われると文図が作成され、墾田等と一体となった所領などではそれと並行して荘図が作成された事例が知られる。これに当てはめるなら、額田寺図は、額田寺による林の占有が決定されたことにともない文図と並行して作成された図に相当することが考えられる。林の地積確定作業なども図の作成に際して行われたことが想定できる。

畠については、校班田図と、国衙ないし寺家の資料を照合させてその所属を確定し、地積が算出されて記載されたものと思われる。

岡については、額田寺図の基図となった校班田図には地目の記載がなく、額田寺図によってはじめて地目・所属・地積が確定・算出された可能性がある。丘陵地を寺領とする認定がなされたのにともなって額田寺図が作成されたことが考えられよう。

原については、以前から額田寺が占定していた範囲内の空閑地が、額田寺図作成に際して校班田図と照合して抽出され、地積を算定して記載されたことが考えられるが、実際には額田寺による空閑地の占定自体が額田寺図作成にともなって実施されたことも想定される。

以上のような状況から考えるなら、額田寺図は、様々な地目からなる額田寺領のかなりの部分について、地積・所属等を新たに確定する作業をともなって作成されたということができる。既に確定している寺領を描いたというよりは、新たに寺領を確定する作業と密接に関わって作成されたものと思われるのである。こうした作業がいかなる契機・目的で行われたかについては、様々な可能性が考えられる。寺領の認定や、寺院としての性格の変更、あるいは校班田との関連でそうした必要が生起することが考えられる。この点は、より広い視野からの検討も必要であり、本論で及ばなかった寺院地や建物・施設の記載のあり方も含めた分析とあわせて今後の課題としたい。

註

(1) 拙稿a「『額田寺伽藍並条里図』の復原をめぐって」(『条里制研究』九、一九九三年、本書第Ⅲ部第一章)、拙稿b「額田寺伽藍並条里図」(金田章裕ほか編『日本古代荘園図』東京大学出版会、一九九六年、本書第Ⅲ部第二章)。
(2) 註(1)拙稿b参照。金田章裕氏が、額田寺図の作成と宝亀三・四年の校班田との関連を指摘され、額田寺図の作成時期を宝亀三年頃とする見解を示されている(金田章裕「大和国額田寺伽藍並条里図」、同『古代荘園図と景観』第二章三、東京大学出版会、一九九八年)。
(3) 復原複製作業の報告には、永嶋正春「『額田寺伽藍並条里図』に見る古代の顔料」(国立歴史民俗博物館編『図録　荘園絵図とその世界』同館、一九九三年)、古瀬奈津子「『額田寺伽藍並条里図』復原複製のできるまで」(同)、石上英一「古代荘園図」(同ほか編『新版　古代の日本10　古代資料研究の方法』角川書店、一九九三年、のち同『古代荘園史料の基礎的研究』上に序論として加筆して収録、塙書房、一九九七年)、註(1)拙稿a、村岡ゆかり「額田寺伽藍並条里図の復元模写製作」(『東京大学史料編纂所研究紀要』四、一九九四年)がある。また、額田寺図の釈文は、拙稿「荘園絵図調査報告七　額田寺伽藍並条里図」(『東京大学史料編纂所研究紀要』五、一九九五年。荘園絵図研究グループとして執筆)参照。なお、復原複製図の紹介に、金田章裕「色鮮やかだった古代荘園図」(『UP』二八〇、一九九六年)、黒田日出男「額田寺伽藍並条里図」(『週刊朝日百科　日本の国宝』五〇、一九九八年)がある。
(4) 家永三郎『上代倭絵全史』(高桐書店、一九四六年)、藤井一二「古代における荘園絵図の描写と画師」(『古文書研究』三七、一九九三年、のち同『東大寺開田図の研究』に収録、塙書房、一九九七年)、栄原永遠男「古代荘図の作成と機能」(註(1)『日本古代荘園図』)。
(5) 註(1)拙稿b。その後、金田章裕氏の見解も出されている(金田章裕註(2)論文)。
(6) 岸俊男「班田図と条里制」(同『日本古代籍帳の研究』塙書房、一九七三年、初出一九五九年)、金田章裕『古代日本の景観』第二章一(吉川弘文館、一九九三年)。
(7) 宝亀十一年十二月二十五日西大寺資財流記帳(『寧楽遺文』所収)。以下、西大寺資財帳と略記。
(8) 註(6)参照。
(9) 天平神護二年十二月五日伊賀国司解案(『大日本古文書　東大寺文書』二(東南院文書二)九三頁、『大日本古文書』(編年文書)

五―六二八頁）。以下、『大日本古文書　東大寺文書』（東南院文書）の冊・頁は「東一―二三四」、『大日本古文書』（編年文書）の冊・頁は「古五―六七八」の要領で略記する。

(10) 天平神護三年二月二十八日民部省牒案（東二―三五七、古五―六五二）。

(11) （天平神護三年二月十一日）民部省符案（東二―三五〇、古五―六四〇）。

(12) 岸俊男註(6)論文、宮本救「律令制的土地制度」（竹内理三編『体系日本史叢書6　土地制度史Ⅰ』山川出版社、一九七三年、のち同『律令田制と班田図』に収録、吉川弘文館、一九九八年）。

(13) 大和国添下郡京北班田図（東京大学史料編纂所編『日本荘園絵図聚影』三、東京大学出版会、一九八八年）。釈文等は、石上英一「荘園絵図調査報告三　京北班田図―西大寺本」（『東京大学史料編纂所報』二四、一九九〇年、荘園絵図研究グループとして執筆）、同「『京北班田図』の基礎的研究」（『東洋文化研究所紀要』一一二、一九九〇年、のち同註(3)著書・下に加筆して収録）参照。以下、『日本荘園絵図聚影』は『聚影』と略記する。『聚影』の各冊の刊行年次と内容は次の通り。一上（東日本一、一九九五年）、一下（東日本二、一九九六年）、二（近畿一・山城、一九九三年）、三（近畿二・大和、一九八八年）、四（近畿三、一九九九年）。五上（西日本一、二〇〇一年）、五下（西日本二、二〇〇二年）。

(14) 山城国葛野郡班田図（『聚影』二）。拙稿「荘園絵図調査報告五・六　山城国葛野郡班田図」（『東京大学史料編纂所研究紀要』三・四、一九九三・九四年。荘園絵図研究グループとして執筆）、西山良平「山城国葛野郡班田図」（註(1)『日本古代荘園図』）、宮本救註(12)著書、同「『山城国葛野郡班田図』補説」（『日本歴史』六一一、一九九九年）参照。

(15) 宮本救註(12)論文。

(16) 石上英一「大和国添下郡京北班田図」（註(1)『日本古代荘園図』）。

(17) ただし、三条図の坂本里（六里）の部分は、天平十四年班田図から派生した天平十五年九月九日勘注図を原図とした旨の記載がある。

(18) 石上英一註(16)論文によれば、四段階の過程が推定される。

(19) なお、ここで坪と呼んでいる面積一町の基本区画の呼称について、八世紀の条里呼称法導入段階では「坊」と称され、やがて九世紀になって「坪」と称されるようになったことが金田章裕氏によって指摘されている（金田章裕『条里と村落の歴史地理学研究』（大明堂、一九八五年）一〇七～一〇八頁及び注一四〇～一四六、同「八・九世紀の条里プランと荘園図」（註(1)『日本古代荘園図』、のち同註(2)著書第一章二に収録))。こうした史料上の用法に従って「坊」と「坪」とを使い分ける立場もあるが、本論では、「坊」と呼ばれた時期も含めて研究上の術語としては坪の語を用いておきたい。

(20)　宮本救註(12)著書。

(21)　宮本救註(12)著書。

(22)　ここでは次の図について参照した。天平勝宝八歳摂津国嶋上郡水無瀬荘図（『聚影』四、東二―三四八）・天平勝宝三年近江国水沼村墾田地図（『聚影』一下、東四）・天平勝宝三年近江国覇流村墾田地図（同）・天平宝字三年越前国足羽郡糞置村開田地図（同）・天平神護二年越前国足羽郡糞置村開田地図（同）・天平神護二年越前国足羽郡道守村開田地図（同）・天平神護二年越前国坂井郡高串村東大寺大修多羅供分田地図（同）・天平宝字三年越中国新川郡丈部開田地図（『聚影』一上、東四）・天平宝字三年越中国射水郡須加開田地図（同）・神護景雲元年越中国射水郡須加村墾田地図（同）・天平宝字三年越中国射水郡鳴戸開田地図（同）・神護景雲元年越中国射水郡鳴戸村墾田地図〔布本〕（同）・（神護景雲元年）越中国射水郡鳴戸村墾田地図〔紙本〕（同）・天平宝字三年越中国射水郡榠田開田地図（同）・天平宝字三年越中国砺波郡石粟村官施入田地図（同）・（神護景雲元年）越中国砺波郡石粟村官施入田地図（同）・天平宝字三年越中国砺波郡伊加流伎開田地図（同）・神護景雲元年越中国砺波郡伊加留岐村墾田地図（同）・神護景雲元年越中国砺波郡井山村墾田地図（同）・神護景雲元年越中国砺波郡杵名蛭村墾田地図（同）・神護景雲元年越中国射水郡鹿田村墾田地図〔布本〕（同）・（神護景雲元年）越中国射水郡鹿田村墾田地図〔紙本〕（同）・天平宝字三年越中国新川郡大藪開田地図（同）・神護景雲元年越中国新川郡大荊村墾田地図（同）・天平宝字二年阿波国名方郡新島荘図（『聚影』五上、東二―二七〇）・（天平宝字二年）阿波国名方郡大豆処図（『聚影』五上、東二―二七〇）・（天平七年？）弘福寺領讃岐国山田郡田図（『聚影』五上、古七―四四）。以下、適宜略称を用いる。

(23)　大豆処図、新島荘図、山田郡田図。なお山田郡田図については、石上英一「弘福寺領讃岐国山田郡田図」（註(1)『日本古代荘園図』）参照。

(24)　伊加流伎開田地図。

(25)　道守村開田地図。

(26)　水沼村墾田地図。

(27)　榠田開田地図・鹿田村墾田地図〔紙本〕。

(28) 覇流村墾田地図。
(29) 道守村開田地図・高串村東大寺大修多羅供分田地図。
(30) 道守村開田地図・鳴戸開田地図・鳴戸村墾田地図〔布本・紙本〕。
(31) 須加村墾田地図・鳴戸村墾田地図〔布本・紙本〕・鹿田村墾田地図〔布本〕。
(32) 大荊村墾田地図・丈部開田地図・道守村開田地図。
(33) 丈部開田地図。
(34) 大藪開田地図・大荊村墾田地図・丈部開田地図・須加開田地図・杵名蛭村墾田地図。
(35) 鹿田村墾田地図〔布本〕。
(36) 古代荘園図に見える道の事例については、拙稿「古代荘園図に描かれた道について」(『古代交通研究』八、一九九八年)参照。
(37) 大豆処図。
(38) 須加村墾田地図・道守村開田地図・高串村東大寺大修多羅供分田地図。
(39) 須加開田地図。
(40) 丈部開田地図・須加開田地図・須加村墾田地図・天平宝字三年石粟村官施入田地図・(神護景雲元年)石粟村官施入田地図・鳴戸村墾田地図〔布本・紙本〕・道守村開田地図・覇流村墾田地図。
(41) 道守村開田地図。
(42) 道守村開田地図・大荊村墾田地図。
(43) 井山村墾田地図・伊加流伎開田地図。
(44) 杵名蛭村墾田地図・丈部開田地図・須加開田地図・須加村墾田地図・鹿田村墾田地図〔布本・紙本〕・天平宝字三年糞置村開田地図・椙田墾田地図・鳴戸開田地図。註(52)も参照。なお、杵名蛭村・須加村の図では、「二足原田一町／荒二段卅歩／野一段三百卅歩／定六段」というように、田の内訳として「野」を掲げている。
(45) 高串村東大寺大修多羅供分田地図。
(46) 鳴戸村墾田地図〔布本・紙本〕。
(47) 鳴戸村墾田地図〔布本〕・鹿田村墾田地図〔布本・紙本〕。

(48)　鹿田村墾田地図〔布本・紙本〕・井山村墾田地図。
(49)　鹿田村墾田地図〔布本・紙本〕。
(50)　井山村墾田地図。
(51)　大荊村墾田地図・伊加留岐村墾田地図。
(52)　天平神護二年糞置村開田地図・道守村開田地図。
(53)　鎌田元一「律令制的土地制度と田籍・田図」（註(1)『日本古代荘園図』、のち同『律令公民制の研究』に収録、塙書房、二〇〇一年）。
(54)　天平十五年四月二十二日弘福寺田数帳（古二—三三五）。
(55)　弥永貞三「律令制的土地所有」（同『日本古代社会経済史研究』岩波書店、一九八〇年、初出一九六二年を補訂）。
(56)　天平勝宝八歳六月九日東大寺山堺四至図（『聚影』三）。釈文等は、吉川真司「東大寺山堺四至図」（註(1)『日本古代荘園図』）参照。
(57)　天平十九年二月十一日法隆寺伽藍縁起幷流記資財帳（『寧楽遺文』所収）。以下、法隆寺資財帳と略称する。
(58)　天平勝宝八歳六月十二日東大寺飛騨坂所施入勅書案（古二五—二〇〇）。
(59)　鷺森浩幸「文図について」（『続日本紀研究』二九〇、一九九四年、のち同『日本古代の王家・寺院と所領』に収録、塙書房、二〇一一年）。
(60)　ここに見える大伴部直赤男による西大寺への献物をめぐる事情については、『多摩市史　通史編一』第四編第五章第二節二（多摩市、一九九七年、山口英男執筆）参照。
(61)　この椋部栗林は甲賀郡所在である。西大寺資財帳の「田薗山野図」の項では、「甲可郡椋部栗林」の次に「滋賀郡古津庄図」（表2―35）とあり、ついで「同椋部庄田図宇治鷲取所献」（同40）と記されている。表記の順からいえば、この椋部荘は滋賀郡所在となるが、「雑書」の項に「一巻、宇治鷲取献入墾田帳、（中略）在近江国甲可郡」（同38）とあり、同じ宇治鷲取が献入していることからみて、同人の献入した甲賀郡の墾田が椋部荘であると考えられる。西大寺資財帳は、椋部荘の記載順を誤っているのであろう。
(62)　宮本救註(12)論文、弥永貞三「班田手続と校班田図」（同『日本古代の政治と史料』高科書店、一九八八年、初出一九七九年）。
(63)　田令桑漆条・賃租条。

(64)『類聚三代格』巻八・大同二年正月二十日官符所引。
(65)桑漆帳は、天平六年出雲国計会帳（古一―五九八）にも見え、『延喜式』民部下では朝集使が進上する公文の中に見える。
(66)天平十九年二月十一日大安寺伽藍縁起幷流記資財帳（『寧楽遺文』所収）。以下、大安寺資財帳と略称する。
(67)慶雲三年三月十四日詔（『類聚三代格』巻一六、『続日本紀』）・和銅四年十二月六日詔（『続日本紀』）・延暦十七年十二月八日官符（『類聚三代格』巻一六）・大同元年閏六月八日官符（同）。
(68)前註延暦十七年官符に、「有二官符一賜及旧来占買」とある。
(69)註(67)参照。
(70)弥永貞三註(62)論文参照。
(71)『類聚三代格』巻七・弘仁五年六月二十三日官符所引天平十年五月二十八日格。なお年次について、『類聚三代格』は天平十年とするが、同格の取意文が『続日本紀』天平十五年五月丙寅（二十八日）条に見えることから、天平十五年の誤りと考えられる。
(72)なお、こうした諸国地図（国郡図）がいかなる画法で描かれていたかは、額田寺図や開田図等の画法を考える上で検討すべき課題の一つといえよう。諸国地図（国郡図）の画法が、額田寺図・開田図や各種荘図・林図等が描かれる際の一つの手本となったことは十分考えられよう。
(73)宮本救註(12)論文、弥永貞三註(62)論文。
(74)なお、田令荒廃条の『令集解』所引古記の記載から、大宝田令には「荒地」の規定があり、「荒地」は新たに灌漑設備を施すことではじめて水田化されるような荒蕪地であり、国司も国司以外の農民も開墾することができる土地であったとする見解もある（弥永貞三註(62)論文など）。
(75)天平神護二年九月十九日越前国足羽郡司解（東二―一六八、古五―五四三）。
(76)次に述べる天平神護二年十月二十一日越前国司解に見える「判給」の用例参照。
(77)天平神護二年十月二十一日越前国司解（東二―一八七、古五―五五四）
(78)たとえば、天平神護二年十月十九日生江東人解（東二―一七二、古五―五五一）の第二条など参照。
(79)註(44)・註(52)参照。
(80)たとえば、杵名蛭村墾田地図の「野」のある坪は、内訳の地積を足しあわせるといずれも一町となる。丈部開田地図・須加開田地図・鳴戸開田地図・鹿田村墾田地図〔布本〕も、一部を除いて同様である。

補註

（補1） 額田寺伽藍並条里図の原本と復原複製図の写真図版を本書第Ⅲ部第一章の図3・4として、釈文図を同第二章の図5として掲載した。

（補2） 本書第Ⅲ部第一章（補2）参照。

補記

本章は、額田寺伽藍並条里図の作成に利用された資料の存在形態・生成方法などを検討し、図の作成事情・作成目的に迫ることを目指した内容で、二〇〇一年に発表した（『国立歴史民俗博物館研究報告』八八）。国立歴史民俗博物館が実施した共同研究「古代荘園絵図と在地社会についての史的研究―「額田寺伽藍並条里図」の分析―」（一九九四～九六年度　研究代表・仁藤敦史）に参加し、一九九五年二月の研究会で報告した内容を補足して成稿したものである。共同研究の報告書である同書には、古代史・考古学・地理学と中世史・近世史の立場から額田寺図に関連した合計一〇本の論考と、考古資料編、原本の形状データ、細分割を含めた原本の各種写真図版を収録しており、合わせて参照していただきたい。

第四章　古代荘園図に見る寺域の構成

——額田寺の伽藍と寺領——

はじめに

古代の寺の様相を可視的な形で今に伝える資料に古代荘園図がある。(1)古代荘園図は、およそ三五点が伝存するが、そのうち図の範囲の中に所在する寺について何らかの形で記載しているものは、管見によれば四点であり、(2)その中で額田寺伽藍並条里図（以下、額田寺図と略称）と、東大寺山堺四至図とに、寺域内の個別堂舎・施設等の景観・配置などの具体的な描写が見られる。

このうち東大寺山堺四至図は、国家的に造営された官大寺であり、現在もなお奈良を代表する大寺院である東大寺の創建当時の規模を伝える資料として以前より注目され、関連する文献資料が他に存在することもあって、一定の研究の蓄積がある。(3)他方、額田寺図については関連資料もほとんどなく、いくつかの先駆的な成果はあるとはいえ、(4)研究対象としてあまり注目されてこなかったのが実情である。研究が活発化したのは近年のことに属する。『日本荘園絵図聚影』に額田寺図が収録され、(5)カラー図版をはじめ、大縮尺のモノクロ・赤外線・X線写真の図版が学界に広く公開され、記載情報に近づきやすくなったことが、研究が活性化した一つの背景になったと思われる。また、額田寺図の所蔵機関である国立歴史民俗博物館と東京大学史料編纂所との協同で復原複製図が作製され、(6)額田寺図の豊かな記載内容がよりわかりやすい形で提示されたことも、研究の進展に大きな意義を持ったと思われる。(7) 額田寺図に描かれた額田寺の建物構成については、これまで諸論考が必要な範囲で言及してはいるが、それらを網羅的に整理する試みはなされていないようである。そこで本論では、額田寺図の記載内容について、額田寺の空間構成という観点から整理する作業を行ってみたい。(補1)

一　額田寺図の概要

国宝・額田寺伽藍並条里図は、ヤマト政権以来の伝統を持つ畿内の中堅豪族である額田部氏（額田部連、のち額田部宿祢）の氏寺である額田寺の伽藍・雑舎及び周辺の寺領を描いた奈良時代の荘園図である。同図は、古代の額田寺の地に今も続く額安寺に伝来し、現在は国立歴史民俗博物館に所蔵されている。麻布に墨および鉛丹・ベンガラ・緑青・白緑等の顔料を用いて描かれているが、現状では、料布の右辺・左辺・地辺が欠損し、また内部にも欠損・断裂が生じ、時の経過による料布の傷み、褪色・変色が著しい。このため、図を判読するのは容易ではなく、赤外線写真・X線写真や、あるいは原寸大に近いカラー写真等を利用することが判読の助けとなる。額田寺図の大きさは、現状で縦一一三・四センチ、横七二・七センチほどであるが、本来は、奈良時代の調布の規格である幅約七二センチの麻布二条を上下に縫い合わせて調製したものである。図は北を上とし、ほぼ全面に条・里・坪（坊）の方格が墨線で引かれている。上半の料布には大和国平群郡条里（大和国京南路西条里）の九条三里（図の右上部）・四里（左上部）が、下半には十条三里（右下部）・四里（左下部）が描かれている。現状では下半の料布の下部が欠落し、十条の上部四分の三ほどのところで途切れているが、下半の料布も本来は上半の料布と同じ寸法があり、十条の下辺までが図に収められていたものであろう。とすれば、料布全体の縦の長さはもとは一四〇センチ程度であったものと考えられる。また料布の左右も欠落しており、現状で残っているのは、三里の左方と、四里の右方のそれぞれ三坪半程度である。図の本来の横幅がどれほどであったかは推測するしかないが、仮に三・四里の全体が図に含まれていたとすれば、やはり一四〇センチ程度の横幅があったものと考えられる。可能性としては、左右の欠損はさほどではなく、もともと里の一部しか描かれていなかったことや、逆に横幅がもっと広く図の冒頭や末尾に表題、書出・書止文言、署名などの記載があったことも考えられる。(8)

額田寺図の作製時期は明らかでないが、図内に記載のある人名の検討、および図の全面に捺されている「大和国印」の国名表記から、天平勝宝八歳（七五六）六月を上限として天平宝字年間（七五七〜七六四）をさほど下らぬ時期と推定される。(9)図の作製は校班田の実施と関連して行われた可能性があり、図の標記様式から宝亀三（七七二）・四年の校班田にその時期を求める見解も提出されている。(10)図の作成目的・契機についても、なお今後の検討が必要であるが、寺域・寺領の設定・確定と密接な関連を持って作成されたことが考えられる。(11)東大寺山堺四至図も同種の図と思われるし、また西大寺資財流記帳（宝亀十一年）に西大寺・瑜伽山寺・阿弥陀山寺・秋篠山寺の図の存在が記載されており、当時はこの種の図が寺院ごとにかなり広範に作成されていたものと思われる。(12)

額田寺の所在する額田部丘陵は、現在の大和郡山市の南方にあり、東西一キロ、南北一・五キロほど、周辺との比高差三〜十数メートル程度の低丘陵で、奈良盆地では珍しい独立丘陵である。奈良盆地北方から流れる佐保川と、南方からの初瀬川との合流点の北側に所在し、大和と難波を結ぶ河川を扼する位置にある。図の下方の大きな断裂は、これらの河川を描いた部分がいわゆる「緑青焼け」の作用によって欠落したものである。額田寺図にはまた、図を東西に横断する道が数本描かれているが、奈良盆地を縦断する「下つ道」が丘陵の東方二キロほどを通っており、西北は、飽波郷の地域を経て斑鳩地域まで三〜四キロの距離にある。以上のように、この地域は水陸交通上の重要地点に位置している。奈良時代には大和国平群郡額田郷の地域となったが、大宝令以前は、飽波郷の地域を中心とする飽波評に属していた。[13]

額田部連（宿祢）は、推古天皇十六年（六〇八）八月に額田部連比羅夫が飾馬を率いて隋使裴世清の迎接に当たったのをはじめ、外国使節の掌客や、儀礼用の馬の管理を担い、また額田部皇女などの王子女の養育にも従事する氏族であった。天武天皇十三年（六八四）十二月に、連から宿祢に改姓され、また複姓氏族として額田部河田連・額田部湯坐連なども見える。額田寺図の九条三里二六坪には、「船墓　額田部宿祢先祖」と記されたひょうたん型の記載があり、前方後円墳（船墓古墳）を描いたものと思われるが、それが額田部宿祢の先祖の墓と当時認識されたことを示している。額田部丘陵は、額田部氏にとって先祖の墳墓の地とされていたと思われ、このことは古墳から氏寺へという氏族祭祀の変化をうかがわせる。[14]額田部丘陵周辺には、このほか松山古墳・額田部狐塚古墳・鎌倉山古墳・推古神社古墳や、群集墳の来迎墓の間古墳群が存在し、額田部地域を勢力範囲とする首長の系譜が五世紀以来成立していたことがわかり、それらの古墳の多くが額田寺図の中にも描かれている。[15]

額田寺の草創については、大安寺伽藍縁起幷流記資財帳（天平十九年、七四七）に記されている聖徳太子の羆凝道場と結びつける伝承が存在する。伝承の信憑性についてはなお検討の余地があるが、一概には否定できないとする指摘もある。[16]額安寺周辺で表採された瓦や発掘調査で出土した瓦の中には、七世紀第二四半期のものが含まれており、この地における寺院的建物の存在はその時期までさかのぼると考えられる。[17]ただ、それが額田寺の前身であるとしても、額田寺図に描かれた額田寺の様相が成立するまでにはなお変遷があったと思われる。額安寺旧境内では、奈良県立橿原考古学研究所と大和郡山市教育委員会によって発掘調査が数次にわたって行われている。古代の伽藍の遺構は発見されていないが、第四次調査では、奈良時代の遺構面で大規模な整地が行われていた状況が判明した。[18]このことから、奈良時代に伽藍の造営がかなり大規模に行われたことが推定され、額田寺図に描かれた額田寺の姿は、それ以後のものとなろう。奈良時代の額田寺について当時の史料からうかがうことができないが、額田部氏の一族の出身とされる僧道慈（?〜七四四）との関係が従来から注目されている。[19] 道慈は俗姓額田氏と伝え、大宝二年（七〇二）遣唐使とともに唐に渡り、養老二年（七一八）に帰国後は大安寺の平城京への移建造営を主導、国分寺造営の建策にも関与し、教学のみならず「工巧」にも才があったといわれる。額安寺に伝わる虚空蔵菩薩半跏像を道慈所持の本尊とする伝承が、遅くとも鎌倉時代には成立していたことが知られる（同像の弘安五年（一二八二）修理銘）。なお、額安寺は、鎌倉時代に律僧として活躍した西大寺叡尊の高弟忍性（一二一七〜一三〇三）が入寺修行した寺であり、鎌倉の極楽寺、生駒の竹林寺とともに忍性の遺骨を分葬した巨大な五輪塔があることでも著名である。

二　寺の構成

寺院地

額田寺図の記載内容を寺域の構成という観点から整理したのが表14である。額田寺の本体である寺院地には主要伽藍と雑舎が立ち並び、その周辺に寺田・寺畠・寺林・寺楊原・寺岡・寺池等からなる寺領が広がるという景観がここには描かれている。

額田寺の寺院地とここで称するのは、図中に「寺院」として記載されている区域である。寺院地は六箇坪に及んでいるが（九条四里三五・三六坪、十条四里一・二・一一・一二坪）、それぞれの坪の全部を占めているわけではない。合計の面積は五町一段一七七歩である。ただし、これは額田寺の伽藍・雑舎等の敷地そのものの面積ではないであろう。

表 14　額田寺図に見える寺域の構成

	種　別	建物・施設	所在（条—里—坪）
A	寺院地		
1	中心伽藍	［築地］，［南大門＊］，門（東辺南門），［東辺中門］，［東辺北門］，［西辺北門］，［中門＊］，［金堂＊］，［廻廊］，［講堂＊］，［三重塔＊］，正倉，食堂，僧房＊（中央東僧房），［北僧房東棟・西棟＊］，［北東僧房東棟・西棟］，［北西僧房東棟・西棟］	10—4—1，2，11，12
2	雑舎		
	①　東方雑舎	［築地］，北門，［南門］	10—3—35，36，10—4—1，2
	厨地区	食殿，竈屋	
	倉庫地区	板屋，瓦屋，倉（西倉），倉（東倉），倉（北一倉）倉（北二倉），倉（北三倉）	
	②　東大衆院	［築地］，［西門］，［東小門］，務屋，□屋，竈屋，倉（北東角倉），倉（中倉），酒屋	10—3—35，36
	北区画	［築地］	
	③　南院	［築地］，［南建物］，［北建物］，［南東建物］，［南西建物］，［北東建物］，［北西建物］	10—3—35，10—4—2
	④　馬屋	［区画施設］，馬屋	10—3—35
B	周辺寺領		
1	寺田		9—3—35，9—4—15，16，17，18，10—3—34，35，36，10—4—1，2，3，9，10，11，12，13，14，15，16，21，22，23，24
2	寺畠		10—3—33，34，10—4—3，4，5，8，9，10，16，17
3	寺林		
	①　寺林		10—4—14
	②　寺栗林		10—3—27，28，33，34
	③　橡林		10—3—34
4	寺楊原		10—3—22，23，26，27，34，10—4—3
5	寺岡		9—3—21，22，23，25，26，28，29，31，32，35，36，9—4—2，6，11，14，15，16，17，18，20，21，22，10—4—23，24
C	その他		
1	境界施設		
	①　門	（冠木門＊）	10—3—35
	②　石柱	石柱＊，石柱＊，石柱＊	9—3—29，32，9—4—11
2	寺池	寺小手池，堤	9—3—36，9—4—1，11，12
3	墓	船墓，墓，□墓，墓（墓 約 16 基）	9—3—26，31，9—4—15，16，17，21，22，10—3—36，10—4—13，14，15，22，23，24
4	道		（略）

＊建図（立面図法）で描写，［　］は推定（文字表記のないもの）．

寺院地が存在する坪ごとに、その坪の面積内訳を見ると、「寺院」の面積とその他の地種の面積を合計して、いずれもちょうど一町となっている。それらの坪の「寺院」以外の地種は、いずれも寺田・公田などの田地であり、もともと田籍・田図などによって面積が公的に把握されている地種である。額田寺が条里地割の及ばない丘陵地上に所在することとあわせ考えると、ここに記載のある「寺院」の面積とは、坪ごとに登録されている田地の面積を一町から差し引いて算出されたことが考えられる。額田寺の所在する丘陵地を含む坪に関して、坪内の既に登録されている田地を除いた部分が、寺院地とされたのだと思われる。これは、額田寺図自体の作成契機・目的の検討とも関わる問題であり、額田寺図が寺領を新たに確定する作業と密接に関わって作成されたと思われることからいえば[20]、寺院地についてもその所属・面積の確定が、こうした方法で行われたとの想定ができるのではなかろうか[21]。

額田寺の伽藍・雑舎の敷地は、図の描写では寺院地の範囲内のより小さな区画として描かれている[22]。寺院地のうち、これらの敷地以外の部分は緑色系顔料で彩色されている。額田寺図では、岡・原・林・畠・庄・家等の地種にこうした彩色が施されている[23]。これらの部分には、推古神社古墳（十条三里三六坪の西北にある横向き鍵穴形の記載）[24]や、道が書き込まれていることから、寺院地の中に伽藍・雑舎の敷地以外の部分が現実に存在したことは確実である。ただし、その面積や、それらの部分がどのように利用されていたかは不明である。彩色部分の北方は寺岡（九条四里六坪）、東北方は日根連千虫家・巨勢朝臣古麻呂家（九条三里三一坪）、東南方は額寺楊原（十条三里二六坪）・橡林（十条三里三四坪）、南方は寺畠（十条四里三坪）、西方は寺林（十条四里一四坪）に連続している。伽藍・雑舎の敷地以外の寺院地については、岡・原・林・畠などと同様の土地であることや、あるいは家地が存在することなどが考えられるであろう[25]。

寺院地の輪郭線は、図中では丹の線（朱色の線）で描かれている。丹の線は、額田寺図では、地目の境界線、指図（平面図法）での建物等構造物の輪郭線、建図（立面図法）での構造物の描写に用いられているものである。寺院地の東方や西方に見られる輪郭線は、丘陵地と田地との地形変換線に相当するものであろう。塀や柵などの何らかの人為的な境界施設が、全部ないし部分的に存在した可能性もなくはないが、曲線的に出入りのある輪郭線となっているから、築地のような施設を想定するのは困難に思われる。

建物群の構成

額田寺の伽藍・雑舎の敷地は、全体としてほぼ東西に長い方形をなしている(26)。その中の建物群は、記載のあり様から、西半の中心伽藍と、東半の雑舎に分けられるであろう。東西の長さは、雑舎域のほうがやや短い。雑舎域の北四分の三ほどは、中心伽藍域と築地等で連続する区画となっており、その内部はさらに、中心伽藍域の東に隣接する区域〔東方雑舎と仮称(27)〕と、その東にあって周囲を区画され「東太衆」と書き込まれた区域〔東大衆院〕に分けられる。雑舎域の南四分の一は、中心伽藍や上記の雑舎とは別の区画となっており、西に「南院」と書き込まれた独立区画〔南院〕、東に馬屋からなる独立区画が並んでいる。この雑舎域の南と北の区画の間には、東西方向の道が通っており〔額田寺南道〕、道を西に進むと中心伽藍の東辺南門〔後述〕に突き当たる。道はそこで南に折れ、中心伽藍南辺に出て西へ折れ、南大門を経てさらに西に続いている。

中心伽藍

中心伽藍のある敷地は、十条四里一・二・一一・一二坪の四箇坪にまたがる形でほぼ正方形の区画として描かれており、東方の食堂のある部分が東方雑舎域に矩形にはみ出す形となっている。図では一辺一・三町〔約一四四メートル〕ほどの大きさで描かれているが、これが実際の規模を示すものかどうか、断定は難しい。敷地の輪郭線は丹の線で直線的に描かれており、門が取り付いていることからみて、単なる地目の境ではなく、築地などの区画施設の存在を示すものと思われる。

この区画には、建図（立面図法）で八棟、指図（平面図法）で一〇棟の建物が丹の線で描かれている。ただ、建図の建物の屋根は、丹でなく墨で黒く塗られており、瓦葺の建物を表現しているのであろう。建図と指図の表現の違いは、あるいは瓦葺の建物とそれ以外の建物とを区別しているのかもしれない。

建図で描かれる建物には、東西の中軸線（坪界線に相当）上に南北に並ぶ四棟がある（南から南大門・中門・金堂・講堂）。中央の二棟が矩形の線でつながれているのは、中門と金堂の区画を廻廊などの施設で囲んでいるものと考えられる。この廻廊外の東南方には三重塔が描かれている。また金堂と講堂の間の東方には、「僧房」と文字で註記のある建物がある（中央東僧房）。建図で描かれた建物で文字記載があるのはこれが唯一の例である。同形の建物は、講堂の背後の北辺に沿って東西に各一棟が、中軸線をはさんで対称の位置に描かれている。文字記載はないがやはり僧房であろう（北僧房東棟・北僧房西棟）。(28)

これらの建物をもう少し詳しく見ていくと、まず南大門は、基壇があり、正面三間・側面二間、単層、切妻造り、平入りで、八脚門として描かれている。正面中央一間の内部の塗りつぶされた部分は開口部を示すものであろう。南大門の正面には、敷地の南面を東西に通る額田寺南道が左右からつながってくる形となっている。建図で表記された建物は、南大門を除き正面から見た視点で描かれているが、南大門だけは正面向かってやや左寄りからの視点で描かれている。このため側面の間数が知られるのであるが、建物自体はわずかに東を向いた形に見える。(29)

中門は、基壇の表現はなく、正面三間・単層で、屋根は寄棟造り（ないし入母屋造り。以下同じ）のごとくである。隅棟の先端の跳ねをかなり強く表現しており、あるいは後述する金堂のように跳ねの部分を三重ないし二重に描いているのかもしれないが、図の現状からは見分けられない。軒下には組物等が表現されており、頭貫・丸桁等の横材と、柱の上の三斗、さらに出組ないし軒廻の垂木を描いているごとくである。開口部と思われる正面中央一間の内部の塗りつぶしは、一間の幅全体に及んでいるように見える。正面の桁行は南大門より小ぶりに描かれている。

金堂は、基壇があり、正面三間、単層、寄棟造り。隅棟の先端の跳ねが三重に表現されており、稚児棟のような形態を示しているのであろう。軒下の組物の表現は、中門より高さ・幅ともかなり大きく、あるいは二手先のような組物を表現しているのかもしれない。中央一間の内部に、開口部を示すと思われる塗りつぶしがある。正面の桁行は南大門よりさらに大きく描かれている。なお、正面三間の描写が、実際の建物の間数を示していない可能性が指摘されている(30)。

講堂は、基壇があり、正面三面、単層、寄棟造り、隅棟先端の跳ねを三重に表現し、軒下に組物が描かれている。正面に開口部を示すような塗りつぶしはない。正面の規模は金堂と同程度であるが、軒下の表現は金堂よりは簡素で、そのため高さは金堂より低くなっている。

三重塔は、基壇があり、正面三間で、中央一間の内部に開口部と思われる塗りつぶしがある。屋根は三層で、各層の軒下に組物が表現されている。隅棟の跳ねの表現は現状では判然としない。屋根は上層にいくほど小さくなっている。三層の上には相輪があり、細かく見分けることは難しいが、露盤・伏鉢・請花、九輪、水煙、龍車・宝珠などが描かれているのであろう。水煙の描写は大きめではっきりしている。

中央東僧房は、正面五間、単層、寄棟造りで、隅棟の跳ねが強く描かれている。基壇は描かれていない。軒下の組物は判然としないが、間斗束がある程度の簡素なもののごとくである。開口部も描かれていない。北僧房東棟・西棟も同じ表現となっている。

次に、指図で描かれる建物では、中門と金堂の間の東辺寄りにやや縦長の方形が記されており、「正倉」と文字の記載がある。

正倉の東側で敷地が矩形に東に張り出しており、ここには「食堂」と記載のあるやや横長の建物がある。正倉と食堂は北辺をほぼそろえている。また、食堂の西辺の線は、南に延びて敷地の輪郭線とつながるように描かれており、目隠し的な塀または築地があるものと思われる。(31)

敷地の北方には、縦長方形の南北棟が、東辺寄りに東西に並んで二棟、西辺寄りにも同様に二棟、合計四棟が東西対称に描かれている。文字記載がないため、いかなる建物かは推測するしかないが、これら四棟が同規格・左右対称に描かれていることから、同種の建物と見るべきである。他所で示しているのでここでの註記を略したものとすれば、正倉かまたは僧房となろう。かなり長大な建物である点から、ここでは僧房と考えておきたい(32)〔北東僧房東棟・北東僧房西棟・北西僧房東棟・北西僧房西棟〕。僧房であれば、相互の間隔がかなり離れはするが、北僧房東棟・西棟とあわせて講堂の北・東・西に僧房が配置されるいわゆる三面僧房の形といえよう。また、北東僧房・北西僧房のそれぞれ東棟と西棟は、大房と小子房の組み合わせを示すとも考えられるであろう。(33)

敷地の輪郭線上には、西辺に一つ、東辺に三つ、合計四つの方形が書き込まれており、東辺の一番南の方形に「門」と文字の記載があることから、いずれも門を表現したものであろう。東辺には、北寄りにあって東方雑舎域の倉庫地区〔後述〕に通じる門〔東辺北門〕、中央やや南より、矩形に東に張り出した部分から東方雑舎域の厨地区〔後述〕に通じる門〔東辺中門〕、南寄りにあって敷地外に通じる門〔東辺南門〕がある。西辺の門は、北寄りの東辺北門と対称の位置にある〔西辺北門〕。

東方雑舎

東方雑舎域は、十条三里三五・三六坪、十条四里一・二坪の四箇坪にまたがっている。西は、中心伽藍域東辺の北四分の三ほどに接し、東南の東大衆院の区画とあわせてほぼ一町四方ほどの大きさの正方形に描かれている。ただし、西南の角は、中心伽藍域東辺の張り出し部に取り込まれている。東方雑舎域の北と南の輪郭線は、丹の線で直線的に描かれ、門が取り付いていることからみて、築地等の区画施設を示しているのであろう。東の輪郭線は、寺院地の輪郭線に相当し、曲線的に出入りのある地形変更線に相当すると思われ、区画施設の有無は断定できない（前述）。なお、東方雑舎域の東西中央付近に、十条三里と四里の里界線が南北に二重線で描かれているが、この二重の里界線は額田寺図の基図として用いられた校班田図の記載様式に由来するもので、実際に里と里の間に余剰帯のごとき余地があるのではないと考えられる(34)。

東方雑舎域に含まれる建物は全部で一一棟あり、いずれも丹の線で指図として描かれている。これらの建物は、配置や建物の性格から、南地区と北地区に分けられそうである。南地区は、中心伽藍域東張り出し部付近と東大衆院にはさまれた部分で、食殿・竈屋があり、いわば額田寺の厨地区に相当すると思われる。北地区は東方雑舎域の北半で、倉・板屋・瓦屋等があり、倉庫地区に相当しよう。

厨地区から見ていくと、中心伽藍域東辺とその張り出し部の北辺に接して横長方形の建物があり、「食殿」と文字表記がある。その東方に、縦長方形の「竈屋」と注記のある建物がある。竈屋のすぐ南西に、中心伽藍域東張り出し部に取り付いた東辺中門がある。東辺中門は、食堂と厨地区の通路となる門ということになる。敷地南辺の東大衆院寄りのところには、輪郭線にまたがって方形が描かれており、文字表記はないが門を示すものであろう（南門）。門の外は額田寺南道が東西に通っており、向かい側は南院である。

倉庫地区はかなり企画性のある建物配置をなしている。この地区の南と北に、それぞれ「板屋」、「瓦屋」と文字表記のある同規模の横長方形建物二棟が建っており、瓦屋は敷地北辺に接している。両者を結ぶラインがいわば倉庫地区の南北の中軸線に当たる。図では、このラインが十条三里と四里の境界にのる形で描かれている。板屋は板材を収納する倉、瓦屋は瓦を収納する倉と思われる。(35) 板屋の東と西、やや北に上がったところには、中軸線をはさんでほぼ対称の位置にそれぞれ「倉」と表記のある建物が一棟ずつ建っている〔東倉・西倉〕。また、板屋と瓦屋の間にも、「倉」と表記のある建物三棟が東西に等間隔で並んでいる〔東から順に北一倉・北二倉・北三倉〕。北二倉が中軸線上にあり、北一倉・北三倉はその左右に対称に配置されている。北一倉は、後述する東大衆院の北区画に接しているごとくである。敷地北辺の中心伽藍寄りには、輪郭線にまたがって方形が描かれ、「北門」と文字表記がある。また、西倉のすぐ西には中心伽藍域の東辺北門があり、この門は中心伽藍と倉庫地区の出入りや、右の東方雑舎北門との往来に用いられたことが考えられる。図によると、北門を出たすぐ東側には、敷地北辺から十条四里一坪の北の界線に至るまで、南北の丹の線が直線的に引かれている。同坪の北は条里の境〔条界〕でもあり、またその境界上を東西方向の道〔額田寺北道〕が通っている。これらを勘案すると、北門は額田寺北道に通じる門であり、門から道までの通路部分の東側には築地・塀など何らかの区画施設があったとの想定が可能であろう。また、この通路部分の西側の額田寺北道に近いあたりに、額田寺に所属する垣陸田が記載されていることから考えると、通路の両側に垣があったのかもしれない。

東大衆院

東大衆院は、中心伽藍域の東に続く方一町ほどの大きさに描かれた区画の東南部を占め、周囲を丹の線で直線的に区画されている。門が取り付いていることから、築地等の区画施設を示すものであろう。東大衆院は一辺〇・四町ほどの方形をなす区画として描かれ、その中央に「東太衆」と文字表記がある。なお、その北に東西幅は同じで南北〇・二町ほどの区画が伸びており、ここでは東大衆院に付属する区画として扱っておきたい〔東大衆院北区画〕。大衆院という名称は、各種資財帳類にも見え、寺院の管理・運営・事務をつかさどる施設と考えられる。

東大衆院に含まれる建物は八棟で、いずれも丹の線で指図として描かれている。北辺中央やや西寄りには、北辺に接して横長方形の建物が描かれ、「務屋」と文字表記がある。務屋は政所に相当する事務管理の中心施設と考えられる。務屋のすぐ西側には、西辺の輪郭線にまたがる形で方形の建物があり、文字表記はないが、門を示すものであろう〔西門〕。西門は東方雑舎域に通じ、中心伽藍の東辺南門や東方雑舎南門への通路ともなっていたであろう。また、西門を入るとまず務屋に至る配置になっているものと思われる。西辺の中央よりやや南に下がったあたりには、西辺に接して縦長方形の建物が描かれ、「□屋」と文字表記がある（一文字目は判読不能）〔某屋〕。南辺の中央より東寄りには、南辺に接して横長方形の建物があり、「竈屋」と表記がある。東辺の中央やや北寄りには、東辺の外側に接する形で縦長方形の建物があり、建物名称の表記がある。その一文字目は判読が難しいが、額田寺図の復原複製作製時の調査に基づき、「酒屋」と判読しておく(36)。酒屋は、酒の醸造・貯蔵施設と考えられるが、あるいは東大衆院に属さない外部から出入りする施設であるかもしれない(37)。酒屋の南に接して、輪郭線にまたがって小方形の建物がある。文字表記はないが、門の存在を示すものであろう〔東小門〕。酒屋の北、東大衆院の東北角には、東辺と北辺に接して方形の建物があり、「倉」と表記がある〔北東角倉〕。北東角倉の西南にも、同型の方形の建物があり、やはり「倉」と表記されている〔中倉〕。東大衆院は、中倉を除き建物を外周に沿って配置し、中庭に空間を設けた構造となっている。事務的性格を持つ施設の建物配置の特徴として注目される。

東大衆院の北区画は、内部に建物などは描かれておらず、その性格等は不明とせざるをえない。南辺には東大衆院の務屋が接しており、またその東端には北東角倉が接している。また、北区画の北辺に接して東方雑舎の東倉が存在する。このほか北区画に出入りする門などの記載はない。あるいはこの区画は、東大衆院の務屋に付属する空間で、倉の出納と何らか関わりを持つのかもしれない。

南　院

南院は、東方雑舎域の額田寺南道を隔てた南側にあり、図では東西〇・五町程度、南北〇・二町程度の大きさの横長方形に描かれ、内部に「南院」と文字表記がある。輪郭線は丹の線で直線状に描かれており、築地等の区画施設を示すと思われる。区画内には、建物六棟が丹の線で指図として描かれている。各建物には文字表記がなく、いかなる性格の建物かは不明である。区画の東西中央には、南辺と北辺に沿って同型の横長方形の建物が向かい合うような形で二棟建っており〔南建物・北建物〕、両者はちょうど十条三里三五坪と十条四里二坪の里界線にまたがる形となっている。南建物の東方には、東辺に沿ってやや縦長の方形の建物があり〔南東建物〕、西方には、西南隅に沿う形で曲屋状（L字型）の建物が描かれている〔南西建物〕。北建物の東方には、方形の建物があり〔北東建物〕、あるいは倉かと思われる。同じく西方には、縦長方形の建物がある〔北西建物〕。

馬　屋

馬屋は、南院の東に位置し、東大衆院とは額田寺南道を隔てた南側にあたる。敷地は、一辺〇・二町程度の大きさの方形に描かれている。輪郭線は丹の線で直線状に描かれており、何らかの区画施設の存在を示すと思われる。区画内には、西辺の中央やや南に寄ったところに、西辺に接して縦長方形の建物が丹の線で描かれているのみである。この建物には、「馬屋」と文字表記がある。馬屋は、各種の資財帳類にも見えるものであり、厩舎の建物とその前面の区画された馬場を描いているのかもしれない。

その他の施設等

上に述べた以外に額田寺と関わる寺院周辺の特徴的な施設・景観について整理しておきたい。

第一は、寺院の領域への入り口を示す門の存在である。寺院地の東方、十条三里三五坪の東辺にあって、額田寺南道をまたぐ形の井桁状の記載がこれにあたる。これは、二本柱の上に横桁をわたした冠木門のごとき簡素な構造の門を東から見た視点で描いていると考えられる。この門の前は、額田部丘陵の東方から来た道の分岐点となっており、一本は冠木門を入ってそのまま西の額田寺の方向へ向かい（額田寺南道）、もう一本は、三五坪の東辺に沿って北に進み、三六坪の東辺を経て同坪の北辺に出たところで左に折れて、九条と十条の条の境界を西に進んでいる（額田寺北道）[38]。したがって、この門は額田寺（の領域）への入り口を示すものといえよう。

第二に、額田寺南大門前の広場の描写にも注目できる。南大門の前面、十条四里三坪および一〇坪にかけて、丘陵が南に張り出しており、そこに大きな樹木が描かれている。額田寺図の中に樹木はこの他にも描かれているが、大きさや筆致の細かさなどからみて、この樹木の描写に込められた特別な意識がうかがわれる。この樹木の前面には「槻本田」（十条四里三坪）が広がっており、田の名称のもととなった槻の木を描いているごとくである。寺辺の槻の木としては、『日本書紀』にしばしば登場する飛鳥寺の西の槻の木が著名である[39]。槻の木とその下の広場は、そこに集う人々の一体性の意識と関わりを持つ場のようであり、額田寺図に描かれた景観も、そうした特別な場としての性格を示していると思われる[40]。

三　寺領の構成

寺　領

額田寺図の中で、寺院地を除いて寺に所属する土地の地目として見られるのは、田・畠・林（栗林・橡林）・原（楊原）・岡である。地目の境界はおおむね丹の線で描かれており、部分的に道を描くベンガラの線などが地目の境となっている部分もある。地目内部は、田を除いて、緑青系の顔料で彩色されている。田は無彩色である。これらの寺領が寺院地の周辺に広がる形となっているが、おおよその分布の特徴として、寺岡が寺院地の北方の丘陵地に広がること、寺田のほとんどが寺院地の東方・南方・西方の近傍に所在していること、それらの地域の田地でない部分がおおむね寺楊原・寺林（栗林・橡林）・寺畠とされ、その一部は丘陵南方で合流する河川（佐保川・初瀬川・大和川等）の南岸に及んでいることなどを指摘できる。寺領とその他の土地との境界は、地目の境を示す丹の線などでおおむね明瞭に区別することができる。この境界線のうち、丘陵北辺の寺岡と公地・公田との境を画する線の上に、やや誇張された形で自然石を利用して立てられたような石柱一基が建図で描かれている（九条四里一一坪）。同様の石柱は、丘陵内の寺岡と巨勢朝臣古万呂家（地）等を画する線の上にも二基描かれている。これらの石柱には「石柱寺立（石柱立）」と注記があり、寺領の境界を明らかにする目的で寺が構築したものであろう。また、現状では「緑青焼け」によって料布が傷んで欠損しているが、図の北辺中央にほぼ二箇坪分の大きさを持つ池が描かれており（九条三里三六坪、九条四里一坪）、その東隣の坪に「寺小手池」とあるのが、この池の所属と名称を示しているのであろう。池の西端には丹で描かれた「堤」の描写が残っている。この池も寺に所属する施設であり、池の水は丘陵の西側を経て寺院西方の寺田の灌漑に利用されていたのかもしれない。[41]また、池の南方に「池心」とされる地目と地積が表記されているが、増水時に池となる部分を示しているのであろう。

寺田

寺田は、一定の地域的まとまりをもって所在している。[42]一つは、寺院地東方の寺田で、東は公田と隣接している（十条三里三五・三六坪）。第二は、寺院地の南方の寺田で、北は額田部丘陵に、南は佐保川・大和川（の自然堤防）に、西は「古堤」（十条四里一五坪）に画されている（十条三里三四・三五坪、十条四里二・三・九・一〇・一五・一六坪）。第三は、寺院地の西方から南西方の寺田である（九条四里一八坪、十条四里一一・一二・一三・一四・二一・二二・二三坪）。この他、丘陵内の小区画的な寺田と小手池の南に隣接する墾田がある。

また、寺田はその表記様式から二種類に分けられる。(43)一つは、「川原田」「小荒木田」といったいわゆる小字地名的名称の付された田（a類）であり、もう一つは、単に「寺田」とあって小字地名的名称が付されていない田（b類）である。小字地名的名称は、条里プラン完成以前の土地管理システムにおいて、国家が管理する田地に対してその区別のために付した名称と考えられ、したがって、a類はより早い段階で直接的な国家的管理下に置かれていた田ということになる。一方、小字地名的名称の付されていないb類の田は、条里プラン完成以前の段階では直接的な国家的管理下になかったこと、すなわちより古い時期からの寺田であったことが想定されるという。b類の寺田は、寺院地東方の雑舎域に隣接した地域、寺院地南西の「古堤」の西方地域、額田部狐塚古墳の周濠部分（九条四里一五・一六坪）などに所在しており、(44)上記の想定に従えば、これらの田が額田寺ないし額田部氏にとってより根源的な所領ということになる。また、寺院地の南方及び西方に隣接するa類の寺田は、後次的に設定されたものとなろう。(45)

寺　畠

畠は、律令制的土地制度における地目では園地に相当するものと思われる。額田寺図で畠は、額田寺南方の河川合流部の両岸に分布している。寺畠の存在から、額田寺による積極的な畑作経営をうかがわせるとする指摘がなされている。(46)ただ、畑作の重要性は事実だとしても、当時の法的位置付けとしての畠が必ずしも土地利用としての畑作だけを意味するのではなく、田と峻別できないような土地利用も含む場合があり、額田寺図の畠には自然堤防性の微高地もあれば、逆に低湿な部分も含んでいたと考えるべきことも指摘されている。(47)

寺　林

額田寺図には林が三箇所に見られる。寺院地東南の佐保川北岸近くの「橡林」（十条三里三四坪）、さらにその東南の佐保川南岸に所在する「（額）寺栗林」（十条三里二七・二八・三三・三四坪）、寺院地西方の「寺林」（十条四里一四坪）である。このうち「橡林」については所属が明記されていないが、周囲が寺領で囲まれており、額田寺の所属とみなしてよいであろう。

律令制的土地制度における地目としての林は、自然のままの山林を指すのではなく、人工を加えて樹を栽えた地を指している。これらの寺林も、額田寺によって手を加えられて維持育成されていたものと思われる。栗や橡は建築材として有用なばかりでなく、その実を食用に供することができる点でも重要であることが指摘されている。(48) なお、十条四里一四坪の「寺林」は、「古堤」と連続する地形として描かれ、その中でこの部分だけが「寺林」として地積が表記されている。樹種を明記していないことも特徴的である。一四坪にはほかに「寺墓田」が存在するが、「寺林」と「寺墓田」の面積を足し合わせるとちょうど一町になる。この点からみると、この部分の「寺林」の面積は、坪全体から「寺墓田」の面積を差し引いて算出された可能性が考えられる。栗林や橡林の部分には見られない樹木の描写がこの「寺林」の部分に施されていることと考え合わせると、額田寺図が主張しようとする内容の一つのポイントがこの部分に置かれているように感じられる。

寺楊原

楊原は、寺院地への入り口を示すと思われる冠木門状の構築物の東方に広がり、さらにその西の佐保川北岸に分布している（十条三里二二・二三・二六・二七・三四坪、十条四里三坪）。地目内には樹木が描写されている部分があり、樹木の形状は他所に描かれている樹木とは若干異なっており、楊（柳）を表現しているのかもしれない。原は、他の荘園図等の例から考えて、律令制土地制度でいうところの空閑地を指すものであろう。(49) 空閑地は、未開墾であるが開墾して水田化される可能性において名付けられる地目である。この点から、楊原は微高地と見るよりは低湿な環境を想定するほうが適当に思われる。楊（柳）については、仏具等への加工材としての用途や、河川の氾濫防備のための役割が指摘されているが、(50) 氾濫防備といっても川道側にあって河流をゆるめ、侵食を防ぐ機能として考えるべきであろう。(51) なお、十条四里三坪の楊原は、畠と同じ地目の中に文字表記がされているが、楊原であるのは佐保川北岸沿いの道と河岸との間の土地であろう。

寺　岡

額田寺図では額田寺北方に広がる丘陵地が寺岡となっている。ただし、丘陵の東南方は、法花寺庄、巨勢朝臣古麻呂家（地）、日根連千虫家、中臣朝臣毛人家となっており、寺岡には含まれていない。「寺岡」と表記があるのは、寺岡の外周部分にあたる坪だけであり、これによってその内部全体が寺岡であることを示す表現になっているのであろう。寺岡内部には、丘陵の地形を示す山の稜線が墨線で描かれ、稜線沿いやその他の樹木、叢などが墨と緑青系顔料を用いて絵画的に描かれている。これらの描写から、丘陵地は草原として表現されており、丘陵内に厩田があることなどとあわせて、額田部氏とゆかりの深い馬の放牧地としての利用を推定する見解もある。(52)

おわりに

以上、額田寺図から得られる寺の空間構成に関する情報を整理してきたが、最後に問題となるのは、図に描写された内容と実際の景観との関係をどのように評価するかという点ではないだろうか。額田寺図は、ある種の地図ではあるが、縮尺・方位等のそろった現代の地図とはまったく異なるものである。存在する事象が正確に、あるがままに描かれているとは限らず、場合によってはそこにあるものが描かれていなかったり、ないものが描かれていたりということもありうるであろう。図の表現には、その一つ一つにそのように描写した理由があり、本来であればその理由を明らかにしなくては正確な図の読解には到達できないといってもよいであろう。その点でいえば、ここまで見てきたことは、図の描写がそうなっているということに過ぎず、それが当時の実際の景観であったことを何ら保証していない。むろん実際には、地形と一定の対応関係が存在し、現実とまったく異なる内容を描かれているとは考えにくい。しかし、一々の事象の評価に当たっては、この点十分に留意する必要があろう。

額田寺図において、描写と実態に齟齬が生じる大きな要因の一つは、条里プランとの関係である。額田寺図は、条里プランに基づく方格を基本的な枠組みとして描かれているが、条里プランが施行されていない丘陵地や、その周辺の偏向した条里地割の景観がどのように描きこまれたかは問題であり、それは根本的には、そうした地域において条里プランに基づく土地把握がどのように適用されたかに帰結する問題でもある。

端的な例を挙げれば、額田寺の中心伽藍の中軸線や、東方雑舎の板屋・瓦屋のライン、南院の南建物・北建物のラインが、坪界線・里界線にのることをどう評価できるだろうか。一つは、このことによって額田寺の建物の造営に先行して条里地割が施行されていたと見る立場がある。しかしその場合、額田寺の寺院地ないし敷地域の大きさが条里地割と整合せず中途半端な大きさであることが理解しにくい。この点から、中軸線等と条里の界線が一致するのは図の表現のための便宜上の構図であり、条里地割の存在が建物造営に先行するわけではないと指摘されている。(53) しかし、別の考え方をすれば、額田寺の所在する丘陵地を条里プランに基づいて把握しようとする際に、既に存在する建物の中軸線等を里や坪の界線に相当するものと読みかえ、それに基づいて条里プランを当てはめていた可能性もあるのではなかろうか。(54) その地域では、建物の中軸線等を里や坪の界線に読みかえることで、条里プランによる土地把握を適用したと考えるのである。この場合、条里プランの適用が図に描かれた寺の造営より遅れることになるが、それまで条里プランが及んでいなかった丘陵上の限られた部分への条里プラン適用に関しては、このような場合もあったのではなかろうか。額田寺図の作製と、それにともなう寺域の確定、そしてそのための部分的な条里プランの新たな適用が相互に連関する作業として一時期に行われるような状況を想定すればわかりやすいであろう。

寺院の空間構成を考える上で、条里プランとの関わりとはまた違った点で描写と実態との関係が問題となるのは、描かれた対象の実在性と不在性である。すなわち、描かれている建物・施設が実際にすべて存在したのか、逆に描かれていないものは実際にも存在しないのかという問題である。額田寺図に描かれた建物・施設は多数に及び、これらは額田寺の建物等を書き上げた何らかの資料に基づいて描かれたものと思われる。図には「大和国印」が捺されており、記載内容は国司の認定を受けたと考えられるが、その場合も、そうした資料との照合が必要であったのではなかろうか。たとえば資財帳のような資料が考えられよう。こうした想定をした場合、額田寺図の中で名称の記されていない建物をどう評価するかという問題が発生する。それらは、そうした照合すべき資料に掲載されていない建物である可能性があると思う。ただ、図に描かれた建物等の様相や配置はきわめて具体的で、建物の用途と配置の連関をうかがわせる事例もあることから、名称表記のない建物すべてが実際には存在しなかったとは考えにくい。もちろん資財帳などに掲載されない軽微な建物があったとすれば別であるが、中心伽藍を構成する建物についてそうしたことは考えがたい。とすれば、それらの建物は造営完了まもないか、または造営途中であり、資財帳等にはまだ登録されていない状況、ないしは額田寺図と並行して資財帳等が作成されている状況を想定できるのではなかろうか。額田寺図作製の背景として、額田寺の拡充造営との関わりが考えられるかもしれない。

逆に、こうした資料の存在を考えると、そこに登録されないような建物・施設は、特に事情がない限り図に記載されていないことが考えられる。いわば、寺院地内に存在するものとして登録されるのがふさわしくない建物・施設はここに描かれていない可能性があると思う。このことは、額田寺の周囲に額田部氏の拠点と関連するような建物・施設の記載・描写が見られないことの評価と関連する。額田寺が額田部氏の本拠に造営されているとすれば、寺の近傍にその居宅（群）が存在することが想定されるが、図内に該当するものは明確な形では描かれていない。東方雑舎ないし東大衆院・南院がそうした一族結集の拠点に当たるのではないかとの指摘があり、(55)それも一つの考え方であろう。また、額田部氏の拠点は、より西方の図の欠損した部分にあったとの想定もありうるであろう。もう一つ考えられるのは、図では建物・施設の存在が示されてはいないけれども、額田寺の寺院地のうち伽藍・雑舎の敷地以外の部分が、実際は額田部氏一族の家地となっていた可能性もあるのではないだろうか。(56)

額田寺図に含まれる情報は豊富であり、また図の史料的性格の解明になお流動的な部分があることから、寺院の空間構成について額田寺図からいかなる内容を読み取るか、結局のところ多くの課題を残したままになったように思われる。この点大方のご寛恕を乞うとともに、より多様な観点から額田寺図の検討が行われることを願いたい。

註

（1）「古代荘園図」という用語については、石上英一ａ「古代荘園図」（同ほか編『新版　古代の日本10　古代資料研究の方法』角川書店、一九九三年、のち同『古代荘園史料の基礎的研究』上に序論として加筆して収録、塙書房、一九九七年）、同ｂ「古代荘園と荘園図」（金田章裕ほか編『日本古代荘園図』東京大学出版会、一九九六年）参照。

（2）以下に述べる額田寺図・東大寺山堺四至図以外では、山城国葛野郡班田図と、越中国砺波郡伊加留岐村墾田地図（神護景雲元年）に寺の記載がある。葛野郡班田図では、条里の坪を示す方格の中に、「栗原寺」（一条小倉里）、「栖霞寺」（一条小倉里・社里）、「壇林寺」（一条社里）と記されており、当該坪の中にそれらの寺が所在することを示している。ただし、坪内部の堂舎・施設等については記載がなく、寺内の空間構成等を知ることはできない。

伊加留岐村墾田地図では、条里の二箇坪にまたがる形で「般若寺」と記載があり、この二箇坪に般若寺と称する寺が所在することを示しているものと思われるが、やはり坪の内部の景観等は描かれていない。また、この「般若寺」の記載については、寺そのものの存在を示すのではなく、寺の所領の所在を示したものと見る余地もあり、その場合、この「般若寺」が大和国の般若寺である可能性も指摘されている（金田章裕・田島公「越中国砺波郡東大寺領荘園図」田島公氏執筆部分、註（1）『日本古代荘園図』）。

（3）東大寺山堺四至図の研究概要については、吉川真司「東大寺山堺四至図」（註（1）『日本古代荘園図』）参照。またその後の研究に、同「東大寺の古層―東大寺丸山西遺跡考―」（『南都仏教』七八、二〇〇〇年）がある。

（4）石田茂作『飛鳥時代寺院址の研究』（聖徳太子奉賛会、一九三六年）、福山敏男『奈良朝寺院の研究』（高桐書院、一九四八年）、米倉二郎「庄園図の歴史地理的考察」（『広島大学文学部紀要』一二、一九五七年）、狩野久「額田部連と飽波評」（同『日本古代の国家と都城』東京大学出版会、一九九一年、初出一九八四年を一部補訂）など。なお、額田寺図に関する研究概要については、拙稿「額田寺伽藍並条里図」（註（1）『日本古代荘園図』、本書第Ⅲ部第二章）参照。

（5）東京大学史料編纂所編『日本荘園絵図聚影』三（東京大学出版会、一九八八年）。なお、額田寺図の調査概要と釈文を、拙稿「荘園絵図調査報告七　額田寺伽藍並条里図」（『東京大学史料編纂所研究紀要』五、一九九五年。荘園絵図研究グループとして執筆）に掲載している。なお、本論では、額田寺図の記載については、この釈文及び次に述べる復原複製を参照する。

（6）額田寺図の復原複製の作製については、国立歴史民俗博物館編『図録　荘園絵図とその世界』（同館、一九九三年）、石上英一註（1）論文a、拙稿「『額田寺伽藍並条里図』の復原をめぐって」（『条里制研究』九、一九九三年、本書第Ⅲ部第一章）、村岡ゆかり「額田寺伽藍並条里図の復元模写製作」（『東京大学史料編纂所研究紀要』四、一九九四年）等参照。

（7）なお、国立歴史民俗博物館では、復原複製図の完成をうけて、一九九四～九六年度に共同研究「古代荘園絵図と在地社会についての史的研究―「額田寺伽藍並条里図」の分析」を実施し、その報告が『国立歴史民俗博物館研究報告』八八（二〇〇一年）に収録されている。

（8）以上、註（6）の復原複製に関する報告を参照。

（9）註（4）拙稿。

（10）金田章裕「大和国額田寺伽藍並条里図」（同『古代荘園図と景観』第二章三、吉川弘文館、一九九八年）。

(11) 金田章裕註(10)論文、註(4)拙稿、拙稿「「額田寺伽藍並条里図」の作成過程について―寺領認定と額田寺図―」(註(7)『国立歴史民俗博物館研究報告』八八、本書第Ⅲ部第三章)。
(12) このほか、承平元年(九三一)神護寺実録帳(『平安遺文』一―二三七号)に「神護寺図」が見え、寛平二年(八九〇)頃作成の広隆寺資財交替実録帳(『平安遺文』一―一七五号)にも広隆寺の「画図」及び「文図」が見える。註(4)拙稿。
(13) 狩野久註(4)論文。
(14) 服部伊久男「国宝額田寺伽藍並条里図にみえる墓について」(『同志社大学考古学シリーズⅤ 考古学と生活文化』同シリーズ刊行会、一九九二年)、石上英一註(1)論文a。
(15) 服部伊久男註(14)論文、同「条里図と四至図」(『同志社大学考古学シリーズⅥ 考古学と信仰』同シリーズ刊行会、一九九四年)。
(16) 石田茂作註(4)著書、福山敏男註(4)著書、狩野久註(4)論文等参照。
(17) 石田茂作註(4)著書、山川均『大和郡山市文化財調査概要三四 額田寺旧境内表採軒瓦調査報告』(大和郡山市教育委員会、一九九五年。同市教委編として執筆)。
(18) 前園実知雄「大和郡山市額安寺旧境内発掘調査概報」(奈良県立橿原考古学研究所編『奈良県遺跡調査概報一九八五年度(第二分冊)』同所、一九八六年)。
(19) 石田茂作註(4)著書、福山敏男註(4)著書。
(20) 註(11)拙稿。
(21) 金田章裕註(10)論文にも同様の指摘がある。
(22) 図に描かれている敷地の大きさは、中心伽藍の敷地が一・三町四方(面積約一町七段)程度、東方雑舎と東大衆院の敷地が一町四方(同一町)程度、馬屋の敷地が〇・二町四方(同一四四歩)程度、南院の敷地が馬屋の二・五倍(同一段)程度である(合計面積で三町弱程度)。ただし、こうした描写の規模が、実際の敷地の規模を示すものかどうかは断定しがたい。
(23) 逆に彩色のない部分は、田地及び額田寺の伽藍・雑舎域である。こうした彩色のあり方について、筆者は彩色のある部分は起伏地、彩色がない部分は平坦地を示すと考えた(註(4)拙稿・註(6)拙稿)。一方、金田章裕氏は、彩色部分を地形条件と直結させて考えることを批判し、彩色の有無は地種に対する国家的管理の性格を示すものと捉え、無彩色部分は額田寺の「伽藍及び関連施設が表現された部分」と田の部分、彩色部分は私的所有の性格の強い地種に当たるとされた（金田章裕註(10)論文）。金田氏は、たとえば畠・林などの彩色部分を直ちに自然堤防といった微高地として地形復原を行いがちであることに対し、それらが低地ないし低湿な部分に相当する場合もありうることを指摘し、また、図に見える「畠」などの地種は当時の法律用語としての地種であり、現実の土地利用としての地種とイコールでないことにも注意を喚起された。額田寺図の地形復原を考える上で首肯すべき視点であるが、額田寺の伽藍・雑舎の敷地域が無彩色であることの評価など、なお論点が残されていると思う。この点、後考を俟ちたい。

(24)　服部伊久男註(15)論文。

(25)　額安寺旧境内地の発掘調査の成果によれば、現在の額安寺の西北部を発掘した第五次調査で、堀立柱建物三棟、堀立柱塀一条が検出されている。服部伊久男「額田寺と条里」（『条里制研究』一〇、一九九四年）、金田章裕註(10)論文参照。

(26)　額田寺の伽藍・建物の構成については、服部伊久男註(25)論文に詳しい記述があり、ここでも参照した。

(27)　以下、行論の便宜のため、建物や区画・施設等には必要に応じて仮の名称を付すこととし、〔　〕を付けて示す。

(28)　福山敏男註(4)著書。

(29)　これは、南大門の前を通る額田寺南道の方位が、図中の正方位（条里の方向）に対して東方で北、西方で南にわずかに傾いており、この道と門が方位をあわせていることを示しているとも考えられる（この場合、図では正方位に描かれている額田寺の区画・建物の方位が、実際にはやや傾いている状況を想定することになる）。あるいは、寺域には額田寺南道を東から入るのが通例であること（後述する冠木門の存在を参照）を意識した表現であるかもしれない。ただし、正面から見えるはずの建物を斜め前から見た形に描く描写法は、中世荘園絵図ではしばしば見られるものである。

(30)　服部伊久男註(15)論文。

(31)　服部伊久男註(15)論文。

(32)　福山敏男註(4)著書。なお、同じ僧房でありながら建図と指図の異なった描写法を用いていることについては、前述のように瓦葺建物が建図で描かれていると想定すれば、一応の説明はつくであろう。檜皮葺・草葺等の僧房の存在は、各種資財帳類に見えるところである。

(33)　服部伊久男註(15)論文。

(34)　岸俊男「班田図と条里制」（同『日本古代籍帳の研究』塙書房、一九七三年、初出一九五九年）、金田章裕『古代日本の景観』第二章一（吉川弘文館、一九九三年）。

（35）板屋と瓦屋については、建物構造に基づく名称で、板屋は板葺の、瓦屋は瓦葺の建物を意味していることも考えられる。ただし、瓦葺の倉と板葺の倉では規模に違いがあってよいと思われるが、図中では両者が同型に描かれていること、額田寺図での建物表記が建物の機能を示すものが多いこと、倉庫の集中地域にあることなどから、ここでは板屋・瓦屋は収納物に基づく名称と考えておきたい。なお、瓦屋と額田寺所用瓦の生産との関連について、山川均註(17)報告に記述がある。

（36）他の可能性としては「稲屋」と読めるかもしれない。

（37）なお、寺院で薬分としての酒の醸造を行っていたことについては、『日本霊異記』の説話にも見える（中巻第三二）。

（38）なお、額田寺図を含め古代荘園図に描かれた道については、拙稿「古代荘園図に描かれた道について」（『古代交通研究』八、一九九八年）に整理したことがある。

（39）『日本書紀』皇極三年正月乙亥条、大化元年六月乙卯条、天武元年六月己丑条、同六年二月是月条、持統二年十二月丙申条等。

（40）石上英一註(1)論文a、保立道久「巨樹説話と道祖神」（『史潮』新三三・三四、一九九三年）。

（41）伊藤寿和「大和国における奈良時代の農業的土地利用の諸相」（『日本女子大学紀要（文学部）』四一、一九九二年）。

（42）伊藤寿和註(41)論文参照。ただし、以下の分類は伊藤氏の分類とは若干異なる。

（43）金田章裕註(10)論文、同「奈良時代の土地管理と小字地名的名称」（同註(10)著書第一章一、初出一九九五年）参照。

（44）伊藤寿和註(41)論文・金田章裕註(10)論文では、十条四里一四坪の寺田を小字地名的名称のない「寺田」（b類）と解されているが、この部分の表記は「寺田」の右に「墓」と傍書されており、これを「寺墓田」と読み取れば、a類の事例となろう。

（45）金田章裕註(10)論文は、さらに寺田の二類型の存在と額田部氏の居住域との関係、額田部氏の生活基盤としての田地の保持と寺田の関係等についても言及されている。

（46）伊藤寿和註(41)論文。

（47）金田章裕註(10)論文。

（48）伊藤寿和註(41)論文。

（49）註(11)拙稿も参照。

（50）伊藤寿和註(41)論文。

(51)　金田章裕註(10)論文。
(52)　伊藤寿和註(41)論文。
(53)　福山敏男註(4)著書。
(54)　註(4)拙稿。
(55)　石上英一註(1)論文a。
(56)　註(25)も参照。

補註

(補1)　額田寺伽藍並条里図の原本と復原複製図の写真図版を本書第Ⅲ部第一章の図3・4として、釈文図を同第二章の図5として掲載した。

補記

本章は、額田寺伽藍並条里図に描かれている各種建物・寺領等からなる額田寺の空間構成を整理し、図からより多くの情報を抽出するための読み取り作業を深めることを目指した内容で、二〇〇一年に発表した（『古代』一一〇）。早稲田大学考古学会の会誌である『古代』で「古代における寺の空間構成」の特集を組むにあたり、寄稿を依頼されたものである。初出では横書であったのを改め、復原複製・釈文図は掲載を割愛した（(補1)参照)。

第Ⅳ部　書類の機能と業務解析

第一章　正倉院文書の〈書類学〉

はじめに

文字史料の検討において、それらをまず書類・書面として一様に扱おうとする立場が〈書類学〉である。正倉院文書と木簡が大量に存在する古代史料の特質から、こうした意識・立場が研究の上で必要であると考えている。

正倉院文書は「お役所でいらなくなってゴミになった書類」である。(1) 律令制官司の一つである東大寺写経所で、業務遂行のために作成・利用・保管された後に不要となり、選択を受けることなく廃棄された書類が正倉院文書である。正倉院文書の特質は、現用書類であり廃棄された書類である点にある。これは多くの木簡とも共通する。こうした特質があるがゆえに、分析の視点を工夫しさえすれば、新たな歴史事象の発見がまだまだ期待される。写経所文書研究の進展により、正倉院文書をめぐる研究環境はここ三〇年で一変した。(2) 未抽出の情報の宝庫としての正倉院文書の価値は今後ますます高まるであろう。

現用書類という性格から、正倉院文書の解析とは、その書類を用いて行われた業務の実際を解明することに他ならない。(3) ある業務を行うために書類が作成され、書類を作成することで業務が進行する側面もある。書類の作成・利用・保管や、利用される場の移動といった書面の履歴をできる限り詳細に具体的に明らかにすることで、書面からの情報抽出は深化する。そのためには、業務の実際の解明に有効な手法が求められる。書面の区分・分類が必要となる所以がここにある。

古代史料を分析する立場から見ると、「文書」は業務に使われる様々な書類・書面のごく一部に過ぎない。「文書」は「発信者が特定の相手（受信者）に意思を伝えるもの」といった意味で用いられるのが通例で、歴史学・古文書学において一定の概念を持って使用される術語である。このため、「文書」の語を用いることで、その史料の理解において意識的にも無意識的にも制約が課されてしまうおそれがある。この点から、正倉院文書の分析においては、業務に用いられた文書・帳簿・記録（メモ）といった書面のすべてを、まずは一様に書類として扱う分析法が必要となる。これが〈書類学〉の立場である。

筆者は、正倉院文書の分析・解析について、これまでいくつかの論文を発表した。(4) その都度考えを修正しながら現時点の認識に至ったために、論文相互で不統一な部分も存在する。筆者が考える正倉院文書の〈書類学〉の概要をここで述べると共に、これまでの論点を整理し、現時点の理解を示す機会ともさせていただきたい。

一　書類・書面の分類について

書類を用いた業務の具体的分析を行うためには、個々の書面の役割・性格を見分ける指標として、それらを区別するための分類法を持っておくことが必要である。この点で、いわゆる文献史料の三分類（文書・典籍・記録）との関係にまず触れたい。なお文書・典籍・記録の定義については、その最も典型的な内容で捉えて論を進める。すなわち、文書とは、発信者が特定の相手（受信者）に意思を伝えるもの、典籍とは、著者・編者が一定の目的を持って自らの意思を不特定の相手（読者）に一方的に表示するもの、記録とは、記主が後日の記憶に備える等の目的で意思や事象を書き留めたもの（特定の読み手が存在しないまたは自己自身が読み手）、といった内容である。

三分類に関する正倉院文書研究者からの指摘では、杉本一樹氏は、「（正倉院文書は）帳簿が中心、文書は周縁に位置する」、「官司内で、日常の業務を進め、機構を運転していくためにまず必要とされたものは、一つは口頭の指示（およびそれと同等の文書）、もう一つが帳簿」、「公式令に基づく文書は、意思伝達のための手段の全体をカバーすべきものではない」等と述べられている。(5) また山下有美氏は「「働きかける」ことが書面の本質」、「書面とは、人間の意思を情報としてある対象に伝達する物体であると定義することができる」、「伝来した史料がすべて帳簿やメモであるとみなした上で…（文書とは）一度は他者への伝達機能を果たした経験を持つ書面（または同文の書面）」と指摘された。(6) 杉本氏の指摘は、業務との関わりで書面を理解する立場を示しており、山下氏は、〈書類学〉と同様の立場を表明され、書面の分類へと踏み込んだ検討を行われた。筆者の認識も、これらの指摘を参照し、同様の立場を共有するものである。

書面について、筆者の現時点の理解は次のようになる。書面とは「文字を用いて情報を媒体に定着させたもの」と定義される。そして、①書面は、定着された情報が空間的・時間的に移動し、それを受け取る相手が存在するとの確信を前提として作成され、②情報の受け手（読み手）に対して何らかの影響（働きかけ）を及ぼすものである。この二点はすべての書面に共通する属性である。書面による「働きかけ」は、三分類の見直しに関する古文書学の議論で注目されてきた視点である。ただ筆者は、「働きかけ」は書面に共通の属性と考え、書面によって「働きかけ」の有無があるという立場は取らない。情報の受け手がある文面を読み取るということは、その内容を理解し、それに応じた何らかの認識を得るということであろう。その情報が既知のことであり、あるいは自己には無意味・無関係なことであったとしても、そうした認識が生じたとすれば、受け手はその書面の影響（働きかけ）を受けたというべきである。

書面に接して何の「働きかけ」も受けないということは、文字が読めない等の理由でその文面を情報として認識できず、(補1)情報の受け手になりえていないことを意味する。情報の移動も伝達も生じていないことになろう。こうした立場からいえば、文字による働きかけの存在が文書の属性であるとする定義では、すべての書面が文書となってしまい、書面の分類としての意味を持たないのではないかと思われる。

文字を使用することによって、情報定着の手段は、人間を媒体とした音声（ことば）による記憶から、物体を媒体とした文字による記録へと拡大した。時間・空間を超えた情報の移動が容易となり、定着される情報の内容・性格に変化が生じ、分量も増大したであろう。情報定着の世界のビッグバンといってもよい。文字を使用することでもたらされた社会の変化は、文書だけでなく、書面全体として考えるべきではなかろうか。上記の理解は、人類史における文字使用の意味という脈絡の中で書面を位置付ける立場でもある。

働きかけることが書面の本質であるという指摘は、既に山下氏によってなされている。それをさらに推し進めて、書面を用いた業務を分析するという観点から、書面に定着された情報が時間的・空間的に移動することと、情報を意識的に伝達することとの違いに注目することが有効であると考える。現代に引き付けて述べると、「食事に行きましょう」という文面があったとする。これが、自分宛ての手紙や電子メールで届いたのであれば、その発信者から自分への意思伝達である。しかし、これがメモ用紙に書いてあったらどうだろうか。自分へのメッセージなのか、他人へのものなのか、書いたのは誰か、などなど、文面の背景をうかがわせる手掛かりが他にないか、種々確かめながら考えをめぐらせると思う。文面を書く側にも、情報の受け手へのなにがしかの配慮があるのではなかろうか。電話の脇に置いてあれば、伝言メモかもしれない。他人の机の上にあるなら自分には関係なさそうだし、そもそも自分が見てよいものではないかもしれない。書籍の表紙の中央に大きな字でその文面が印刷されていれば、それは本の題名である。

自分への伝達事項と解する余地はまったくない。

このように、文字で定着された情報に接する時に情報の受け手は、文面と文面に付随する様々な状況とを勘案して情報を理解している。この点に目を向けると、情報の意識的な伝達と、情報の単なる移動とでは、付随する状況が大きく異なることは明らかである。それを見分けずに業務が進むとは到底考えられない。物品の請求書と単なる物品の明細メモとでは書類の性格が異なるのであり、それを見分けずに業務を行うはずはないし、行われる業務には違いがあるはずである。この点が業務分析の起点になると思う。もし仮に、性格の異なる書類が同じ業務に用いられていたとすれば、そうした状況を生じさせる業務の実態について、より具体的な考察に進むことができるであろう。そこから新たな知見が得られるに違いない。

単なる情報の移動と意識的な情報の伝達との違いとして、後者においては、程度の差はあるにせよ、伝達の正確性・確実性・真正性等を担保する措置が必要となることを指摘できる。書出・書止などの文言、書式、差出・宛先の明示、日付の記入、自署、押印、料紙や形態など、その措置は様々な形で施されよう。これらを総称して「伝達の〈仕掛け〉」と呼びたい。文書様式や書札礼と呼ばれるものも、意識的な情報伝達に必要な要件を満たすために整えられた性格を持っており、伝達の〈仕掛け〉に含めて考えてよかろう。そこには、上下関係などの社会的関係も反映される。

図9に示したように、すべての書面は、文字によって情報を定着させた「定着書面」である。その中で、伝達の〈仕掛け〉を持つ書面が「伝達書面」である。〈仕掛け〉のない書面は「非伝達書面」と呼んでおく(7)。伝達書面だけが、書面による意識的な情報伝達の役割を担いうると考える。ただし、伝達書面であっても、当該案件の伝達に実際に使用されたか、されなかったかで区分される。作成者の手元に残る下書きや控えなどが、使用されなかった事例に分類

される。伝達に使用された文面は、伝達先で保管されたか、されなかったかといった分類が可能であろう。後者には、伝達の役割が終了した後に、さらに他所へ移動する例などが該当する。実例については後述したい。こうした分類の指標（視点）を適用して書面を考えることで、業務の実態を明らかにしていくための手掛かりが見えてくると思う。

この分類と、三分類（文書・典籍・記録）との関係について補足しておきたい（図10）。記録は定着書面であり、非伝達書面に分類される。文書と典籍は、伝達書面に分類される。文書の持つ伝達の〈仕掛け〉は上述したが、典籍にも伝達の〈仕掛け〉がある。表題や著編者名の明示、序・跋・識語等の掲載といった内容上の〈仕掛け〉とともに、多数回・長期利用のための表装が施されるといった形態上の〈仕掛け〉が存在する。また、典籍においても、読者へ提供されなかった草稿類の中に、伝達に使用されなかった事例に分類されるものがあると考えられる。伝達に使用されたものに関しては、「伝達の時限性」の有無が文書と典籍の違いに対応すると思う。伝達の時限性とは、情報伝達に終わりがあるかないかという分類である。時限性のある書面とは、受け手が情報を受け取ることで伝達の役割が終了する（ないし終了すべき）書面であり、文書はこれに該当しよう。時限性のない書面とは、その書面が存在する限り伝達に終わりがないものであり、典籍が該当しよう。

分類法の原理についても触れておきたい。ここで示した定着書面・伝達書面による分類は、文字史料という集合全体を区分し分類しようとするものである。したがって、あらゆる文字史料を対象とする点に分類の原理がある。一方の三分類は、文字史料の典型として文書・典籍・記録の範疇を設定し、その上で周辺に概念を広げていく分類法といえよう。文字史料全体をもれなく分類する原理に発した方法ではない。歴史学にとって必須の史料批判等を行うにあたって、こうした分類法が有効・有益な意味を持つことは言うまでもない。文書・典籍・記録の語を旧来からの典型的な定義付けに基づいて用いることの意義は失われないと思う。

図9　書面の分類

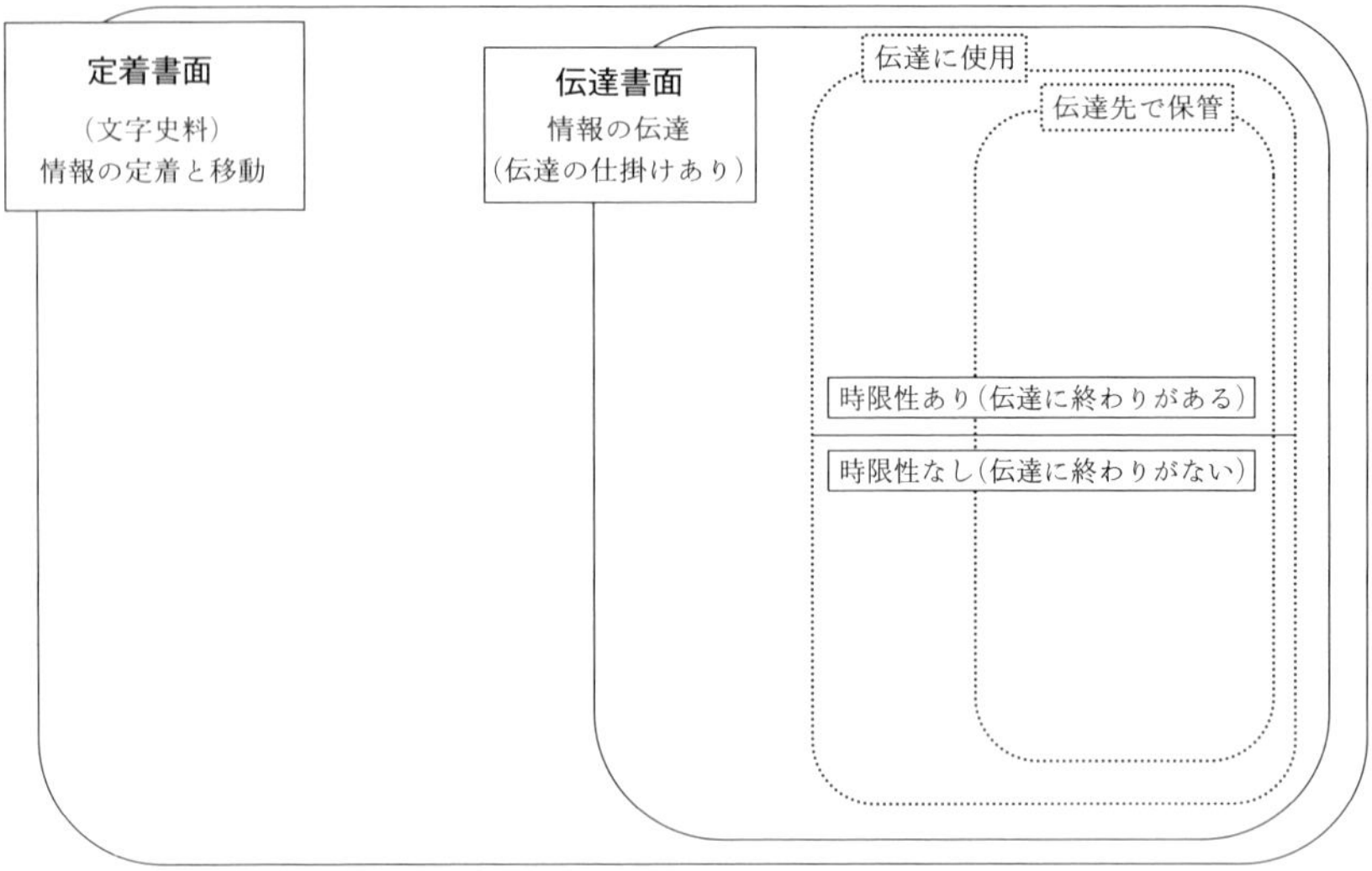

図10　書面の分類と史料の三分類（概念図）

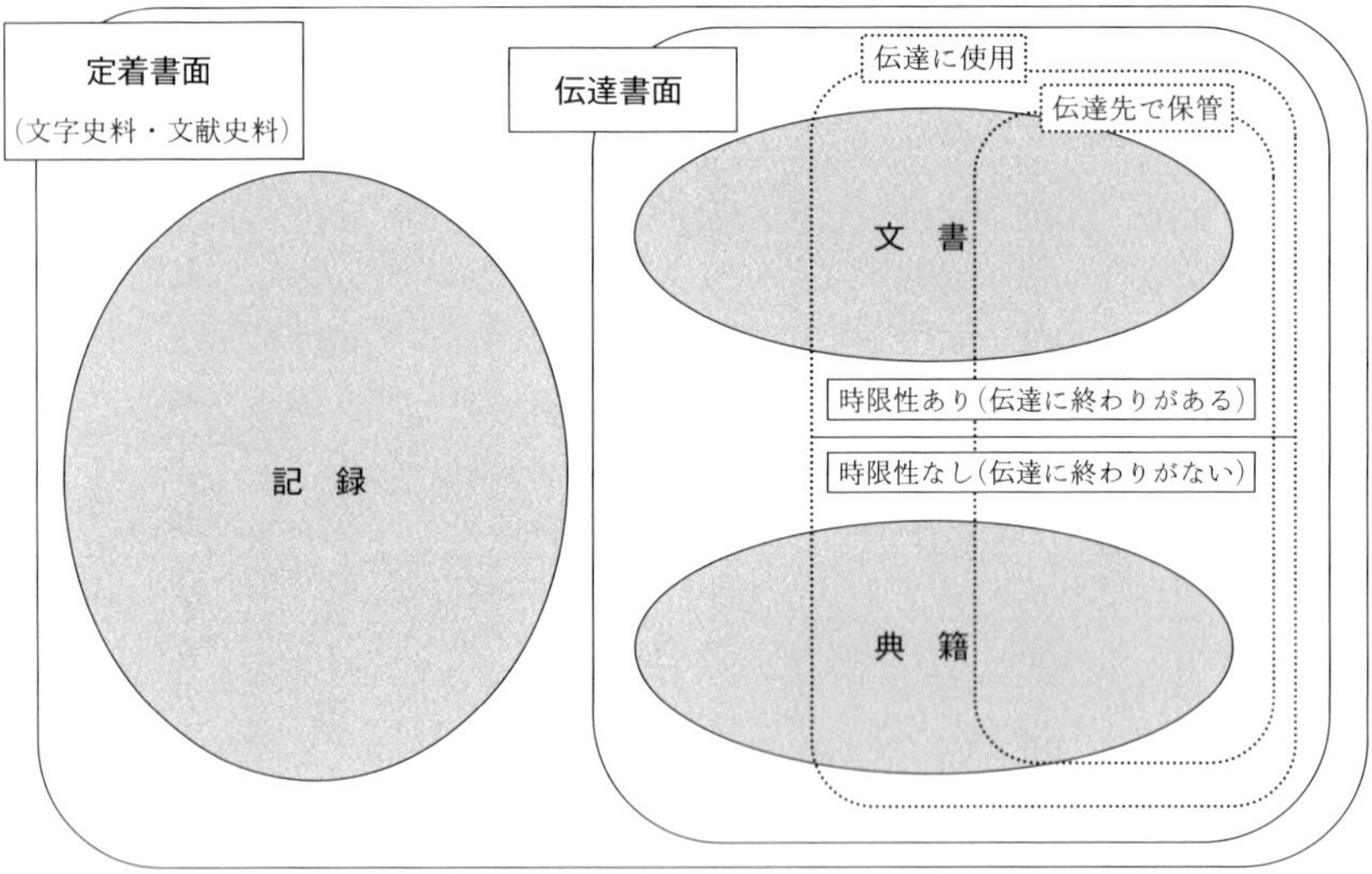

正倉院文書の書面の分類については、一紙ものと巻物、一紙記載と追込記載とを区別する視点なども提示されている(8)。ファイリング（貼継）されて保管されたか否か、非伝達書面であれば作成者のもとで保管されたか否か、といった分類も可能であろう。書面による業務解析においては、業務の進め方を見分けられる指標を豊富に持つことが有効である。この点、より多くの視点が示され、実際の検討を通じて方法論的錬磨の進むことが重要であると思う。

二　経巻奉請

上記のような観点からどういった検討が可能か、これまでに扱った事例のいくつかを挙げていきたい。

〔史料1〕経疏出納帳　天平二十年（七四八）七月（塵芥二一裏　古一一―二五八〜九）

A大安寺経本奉請注文　天平勝宝二年（七五〇）十一月二十八日

奉請経合十二部卅三巻

大品般若経第三帙第十巻　　悲華経一部十巻

菩薩行方神通変化経上巻　　離垢慧□□□（菩薩経一巻ヵ）

以三年四月廿日□□

勝幢辟印陀羅尼経一巻　　慈仁八十阿積□経一巻

弥勒下生経一巻　　比丘聴施経一巻

初度三昧経三巻　　毘羅三昧経二巻

救護身命済人疾病苦厄経一巻　　辟喩経十巻

已上大安寺本者

天平勝宝二年十一月廿八日

呉原生人　　鴨□（筆）

三嶋宗万呂

「勝宝三年十月七日付二他田水主一奉レ返之」

「勘出小寺主「□□」

金堂司「行経」　」

B自平摂師所疏本奉請注文　天平勝宝三年二月二十四日

自平摂師所奉請疏合卅一巻

□□（金剛）般若論二巻　　二十唯識論一巻

□□□（六門教）祇習定論一巻　　答難顕宗論□□（一巻）

□三具足経翻訳記一巻　　宝髻経討要□□（一巻）

□（真）言要決六巻　　序廻論翻訳記一巻

摂大乗論十五巻　　金剛般若波羅蜜破取不壊仮名論二巻

右疏、以二天平勝宝三年二月廿四日一奉請、

他田水主

史料1経疏出納帳は、写経所（勅旨写一切経所）が他所から借用した経典に関わる書面を貼り継ぎ、返却時にその旨を書き込むなどして、出納台帳として利用したものである(9)。出納帳の内容は、借用した経巻の内容、借用先、日付、担当者氏名を日付順に追い込みで書き付けている箇所や、同様の内容を記した一枚もの書付を貼り継いだ部分、貸出

元から写経所への経巻の送付状がそのまま貼り継がれている箇所（僧厳智啓　天平勝宝二年六月十八日、塵芥二一裏、古一一―二五六〜二五七）などが混在している。史料1A大安寺経本奉請注文は大安寺からの借用経巻のリストで、天平勝宝二年十一月二十八日の日付と、収納に関わった呉原生人・鴨（筆主）・三嶋宗万呂の署名がある。署名上部の余白には、同三年十月七日に返却した旨の注記がされている。左方の余白には、「勘出小寺主「□□」／金堂司「行経」」という僧侶の判（署名）が加えられている。内容から見てこの僧侶は大安寺僧であろう。したがってこの書面は、写経所で作成された後に、いったん、大安寺まで場を移動し、再び写経所に戻って出納帳に貼り継がれたことになる。こうした状況の背後に、どういった業務のあり方が見えてくるだろうか。

この書面自体は、文面・書式などに伝達の〈仕掛け〉のない非伝達書面（定着書面）である。写経所から大安寺への借用依頼状といった伝達書面とみなすことはできない。非伝達書面でありながらいったんは大安寺へ持っていかれ、その後また写経所へ戻ったことから考えると、大安寺へ経巻を借り出しに行った使者が、借用すべき経典を書き上げた手控えとして本書面を持参し、経巻と共に持ち帰ったことが推測される。そして、出蔵の指示といった何らかの事情から、大安寺でこの書面（経典リスト）が利用され、大安寺の担当僧が署判を加えることが生じたと考えられる。

外部からの経巻借用の際の使者が、借用して持ち帰るべき経典リストを持参するという業務のあり方がここに見えてくるであろう。そしてこれが、本書面の時だけに行われた特殊・限定的な方式であったと考える理由はない。こうした方式は、他の時にも行われていておかしくない。とすると、やはり一紙に書かれた借用経典のリストである史料1B自平摂師所疏本奉請注文なども、同様の用途に用いられた上で、出納帳に貼り継がれたものである可能性が十分ある。借り出し業務に従事する使者の役割として、経典を間違いなく受け取ってくることはきわめて重要であろう。名称・巻数が様々な経巻を何種類も持ち帰るとなれば、なおさらである。先方から渡された経典をただ持ち帰るだけでは、正確な業務遂行にならない場合があろう。リストがあれば、使者が持ち帰った経巻を点検するためにも使われ、指示通りの役目を果たした証拠となったかもしれない。経巻借用の使者がリストを持参する（持たされる）ことは、決して例外的な方法ではなかったと考えられそうである。また、このように思考することで、使者の業務の実際が我々の頭の中に具体的に浮かんでくる効果もあるのではなかろうか。

ただ史料1の例では、経巻借用の趣旨がどのような形で伝達されたかは、必ずしもはっきりしない。上述の僧厳智啓のような借用先からの経典送り状（伝達書面）が存在する点からいえば、写経所からも借用依頼状（伝達書面）が出されていたのかもしれない。とすれば、使者は先方に手渡す伝達書面と、自分用の経典リストと双方を持参したことになろう。

〔史料2〕備中宮奉請文　天平勝宝四年五月二十三日（続々修三帙一〇裏　古三―五七六～五七七）

四天王経「請」「无」後縁経
木槵子経「請」「无」伽宅経
合経四部
天平勝宝四年五月廿三日知事縣犬甘「縄麻呂」
「自二備中宮一奉請如レ件、宜三能探求、暫令二奉請一、
主典阿刀連酒主」
「四天王経　木串子経
右、奉二請市原宮一、
知呉原生人」

「以㆓六月一日㆒奉㆑返訖　収生人」

一方、借用依頼の趣旨が、書面ではなく口頭で伝えられたと考えるべき史料もある。史料2備中宮奉請文(10)は、写経所から他所への経巻貸し出しに関する書面を貼り継いで使用した出納台帳の中の一紙である。市原王（備中宮）家の知事縣犬甘縄麻呂が書き付けた経典四部のリストを造東大寺司主典の阿刀酒主が受け取り、酒主は余白に貸し出し指示を書き加えてその書面を写経所に送付し、写経所の呉原生人がそのうちの二部について貸し出したことを書き付け、その後返却を受けて生人がその旨を注記している。当初に書かれた経典リストは、伝達の〈仕掛け〉にあたる文言等はなく、非伝達書面とみなすべきであろう。では、借用依頼の趣旨はどのように伝えられたのだろうか。もし仮に伝達書面が別にあったとすれば、それが帳簿に貼り継がれたであろうから、そうした書面はなかったと考えてよいであろう。とすれば、依頼の趣旨は使者が口頭で酒主に伝えたと考えられる。そうした行為もなしに、この書面だけで借用の趣旨が伝わったとみなすのは無理であろう。知事の縄麻呂は借用を希望する経典を書き上げたメモを使者に託し、酒主に届けさせたと考えられる。口頭伝達の際に、内容を補足する書面を渡すというやり方がここにうかがえる。さらにいえば、縄麻呂の自筆で署名のある経典リストを持たせたことは、市原王家の使者に間違いないことを証明する意味合いもあったかもしれない。

なお誤解のないように、非伝達書面の役割について補足しておきたい。先方に知らせるべき情報が記載されている点で、経典リスト（非伝達書面）と借用依頼状（伝達書面）とに内容的な違いがないように理解しがちである。しかしそれでは、業務の実際を明らかにするための折角の手掛かりに目を向けないことになる。リストに記載されている情報だけでは、情報の受け手は何を行えばよいかわからないはずである。権限・責任の問題として、自分に対する明確な指示のないまま業務を進めるわけにはいかないであろう。したがって、そのリストがいかなる趣旨のものであるか、別の形の情報伝達がなされていると考えるべきである。伝達書面が用いられていないのであれば、もう一つの方法の情報伝達、すなわち音声による口頭伝達がなされていると考えられる。こうした検討を通じて、業務の実際に関する知見が蓄積でき、それが正倉院文書や木簡の理解への新たな視角の提供につながる可能性は十分にあると思われる。

三　受命記録の交付

上記では、経巻借用の際の経巻リストを取り上げたが、次に受命記録の利用から業務の実際について得られる知見を挙げたい。

〔史料3〕大師恵美押勝宣（高丘比良麻呂奉）　天平宝字四年（七六〇）二月十日（続々修一帙六　古一四―三〇八）

（右端裏）「送東寺安刀佐官所」

写一切経料紙墨筆及雑物、勘注申送、

太師宣、

坤宮大疏高丘比良麻呂奉

天平宝字四年二月十日

史料3恵美押勝宣(11)は、一切経書写(12)に必要な料紙筆墨雑物を勘注申送せよという大師恵美押勝の口頭での命令を聞き取った坤宮大疏の高丘比良麻呂が、その場で命令の内容を書き付けた受命記録の書面である。右端裏の下半に本文と同筆で「送東寺安刀佐官所」の書き込みがあり、また同十九日の一切経用度文案（続々修一八帙六、古一四―三六五～三六六）が十日の押勝の指示に応じて作成されたものと考えられることなどから、この書面が受命の場から造東大寺司主典安都雄足のもとに移動したことは疑いない。[13]

史料3に、文言・書式等の伝達の〈仕掛け〉は見られず、記主である高丘比良麻呂の指示なり意思なりといった文言もまったくない。また、いかなる一切経書写事業であるか、勘注申送を命ずる対象は誰か（どこか）など、文面の正確さ確実さの点でも十分でない。これは、命令（宣）を聞き取ったその場で書き付けたという書面の性格の反映といえよう。受命記録としての宣は、もともとこうした性格を有する書面なのである。この書面を渡されただけでは、どの程度のことを報告すればよいか、情報の受け手となった安都雄足も戸惑うのではないだろうか。この書面とは別に、何らかの情報伝達がなされていたと考えるべきであろう。比良麻呂は、伝達書面、または使者を介した口頭伝達の方法で、雄足に具体的な指示ないし依頼の趣旨を伝えていたと思われる。この書面は、その際にいわば参考資料として雄足のもとに届けられたものであろう。右端裏下半の書込は、宛名書きではなく、使者に対する比良麻呂の指示を書き付けたものと考えられる。

〔史料4〕坤宮官直銭注文・恵美押勝宣（高丘比良麻呂奉）　天平宝字二年九月八日

（続々修四四帙一〇裏　古一四―五三～五四）

溢幡絁一十三匹五匹別六百文 八匹別五百五十文　計七貫四百文
橡絁九匹々別五百文直四貫五百文
羅八匹三匹八百文 五匹七百五十文直六貫二百五十文
参河白絁一百九十七匹別七百五十文直一百卅七貫七百五十文
石見調綿一千五十一屯別七十文直七十三貫五百五十文

庸綿六百五十一屯別六十五文直卌二貫三百十五文
　合所レ得直銭二百八十一貫七百六十五文所レ乗十七文
一応レ給二経師等一布施布一千八十三端二丈八尺端別二百六十文
　直銭二百八十一貫七百卌八文
　　　　　天平宝字二年九月八日
太保宣、依レ所レ候、充二造東寺一耳、
　　　同少疏高丘比良麻呂奉

同様のことがより明瞭にわかるのが、史料4坤宮官直銭注文・恵美押勝宣である(14)。同書面は、布・絁・綿などの品目とその分量及び銭に換算した価格を列挙してその合計額を記し、また経師らへの布施布の量とその銭の換算額を記した直銭注文が書され、その後に、坤宮少疏高丘比良麻呂が大保恵美押勝の命令を書き付けたものである。この間の経緯については、その直前の九月五日の造東大寺司解案（続々修四三帙三裏ほか、古一四―二八〜四五）から判明する(15)。その作成には安都雄足が関与している。同解で造東大寺司は、千巻経（金剛般若経）と千四百巻経（千手千眼経・新羂索経・薬師経）書写の布施布を請求しており、史料4はそれに対応する内容である。坤宮官では、請求のあった布施について、その相当額を各種の織物・綿類で支給することとし、それらの銭換算額と布施布の換算額がほぼ一致することを示したのが、直銭注文である（織物・綿類の換算額が一七文多くなる）。これについて押勝は、それら（織物・綿類）をある分だけ（一七文余分でも）造東大寺司にあてよと命令している。

この書面（史料4）は、その後、安都雄足のもとに送られたために、正倉院文書として伝来したのであろう。しかし、同書面は文言・書式に伝達の〈仕掛け〉のない非伝達書面であり、これが伝達の役割を果したとは考えられない。この点、もう少し詳しく見ておきたい。恵美押勝の宣は、「充二造東寺一」の文言があるとはいえ、造東大寺司に対する指示・命令としての内容は含まれていない。押勝の命令は、坤宮官内部に対するものであって、この書面は坤宮官の内部書類である。命令を受けた高丘比良麻呂にとって、織物・綿類送付のために必要な処置を坤宮官内部に指示することが、まず大きな仕事となったはずである。その上で、造東大寺司に対しては、種々の織物・綿類を支給すること、それが請求のあった布あるいはそれに相当する銭ではなく、換算すれば請求合計に相当する物品であることを説明しなくてはならなかったであろう。このことの伝達が書面によったか、口頭によったかは不明だが、史料4はその伝達の補足資料・参考資料として造東大寺司側に交付されたと考えるべきであろう。このようにして、坤宮官の内部書類が他官司（造東大寺司）に移動する結果が生じたのである。当該布施支給に関する連絡が、この書面だけで済まされたと理解してしまっては、情報伝達にともなうこうした書面の利用の実態に目を向けることができないであろう。もう一つ付け加えたいことは、書面が作成された意図である。換算すれば価格が相応する種々の織物・綿類で布施を支給するという方法が立案され、大保恵美押勝がその実施を命令（承認）しているという事情を記録に残したのがこの書面である。手続きを可視化した書類といってもよかろう。高丘比良麻呂がこの書面を作成した意図もそうしたところにあったのではなかろうか(16)。

四　業務進行記録としての複合書面

上記と同様に業務の進行を可視化して記録した書面としては、天平宝字八年七月の史料5施薬院解・蚊屋采女宣・双倉下充注文の例が挙げられる(17)。

〔史料5〕施薬院解・蚊屋采女宣（高丘比良麻呂奉）・双倉下充注文　天平宝字八年七月
（正倉院御物出納文書・双倉北継文　古一六―五〇四〜五〇五）

施薬院解　申請薬事
桂心小壱伯伍拾斤仮令十箇月料
右、件薬既尽、覓買亦无、因レ此雑薬合作既停、望且請二件薬一欲二作施一、今具レ状、謹請二処分一、謹解、
天平宝字八年七月廿五日内竪无位秦忌寸牛養
知院事外従五位下行大外記兼内蔵助高丘連「比良麻呂」
知院事僧「慈瓊」
「蚊屋采女宣、宜下請二東大寺所レ収一充中用之上者、
廿七日
高丘比良麻呂奉」
「以同日、依レ数下充、付二秦牛養一
造寺判官弥努連「奥麻呂」
佐伯宿祢「真守」
使高丘連「比良麻呂」
右虎賁衛佐高麗朝臣「広山」
大僧都賢太法師「良弁」
三綱小都維那僧「聞崇」
」

この書面は、まず二十五日に桂心の不足への対処を求める施薬院解として作成された。ついで二十七日、施薬院の知院事高丘比良麻呂が内裏に呼び出され、桂心は東大寺に収蔵されているものから充当せよという蚊屋采女宣を聞き取り、施薬院解の余白にその命令を書き付けた（受命記録）。この施薬院解は、二十五日に提出された正文が、内裏を経て蚊屋采女から比良麻呂に渡されたものであろう。同日、比良麻呂は右虎賁衛佐高麗大山と共に内裏からの使者として東大寺に向かい、東大寺側に出蔵の命を伝えた。造東大寺司や東大寺三綱ら関係者の立会いのもとで桂心が出蔵され、施薬院に下充された。書面のさらに余白に下充の旨が書き加えられ、関係者が署名した上で、倉の出納記録としてファイリング（貼継）された。このようにして、この案件の処理に関する手順、責任の所在が一枚の書面に記録され、残されたのである。

一点の書面に複数の内容が書き込まれながら利用されるこのような複合書面が、業務進行の記録ともなることはしばしば見受けられる。前述の史料2備中宮奉請文なども同様で、市原王家知事、造東大寺司主典、写経所案主が順次書き込みをすることで、案件処理の手順が記録に残された形となっている。こうした書面のあり方は、公式令の詔書式や各種位記との類似性の点でも留意される(18)。詔書式として養老公式令に示されている書式は、詔の内容を伝達する書面ではない。太政官から天皇に宛てた覆奏の書面であり、それに御画可が加えられたものである。その文面は、詔の起案、御画日、中務省による宣・行・奉、太政官覆奏の手続を経たことの記録となっている。位記式も、勅授・奏授・判授のそれぞれの手順を記録した形である。勅授位記式は中務省の起案に太政大臣・式部卿が、奏授位記式は太政官奏に式部卿が、判授位記式は太政官の起案に式部卿が位署を加える形である。これらは、業務進行における権限と責任の所在の記録といえそうである。書式には、書面作成の手順を示すという側面もあると思われる。

史料5の施薬院解の例では、伝達書面を受け取った側が、その書面を自己の手元にとどめず、他に渡していることにも注意したい。同様の例を挙げると、史料6甲斐国司解・仁部省仕丁充文は、逃亡した仕丁の代替人を貢上することを伝える甲斐国司解を受けて、仁部省は代替の仕丁を石山寺奉写大般若経所に宛てる旨を通告する文言を国司解の余白に書き加え、同所に送付した。国印を押した甲斐国司解の正文そのものが、仁部省にとどめられることなく石山写経所に送られている。また史料7天平神護元年（七六五）五月六日の大臣禅師道鏡牒もその例である。史料8検仲麻呂田村家物使奉請文が関連史料となる。それによると、仲麻呂の乱の後、仲麻呂の田村第に残されている三五〇巻余の経巻を東大寺に送ることを命ずる勅が出され、これを伝達する書面が道鏡牒である。しかし、道鏡牒の宛先は東大寺ではなく、検仲麻呂田村家物使である[19]。そして同使が経巻を東大寺に引き渡す際に、道鏡牒も東大寺側の手に渡ったと考えられる。正文は受領者側で保管されるのが常態であるとみなしがちであるが、必ずしもそうではない事態を正倉院文書からうかがえるといえよう[20]。

〔史料6〕甲斐国司解・仁部省仕丁充文　天平宝字五年十二月二十三日・六年二月三日　（正集一八　古四—五二三〜五二四）

甲斐国司解　申貢㆓上逃走仕丁替㆒事
坤宮官廝丁巨麻郡栗原郷漢人部千代（年卅二、左手於疵、）
　右、同郷漢人部町代之替、
以前、被㆓仁部省去九月卅日符㆒偁、逃走仕丁如㆑件、国宜㆘承知、更点㆓其替㆒、毎㆑司別㆑紙、保良離宮早速貢上㆖者、謹依㆓符旨㆒、点㆓定替丁㆒、貢上如㆑件、仍録㆓事状㆒、附㆓都留郡散仕矢作部宮麻呂㆒申上、謹解、
　天平宝字五年十二月廿三日従七位上行目小治田朝臣朝集使

正六位上行員外目桑原村主「足床」

従五位下行守山口忌寸「佐美麻呂」

「仁部省充二石山寺奉写般若所一

天平宝字六年二月三日従六位上行少録土師宿祢

従六位下守少丞当麻真人永嗣」

〔史料7〕大臣禅師道鏡牒　天平神護元年五月六日（続修四四　古五―五二八）

合経三百五十餘巻

右、奉二大尼延證宣一偁、　勅偁、件経令レ奉二請於東大寺一者、

承二知此旨一、寺使至検度、故牒、

天平神護元年五月六日付二大隅公足一

大臣禅師

〔史料8〕検仲麻呂田村家物使奉請文　天平神護元年五月九日（正集四四、古五―五二八〜五二九）

検仲麻呂田村家物使

合経三百五十八巻大尼延證宣

右、依二大臣禅師今月六日宣一、附二散位正八位上村主馬養一、

令レ奉二請於東太（ママ）寺一如レ件、

天平神護元年五月九日内竪従八位上勲七等葦屋倉人嶋麻呂

五　口頭（音声）伝達に関する検討

上記では、非伝達書類が補足資料・参考資料として他所へ移動する事例に触れ、その背後に口頭（音声）伝達の存在がうかがえることを述べた。この点、先行研究との関係を整理しておきたい。

正倉院文書に見える宣については、早川庄八氏・吉川真司氏のすぐれた成果がある。(21) 筆者の検討もそれらに多くを学んだものである。正倉院文書の宣について両氏は、宣と称されるからといって口頭伝達だけを指すのではなく、書面に記された命令を指す場合があることを指摘された。この指摘に全く異論はない。吉川氏は、書面に付される官司・官人の判文・判署が宣と称されることや、宣の内容を伝達する書面（宣文）に、「牒」と明記する牒型宣文とそれ以外の状型宣文とがあることなどを指摘され、それぞれの特徴について論じられた。

両氏の研究は、正倉院文書の宣の事例が平安時代以降の文書様式や政務の形態の先駆として持つ意義を明らかにする点に関心が向けられていると思われる。〈書類学〉の立場から見ると、同一の書面を取り扱われながらその評価に両氏で若干の偏差があり、情報伝達の場面でのその書面の役割の理解についてやや疑問に感じられる点がある。たとえば史料3恵美押勝宣について見ると、吉川氏はこれを状型宣文に分類され、藤原仲麻呂の宣を高丘比良麻呂が伝達したもので、宛所は安都雄足であるとされた。一方早川氏は、状型宣文を宣旨の起源であるとする吉川氏の理解を批判され、この書面は上級者（恵美押勝）の意思を他者（安都雄足）に伝達するために、下級者（高丘比良麻呂）がその意思を奉って、下級者の名によって作成し発給した奉書であると理解された。いずれにしてもこの書面によって比良麻呂から雄足への情報伝達がなされたと理解する点は両氏共通している。しかしながら、本書面は非伝達書面であって、情報伝達の場で用いられたとしても補足資料・参考資料にとどまるのであり、比良麻呂から雄足へは別の方法による情報伝達（伝達書面ないし使者を介した口頭伝達）が存在したとみるべきことは上述の通りである。また史料4も、吉川氏は状型宣文に分類されていることから、宣を伝える文書と理解されているようである。早川氏は、これを「坤宮官の部内文書というべきもの」であり、「布施布の直銭」を造東大寺司に渡した際にこの「文書」も手渡されたのだろうと指摘される。この書面が伝達の役割を担ったとは考えておられないと思われる。筆者も早川氏と同様に考える。(22)

〔史料9〕市原王奉請文（天平勝宝三年七月）二十一日（続々修四二帙五裏　古二五―三七）

高僧傳

右一部之内、已欲㆓奉請㆒、

（天平勝宝三年七月）廿一日市原

〔史料10〕経疏出納帳　天平勝宝三年（続修後集三八　古三―五五三）

（上略）

高僧傳一帙十巻 帙裏　納㆓小櫃㆒

右、依㆓玄蕃宮七月廿一日宣㆒、付㆓秦浄麻呂㆒令㆓奉請㆒如㆑前

天平勝宝□□（三年カ）七月廿一日

「以九月九日返納了収呉原生人」　呉原

（下略）

史料9市原王奉請文は、高僧伝の借用の意思を市原王が自ら記した書面である。これに応じて高僧伝が貸し出されたことは史料10に記録されている。この市原王奉請文について吉川氏は、文書が宣と称される用例（宣＝文書）の中

に分類されており、伝達書面と解されている。早川氏は、史料10の「玄蕃宮（市原王）七月廿一日宣」は口頭でも伝達されたのかもしれないが、市原王の自筆文書としても残されている、と述べられ、市原王奉請文を伝達書面とは見ていないか、あるいは判断を留保されているように思われる。市原王奉請文は、文言等に伝達の〈仕掛け〉がなく、非伝達書面と考えるべきであろう。自らが自らの命令を書き取った書面であり、受命記録に類する性格を持つのではなかろうか。これを使者に持たせた上で、借用の趣旨は使者の口頭で伝達されたと考える。この書面も口頭伝達の補足・参考資料と位置付けられる。使者が正しく市原王の意思を伝えていることを証する意味もあったかもしれない。

以上から、吉川氏が宣＝文書、あるいは状型宣文とされている事例などの中に、伝達書面ではないものが含まれていることが指摘できる。宣の実体として措定される伝達行為が、書面によって果たされたのではなく、口頭伝達によっている可能性がある。このことは、宣の内容が書面としても残されている事実を否定するものではないが、書面をともなう宣であっても、情報の伝達は口頭でなされたものではないか、点検する余地のあることを示していると思われる。このことは、吉川氏が「宣＝判」と分類された事例（書面の余白に加えられる「判」が宣と称される用例）についても同様である。「判」の形で文面は存在するとしても、その書面を届けた使者による口頭伝達がなかったとは言いきれないのではなかろうか。

本論の立場から論点を整理すると、次のように考えられると思う。従来の古文書学の理解に対して古代古文書学の立場を論じようとする場合、伝達書面を議論の主な対象とせざるをえない。そうでなくては、奈良時代から萌芽として存在する文書様式の系譜といった議論をすることができない。一方で、書面から業務の実際を明らかにする立場からいえば、業務にともなう情報伝達に、伝達書面によるものと、他の手段による伝達（口頭伝達）とが存在するのであれば(23)、両者を合わせて考察の対象としなくてはならない。これが本論の立場である。正倉院文書から伝達に関する一部の事例を抜き出して論ずる際には、伝達手法全体の中に占めるその位置付けに常に留意する必要があると思う。

おわりに

〈書類学〉の立場から、単なる情報の移動と、意識的な情報の伝達とを区別し、伝達の〈仕掛け〉の有無によって定着書面と伝達書面を判別する方法で正倉院文書を分析することによって、①非伝達書面が作成主体の手を離れ、外部に移動して使用・保管されること、②伝達書面が発信主体・受信主体以外の第三者のもとへ移動して使用・保管されること、③それらの背後に、当該書面とは別の手段による情報の伝達（伝達書面または口頭）を推定すべきこと、④口頭伝達と書面が並用されることなどを指摘できたと思われる。同時に、書面を用いた業務遂行の手順が多様かつ流動的な状況も明らかになったのではなかろうか。書面を用いた業務進行を具体的に解明していく作業を行うことで、これまであまり目を向けなかった様々な行為が見えてくる研究上の効果もあると思われる。古代官司における書類作成の意識といった方向性の検討も視野に入れられるかもしれない。今後、こうした様相を念頭においた検討を繰り返すことで、正倉院文書や木簡など、現用書類で廃棄されたものという古代史料に特有の書面から、さらに新たな知見が得られると期待される。書面の文言や内容、形態などから、その書面を用いる業務を推測していくことは、正倉院文書や木簡を扱う際の基礎作業である。こうした分析事例の蓄積によって、そのための情報の増加を図るとともに、書面を用いた業務の実際を明らかにできる視点をより豊かにしていくことが、今後の課題となろう。

註

（1）拙稿「正倉院文書は宝の山」（東京大学史料編纂所編『日本史の森を行く』中央公論新社、二〇一四年）。

（2）正倉院文書研究に関する概論は多数あるが、栄原永遠男『正倉院文書入門』（角川学芸出版、二〇一一年）を挙げておく。なお、最新の研究整理に、栄原永遠男「正倉院文書研究の現状と課題」、山下有美「写経所文書研究の展開と課題」、同「正倉院文書の性格とその特質」（以上、『国立歴史民俗博物館研究報告』一九二、二〇一四年）がある。また、正倉院文書マルチ支援（多元的解析支援）データベースSHOMUSが東京大学史料編纂所から二〇一五年七月に公開された（科研費・基盤研究A「正倉院文書の多元的解析支援と広領域研究資源化」、研究代表者・山口英男、JP24242025）。

（3）石上英一『日本古代史料学』（東京大学出版会、一九九七年）。同書のうち特に第一編第三章・同章付論参照。

（4）拙稿a「正倉院文書の継文について」（石上英一・加藤友康・山口英男編『古代文書論』東京大学出版会、一九九九年、本書第Ⅳ部第三章）、同b「帳簿と木簡―正倉院文書の帳簿・継文と木簡―」（『木簡研究』二二、二〇〇〇年、本書第Ⅳ部第二章）、同c「文書と木簡」（石上英一編『日本の時代史30　歴史と素材』吉川弘文館、二〇〇四年）、同d「日本古代の文書・記録の諸様相―史料口分への新視点―」（佐藤道生編『古文書の諸相』慶應義塾大学文学部、二〇〇八年）、同e「正倉院文書から見た「間食」の意味について」（『正倉院文書研究』一三、二〇一三年）、同f「正倉院文書に見える文字の世界」（国立歴史民俗博物館・平川南編『古代日本と古代朝鮮の文字文化交流』大修館書店、二〇一四年）、同g「正倉院文書の機能情報解析―口頭伝達と書面―」（『国立歴史民俗博物館研究報告』一九四、二〇一五年）、同h「正倉院文書と古代史料学」（『岩波講座日本歴史二二』岩波書店、二〇一六年）。

（5）杉本一樹「正倉院文書」（同『日本古代文書の研究』吉川弘文館、二〇〇一年、初出一九九四年）。

（6）山下有美「文書と帳簿と記録―定説的古文書学をめぐる諸問題」（『古文書研究』四七、一九九八年）。

（7）「定着書面」と「伝達書面」の理解について、筆者はこれまで「伝達書面」でないものを「定着書面」と捉えていたが、本論で理解を改めた。

（8）杉本一樹註（5）論文。

（9）史料1については、註（4）拙稿c・d・gで述べた。なお、経疏出納帳の断簡は塵芥二一裏・二四裏に収められており、復元については東京大学史料編纂所編『正倉院文書目録』五（東京大学出版会、二〇〇四年）参照。本章では、『大日本古文書』の冊・

頁は古一―二三四の要領で、正倉院文書の類別は通例により略記する。
(10) 史料2については、註(4)拙稿gで述べた。
(11) 史料3については、註(4)拙稿c・d・gで述べた。
(12) この一切経書写に関しては、山本幸男「天平宝字四年～五年の一切経書写」(同『写経所文書の基礎的研究』吉川弘文館、二〇〇二年、初出一九八八年)参照。
(13) 原本調査の所見では、折目の痕跡から、巻き畳んだうえで上下二つ折りにされていたことがわかる。東京大学史料編纂所編『正倉院文書目録』六(東京大学出版会、二〇一〇年)参照。
(14) 史料4については、註(4)拙稿gで述べた。
(15) この写経事業については、山本幸男「天平宝字二年の御願経書写」(同註(12)著書、初出一九九三～九四年)参照。
(16) 史料4には、第五節でも触れる。
(17) 史料5については、註(4)拙稿c・d・f・gで触れた。
(18) この点は、註(4)拙稿c・gで言及した。
(19) 早川庄八『宣旨試論』(岩波書店、一九九〇年)に史料二一・二二として指摘がある。
(20) このほか、検討事例として出納記録木簡などを扱ったことがあるが、ここでは省略する。註(4)拙稿b参照。
(21) 早川註(19)著書、同「口頭の世界と文書の世界」(初出一九九〇年)、同「公式様文書と文書木簡」(初出一九八五年、共に同『日本古代の文書と典籍』吉川弘文館、一九九七年)、吉川真司「奈良時代の宣」(同『律令官僚制の研究』塙書房、一九九八年、初出一九八八年)。なお、以下の叙述で早川氏の所説は註(19)著書による。
(22) ただし、早川氏は坤宮官から造東大寺司に直銭が渡されたとされるが、そうではなく、物品で渡され、それを造東大寺司側で売却している。奉写経所請布施文(〈天平宝字二年〉九月十一日、続々修一八帙五、古一四―六〇)、奉写経所庸綿等沽却銭用注文(〈天平宝字二年〉九月十二日、続修四一、古一四―六二～六三)等参照。
(23) 口頭だけの伝達で業務が進められることを示す事例としては、経巻納櫃幷散帳(天平十五年カ、続修後集二三、古七―二一七)の記載が挙げられる。同帳は、櫃ごとの経巻リストであるが、末尾に「散経」として貸し出されている経巻のリストがあり、経典名・巻数・表装の内容などと共に、貸出先・日付も記されている。そこに、「不以状」と注記される貸出経巻が存在する。これは、その貸出行為が書面をともなわずになされたことを意味すると思われる。また、「不レ知レ状」と注記されるものもあり、該当書面が見当たらないことを意味すると思われるが、その中にもともと書面が存在しなかったものを含んでいる可能性があろう。また、使者による口頭伝達を考える上では、「口状」（一切経散帳　天平勝宝二年カ、続修後集二五　古一一―二二六）、「口宣」（造東大寺司牒　天平勝宝二年八月十七日、正集四四　古三―四一四～四一五）、「使口」（僧慶俊状　天平感宝元年六月十二日、続々修一五帙九、古九―五九九～六〇〇）等の語が、使者による口頭伝達を考える上で興味深いが、ここでは指摘にとどめる。註（4）拙稿g参照。

補註

（補1）「その文面を情報として認識できず」という文章は、初出時には「その文面が理解できず」としていたが、誤解のないように改めた。

補記

本章は、正倉院文書や木簡など古代史料分析の方法論としての〈書類学〉の立場を提示し、その有効性について実例を挙げて論じようとした内容で、二〇一六年に発表した（『日本史研究』六四三）。正倉院文書や木簡など業務で実際に用いられた書面の分析において、その用いられ方の違いを見分ける視角の確立について、註（4）拙稿bを構想していたころから意識していたところであり、註（4）に挙げた拙論の中で検討を続けてきた。これは、東京大学史料編纂所が刊行する『正倉院文書目録』の編纂担当としての立場からの関心でもあった。その折、日本史研究会古代史部会から二〇一五年十一月の大会で報告する機会を与えていただき、あらためて見解を整理し直したのが本論である。「正倉院文書の〈書類学〉」という表現は、論文としてここではじめて使用した。その後、正倉院文書関係で「写経所の機構」（犬飼隆編『古代の文字文化』竹林舎、二〇一七年）を、〈書類学〉と関わるものでは「正倉院文書に見える「口状」について」（佐藤信編『史料・史跡と古代社会』吉川弘文館、二〇一八年）を発表した。

第二章　帳簿と木簡

――正倉院文書の帳簿・継文と木簡――

はじめに

本論では、律令制諸官司での種々の記録に用いられた木簡の機能分析のための試行的作業を行ってみたい。木簡は、その内容から、①広義の文書木簡、②付札、③その他（習書・落書等）に分類され、①広義の文書木簡は、a書式上何らかの形で授受関係が明らかにされているもの（狭義の文書木簡）と、b文書の授受関係が明記されていない帳簿・記録に類するものに分けて考えられている(1)。本論では、上記bに当たる木簡を主たる対象とし、aについても必要に応じて触れることとしたい(2)。

木簡の機能分析は、諸官司における文書・記録を用いた政務処理の実態解明につながる課題であると共に、そうした文書処理の解明が木簡の検討を行う際の前提となる関係にある。それゆえにこの問題は、木簡研究が開始された当初からその中心的課題の一つであった。その成果の一つ一つを挙げることはできないが、広義の文書木簡について、人やものの移動との関わりという観点から機能分類を試みられた横田拓実氏が、本来的に移動ということの起こりえない木簡として出納記録という分類を立てられており(3)、本論の立場から注目される。近年では、長屋王家木簡・二条大路木簡の発見が、文書木簡・記録木簡に関する新たな研究の展開をうながしている(4)。

ところで、諸官司における文書処理においては、いうまでもなく紙に書かれた文書も大量に用いられていた。木簡が当時の官司で用いられた木の文書・記録の実物であるとするなら、奈良時代に用いられた紙の文書・記録の実物が正倉院文書である。したがって、文書木簡・記録木簡の分析においては、一方で正倉院文書の検討成果との照合が必要となる。この点でも、従来から優れた成果が上げられている(5)。ただ、正倉院文書研究、その中でも写経所文書の検討は、近年急速に進展した分野である(6)。そこにおいては、個別の写経事業ごとの文書・帳簿の整理が行われると共に、古代文書論全般の見直しにつながる成果が提出されている。諸官司での記録のあり方という観点からは、大平聡氏による帳簿論の提唱とその展開(7)、杉本一樹氏による「仕事指向」の観点からの古代古文書学再検討の提唱等が注目される(8)。筆者も、正倉院文書の中に見られる「継文」に注目し、写経所における記録のあり方を整理する機会があった(9)。

さて、こうした正倉院文書からうかがわれる諸官司での記録のあり方と、従来示されている文書木簡・記録木簡の機能・用途の理解とを照合させてみると、一部に必ずしも整合的でない部分が見受けられる。この点の整理を行うことが、本論の主たる目的である。近年の学界状況として、木簡研究においては長屋王家木簡・二条大路木簡の検討が本格化して以来、また正倉院文書研究においては写経所文書の検討が中心的動向となって以来、各々の研究はきわめて精緻かつ高度な水準で展開されるようになった。しかし、そうした双方の精緻さゆえに、両者の研究が交錯する場合においても、相互が複雑に絡み合わない範囲での考察にとどまる傾向があるように感じられる。こうした状況の打開に僅かなりとも寄与する点があればという思いから、あえて粗雑な問題提起を試みる次第である。以下、個別事例の指摘にとどまり、体系化には遠く及ばない内容となる点、あらかじめ諸賢の寛恕を乞いたい。

一　正倉院文書の帳簿・継文

1　写経所の帳簿と継文

はじめに、正倉院文書からうかがわれる記録の様相について、本論と関わる点に限って整理しておきたい。まず写経所で作成された帳簿としては、物品の収納記録、出用記録、収納と出用双方を記載した出納記録、食料の請求に関わる食口の記録、物品の所在記録、作業記録など、様々な内容のものが見られる[10]。また、記録の機能を持っているのは、授受関係を持たないいわゆる帳簿だけではなく、発信者・受信者の授受関係が明らかになる文書も、後次的に記録の役割を果たす場合がある。その実例となるのがいわゆる継文の形態である。

継文とは、複数の文書を貼り継ぎないし書き継ぎによって連貼した形態である[11]。継文の内容は、①ものや人の移動にともなう文書の継文、②ものや人の移動をうながす文書の継文、③ものや人の移動の結果を報告する文書の継文、④上記三者の混在する継文といった形に分類できる。文書を集合とすることによって、帳簿と同じように記録としての利用が可能となるのが、継文の一つの特徴である。たとえば、物品等の請求文書を貼り継いで継文とし、そこに収納・出用・返納等の注記・追記を加えていくことによって、継文は出納台帳としての役割を担うようになる。継文を作成・編成することが、帳簿の作成と類似の行為となりえるのである。文書の筆記を行う場合でも、当初から継文に編成すること、すなわち台帳として利用することを意図しているのであれば、それは帳簿の作成と何ら異なることのない行為といえる。こうした事例においては、文書か帳簿かという違いは、相対的な意味しか持たないことになる。

継文に関しては、その編成主体と、編成される文書の発信者・受信者との関係にも注目できる。継文の編成には、大別して次の三つの場合がある。第一は、発信者が継文の編成主体である場合、第二は、受信者が編成主体である場合、第三は、発信文書と受信文書の混在した継文が編成される場合である。このうち第一と第三の場合では、発信者が自らの発信文書を継文に編成することが行われていることになる。その場合、継文に編成される発信文書（個体としての文書）[12]は、いったん発信者から受信者のもとへ送達され、その後なんらかの必要から再び発信者のもとに回帰した文書個体であるか、さもなければ、受信者に送達された個体とは別に作成された文書個体ということになる。前者の実例も存在するが[13]、多くは後者の事例である。前者の発信者に回帰する文書とは、いわゆる「移動する」文書に他ならない。「移動する」文書という視点は、廃棄場所すなわち出土場所を常に念頭に置く必要のある木簡研究において重視されてきたところであり、正倉院文書の中の「移動する」文書の解明は、その意味で木簡研究に導かれた成果でもある。ただここではむしろ、後者のいわば「移動しない」文書の方に注目したい。「移動しない」文書とは、発信者のもとに置かれたまま受信者に送達されることのない文書個体といえる[14]。写経所文書の様相から判断すると、当時の諸官司等においてこうした「移動しない」文書個体の存在はかなり一般的であったといえそうである。

「移動しない」文書個体は、発信者のもとに保管された後、廃棄されることになる。正倉院文書の場合、その伝来からいって、写経所の発信文書を保管（廃棄）していたのが写経所であること、すなわち発信者と保管（廃棄）者が同一主体であることの判定に特に問題は生じない。ところが木簡にあっては、出土地点の性格が明らかでないことが普通であり、発信側・受信側のいずれで保管され廃棄されたものかという問題自体が考察の対象となる。それゆえ、「移動しない」文書個体を見分けることには困難がともなう。しかし、写経所文書のあり方からみて、発信者から「移動しない」文書が、木簡においてもかなりの割合で含まれている可能性が念頭に置かれるべきであろう。

もう一つ、写経所文書の継文の内容から留意される点として、文書・記録処理の実務には、定型的部分と共に多様性が混在していることを指摘しておきたい。写経所においては、写経にともなう様々な物品の請求・収納・出用や、作業の管理・報告が不断に行われており、機能・内容の上で共通する各種の書類が、時期の違い、写経事業の違いを越えて作成されている。これは、なすべき「仕事」が共通するために生じる定型的部分ということができよう。しかし一方で、それらの書類の個別の作成手法を見ると、その都度かなりのばらつきも認められる。たとえば、写経のための本経の貸借・出納に関する「奉請文」と称される文書の継文においては、相手先からの本経の送付請求文書を継文として貸借・出納の台帳に利用する場合があり、あるいは本経送付先からの返抄の継文や、相手先への本経の送り状の継文が同様の機能を果たしている例も見られる。また、継文の中には、単独文書を貼り継ぐ様態と、文書を書き継ぐ様態とが混在する事例が見られたり、あるいはある部分は文書の貼り継ぎであるが、ある部分では日付をおって書き込まれる日次式の帳簿形式の記載となっている継文も存在する。いわば、実務の末端においては、形式を整えることよりも、文書・記録処理の個別の目的に即して、文書・記録の種類・形式等のばらつきを許容しうる手法が工夫されていたということができよう。紙か木簡かといった記料の違いや、口頭か文書かといった情報の伝達方法の違いも、そうしたばらつきの一種として受け入れられていたと考えられよう。たとえば、物品の移動にともなって、請求文書・送り状・返抄・出用記録・収納記録・事後報告といった文書・記録のすべてが常に作成され保管されるというような杓子定規な運用が、実務の末端で実現されていたことは考えにくい。この点、木簡の検討においても留意する必要があると思われる。

2　正倉院伝世木簡と写経所文書

木簡を用いた記録のあり方について、紙に書かれた文書・記録との関係を明らかにする史料としては、いわゆる正倉院伝世木簡の例が知られている(15)。著名な事例として史料1東大寺写経所法花経疏奉請文(16)（案）を取り上げると、本木簡と類似する記載は、正倉院文書の奉請文の中にしばしば見られるところである。文書と解すべき記述形式を備えているが、用途からいえば、経典貸し出しに関する記録として作成されたものであることが既に指摘されている。史料2東大寺写経所華厳経奉請文（案）は、史料1とほぼ同じ形式の文書を何通も書き継いで作成された継文であり、経典の出用記録として用いられたものである。こうした例から考えても、史料1は、発信者のもとに置かれたまま受信者に送達されることのなかった「移動しない」文書個体の実例といえよう。史料1のような文書個体の記述情報を転記することで、史料2のような記録としての継文が作成された考えられる。別の言い方をすれば、史料1のような文書個体の集合は、史料2のような継文と記述情報の点で同一の内容を持っていることになる。

史料3経典奉請文は、写経所における経典の貸出に関する出納記録として作成された継文である。写経所に対する経典の借用依頼状が主として貼り継がれているが、中には造東大寺司からの経典の送り状なども含まれており、受信文書と発信文書が混在している。掲出した部分には、①造東大寺司奉請文（天平勝宝三年（七五一）五月二十二日）、②龍蓋寺三綱牒（同八月一日）、③造東大寺司写経所奉請文（案）（同七月六日）の三通の文書が貼り継ぎないし書き継ぎされている。この継文は、おおむね右から左へ日付を追う形で編成されているが(17)、掲出部分は日付順に乱れが見られる。この点を検討すると、①は造東大寺司から紫微中台へ送られた経典の送り状で、いったん紫微中台へ送達され、そこで経典の収納の注記が加えられ、さらに七月三十日付の経典の返送文が書き加えられて、経典と共に発信側へ回帰したものである。したがって、①の文書個体が継文に貼り継がれたのは、当初の文書の日付である五月二十二日ではなく、返送文の日付である七月三十日以降のことと考えられる。また③は、写経所が発信した七月六日付の経典の送り状の案文で、末尾に返送された経典の収納を示す注記が付されている。ただし、八月一日付の文書の正文である②の余白に書き込まれているから、実際にここに書きつけられたのは八月一日以降のことであろう。よって③は、八月初めに当該経典が写経所に返送されてきた時点で、継文に編成されたものと考えられる。

そう考えた場合、③を継文に編成する際に、文書個体を貼り継ぐのではなく、他の文書の余白に文書の記述情報を書き込むという方法をとっていることが注目される。③はもともと木簡に書かれた文書であり、それを転写して継文に編成された可能性があると思う。③の内容・形式が、史料1の木簡の記述とほぼ類似することも、こうした推測を裏付けると思われる。史料1は、その長さ・幅が経巻の軸や経帙の幅と一致することから、貸出中の経巻の代本板(留守居札)としての機能を果たしたことも想定されている。[18] 経巻返却後に継文に編成されている③のあり方は、この想定とも整合的に理解できる。史料3は、木簡の文書・記録と紙の文書・記録が並行して用いられている実務の状況をうかがわせる史料といえそうである。

木簡の記述を転写して紙の文書・記録を作成することについては、正倉院文書の銭用帳、雑物納帳、用帳等にも事例が存在する。[19]「板写公文未了」「板写公文読合幷経所食口抜出」[20] 等と述べられている作業がこれに相当すると思われることも既に指摘がある。[21] この点、あらためて述べることはしないが、そうであるならば、記録に用いられる木簡についても、より積極的に紙の文書・記録のあり方に引きつけた検討が求められていると思われる。

3　食料等の授受に関する継文と帳簿

食料及び物品の授受に関する文書・記録は、写経所文書の中で一定の部分を占め、その様相を比較的詳しく知ることができる。記録木簡においても、食料・物品授受関係の内容を持つものは数多い。紙と木簡双方の文書・記録を対照させて検討する上では格好のフィールドであり、本論での検討の主たる対象として取り上げることとしたい。

そこでまず、紙の文書・記録のあり方について整理しておきたい。食料の授受においては、まず支給請求文書が作成される。『延喜式』太政官によれば、月料・要劇料・大粮の支給請求は月ごとに提出されることとなっており、翌月（来たる月）の分の事前請求と、前月（過ぎた月）の分の事後請求の方式が見られる。正倉院文書のいわゆる大粮申請文書（大粮継文）や、写経所の粮米申請文書では、翌月分の請求が行われている。

史料4写経司受月食案文は、写経所が造東大寺司に提出した月食の支給請求文書と決算報告文書の継文である。月末ないし月初めに、来たる月の分の支給請求と過ぎた月の分の決算報告とが出されていたことがわかる。掲出部分は、天平十一年（七三九）八月分の支給請求と決算報告である。支給請求文書は、その月の作業従事者数、品目別の請求合計量、内訳としての作業別の従事者数、品目別請求量から構成される。請求量は、内訳部分に記載のある一人一日分の必要量に人数と日数（この月は二十九日）を乗じたものである。決算報告文書は、おおむね食米の決算報告の記載と、食口数の記載からなる。食米の決算部分では、「受米（惣受米）」（支給請求文書の請求合計量）から「欠米（計欠米）」（収納不足分ないし未収納分）を差し引いたものが「定米」（実際の収納量）となり、そこから「用米」を差し引いたのが「遺米」である。「用米」は、後に掲げる「見食口」に支給すべき食米の総量に相当する。食口数の記載は、「見食口」（実際に食料の支給を要した人数、人・日単位）と「不食口」（実際には食料の支給を要しなかった人数、人・日単位）からなり、

「見食口」と「不食口」の合計（「惣単食（惣単食口）」）は、支給請求文書での作業従事者数にその月の日数を乗じたものに相当する。

史料4によれば、写経所で必要となる食料の請求には、一定期間（ここでは一月）ごとに予定量を請求し、事後に決算報告を提出して、収納量と実際に必要とした量を清算する方式が存在したことがわかる。また、「惣受米」（請求量）、「用米」（実際に必要とした量）、「定米」（実際に収納した量）が一致していないことも注意される。ただ、史料4からは、食料収納の実際や、収納した食料の出用の方法については判然としない。

写経所における食料の請求・収納・出用に関わる文書・記録としては、いわゆる食口案が存在する。食口案には、月ごとの食口を報告する文書と、日ごとの食口を記録した帳簿との二種類がある。(22) いずれも当時の呼称として「食口案」と呼ばれているが、ここでは両者の区別のために、月ごとの食口報告を月別食口文、日ごとの食口記録を日毎食口帳と呼ぶこととしたい。月別食口文は、月初めないし月末に、過ぎた月の食口数を報告したものである。(23) 事後の報告で食口数を記載する点で、史料4受月食案文の決算報告文書の中の食口数記載に相当する内容といえる。ただし、食米の量に関する記載はほとんどなく、「返上飯」の記載が一部に見られるにとどまる。

これに対して、日毎食口帳は、日をおってその日の食口数と「用米」（米の必要量）、その内訳等を記載した帳簿である。史料5奉写灌頂経所食口案では、上記の記載のほか、「散」として従事した作業の詳細が記される場合もあり、さらに「請米（充米）」、「用」、「残」からなる食米の決算記載がある。「請米」は、「先日残」（前日の残米）に「今日請」（その日の収納量）を加えたもので、その日に所在する食米の総量に相当する。「用」は、その日の食米の必要量で、その日の食口数から算出される食米の量に当たる。なお、この「用」と「今日請」の食米量とは必ずしも一致していない。「請米」から「用」を差し引いた額が「残」（その日の食米残量）であり、翌日の「先日残」となっている。史料5

のこうした日ごとの決算記載の存在からみて、日毎食口帳は食米の収納状況と関わりを持つ帳簿と考えられる。他の日毎食口帳にはこうした決算記載の見られないものが多いが、用米記載の部分に「欠米」「乗米」等の額が注記されている例は多く(24)、実際の収納量との関係を示しているものと思われる。こうした点からみて、食米の収納を日ごとに行う方式が存在したことがわかる。ただし、その際の収納量は、必ずしもその日の食口数や、食口数と対応する用米の量とは合致していない。

一方、収納した食米の出用に関しては、同じ日毎食口帳の一例である史料6奉写一切経所食口帳が参考となる。史料6では、日ごとに食口数とその内訳、用米の量が書かれているが、九月分の記載の後に、「惣用米五石一升六合」とあり、その内訳を「見下米四石」「未下米一石一升六合」と記している。これは、この間の用米合計量と、そのうちの既支出分、未支出分を示すものであろう。これから考えると、食米の出用量が用米の量と一致していないことが指摘できる。

ここで、食口と食米の収納・出用について整理すると、食口（数）とは食料を支給されるべき職員・作業従事者の数（人・日単位）であり、食口数に基づいて食米の必要量が定まる。これが用米の量であり、食米の請求や決算報告においてはこの数が基準となる。食米の収納・出用も、本来はこの食口数と用米量の通りに行われるべきものであろう。しかし、現実にはそうした定数通りの出納は行いがたく、実際の食米の収納・出用の量は、食口数とそれに基づく用米量と必ずしも一致しない形で行われたものと思われる。ここに掲げた諸帳簿等は、そうした様相を示すものであった。そこにおいては、食口数やそれに基づく用米量は、いわばあるべき食米量を示す計算上の数ということができる。

ところで、写経所の食料の請求に関しては、次のような史料がある。天平二十年九月九日花厳供所牒は(25)、「寺花厳疏納幷充装潢帳」との題籤が付された継文の冒頭の文書で、花厳疏書写事業の開始時に花厳供所が写経所に宛てて出した料紙筆墨の送り状である。この送り状は、いったん造東大寺司を経て写経所に送達されたもののようであり、その余白に造東大寺司から写経所への通達が「告」として書き込まれている。内容は「上件疏、速令」写。其写人等食物、別注申之。毎日常食、短籍載之」というものであるが、これは、必要となる食物についてはそれのみ独立した文書で申告し、毎日の常食は短籍に記載すべきことを述べたものと思われる。ここでいう短籍とは、木簡を指すものであろう。食米の収納を日々行う方式の存在を日毎食口帳からうかがえたが、日ごとの短籍を作成することは、そうした方式に対応したやり方といえそうである。そして、短籍に記載する内容を考えると、日毎食口帳の一日分の記述情報がほぼそれに相当することが想定される。日毎食口帳の記載内容には精粗があるが、史料5のように日ごとの記載の末尾に案主の署名がある記載形式は一般的に見られるものであり、一日分の記載だけを取り上げると、それは帳簿というより文書の記載形式に類似している。とすると、日ごとの常食短籍の記述情報を転記して、日ごと食口帳が作成されていく場合のあったことが考えられる。「板写公文読合幷経所食口抜出」(26)とあるのも、こうした作業を示すものと思われる。

さて、以上、食口についてやや詳しく検討した。食口は、本来なら食料の請求・収納・出用と合致すべきものであったとしても、実際の収納・出用は、実状に応じた運用がなされていたようである。したがって、食口やそれに基づく用米の量を直ちに収納・出用の実態と考えることはできないであろう。また、受月食案文や月別食口文、日毎食口帳は、実際の収納・出用と関わる内容が含まれているとしても、それ自体は収納・出用の状況を示すことを目的とする記録とはいいがたい。

食料等の収納・出用を記録した帳簿としては、いわゆる食物納帳、食物用帳と称される帳簿が存在する。史料7千二百巻金剛般若経経師等食米幷雑物納帳は、日付、送付元、収納品目と量、収納文言、主典・案主等の署名を記載し、史料8写千巻経所食物用帳は、日付、出用品目と量、主典・案主等の署名を記載する。いずれも日次式で、食料等の実際の収納・出用について記録した帳簿である。また、両者とも主典・案主等の署名があることからみて、これらの例では写経所の政所が食料等の収納・出用等を管理していたことにも注意しておきたい。

二　記録木簡の再検討

1　収納記録

さて、写経所文書に見られる上記のような文書・記録のあり方を踏まえ、以下では、記録に用いられた木簡の事例を見ていきたい。なお、以下の検討においては、木簡の記述の内容・機能をどのように判定しているかを明示する意図から、木簡の文書・記録についても、紙の文書・記録と同様に文書名を付して示すこととしたい[27]。

はじめに収納記録と思われる木簡について取り上げる。木簡を用いた収納記録には、

Ⅰ類　一回の収納行為を記録するもの

Ⅱ類　複数回の収納行為を記録するもの

Ⅲ類　一連の収納行為を集計・整理して記録するもの

などが見られ、さらに、

Ⅳ類　進送文書の木簡を保管し記録に利用する方式

の存在がうかがわれる。

Ⅰ類の事例としては、史料9某司薗職進大豆収納記が挙げられる。日付、送付元（薗職）、品目とその量が書き付けられたこの木簡は、薗職から進上された大豆を収納した某司の作成した収納記録と思われる。『藤原宮木簡　一・解説』[28]では、「薗職から大豆を進上してきたことを記した文書」、「朽損している下半分か裏面に、進上した薗職の責任者名があったのではなかろうか」としており、進上側の薗職が作成した送進文書ないし出用記録と解しているごとくである。しかし、文書としては形式が整わず、記録とみるのが適当であろう。その場合、薗職が作成した記録であれば、「薗職」と明記した理由が考えにくい。収納記録であれば、物品の送付元を記した史料7のような例も存在し、違和感はない。以上から、この木簡は、薗職からの大豆を収納した側が作成した収納記録と考えておきたい。仮に署名があったとするなら、それは進上側ではなく、収納側の担当者のものとなろう。この木簡の記載は、史料7の一日分の記載と類似する形であり、帳簿を構成する内容の一部が木簡に記載されているといえる。こうした木簡の収納記録がまとめられて収納帳が編成されたのかもしれない。

史料10某所意保御田進上瓜収納記も、Ⅰ類の事例と考えられる。二条大路木簡（南溝ＳＤ五一〇〇出土）の一つで、同種の木簡は他にも数点が出土している。[29]これまでの研究では、これらの木簡は意保御田からの瓜の進上状とされているが、[30]意保御田から進上された瓜の収納記録と考えた方がよいと思われる。記載内容は、送付元、品目とその量、運搬者、日付、収納担当者名であろう。南溝ＳＤ五一〇〇からは、種々の物品の進上状である木簡が多数出土している。一例として史料11岡本宅栗子送進文がある。史料10も、こうした進上状と類似した記載を持っている。ただここで注意しておきたいのは、史料10が「従二意保御田一」と書き出している点である。進上状の場合、発信側が自らに「従」を付して称することは考えにくい。「従」を付するのは、意保御田とは別の主体が、相手先としての意保御田を指す場合の表現であろう。史料10と同類の木簡では、「従二意保御田一」と書き出すのが五点に対し、「従」を付さずに

「意保御田」とするのは一点のみで、「従」を付す書き方が原則的であったといえよう。また、これらの木簡では、日付の下の人名が名のみの記載である点も注意される。こうした記載は、ある限られた集団内部での方式であり、外部の組織・部署とのあらたまった連絡には適さない。事実、南溝出土の他の進上状木簡では、日付下の進上側の担当者は氏名を記す場合がほとんどである。意保御田の瓜の木簡は、この点でも他の進上状木簡とは異なる性格がうかがえる。この木簡の作成主体は、意保御田とは別の主体であり、また記載内容も部内的性格のものと思われる。そこに名前の見える「国足」も、収納側の人物の可能性がある。(31)こうした点から、史料10及びそれと同類の木簡は、意保御田から進上された瓜を収納した側で作成された収納記録と解する余地が十分考えられる。物品の進上状が届くということは、物品の収納が行われていることであり、そこで収納記録が作成されるのはむしろ自然である。これまで進上状とされていた木簡についても、収納側で作成された記録に相当するものでないかどうかという観点から検討を加える必要があると思われる。

次に、Ⅱ類の事例としては、まず史料12某司東板殿幷倉代収納記のようなものがある。日付から書き出したある一日の収納行為の記録であるが、一回の収納行為の記録ではなく、東板殿と倉代においてなされた各種の収納行為をまとめて記録したもののようである。一日分の収納の記録といっても、一件ごとの記録の場合と、複数の内容を記録する場合があったと思われる。

史料13某司古御酒収納帳は、受け取った酒の種類と量を日次式に書き付けた収納記録と考えられる。『平城宮木簡一　解説』では、「日別の「古御酒」の請求量を記した帳簿風のもの」とし、支給請求した内容の記録と解しているようである。(32)しかし、「請」には請求だけでなく「受け取る」の意味もあるので、この文字から請求の意味にこだわる必要はなかろう。また、正倉院文書には、経師が筆や墨の支給を請求した文書を貼り継いだ「筆手実」、「墨手実」

等と呼ばれる継文が存在するが、これらにはその後の筆・墨の支給や返納に関する注記が加えられ、単なる請求の記（33）録としてではなく、物品の出納台帳としての用途から継文に編成されたものと考えられる。こうした例を見ても、請求内容を記録するためだけの帳簿の存在は考えにくいように思われる。

史料14長屋王家都祁氷室進氷駄収納帳も、Ⅱ類の事例に当たると思われる。都祁氷室から進上された氷の駄数を書き付けた日次式の帳簿であり、氷を受け取った長屋王家で作成された収納記録と考えたい。長さが八〇《チセン》近い長大な木簡であり、表裏に記載があって、記載の方向は表裏で逆転し、一方の端に寄ったところに穿孔が見られる。片面には、最上段に「狛首多須麻呂／進氷」と記され、その下を上下四段ほどにわけて、日付、氷駄の数、運搬担当者と思われる人名等からなる記載が日をおって書き付けられている。氷駄に銭を支給した記述を含む例が一部に見られる。日付は、六月二十九日から七月四日までが認められ、閏六月の存在から和銅五年（七一二）と判定できる。この面に見える運搬担当者はほとんどが狛首多須麻呂となっており、もう一方の面に彼の名が見えないことから推測すると、最上段の「狛首多須麻呂／進氷」なる記載は、この面が多須麻呂担当分の記録であることを示すものと思われる。もう片面は、上段に「都祁氷進始日」とあり、日付、氷駄の数、人名等が日をおって書き付けられている。氷駄数の下の人名は、運搬担当者を示すと思われるが、さらにその下に「少書吏」と見える箇所があり、これは収納担当者の署名であるかもしれない。

この木簡については、氷を送り出す時に都祁氷室で作成された記録で、最終的に氷の進上記録として長屋王家へもたらされたものとする理解が示されている。[34]都祁氷室出氷帳とでもいうべき記録とみる解釈であり、記載内容からはそうした理解もあながち不可能ではない。しかし、その場合には、都祁氷室で作成された帳簿がなんらかの理由で長屋王家へ持ち込まれたことを想定しなくてはならず、その点説明が難しいところであろう。仮に氷の進送状況を都祁氷室が長屋王家に報告する必要があったとしても、その際にいわば当座の記録としての木簡を提出するということは考えにくい。それを転記するなり、整理するなりした紙の文書が作られると考えるのが自然である。そもそも、長屋王家において氷の収納に関する記録が作成されていたことは、史料14以外の史料からもうかがうことができる。史料15都祁氷室氷進送文は、都祁氷室から長屋王家へ送られた氷の進送文書であるが、下方に穿孔があることから見て、受信側でそれらを綴じて保管していたことがうかがわれる。これは、収納記録としての用途に役立てるための行為であろう。このように、長屋王家の側で氷の収納状況を記録する行為がなされているとするなら、史料14もその結果作られた帳簿と解して差し支えないと思う。また、自らの側に収納状況を示す記録を持っているのであれば、進送状況の報告を氷室側からわざわざ徴する必要があったかどうか、疑問に感じられる。以上から、史料14は長屋王家で作成された収納記録と見るのが妥当な解釈であると思う。なお、史料14のような帳簿と史料15のような送進文書の関係については、後者を元に前者を作成したということもありえようが、前者のような帳簿方式の収納記録と、後者を用いたいわば継文方式の収納記録が、状況に応じて使い分けられていたことも考えるべきであろう。

Ⅲ類の事例としては、史料16長屋王家大和国諸郡某物収納記、史料17長屋王家近江国坂田郡舂米収納記などを挙げておきたい。これらは、同種のないし一連の収納行為について、一件ごと、日ごとの記録や、日次式の記録をもとに整理・集計して作成された記録と考えられよう。

最後にⅣ類の事例であるが、これについては既に史料15を例に述べたように、物品の送進文書を保管することが、収納記録の作成と深く関連する。そのあり方についてもう少し検討しておきたい。史料18木上司大御飯米進上文は、木上司から長屋王家へ進上された大御飯米の進送文書の木簡で、同類の木簡は十数点が報告されている(35)。それらの記載内容は、品目と量、運搬者名、日付、進上担当者名からなり、注記として収納側の署名の見られる場合もある。そのほとんどに穿孔のあることから、受信者側で綴じて保管されていたことがうかがわれる。木上司から進上された大御飯米については、史料19長屋王家大御飯米収納幷出用帳のような収納記録の存在も知られ(36)、収納記録作成が必要であるがゆえに、進送文書の保管も行われたのであろう。ただ、保管された進送文書と、収納記録との関係にはやや検討すべき点がある。史料19は、大型の横材を用い、一箇月分の収納と出用を記録した帳簿である(37)。日付、進上米の量のほか、進上担当者、運搬者、収納責任者等の名が見える。これは、進送文書の木簡の記載・注記とほぼ一致する内容である。しかし、この木簡については、日によって墨の濃淡があることから、一時に書かれたものではなく、日ごとに書き継がれたものであるとの観察所見が示されている(38)。とすると、この帳簿は、保管しておいた日ごとの進送文書を一時に転記する形で作成されたのではないことになろう(39)。要するに、同じ収納記録であっても、日ごとに帳簿を書き継ぐやり方と、収納文書を保管するやり方とは、別個の方式として運用されることがありうるのである。その場合、一つの収納行為に対して双方の方式の記録が作成されたのであろうか。むろんそうした場合も考えられるが、そうではなく、状況に応じて二つの方式が使い分けられること、時期や内容によってどちらか一方の方式だけで記録が作成されることもあると考えるべきであろう。

このことは、記録のあり方全般に敷延して注意すべき点でもあると思う。ここでⅠ〜Ⅳ類としてあげた収納記録の方式は、たとえば、Ⅳ類をもとにⅠ類を作成し、それをもとにⅡ類を作成し、さらにそれらをもとにⅢ類を作成するというような一連の業務の流れの存在を想像させる。確かに、Ⅲ類の作成には、Ⅰ・Ⅱ・Ⅳ類のような基礎資料が必要となろう。しかし、収納状況を確認するための基礎資料としては、Ⅰ・Ⅱ・Ⅳ類のいずれか一つの方式の記録が存在すれば、十分用が足りる。生起する収納行為に即して記録を取ることが行われるなら、Ⅰ類はⅣ類がなくとも、Ⅱ類はⅠ・Ⅳ類がなくとも作成可能である。むしろ問題となるのは、その場に応じた記録方式がいずれかという点であろう。物品の収納に際して、常に定型的な進送文書がともなう状況であれば、Ⅳ類の方式が手間の節約になることもあろうし、類似した収納行為を混同しないように処理するためにⅠ類の方式を取る場合や、月ごとの決算の作成を考えてはじめからⅡ類の方式を取る場合もあろう。担当者の個性や、紙の文書・記録との併用の状況の反映も考える必要があろう。ここでそうした要因のすべてを挙げることはできないが、記録作成の様相は一筋縄では理解できないというのが実際のところではないだろうか。ともあれ、実務の現場では、状況・目的に即した柔軟な対応がありえたことに目を向ける必要があると思う。

収納記録のあり方に関して、やや特殊な用途が推測される例として、史料20長屋王家店物直銭納記にも触れておきたい。(40)これと同種の木簡は他に三点ほどの例があり、いずれも日付の下に「店物」と記し、品目ごとの価格、銭の合計額を記している。これらが、店で物を売り払って得た銭の記録（収納記録）であるか、物を買って支払った銭の記録（出用記録）であるか、判断は難しいが、収納記録と考えるのが妥当なように思われる。(41)舘野和己氏が「店」に関する他の木簡とも比較して指摘された通り、「店物」という表現は、店で買い上げた物というよりは、店での売り物を示しているようであり、長さが一二～三センチと小形で、切れ込みのある付札形式の木簡もあって、指し銭に付けられていた状況が考えられる。ここで、収納記録としての木簡が、収納された銭に結びつけられていた状態がうかがえる点は注目される。この木簡がいつどこで作られ、どのような動きをしたのか、文書・記録処理の実態を具体的に解明するための検討材料となろう。(42)また、記録と付札の関連にも視野を広げる必要が感じられる。

2　出用記録

次に、物品の支出・消費、他への充用等の状況を書き付けた出用記録についても見てみよう。出用記録においても、

Ⅰ類　一回の出用行為を記録するもの

Ⅱ類　複数回の出用行為を記録するもの

Ⅲ類　一連の出用行為を集計・整理して記録するもの

が見られ、

Ⅳ類　支給請求文書等の木簡を保管し記録に利用する方式

の存在がうかがわれる。以下では、出用の内容で細分した上で、これらの方式に触れることとしたい。

銭用記録

まず、正倉院文書の銭用帳に相当する銭の出用記録が見られる。史料21某所酒屋女物直銭用記、史料22某所四種物直銭用記は、Ⅰ類の事例で、一回の支出行為の記録と思われる。購入品とその内容、支出額を記すが、日付はない。史料23某所出挙銭出用記は、ある一日分の出挙銭支出の記録で、出挙を受けた者の名と金額を書き上げている。出用行為としては、人別に別件と見て、Ⅱ類に当てはまる事例と考えたい。

史料24長屋王家功銭用帳もⅡ類の例で、日次式の銭用帳に相当し、日付、用途、銭の額、支出担当者を記す形式も整っており、下部に穿孔がある。

史料25長屋王家余銭用帳、史料26某所残銭用帳は、ある時点の「余銭（残銭）」について、その後の使途を日をおって書き付けたもので、Ⅱ類に当てはまる。史料25は、行の順序等にこだわらず、その都度余白に文字を書き込んだもので、当座の記録のごとくである。一方、史料26は、幅広の木簡で、当初からある程度の内容を書き込むことを予定していたようであり、銭の使途のほか、受取人、支出命令者と思われる人物の記載がある。また、史料26は、上部の左右に切り込みのある木簡で、あるいは銭と結びつけて置かれ、支出の都度その使途を書き込むといった使われ方を

したのかもしれない。(43)

雑物出用記録

次に種々の物品の出用記録を見てみよう。史料27長屋王家塩用記、史料28長屋王家鋺下充記、史料29某司絁下充記は、一日分の出用記録である。いずれも、日付、出用文言（「用」「下」「受下」等）、物品名とその量・個数、出用先ないし使途の内訳といった内容が記されている。史料27と史料29には受取人の記載がある。これらは出用先が複数となっているが、受取人が同じであるので一回の出用行為として考え、Ⅰ類に当てはまるとしておきたい。史料28はその点もはっきりしないが、他の二例と同様に扱っておく。

史料30某所西坊玉箒充用幷返納記は、Ⅰ類に当たる事例で、充用先、物品名・個数、日付を記している。この木簡は、一方の先をとがらせた形態を持ち、何らか物品と結びついた用途があったのかもしれない。またこの木簡には、返納に関する追記と思われる注記が加えられており、出納の台帳に相当するような機能を果たしていたことがわかる。一件ごとの出用記録であっても、複数の集合をなすことで、一定期間の出用記録を形成したことが考えられよう。前掲の史料27も、「十二月五日始」と書き出していることから、一定期間の記録の一部をなしていることがわかる。この「始」は一定期間の記録の冒頭となることを意味している。(44)

史料31某所年魚等出用帳、史料32某司絁出用帳は、日次式の帳簿形式で数日にわたる内容を記録したもので、Ⅱ類の事例に当たる。史料32は横材を使用している。

史料33長屋王家食物用帳、史料34長屋王家塩雑物出用帳は、複数の出用行為を追い込みで書き記した記録で、Ⅱ類の事例である。ただし、欠損のため日付が定かでなく、全体としてある一日分の記録に相当することもありうると思う。記載の形式は整っており、出用先、品目と量、受領者、出用担当者を記しているごとくである。

史料35某所燈油出用記も一定期間の出用記録であるが、これは出用行為を順に書き付けたのではなく、一定期間の出用内容を集計・整理したⅢ類の事例である。日ごとの記録や日次式の記録を元に作成されたことが考えられる。また箱の蓋を転用していることからみて、紙に記すべき内容の草案に相当するもののように思われる。史料36某所伊賀万呂等衣出用記も、欠損があるが、一定期間の出用内容を集計・整理した記載のごとく思われる。ただし、史料29のような一回の出用行為の記録で、出用先ないし使途の内訳を示した部分である可能性もある。

食米出用記録

続いて、木簡の中でも数多くの事例がある食米の出用記録についてまとめて整理しておきたい。史料37長屋王家若翁帳内食米出用記、史料38長屋王家小子食米出用記、史料39長屋王家御坏物直米充奉記、史料40長屋王家犬料飯出用記、史料41長屋王家馬司帳内食米出用記等は、食米の出用行為一件ごとの記録で、Ⅰ類に相当する事例である。その記載はおおむね、出用先、品目・量・内訳、受取人、日付、出用担当者からなっており、木簡には穿孔があり、一定数をまとめて保管していたものと考えられる。長屋王家の家政機関の中心的部署（政所）で作成・保管され、廃棄されたものであろう。(45)

これらは、長屋王家木簡の中のいわゆる米支給「伝票」と称されている木簡で、(46)事例はこのほかにも多数見られる。しかし、「伝票」という理解には少なからず疑問が感じられる。ここではまずこの点を整理しておきたい。「伝票木簡」という考え方は、平城宮のいわゆる西宮兵衛関係の一連の木簡群の検討において用いられた。(47)『平城宮木簡一・解説』では、一連の木簡の中に食米請求文書が含まれていることから、これらは西宮兵衛の詰所から本府（あるいは大炊寮）に対して食米を請求したものと推定した。その上で、これが請求側の詰所で廃棄されたのは、本府が食料を支給する際に、誰に支給されるものかを明らかにする目的で、当該木簡を食料に付けて戻したためと推測した。

そしてこれを請求伝票の木簡と称したのである。いわば、当初請求の機能を持って請求元から請求先に移動し、その後、荷札的な機能を持って支給先（請求元）へ回帰したものというのが、ここでの「伝票木簡」の意味であった。

一方、長屋王家木簡の「伝票木簡」に関して想定されている食米支給方式は、食米の支給請求を受けた食米管理部局（政所）が、「伝票木簡」を作成して請求元からの使者（受取人）に与え、使者はその「伝票木簡」を食米支給担当現場（米倉）に持参し、「伝票木簡」と引き換えに食米の支給を受け、「伝票木簡」は現場に渡されて、その後食米管理部局に回送されるといったものである。(48) この「伝票」の理解は、「西宮兵衛木簡」から導き出される方式とはやや異なっている。その違いは、「伝票木簡」の作成主体にある。「西宮兵衛木簡」では食米支給の請求者を作成主体とするのに対し、長屋王家木簡では、食米支給に関する管理部局（政所）が作成主体とされる。そして、管理部局と実際の支給現場との連絡に「伝票木簡」が用いられると想定しており、いわば管理部局からの支給命令文書の機能を「伝票木簡」が果たしたと解することになる。

しかし、こうした「伝票木簡」が果たして実際に存在したのであろうか。本論ではこの点には否定的に考える。「西宮兵衛木簡」については後述することとして、ここでは長屋王家木簡について述べたい。問題になるのは、第一に、食米の管理部局と支給現場の関係、第二に他の物品・食料の出用方式との比較である。第一の点では、食米を政所が管理することは、正倉院文書に見える写経所政所のあり方からもうかがえる。しかし、写経所では食米等の支給の実務も政所が管轄しているように思われる。管理部局が支給現場を管轄しているのなら、その間での連絡といった必要は生じない。管理部局に所属する者が、現場での支給を担当するといった状況を想定すればよい。管理部局と支給現場が離れて位置しているとしても、支給担当者が現場に出向いていれば事は済むであろう。食米支給を請求する側は、その支給担当者のもとへ直接出頭すればよいことになる。この場合、「伝票木簡」と称するものは、管理部局に所属する支給担当者が作成した出用記録に他ならない。

逆に管理部局と支給現場が別個の部署であるとすると、両者が近接して所在する場合であっても、支給命令を「伝票」のような形で伝えるのは不都合であり、原理的には文書の形式を備えた命令書が必要とされるのではないだろうか。(49) そもそも別部署であれば、出納行為の一々についての命令・上申・報告や、鍵の出入りの管理、一定期間ごとの出納状況の検査・報告といった様々な手続きが付随して必要となるはずである。これは、無用な業務の増加となりかねず、末端の実務のあり方としては不合理であると思う。

第二に、他の物品・食料等の出用方式と比較した場合、日常的・画一的かつ多数の出用行為が生起する食米に関して、他と異なる管理方式がとられていたことは考えられるが、それが他の品目と比較して無意味な手間を要する形で運用されることは考えにくいのではなかろうか。既に見たところでは、食米以外の物品の出用について、「伝票」方式の存在をうかがうことはできない。逆に、食米に関しても、他の物品・食料と同じような形の出用記録が存在することは以下に見る通りである。とすれば、食米に関してのみ、「伝票」方式という他と異なる手続きの存在を想定する必要性が理解しにくい。逆に「伝票」とされるものも、単なる一件ごとの出用記録と解すれば、他と変わらない手続き方式の中で理解できる。食米に関してのみ共通の形式の木簡が大量に存在するのは、手続きが特殊なためではなく、多量かつ画一的という食米の出用行為自体の性格の反映と考えるべきではなかろうか。

この点で、史料42長屋王家尾張清足女食米出用記のような例が注目される。この木簡も、食米に関する一回の出用の記録であり、記載順は異なるが、内容は「伝票木簡」とほぼ一致し、同じ機能を持つことが考えられる。書き出しに「八月三日始」とあり、この「始」は、同様の例として先に史料27で触れたように、一定期間の記録の集合の中にあってその冒頭に位置する記載であることを示している。史料42に「伝票」というような機能を想定しえないことは明らかであり、単なる一回ごとの出用記録に過ぎない。「伝票木簡」と称されるものも、史料42と変わらぬ性格のものと考えるべきであろう。

次に、Ⅱ類の事例である複数回の出用行為の記録と思われる木簡を見てみよう。まず、一日の内に行われた複数の出用の記録と思われるものに、二条大路木簡の史料43某所料飯出用記、史料44某所間食米出用記がある。史料43は、日付、品目を記した上で、以下五〇箇所ほどの個別の支給先とその量を書き上げた長大な木簡である。史料44も、ほぼ同様の記載内容を持つが、こちらは支給先の数は少なく、裏面には年月日と出用担当者と思われる署名がある。「間食米」は、正倉院文書の日毎食口帳などに見える「間米」「間食」と同じものであろう。史料45奉写一切経所日毎食口案では、日ごとに食口と用米、その内訳を記し、その一項目として間米（食）とその量を記載しているが、内訳の米の量を計算すると、間米（食）は、食口数に対応する用米合計には含まれていない。すなわち、当該部署から食米を支給すべき食口以外に支給されたものが間米（食）であろう。(補1) このことからすると、史料44と史料43は、食口として扱われる「料飯」の支給と、食口とは別扱いとなる「間食米」の支給とに分けて記録している状況を示していると思われる。二条大路木簡の中には、同時に史料46某所不食米記も見られる。本来食口として食米を支給されるべき人数に入っていながら、実際には食米支給を受けなかった者が「不食口」であり、「不食口」の存在のために支給の必要がなくなった食米が「不食米」であろう。(50) 不食米の記録は、出用記録とはいいにくいが、内容的には関連がある。二条大路木簡のあり方を見ると、日ごとに食口として食米支給を受けた分が料飯出用記に、食口に含まれながら支給を受けなかった分が不食米記に、食口の扱いとは別の食米支給を間食米出用記に、各々記録するという方式が存在したことが想定される。不食米記は、料飯出用記と本来の食口の歴名のごとき記録とを照合して作成されたのかもしれない。

史料47長屋王家食米用帳も、複数回の出用の記録であるⅡ類の例といえる。史料47は、長屋王家木簡の中の食米支給に関するいわゆる横材木簡の一つで、同類の木簡や、その削屑が多数出土している。断片的にしか読み取れないものがほとんどであるため、記載内容に判然としない部分はあるが、出用の一件ごとに、支給先、品目と量、受取人、出用担当者といった内容で構成されているものと考えられる。また、日付記載がほとんど見られないから、一件ごとに日付を付する形の記載ではなく、横材木簡一点に一日分の記録が書き込まれていたものと考えられる。[51]

長屋王家木簡の中の日ごとに複数の食米出用行為を記録したこうした横材木簡について、これまでは、先に見た一件ごとの食米出用記録と同時並行的に作成・利用されたものと考えられているようである。[52]しかし、必ずしもそう考えなくてはならない理由はないと思う。既に収納記録の項でも述べたが、本論でいうⅠ類、Ⅱ類、Ⅳ類の方式は、いずれかが作成されていなければ他が作成できないという関係にはない。一次的な記録としては、その時々の状況と目的に応じていずれか一つの方式が行われれば用は済むはずである。一回ごとの記録であっても、それをまとめておけば、複数回の記録と同じ情報が形成される。また、複数回の記録を作成する必要がある状況であれば、当初からその形式で記録をとればよいのである。こうした点からいえば、長屋王家木簡の食米出用記録に見られる一件ごとの記録と一日ごとの記録は、同時併存する記録方式の組み合わせとして理解するのではなく、採用されていた記録方式の時期差として捉えることもできるのではないだろうか。すなわち、長屋王家での食米出用記録のあり方には、その時々で異なる方式が採用される場合があり、一件ごとの記録方式が行われている時期と、一日ごとの記録方式が行われていた時期とがあったと見る立場である。長屋王家から出土した一件ごとの出用記録木簡（「伝票木簡」）の大多数が霊亀二年（七一六）後半に集中しているという指摘も、[53]時期によって異なる記録方式が実行されていたことの反映として理解できるのではなかろうか。

次に、Ⅲ類の出用記録、一連の出用行為を整理・集計して記録した事例としては、史料48長屋王家御飯米間用米出用記がこれに当たると思われる。間用米は、上述した間米・間食と同じものであろう。この木簡の記載する量は三石六斗とかなり大きな数であり、月の末日の日付であることから、一箇月分の間用米を集計した記録に相当するものと考えたい。日ごとの間米の記録をもとに作成された可能性があろう。

最後に、Ⅳ類、支給請求文書を保管して出用記録に利用する方式については、長岡京木簡のいわゆる「請飯木簡」がこれに該当しよう。[54]一例として史料49考所請飯文を掲げておく。記載内容は、請求文言（「請」）、品目・量、日付、発信人名などからなり、支給先の部署・職種等が書かれているものもある。請求文言があることから、食飯の支給請求文書と考えられる。多数の事例が存在し、穿孔が認められることなどから、支給請求文書を受信側で保管して出用の記録として利用されていたことが推測される。

食米の支給請求文書には、史料50嶋史大国月料米申請文、史料51某作処帳内月料米申請文、史料52木上御馬司大伴鳥九月常食米申請文といった事例も見られる。史料50には穿孔があり、受信側で保管されていたことがうかがわれる。ただし、これらは一箇月分の食米の支給請求文書であり、上記の「請飯木簡」のような日ごとの支給請求とは異なる。食米の支給請求が、月ごとに行われることは、正倉院文書の事例などからもうかがえたが、実際の支給に月ごとの方式があったかどうかは必ずしも判然としない。ある官司から他の官司への支給などでは、月毎支給の形が基本となろうが、[55]ここまで見てきた木簡の様相では、組織内部における食米支給は日ごとに行われるのが一般的なようである。史料51は、月の初めにその月に必要となる食米を事前に請求しており、史料50・52も同様と思われるが、これらは個人の支給請求であり、個人に対して一箇月分の食米の事前一括支給が行われたとは考えにくい。これらの点から、月ごとの支給請求文書の木簡が受信側で保管・利用されたとしても、出用記録とは別の用途に基づくのではないかと思われる。そこで、このことと関連して、木簡に見られる食口記録について項をあらためて検討したい。

3　食口記録

写経所文書からの検討によると、ある部署で食米を支給されるべき職員・作業従事者の数が食口であり、食口の職種等によって定められている日別支給量を乗ずることで、支給に必要な食米量が算出される。食口を通じた食米の把握方式は、その日その日の人の出入りや作業の内容など、種々の要因から複雑な様相を呈しかねない食米の支給を、円滑に管理し運用するための一つの工夫として機能したものと考えられる。食米の収納・出用が、実際にも食口と一致する形で実施されれば、食口記録がすなわち収納記録・出用記録となることが想定されるが、食口は原理的には食米の管理・運用上の基準であり、計算上の数と考えるべきである。これまで見たところでも、食米の日々の収納量と食口から算出される「用米」の量とに違いがあったり、食口に含まれながら実際には支給を要しなかった「不食口」が生じたり、逆に食口に含まれない「間食（米）」の支給が行われたりという状況を知ることができた。

こうした食口を媒介とした食米の管理においては、食口に基づく必要量と現実の収納・出用量との違いを把握することになるが、そのためには、基準となる食口数が確定されている必要があったはずである。こうした視点に立った場合、食口の氏名・人数を記した文書・記録の存在が想定される。そして、木簡の中にはちょうどこれに対応する事例が見られるのである。

史料53二門常食申告文、史料54三門常食申告文、史料55御井上門常食申告文、史料56北門常食申告文は、二条大路木簡のいわゆる「門号木簡」と称されるものであるが、(56)門以外の北府・翼所・鷹所等についても同種の木簡が見られる。(57)これらの記載は、事例により一部の記載がないものもあるが、おおむね勤務部署・場所（門号）、勤務者名、人数、常食申請文言、日付、発信者名等から構成されている。上記の観点から、これらは食米支給が必要となる食口の氏名と数を、勤務部署・場所ごとに記載したものと考えることができよう。常食申請文言のあることから文書とみるべきであり、それらの部署・場所が、食米の収納・支給を担当する部署に食口数を申告したものであろう。また、史料57某司北門三門食口記のように、勤務部署・場所、勤務者名、人数の記載だけで、常食申請文言のないものもあり、これらは食米収納・支給担当部署で作成された記録と考えておきたい。常食について記しながら、量に関する記載がほとんど見られないのがこれらの木簡の特徴である。この点から、これらの木簡が食米の実際の支給に直ちに結び付く性格のものであったとは考えにくく、食米の支給請求文書や出用記録とはみなしがたい。これらの食口申告文書・食口記録は、食口による食米管理のための基礎資料であり、食米の請求・支給・決算などに際して、あるべき必要量を算出するための基準として利用されたものと考えるのが妥当であろう。史料54・史料55・史料56には、「飯一加給」「人別少々加給」「余食二口加入給」という文言が見えるが、これは、記載した人名・人数とは別に、実際の支給時に食口一～二人分を、あるいは人別支給量を上乗せして支給するよう求めたものと解することができる。基準としての食口と、実際の支給との間に、いわば運用の余地があることをわきまえての表現と思われる。

これらの食口申告文書・食口記録が、ある一日の食口を記しているのか、ある期間の食口を記しているのかは、判断が難しいところであるが、これらの中には日付を記さないものが多数見られるから、特定の一日だけに該当する食口を記しているとは考えにくいと思う。食米の調達・請求や決算などが月ごとに行われることから考えると、部内の食口の申告・記録も月ごとになされたのかもしれない。ただし、その場合には、月の記載があってしかるべきであろう。あるいは、それらの木簡は、食口の申告・記録がなされた時点での食口を示すものであり、次の申告・記録が出されるまでの間はその食口数が適用されるといった運用方法であったのかもしれない。同じ門の食口申告文書・食口記録で、人員の構成が僅かに異なる例がいくつも見られることなどは、こうした運用方法に適合的な状況とも思われる。ともあれ、この点は決め手を欠き、今のところ判断を保留せざるをえない。

ところで、ここに述べた二条大路木簡の「門号木簡」は、門の警備に当たっている者への食料の請求・給付に関わるものであり、いわゆる「西宮兵衛木簡」と同様の機能を持つ「伝票木簡」の事例とこれまで考えられてきた。(58)「西宮兵衛木簡」の「伝票木簡」については前にも触れたが、ここであらためて検討しておこう。これらは、『平城宮木簡　一・解説』が述べるように、西宮の警護に当たる兵衛に関わる木簡であり、出土地点から見て兵衛の所属する本府（兵衛府）ではなく、西宮警護のための兵衛詰所のようなところで廃棄されたものと考えられる。史料58西宮東一門二門食口記はその一例であるが、「朝夕料」とあることから食米支給に関わる内容と考えられる。『平城宮木簡　一・解説』では、一括資料の中に史料59西宮兵衛請飯文のように食米請求文書であることが明らかな例があることから、史料58のような形のものも食米請求の目的を持つと解している。また、史料60食司西宮兵衛食口状に発信人として見える食司が、兵衛詰所の食料担当官と考えられることから、これらの「西宮兵衛木簡」は、兵衛詰所が本府（あるいは大炊寮）に対して食米を請求したものであり、その後本府から食料が支給される際に、誰に対して支給されるものか明らかにする目的で食料に付して詰所に戻されたものと解釈し、これを「伝票木簡」と称したのである。

しかし、『平城宮木簡　一・解説』のこうした解釈にはいくつか問題があると思われる。まずこれら木簡には食米の量の記載がほとんど見られず、上述の二条大路木簡の食口関係木簡と同様、食米の実際の支給に直ちに結び付くものとは解しがたい。個々の食米支給の請求という機能ではなく、やはり食口に関する文書・記録に該当するものと考えるのがよいと思われる。史料58は、内容に文書としての要素がなく、記録とみるべきであろう。二条大路木簡の史料57とほぼ同じ形式であり、食米の収納・支給担当部署（ここでは兵衛詰所）で作成された食口の記録とみなすことができる。史料59は、「請飯」の文言があることから文書と思われるが、やはり支給請求の量を記しておらず、二条大路木簡の史料53等と同様の食口申告文書と考えたい。史料60は、日下の発信人名の下に「状」とあって文書であり、内容的には各門ごとの食口を通達するものと考えられる。この場合、食司をどう理解するかが問題となるが、兵衛詰所の食料担当者ではなく、本府の食米管理担当と解することができるのではなかろうか。各門の食口について、本府の側から詰所に対して指示が出される場合もあったと考えておきたい。以上のように、「西宮兵衛木簡」は食口の管理に関わる文書・記録の木簡と考えるのが適当であろう。ここにおいても「伝票木簡」なる存在を想定する必要はないと思う。

ところで、こうした食口の申告文書や、食口を書き上げた記録の存在が推定されるとすると、これと類似する機能や関連する用途を担ったと思われる事例も存在する。たとえば、先に挙げた史料50・51・52などの一箇月分の食米の請求文書が注目される。食米の部内での支給、個人に対する支給が月ごとに行われるとは考えにくいことから、これらの木簡が受信側で保管・利用されたとしても、出用記録としての用途とは思われないことを先に述べた。これらは、ある期間に必要となる食米を事前に申告したものであり、いわば食口申告文書と同様の機能を持っていたのではないだろうか。とすれば、食口の管理に用いるために保管されたことが考えられよう。

史料61某所食口記は、某所での食米支給について集計した記録であるが、片面には合計人数を記した上で、その内訳として日別食米支給量ごとの人数と合計食米量を示し、「合飯」として食米量の総計を書き上げている。裏面には、所属・職種ごとの人数内訳を記している。食米の出用記録のようにも見えるが、史料6や史料45に掲げた正倉院文書の中の日毎食口帳の一日分の記載に類似した形ということができよう。日毎食口帳では、その日の用米合計を記載した部分に、「欠米」「乗米」等の額を注記し、実際の収納・出用量との関係を示している例が見られるが[59]、史料61でも、

「合飯」記載の横に、それと異なる食米量の注記が見られ、日毎食口帳と同様の性格の注記ではないかと思われる。日毎食口帳の一日分を構成する記載が木簡に記されたのが本木簡であると考えたい。紙に書かれた日毎食口帳の草案に相当するものともいえるが、むしろこうした木簡の集合こそが日毎食口帳の原型であり、それを転記したのが紙の日毎食口帳になるという関係で捉えるべきであろう。すなわち、紙の日毎食口帳の存在が前提となって木簡の食口記録が作成されたのではなく、木簡の食口記録の存在を前提として、紙の日毎食口帳の形態が生じたという関係である。紙の日毎食口帳の書式自体、木簡の形態を前提として生まれたもののようにも思われる。

史料62某所近衛等食口歴名記も、食口の管理に関わる記録と思われる。同類の木簡が他に数点出土している。史料62は、縦を数段に区切って近衛らの氏名と、その一人一人の食米の日別支給量を書き上げ、その段の食米量の小計と思われる額が、材を横にした方向で段ごとに注記されている。また材の左下角には穿孔がある。こうした木簡は、食米の請求・支給・決算等に際して食口の台帳として利用するためのものと考えることができそうである。

おわりに

以上、食料やその他の物品の収納・出用の記録を中心に、木簡を用いた記録の様相について検討を行った。いくつかの事例について、従来とは異なる視点からの再検討が必要となっている状況を指摘し、合わせて物品の出納に関する文書・記録の分類として、収納と出用に注目することが一定の有効性を持つことを提示できたと思う。ただ、本論は試行的な作業の報告にとどまるものであり、扱った内容や取り上げた事例は限定されている。対象を広げた本格的な検証作業が今後進められることを期待し、またそのことを自らの課題ともしたい。

本論での作業を通じていくつか気付いた点を最後に述べておきたい。第一に、紙の文書・記録と木簡の文書・記録に対する視点についてである。諸官司における文書・記録を用いた政務処理のシステムの中で、紙の世界と木簡の世界は別々に存在するのではなく、連続的な関係にあることはこれまでもしばしば指摘されている。しかし、それでもなお我々の感覚は、連続性の認識において不十分な点があるように思われる。たとえば、木簡に書き付けられた記録は、いわば未完成な中間段階の記録であり、それらが基礎的な資料となって、整った形の紙の帳簿が作成されていくというのが、我々の多くが共通して持っているイメージではないだろうか。ところが、今回の検討によれば、木簡に記される内容と、紙に記される内容とが、必ずしも記述情報としての精粗をともなわない様相を見ることができた。木簡の記述情報の集合をそのまま転記すれば、そこに紙の帳簿が形成されるといった関係であり、いわば木簡が集合としてまとめられた段階で、それ自体が既に必要な記述情報を備えた帳簿となっているという状況である。紙の記録と木簡の記録について、相互の関係をより引き付けた形の分析が必要になっていると思われる。いわば、紙か木簡かという記料の違いを捨象することのできる統一的・連続的な視点が求められているのである。こうした状況においては、木簡の記述情報を紙に転記することは、帳簿の作成というよりは、帳簿の書写に近似する行為であり、それを行うかどうかは、その帳簿の用途や作成目的に応じて判断されたであろう。紙か木簡かという記料の選択が、記述の内容ではなく、その帳簿の用いられ方に左右されたわけである。逆にいえば、当初から紙に書き付けられた帳簿も存在したはずである。ある記述情報を書き付けるのに紙も木簡も選択可能な状況において、なぜ紙が、なぜ木簡が選ばれたのか、このことを追究する視点が求められよう。それはまた、紙と木簡の使い分けの解明にもつながる課題である。

第二に、木簡の呼称に関する問題点を指摘したい。木簡にその機能をあらわす名称を付して呼ぶことは、これまでも行われてきた。そのこと自体は、同種の木簡を抽出し、その特徴を簡潔に示す上で有効な方法である。ただ、厳密な意味での術語として用いるには概念に曖昧な点の見られる場合が多く、そのため、内容・性格・機能の異なる木簡が同じような名称で呼称されるといった混乱が生じつつあるように思われる。木簡の記述情報が文書か記録か、また記述情報の伝達が終了した後にいかなる機能を果したかといった点を判別して表現することのできる呼称が、今後必要となろう。従来の呼称のあり方には、無意識的にせよこうした判別を回避する傾向があったと思う。

このこととも関わって、「伝票木簡」という呼称の持つ問題点にも触れておきたい。本論ではいわゆる「伝票木簡」の存在を否定的に捉えたが、同時に「伝票木簡」という用語自体、その使用には慎重であるべきだと考える。従来の木簡研究で用いられている「伝票」の語は、それが文書か記録かという違いをことさらに区別しない表現であり、西宮兵衛の「伝票木簡」や、長屋王家の食料支給「伝票木簡」は、分類上は記録木簡に含められながら、請求内容ないし支給内容の相手先への伝達という機能を持つものとして扱われている。(60)また、両者の「伝票木簡」の意味する具体的内容に違いがあることは、上述したところである。これは、発信主体・作成主体の位置付けや、文書・記録としての機能が異なる事例を、同じ名称のもとに一括りにしてしまっていることを意味する。こうした事態が生じたのは、文書か記録かという弁別を曖昧にしてきたことの一つの帰結であると思う。ひいては、食料支給関係以外の文書木簡に対しても、帳簿・記録に該当する機能を持つものは一概に「伝票」と称する用例が生まれ、「米を進上した伝票木簡」「氷などを進上した伝票木簡」といった表現も使われている。(61)文書と記録という分類については、近年の古文書学の展開の中で再検討の必要が提唱されているが、それは両者の違いを無視することではなく、より厳密な機能分析に根差した検討の必要性を示すものであろう。「伝票」と称することによって、文書と記録の相違に関して思考停止に陥る傾向が生じるとすれば危惧せざるをえない。

第三に、上記の点とも関わって、木簡に文書名を付することの利点を指摘したい。木簡への文書名付与については、木簡学会における討議の場などでその必要性が一部で唱えられたことはあるが、調査報告の迅速な公表との両立の困難さなどからの慎重論も強く、これまで本格的に行われることはなかったと思われる。ここで木簡の研究利用のための環境について述べると、現状にはいくつか問題が感じられる。木簡はこれまでに膨大な数が発見されているが、その内容を通覧するには、一々の釈文に目を通すしか方法がない。また、論文の中などで、木簡を特定しその内容を示す際にも、釈文を引用し、さらに説明を付けるといった方法をとらざるをえないことが多い。木簡の内容や機能を簡潔に示すことのできる名称の必要性を強く感じる所以である。紙に書かれた文書・記録にあっては、いかなる時代のものであれ、文書名を示した文書目録を作成することが学術利用のための第一歩と考えられている。木簡に書かれた文書・記録についてのみ、それとは異なる道を歩んでいるように思われる。もちろん木簡に書かれた文書・記録の場合、断片的なものが相当の割合を占めているため、その内容や機能を判定することには多大な労力が必要となり、現実には文書名の付与が不可能な事例が多数生じるであろうことも否定できない。したがって、当初からすべての木簡・削屑への文書名付与を目標とすることは適当ではなかろう。しかし一方で、これまでかなりの数の木簡について、その内容や機能の解明が進められ、報告されてきたことも事実である。また、木簡を学術研究に利用する際にも、その内容等に関する一定の判断が前提とされていたであろう。過所木簡・郡符木簡といった文書名に近い形の通称も用いられている。そうした一定の内容的検討を経た木簡に限れば、文書名の付与は決して不可能ではないと思われる。むしろ文書名を付与することは、文書・記録の発信・作成主体の解明や機能の分析をうながし、新たな視点の研究を導く指針となることが期待できる。

文書名というと、固定的・安定的であるべき印象が持たれがちである。もちろん目標はそこに置くとしても、現実にはそうはならない方が自然である。正倉院文書の例でいえば、奈良時代当時の呼称、江戸時代の諸学者の用いた文書名、『正倉院古文書目録』（奈良博目録）、『大日本古文書』、『正倉院文書目録』、『正倉院古文書影印集成』等々で付された文書名にはかなりの違いがあるし、現時点で研究者が独自の文書名を付与することも当然ありうる。いずれかの文書名が誤っているということでなくとも、視点が違えば異なる文書名があって何ら差し支えない。むしろ文書名の変動の背後には、研究の進展をうかがうことができるはずである。木簡への文書名の付与は、研究に余分な手間を増やすことではなく、研究の新たな展開・深化の出発点になると思う。それが調査担当者の負担増という形ではなく、木簡を利用する研究者総体の課題として意識されることをここで願いたい。

註

（1）奈良国立文化財研究所編『平城宮木簡　一・解説』（一九六九年）。またこれ以後の各種の木簡報告書もこの分類をおおむね踏襲している。

（2）なお、文書・帳簿等の用語についてさほど厳密な定義付けを行うことはできないが、本論では一応の目安として次のような意味合いで用いることとする。

文書（狭義）――具体的に特定される発信者・受信者が存在し、何らかの意思を伝達する働きがある記述（物）。

帳簿・記録――発信者・受信者を具体的に特定せずに、物品の出入りなどについて日ごと人ごとその他の形式で記載した記述（物）。ただし、記録という場合には、後述する継文のように、文書（狭義）の形態・様式を備える記述が集合体となることで帳簿と同様の機能を持つような形態を含めた意味でも用いる。

広義の文書を示す場合には、「文書・記録」のごとく表記する。また、ある記述・書記内容が文書であることを示す呼称として「〜文」を、帳簿であることを示す呼称として「〜帳」という語を用いることとしたい。ただし、帳簿・記録としての記述・書記内容が断片的な場合には、「〜記」の語も用いる。なお、「文書」の概念については、註(12)も参照。

（3）横田拓実「文書様木簡の諸問題」（奈良国立文化財研究所『研究論集　Ⅳ』一九七八年）。

（4）渡辺晃宏ａ「長屋王家木簡と二つの家政機関」（奈良古代史談話会編『奈良古代史論集』二、同会、一九九一年）、寺崎保広「木

簡論の展望」（石上英一ほか編『新版　古代の日本10』角川書店、一九九三年、のち同『古代日本の都城と木簡』に収録、吉川弘文館、二〇〇六年）、鶴見泰寿「長屋王家木簡と奈良宮務所」（『考古学論攷』一九、一九九五年）、福原栄太郎「長屋王家木簡にみえる木上について」（『日本歴史』五六二、一九九五年）、森公章「長屋王家木簡三題」（同『長屋王家木簡の基礎的研究』吉川弘文館、二〇〇〇年、初出一九九六年）、渡辺晃宏b「削屑から見た長屋王家木簡」（『木簡研究』二一、一九九九年）、勝浦令子「長屋王家の米支給関係木簡」（同）など。

（5）東野治之a「奈良平安時代の文献に現われた木簡」、同b「正倉院伝世木簡の筆者」（いずれも同『正倉院文書と木簡の研究』塙書房、一九七七年）、同c「正倉院木簡の用途」（同『長屋王家木簡の研究』塙書房、一九九六年、初出一九八七年）等。

（6）なお、写経所文書をめぐる研究動向は、正倉院文書の総体としての復原という問題関心に発するものであろうが、その中で正倉院文書を記載内容からだけ見るのではなく、「もの」としての文書に目を向ける視点が意識されてきた。これは、ある意味で木簡研究の方法に刺激された研究の展開であったといえる。

（7）大平聡a「正倉院文書研究試論」（『日本史研究』三一八、一九八九年）、同b「写経事業と帳簿」（石上英一・加藤友康・山口英男編『古代文書論―正倉院文書と木簡・漆紙文書―』東京大学出版会、一九九九年）。

（8）杉本一樹a「正倉院文書」（『岩波講座日本通史四　古代三』岩波書店、一九九四年、のち同『日本古代文書の研究』に収録、吉川弘文館、二〇〇一年）、同b「古代文書と古文書学」（皆川完一編『古代中世史料学研究　上』吉川弘文館、一九九八年、のち同前掲著書に収録）、同c「正倉院文書の原本調査」（註(7)『古代文書論』、のち同前掲著書に収録）。

（9）拙稿「正倉院文書の継文について」（註(7)『古代文書論』、本書第Ⅳ部第三章）。

（10）大平聡註(7)論文b、杉本一樹註(8)論文c等参照。

（11）継文には、単独で機能する文書を複数貼り継いだ様態と、あらかじめ貼り継がれた料紙に複数の文書を書き継ぐ様態の二種類がある。ただし、両者の機能的な違い等についてはなお検討が必要であり、また両者の様態が混在する場合も見られるので、ここでは両者及びそれらの混在形態も含めて、継文として捉えておきたい。以下、継文については、註(9)拙稿参照。

（12）「文書」の用語は、先に見た広義・狭義とは別の点でも概念として曖昧な部分があり、特に「もの」としての文書について叙述する場合に問題が感じられる。たとえば、「正文と案文は別の文書である」というような言い方は、意味のつかみにくい表現と感じられるのではなかろうか。逆に、「同じ文書が数箇所に宛てて出された」といった表現には比較的抵抗が少ないと思われる。すなわち、「文書」といった場合、そこに記述されている情報（記述情報）に引き付けた意味での用法が一般的といえそうである。特定の記述情報と、それを書き記した特定の書記媒体（紙や木など。以下では「記料」と称する）との組み合わせの意味で「文書」の語を用いても、必ずしも正確に理解されないと思われるのである。しかし「もの」としての文書を論ずる際には、同じ記述情報を持つ文書であっても、正文と案文とは別の個体として捉え、そのことを記述できる表現が必要となろう。従来は、「文書の正文」「文書の案文」等と表現することでこの問題は回避されてきたと思われるが、木簡や正倉院文書を扱っていると、従来の正文・案文という概念自体に見直しの必要が感じられる。そうでなくとも、正文や案文が各々複数存在する状況を記述するのに、従来の表現では対応できない場合も出てこよう。そこで本論では、特定の記述情報と特定の書記媒体の組み合わせを示す意味で、「個体としての文書」「文書個体」の語を用いることとしたい。

(13) 布施申請文書の例など。石上英一『日本古代史料学』（東京大学出版会、一九九七年）第一編第三章第二節、註(9)拙稿参照。

(14) もちろん、それと同じ記述情報を持った別の文書個体（正文など）が、受信者のもとに送達されることになる。

(15) 正倉院伝世木簡については、東野治之註(5)論文a・b・c、杉本一樹「正倉院」（木簡学会編『日本古代木簡選』岩波書店、一九九〇年）を参照。

(16) 本論で言及する史料の典拠等は表15に整理し、一部の釈文と共に本論末尾に掲げた。

(17) 継文の復原については、東京大学史料編纂所編『正倉院文書目録四　続修別集』（東京大学出版会、一九九九年）の本文及び補遺参照。

(18) 東野治之註(5)論文b、杉本一樹註(15)論文。

(19) 東野治之註(5)論文aが、正倉院伝世木簡との対照や、文中に「枇（札）」の文字のあることなどから、具体的事例を指摘されている。

(20) 天平宝字六年（七六二）十二月十五日石山院解（正倉院文書・続々修四帙二一裏、『大日本古文書』五―二八九〜二九〇頁。以下、古五―二八九の要領で略記）。

(21) 註(1)『平城宮木簡　一・解説』、東野治之註(5)論文a。

(22) 食口案については、栄原永遠男「「食口案」より見た写経事業の運営と経師等の勤務状況（上）」（『古代史研究』三、一九八五年）、西洋子「食口案の復原(1)(2)」（『正倉院文書研究』四・五、一九九六・九七年）参照。

(23) 月別食口文の実例としては、天平勝宝二年写書所食口案（正倉院文書・続々修三八帙一、古一一―二二七～二三五）、天平勝宝九歳写書所食口案（同・続々修三八帙六、古四―二二九～二三〇）など参照。なお、西洋子註(22)論文に月別食口文・日毎食口帳の事例が整理されている。
(24) たとえば、奉写一切経所日毎食口案（神護景雲四年七月始、正倉院文書・続々修三九帙二、古一七―四二四～四八六）など。
(25) 天平二十年九月九日花厳供所牒（正倉院文書・続々修六帙一、古一〇―八二～八三）。
(26) 註(20)参照。
(27) 本論「おわりに」参照。
(28) 奈良国立文化財研究所編『藤原宮木簡　一・解説』（一九七八年）。
(29) 『平城宮発掘調査出土木簡概報』（以下、平城概報と略記）二二、一一頁。
(30) 渡辺晃宏「二条大路木簡の内容」（奈良国立文化財研究所編『平城京長屋王邸宅と木簡』吉川弘文館、一九九一年）、寺崎保広註(4)論文。
(31) 二条大路木簡の中に宍人国足の名が見える。後掲の史料26では、天平八年八月九日に鴨の直銭を受け取っており、またそれとは別の銭用記（二条大路木簡、平城概報二四―二一頁上段）でも、「□人国足」が銭の支給を受けている。
(32) 大平聡「正倉院文書に見える「奉請」」（『ヒストリア』一二六、一九九〇年）参照。たとえば、正倉院文書の「請千部料筆墨帳」と称する帳簿は、筆墨の収納記録である（正倉院文書・続々修五帙五、古一〇―一〇～五一）。
(33) 墨手実（宝亀五年（七七四）八月、正倉院文書・続々修三三帙五、古二二―五〇四～五八四）など。
(34) 寺崎保広註(4)論文。
(35) これらが木上司からの大御飯米進上に関わる進送状であることは、福原栄太郎註(4)論文による。史料18以外の事例についても同論文参照。
(36) 史料19が、木上司から進上された大御飯米に関するものであることは、福原栄太郎註(4)論文参照。
(37) 「某日進」ではじまる記載のある面が収納記録、「某日下」ではじまる記載の面が出用記録であろう。なお、こうした形で収納記録と出用記録が密接に結び付く形で記されていることは、収納された物品の用途が限定されており、独立した運用が必要とされたことを示していると思われる。

(38) 寺崎保広註(4)論文。

(39) なお、大御飯米が届く度に進送文書を転記したと考えたのでは、進送文書を保管する必要がないことになろう。

(40) この木簡については、木簡学会での報告時には銭の出用記録の例と考えたが、舘野和己氏よりご教示をいただき、見解を改め再検討した。

(41) 舘野和己「長屋王家の交易活動―木簡に見える「店」をめぐって」(奈良古代史談話会編『奈良古代史論集』三、同会、一九九七年)。

(42) 後掲の史料26も参照。

(43) 銭の記録に切れ込みのある木簡が用いられている例については、収納記録の史料20の記述も参照。

(44) ここでは、一件分の出用記録をもとに、一定期間の出用記録が別途作成されたということをいっているのではない。一日分の出用記録がまとまった形で存在すれば、それが一定期間の出用記録でもあるということである。そのまとめられた内容が、他の木簡や紙に転記されるなどして別の文書・記録個体が作成される場合もあろうし、そうでない場合もあったと思われる。

(45) 鶴見泰寿註(4)論文、奈良国立文化財研究所編『平城京左京二条二坊・三条二坊発掘調査報告―長屋王邸・藤原麻呂邸の調査―』第Ⅳ章1A(奈良県教育委員会、一九九五年)。

(46) 森公章「長屋王邸宅の住人と家政機関」、渡辺晃宏「長屋王家の経済基盤」(共に註(30)『平城京長屋王邸宅と木簡』)、同註(4)論文a等が、長屋王家木簡について「伝票木簡」の通称を用いはじめた早い例ではなかろうか。その後の多くの研究で、この通称が使用されている。

(47) 註(1)『平城宮木簡 一・解説』九一〜一二〇・一二二〜一三四号木簡。史料58・60等参照。

(48) 渡辺晃宏註(4)論文b、勝浦令子註(4)論文。

(49) 正倉院文書の経典奉請文などの例では、簡便な方法として、借用請求元からの請求文書の余白に、出納担当部署(写経所)に対して出用を命じる上級部局(造東大寺司)の判が加えられた例がある。

(50) 註(45)『平城京左京二条二坊・三条二坊発掘調査報告』第Ⅳ章1B参照。

(51) 以上、横材木簡については、渡辺晃宏註(4)論文b参照。

(52) 横材の日ごと複数回の出用記録について、「伝票木簡」をもとに作成されたとする見解(森公章註(4)論文)や、「伝票木簡」の発行控えとして作成されたとする見解（渡辺晃宏註(4)論文b）が出されている。

(53) 渡辺晃宏註(4)論文a・b。

(54) 長岡京の請飯木簡については、今泉隆雄「長岡京木簡と太政官厨家」（『木簡研究』一、一九七九年、のち同『古代木簡の研究』に収録、吉川弘文館、一九九八年）、向日市教育委員会編『長岡京木簡　一・解説』（一九八四年）第三章一参照。また渡辺晃宏「長岡京太政官厨家木簡考」（『古代文化』四九―一一、一九九七年）も参照。

(55) 『延喜式』太政官参照。

(56) 註(45)『平城京左京二条二坊・三条二坊発掘調査報告』第Ⅳ章1Bまた、森公章「二条大路木簡と門の警備」（同註(4)著書、初出一九九五年）も参照。

(57) 平城概報二九、一七〜一八頁参照。

(58) 註(56)に同じ。また、二条大路木簡の中の「門号木簡」以外の食口申告文書の木簡（前註参照）については、請米文書木簡とする指摘がある（勝浦令子註(4)論文、史料十二（2）(3)）。

(59) 註(24)参照。

(60) 註(1)『平城宮木簡　一・解説』、奈良国立文化財研究所編『平城京木簡　一・解説』（一九九五年）。

(61) 註(4)鶴見泰寿論文。

表15　史料一覧

史料番号	文書名	年月日	史料（群）名	木簡形式・形態	出土地点	出典
*史料1	東大寺写経所法華経疏奉請文（案）	宝字元・閏8・10カ	正倉院伝世木簡 中倉二一-一	011　290・41・3		選二九三
史料2	東大寺写経所華厳経奉請文（案）	勝宝7・5・3〜8・2	続々修六-一五			古一三―135〜142
*史料3	経典奉請文 ①造東大寺司奉請文	勝宝3・5・22	続々修四二-五			古一一―556〜557
	②龍蓋寺三綱牒	勝宝3・8・1	続修別集九			古三―515
	③造東大寺司写経所奉請文（案）	勝宝3・7・6	続修別集九			古三―558
*史料4	写経司受月食案文	天平11・7・7〜12・2・17	続々修一七-二			古七―290〜293
*史料5	奉写灌頂経所食口案	宝字6・閏12・10〜17	続々修四〇-五			古一六―36〜37

＊史料6	奉写一切経所食口帳	宝字2?・9・3〜10・3	続々修四〇-五			古一六-5〜9
＊史料7	千二百巻金剛般若経経師等食米幷雑物納帳	宝字2・9・10始	続修後集一九			古一四-55〜58
史料8	写千巻経所食物用帳	宝字2・6・21始	続修四三			古一三-470〜471
＊史料9	某司薗職進大豆収納記	・9・26	藤原宮木簡	081 (223)・(45)・7	SK1903	藤一-一
＊史料10	某所意保御田進上瓜収納記	天平8・7・15	二条大路木簡	011 175・25・3	SD5100	邸三三八
史料11	岡本宅栗子送進文	天平8・8・7	二条大路木簡	011 173・25・3	SD5100	概二二-11上
史料12	某司東板殿幷倉代収納記	・6・8・	長岡京木簡	081 (563)・(46)・15	SD1301-B	岡一-三八
史料13	某司古御酒収納帳	・8・19〜9・?	平城宮木簡	011 300・33・3	SK820	宮一-一七七
＊史料14	長屋王家都祁氷室進氷駄収納帳	・6・29〜8・20	長屋王家木簡	011 穿孔 779・94・4	SD4750	概二五-26
史料15	都祁氷室氷進送文	・9・16	長屋王家木簡	011 穿孔 314・27・5	SD4750	邸七二
＊史料16	長屋王家大和国諸郡某物収納記		長屋王家木簡	081 203・(28)・2	SD4750	概二三-18下
史料17	長屋王家近江国坂田郡春米収納記		長屋王家木簡	011 426・45・5	SD4750	概二五-7下
＊史料18	木上司大御飯米進上文	・9・11	長屋王家木簡	011 穿孔 187・24・2	SD4750	概二五-7上
＊史料19	長屋王家大御飯米収納幷出用帳	・・2〜28	長屋王家木簡	011 横材 (514)・(54)・5	SD4750	概二三-16
＊史料20	長屋王家店物直銭納記	・11・5	長屋王家木簡	081 穿孔 123・(17)・3	SD4750	概二七-14下
史料21	某所酒屋女物直銭用記		二条大路木簡	011 226・40・4	SD5100	邸三三五
史料22	某所四種物直銭用記		二条大路木簡	011 323・47・4	SD5100	邸三三六
史料23	某所出挙銭出用記	天平5・2・9	二条大路木簡	011 144・49・4	SD5300	概二四-21下
史料24	長屋王家功銭用帳	・4・12〜5・6	長屋王家木簡	011 262・36・3	SD4750	京一-二一六
＊史料25	長屋王家余銭用帳	・9・21〜10・8	長屋王家木簡	015 側面穴 156・23・5	SD4750	概二八-45上
＊史料26	某所残銭用帳	天平8・7・16〜8・12	二条大路木簡	032 300・59・5	SD5100	邸三三四
＊史料27	長屋王家塩用記	・12・5〜	長屋王家木簡	081 (283)・(18)・5	SD4750	邸一〇四
史料28	長屋王家鋺下充記	・12・29	長屋王家木簡	011 482・32・5	SD450	概二五-5上
史料29	某司絁下充記	・12・27	平城宮木簡	019 (321)・107・13	SD3245	宮二-二七九九
＊史料30	某所西坊玉箒充用幷返納記	・7・24	二条大路木簡	051 186・34・3	SD5300	概二四-6下
史料31	某所年魚等出用帳	・・17〜18	二条大路木簡	011 123・(42)・2	SD5100	邸三三三
史料32	某司絁出用帳		平城宮木簡	081 横材 (32)・(229)・5	SK820	宮一-二二六
史料33	長屋王家食物用帳		長屋王家木簡	081 (303)・(19)・7	SD4750	邸九二
史料34	長屋王家塩雑物出用帳		長屋王家木簡	081 (157)・(13)・5	SD4750	概二五-5下
＊史料35	某所燈油出用記	・7・	二条大路木簡	061 (箱蓋) 360・80・15	SD5300	概二四-17下
史料36	某所伊賀万呂等衣出用記		二条大路木簡	019 (250)・51・5	SD5300	概二四-18下
史料37	長屋王家若翁帳内食米出用記	養老元・12・22	長屋王家木簡	011 351・23・4	SE4770	京一-一六一

史料38	長屋王家小子食米出用記	・8・17	長屋王家木簡	011 穿孔 224・38・2	SD4750	邸一二二
史料39	長屋王家御坏物直米充奉記	・9・3	長屋王家木簡	019 穿孔 (160)・20・3	SD1525	京一―六
史料40	長屋王家犬料飯出用記	・?・27	長屋王家木簡	019 穿孔 (175)・25・3	SE4770	京一―六六
＊史料41	長屋王家馬司帳内食米出用記	・10・24	長屋王家木簡	019 穿孔 225・32・3	SD4750	概二五―12上
＊史料42	長屋王家尾張清足女食米出用記	・8・3	長屋王家木簡	011 穿孔 264・25・4	SD4750	概二七―8下
史料43	某所料飯出用記	（天平8・5?）・11	二条大路木簡	081 (852)・(36)・6	SD5300	概二四―15
史料44	某所間食米出用記	天平9・1・5	二条大路木簡	011 280・58・3	SD5100	概二二―17下
＊史料45	奉写一切経所日毎食口案	景雲4・7・4始	続々修三九―一			古一七―329、362〜363
史料46	某所不食米記	天平8・5・11	二条大路木簡	011 穿孔 365・38・6	SD5300	概二四―15
＊史料47	長屋王家食米用帳		長屋王家木簡	081 横材 (27)・(300)・4	SD4750	京一―五九六
＊史料48	長屋王家御飯米間用米出用記	・8・30	長屋王家木簡	011 穿孔 199・36・3	SD4750	概二七―14上
＊史料49	考所請飯文	延暦8・8・10	長岡京木簡	011 穿孔 270・30・4	SD1301-B	岡一―九
＊史料50	嶋史大国月料米申請文	和銅6・5・1	長屋王家木簡	011 穿孔 448・70・7	SD4750	概二三―7下
＊史料51	某作処帳内月料米申請文	和銅6・5・1	長屋王家木簡	011 347・30・2	SD4750	邸一五三
＊史料52	木上御馬司大伴鳥九月常食米申請文		長屋王家木簡	011 179・35・3	SD4750	概二五―30下
＊史料53	二門常食申告文	・8・11	二条大路木簡	019 (268)・(31)・3	SD5300	概二四―13下
＊史料54	三門常食申告文		二条大路木簡	011 140・17・4	SD5300	概二四―13下
＊史料55	御井上門常食申告文		二条大路木簡	019 (255)・28・1	SD5300	概二九―17上
＊史料56	北門常食申告文		二条大路木簡	011 157・21・3	SD5300	概二九―14上
＊史料57	某司北門三門食口記		二条大路木簡	019 (247)・24・3	SD5300	概二四―13下
＊史料58	西宮東一門二門食口記		平城宮木簡	019 119・(12)・2	SK820	宮一―九七
＊史料59	西宮兵衛請飯文		平城宮木簡	011 234・14・5	SK820	宮一―九四
＊史料60	食司西宮兵衛食口状	・5・9	平城宮木簡	011 187・22・2	SK820	宮一―一〇〇
＊史料61	某所食口記		二条大路木簡	011 302・49・5	SD5300	概二四―17上
史料62	某所近衛等食口歴名記		平城宮木簡	019 (334)・(58)・2	SD3410・SD1250	宮三―三五〇八

・冒頭に＊を付したものは以下に釈文を掲載した。
・出典の略称は次の通り。古―大日本古文書、藤―藤原宮木簡、宮―平城宮木簡、京―平城京木簡、概―平城宮発掘調査出土木簡概報、邸―平城京長屋王邸宅と木簡、岡―長岡京木簡、選―日本古代木簡選。
・出典の数字は、冊―頁（古）、冊―木簡番号（藤・宮・京・岡）、号―頁・上下段の別（概）、木簡番号（邸・選）である。

〔史料1〕東大寺写経所法花経疏奉請文（案）

・法花経疏一部十二巻吉蔵師者

右依飯高命婦宝字元年閏八月十日宣奉請内裏、

・使召継舎人采女家万呂

判官川内画師　主典阿刀連

〔史料3〕経典奉請文①造東大寺司奉請文

②龍蓋寺三綱牒

③造東大寺司写経所奉請文（案）

……………………（紙継目）……………………

造東寺司

雑阿含経一部五十巻　黄紙及表緑緒朱軸紙帙

納漆塗箱一合　帛巾一条並岡寺

右、依大徳宣、奉請如前、

天平勝宝三年五月廿二日

次官正五位上兼行大倭介佐伯宿祢「今毛人」

「勘納大疏山口佐美麻呂」

「舎人弓削塩麻呂」

「返送如前員、仍附舎人依羅必登、以牒、

同年七月卅日少疏高丘連比良麻呂」

……………………（紙継目）……………………

龍蓋寺三綱牒上　造東大寺務所

　奉所請経返抄事

右、依当月一日牒旨、領納如数、付舎人田部弟成返抄、以状牒上、

　　　天平勝宝三年八月一日都維那勝律

　　　　　知事順道

「弥勒経一部三巻黄紙表□紫縁幷緒花軸

　右、依小僧都宣、即奉請御室如前、使田部乙成、

　　　天平勝宝三年七月六日他田」

　　　　「返来了」

……………………（紙継目）……………………

〔史料4〕写経司受月食案文

（上略）

写経司解　申月料米用事

合受米廿一石一斗七升計欠米一斗一升七合

　定米廿一石五升三合

　用米十七石七斗二升二合

　遺米三石三斗三升一合

惣単食一千〔一百〕卅一人見食口八百六十五人　六百六十七人二升二合口　二百卅二人一升四合　不食口一百八十四人　一百十六人二升口　一百十六人八合口

見食口九百四十七人
経師四百九十一人　装潢六十七人　以上五百五十八人別二升二合
校生一百五十七人別一升四合　舎人八十七人　女竪廿九人
以上百十六人別八合　火頭一百十六人別二升
不食口一百八十四人
経師八十九人　装潢廿人　校生七十五人
残醬一斗三升六合五勺　酢四升四合五夕
海藻十八連四把　塩一斗一升四夕
以前、所請米幷用遺物等、具状如前、以解、
天平十一年九月二日高屋「赤麻呂」
小野朝臣「国堅」

……………………（紙継目）……………………

写経司解　申請八月食料事
合卅九人経師廿人　装潢三人　校生八人　供養所舎人三人　女竪一人　火頭四人
食料米廿一斛一㪷七升　塩六斗九合　醬七斗三升九合五夕
酢三斗八升五合七夕　末醬四斗四升九合五夕　滓醬八斗九升九合
海藻八十九連九把「充卌」　滑海藻六十六連七把
凝藻菜三斗三升三合五夕　芥子八升九合九夕
経師廿人米十二石七斗六升人別日二升二合　○塩以下ノ内訳、略ス、

装潢三人米一石九斗一升四合人別日二升二合　　○塩以下ノ内訳、略ス、
校生八人米三石二斗四升八合人別日一升四合　　○塩以下ノ内訳、略ス、
供養所舎人三人米六斗九升六合人別日八合塩一升七合四夕人別日二夕
女竪一人　米二斗三升二合人別日八合　塩五合八夕人別日二夕
火頭四人　米二石三斗二升人別日二升　塩四升六合四夕人別日四夕
以前、起八月一日尽廿九日料、所請如前、以解
天平十一年七月卅日史生小野朝臣
舎人「市原」王

（下略）

〔史料5〕奉写灌頂経所食口案

（上略）
（天平宝字八年閏十二月）
十一日食口五十九人
政所仕丁一人一升二合　干　経所食五十八人之中　経師廿八人六人頂経廿二人若　書生四人　装潢三人已上別二升　若
案主二人別一升二合若　雑使八人七人別一升二合一人一升　若　夷一人一升二合若　雇女一人一升二合若
雇夫十一人別一升六合　散三人若、干　三人若、紙打二人若、薪採　三人息所作
充米一石二斗八六升四合白一石黒二斗六升四合之中六升四合先日残一石二斗今日請之中白一石　黒二斗　乗米六升一合二夕
用一石一升八合白八斗三升黒一斗八升八合　残二斗四升六合白一斗七升黒七升六合
下道主
十二日食口六十四ミ五人

経卅四人卅二人別二升 二人別一升二合 画師四人別二升装潢三人別二升　案主二人校生一人 一升六合　雑使五人

夷一人　仕丁一人　雇女一人已上別一升二合　夷従一人六合　雇夫十二人別一升六合

間六升八合自石山来雇夫 等料又舎人等

散六十五人之中　経師卅四人六人灌頂 廿八人般若　画師四人仁王　装潢三人般若　案主二人

雑使五人　夷一人　雇女一人　従一人已上 若　雇夫十二人五人政所作 並般若　四人干　三人紙打

仕丁一人灌頂干　校生一人灌頂

請米一石四斗七升六合白一石二斗之中先日残一斗七升　今日請一石三升 黒二斗七升六合之中先日残七升六合　今日請二斗　加乗米即受成

用一石一斗七〔九〕升四ゞ合ゞ白九斗四升八合 黒二斗四升二夕　残三〔二〕斗六〔八升〕合白二斗五升二合 黒三升四合

下道主〇数字ノ訂正等ノ 表記、一部略ス、

（下略）

〔史料6〕奉写一切経所食口帳

九月三日下ゞ大ゞ炊ゞ食ゞ口ゞ下ゞ

合食口廿人装潢三人　二升 校生四人　一升六合　案主三人　一升六合 舎人十人　一升二合　用米二斗九升二合

四日食口合十五人経師二人　別二升 装潢四人　別二升　一人美乃命婦一人題師 案主三人　別一升六合 舎人六人　別一升二合　用米二斗四升

（中略）

十八日食口合十五人　案主二人別一升六合　経師四人別一升六合三人義部省 一人弁官

装潢二人別二升　舎人五人別一升二合　仕丁二人別一升

用米二斗一升六合

惣用米五石一升六合　見下米四石　未下米一石一

升六合乗米二斗四升　十月二日大炊下米一石付広嶋

（下略）

〔史料7〕千二百巻金剛般若経経師等食米幷雑物納帳

一千二百巻金剛般若経々師等食米幷物レ雑納帳

九月十日収納米参拾斛　海藻百斤大　○朱書封「封里足」等ノ表記、略ス、下同ジ、

塩一籠三斗

右、依来数、収納已訖、

主典安都宿祢「雄足」

案主佐伯里足

十五日自宮請来銭伍貫肆伯弐拾文

右、筆墨直料、納如件、

収上「馬養」

（下略）

〔史料9〕某司薗職進大豆収納記

九月廿六日薗職進大豆卅□

〔史料10〕某所意保御田進上瓜収納記

・従意保御田進上瓜一駄　負瓜員百十六果　又一荷納瓜員八十果

・合百九十六果丁□伎　天平八年七月十五日国足

〔史料14〕長屋王家都祁氷室進氷駄収納帳

六月廿九日始至閏月十二日五駄　廿二日

・狛首多須麻呂　閏六月廿五日氷一駄□□□万呂　廿四日進一駄　＝

進氷　十八日進氷一駄［　　］　右□　□駄　廿四日氷駄給銭［　　］文受狛多須万呂

廿日進氷五駄丁借馬連万呂　□駄　廿六日充給氷駄銭廿一文受多須万呂

十六日氷一駄進多須万呂

＝十七日氷一駄進狛多須万呂○

廿日一駄氷進狛多須万呂

七月二日一駄多須万呂

四日［　　］

「氷置□屋□［　　］十月十五日始［　　］三束　三尺　五百卌束□□三尺束□□

［　　］□百五十」

○以下、天地逆ニ書ス、

都祁氷進始日　七月八日二荷　持人□□少書吏［　　］進氷五駄　十日一駄　十二日進氷一駄　丁□田主寸麻呂　十四日

・○　七月□□一駄火三田次　廿日□進一駄［　　］一駄　伊宜臣足嶋□日一駄［　　］＝

八月四日氷一駄□他田万呂　□日氷一駄　［　　］□他田万呂　十二日一駄進　他田臣万呂

八月六日進氷一駄［　　］

八月八日進氷一駄［　　］

⌈⌋八日進一駄　廿九日進一駄　□□

＝　　⌈⌋

八月廿日進氷一駄他田臣万呂⌈⌋⌈⌋

〈史料16〉長屋王家大和国諸郡某物収納記

・藻上郡　十六斤山辺郡　卌二斤　式下郡　二百斤

・右二百卌八斤

〈史料18〉木上司大御飯米進上文

・進上御飯米三斗　把女　○

・　九月十一日秦広嶋　甥万呂　○

〈史料19〉長屋王家大御飯米収納并出用帳

⌋月二日□

⌋月□日進三斗

⌈　⌋

□進米□

⌋馬黒麻呂

□⌉日進米三⌈

安麻呂　七⌉日

□万呂　石角

⌋⌉日進五斗

忍海安麻呂
□升半　曾女　黒万呂
十ヽ三日進二⌈
十ヽ四日進三⌈
身豆女　志□
十ヽ五日進二斗
十ヽ六日進三斗
十ヽ七日進三⌈
忍海安万呂
十ヽ八日進三□
十九日進三⌈
黒万呂　□
廿ヽ日進六斛
四斗曾女□
麻呂
二ヽ十三日進三斗
綱万呂書吏
廿ヽ四日進三斗□
廿ヽ五日進三斗□

(裏面　天地逆)
「十二日下□
飯□米一
斗⌈　⌋

□ヽ六日進三斗　十九日下一斛
廿ヽ七日三斗　依進二斗□
廿八日進三斗　二升」

〈史料20〉長屋王家店物直銭納記

・○十一月五日店物　□〔飯カ〕九十四□〔筥カ〕
　価九十四文
・○酒五斗直五十文
□□〔百卌カ〕□□四文「　」

〈史料25〉長屋王家余銭用帳

・十月八日瓮直四文知若　廿ヽ九日春日二文大書吏
　九月廿一日　嶋大国栗直用余銭廿七
　大ヽ春日旦臣六文　人ヽ功一文
・即ヽ日釘直三文　十ヽ月三日柏直二文
文　「　」
　廿ヽ二日薪直四文　二十三日丈部黒麻呂十文

〈史料26〉残銭用帳

・天平八年七月十六日残銭　□一貫一百七十九文中鮭五隻直百文使乙猪知
高典又古鯖直五十文使五百嶋知熊毛十七日遣網曳二百文受少進宣熊毛又先用代料
五十文高市年□貢之知熊毛十八日智識料四百文知大春大夫熊毛八月九日鴨四羽直

百文受宍人国足　又三羽直七十五文受国足　宣大春日□□　十二日二百文受鮑海采女

・宣大春日大夫

〔史料27〕長屋王家塩用記

十二月五日始用塩　女竪給塩一籠　高市乳母給二斗　受祢女

〔史料30〕某所西坊玉箒充用幷返納記

西坊　充玉箒三条　返二未一　受古智麻呂奴　七月廿四日

〔史料35〕某所燈油出用記

油二升一合　大殿常燈料　日別三合七日料　油八合　膳所料　三日料

・○油七合　文基息所燈料　日一合　油六合　内坐所物備給燈料

油一升四合　天子大坐所燈料　油四合　召女竪息所燈料

合六升

（天地逆）「此物能量者患道者吾成明公莫憑必退山陽道〔×西〕」

・○七月内

〔史料41〕長屋王家馬司帳内食米出用記

・馬司帳内甲斐四口米四升　○

・受勝麻呂十月廿四日　石嶋書吏　○

〔史料42〕長屋王家尾張清足女食米出用記

八月三日始　尾張連清足女米一升　甥万呂　○

〈史料45〉奉写一切経所日毎食口案

日毎食口案　神護景雲四年

（中略）

宝亀元年十月

廿二日食口五十五人　料米玖斗陸升肆合

経師卅六人　装潢二人已上卅八人々別二升舎人四人　夷一人　従一人

自進四人　仕丁六人　雇女一人已上十七人々別一升二合

間米一升六合給仕丁四人料人別四合

領味酒「広成」

（下略）

〈史料47〉長屋王家食米用帳

□□　（裏面、天地逆）［　　］

進御　［　　］

石角　□　綱

［　　］　□粳

升□□　□〵米□

受□　□□□

甥　四〵升□

□□　□〔倍カ〕〵夫人

受□□　　掃守□＼
□〔即〕□□　　□□□
□升綱受　　□□□
米四升　　［　］
御＼所　　［　］
呂打＼　　六＼
受武射　　□綱
□三升　　五＼勺
　　□綱
　　□
　　＼
　　」

〔史料48〕長屋王家御飯米間用米出用記

・八月卅日

御飯米間用米三石六升　　○

・□（削り残り）　　○

〔史料49〕考所請飯文

考所飯参升　延暦八年八月十日　左「船人吉」右葛井千縄

〔史料50〕嶋史大国月料米申請文

領嶋史大国　一日米二升応給米六斗塩三升　和銅六年五月一日大国　○

〔史料51〕某作処帳内月料米申請文

・□作所遣帳内三口五月分食米一斛九□〔斗カ〕□升
・一□分一人二升半　塩一斗
□人□二升　　　　　和銅六年五月一日刑部大□

〔史料52〕木上御馬司大伴鳥九月常食米申請文

・木上御馬司大伴鳥九月常食
・請申　　一日分一升　　卅日分米三斗

〔史料53〕二門常食申告文

・二門　川合　額田部　額田
　　　下　高　白髪部
　　　　　　　　　　右六人常食給申
・　　　　　　八月廿一日

〔史料54〕三門常食申告文

・三門　出雲　丸部　物部　右三人
・別申飯一加給申

〔史料55〕御井上門常食申告文

・御井上門　三嶋　掃守　縣　財　海
・常食人別少々加給入宜

〔史料56〕北門常食申告文

北門　受　能歌　葛木　又余食二口
　　　　　　　　　　　加入給宜

〔史料57〕某司北門三門食口記

・北門　安宿戸　依網津　播磨　賀毛　紀伊　右五

・三門　音太部　出庭　桑原　達沙　宇治　合五

〔史料58〕西宮東一門二門食口記

・西宮東一門茨田　大伴
　　　　　川上　合四人
　　　　　□□
・東□〔二〕門□□〔奈林カ〕□
　　　　　□□〔合四人カ〕
　三野　朝夕料

〔史料59〕西宮兵衛請飯文

飯請　田口牛甘　河内五百足　合二人

〔史料60〕食司西宮兵衛食口状

・東三門額田　林　神／各務　漆部　秦　北門日下部／縣　北府服□〔結〕／大伴
・合十人　五月九日食司日下部太万呂状

〔史料61〕某所食口記

・人員二百二人
　　百九人別三升　飯三石三斗　三石一斗□一石四升
　　九十三人別一升五合　飯一石四斗
　　　　合飯四石七斗
　竪子所三人　左衛士卅九人　丈部二人
・木工寮七人　右卅九人　領八人
　造宮八十三人　衛門廿一人

補註

（補1）間食については、拙稿「正倉院文書から見た「間食」の意味について」（『正倉院文書研究』一三、二〇一三年）で論じたのであわせて参照されたい。

補記

本章は、正倉院文書の帳簿・記録からうかがえる業務処理に関する所見と照合させることで、木簡の帳簿・記録の内容や性格を見直そうとしたもので、二〇〇〇年に発表した（『木簡研究』二二）。木簡学会の設立二〇周年事業の企画立案委員会と、その後を引き継いだ編集委員会に加えていただいたことがきっかけとなって、木簡の帳簿・記録について木簡学会で報告する機会を与えられたことから構想し、一九九九年十二月の木簡学会での報告を成稿したものである。本書第Ⅳ部第一章で示した〈書類学〉による書面分類の認識に至る以前の論考であるため、書面・書類全般を「文書・記録」といった言葉で表現しているが、情報の移動と意識的な伝達を区別する視点からの叙述となっている。なお、木簡学会二〇周年記念事業として刊行された同会編『日本古代木簡集成』（東京大学出版会、二〇〇三年）では、解説第三章第二節「記録関係木簡」のうち「記録（一日分・一定期間・日付記載なし・日記）」の項を本論と同じ視角から執筆した。

第三章　正倉院文書の継文について

はじめに

正倉院文書研究の前提の一つは、現在断簡となって伝わっている文書の接続の復原にある。断簡接続の復原には、奈良時代末頃まで東大寺の写経所で保管されていた文書が正倉院宝庫に収められた時点のいわゆる「正倉院文書の原状」の復原と、「正倉院文書の原状」において既に失われていた一次文書（場合によっては二次文書）の様態の復原がある。また、復原の対象となるのは、一つの文書の中での料紙の接続状態だけではなく、複数の文書相互の連貼状態も含まれる。本論で問題としたいのは、こうした複数文書の貼継についてである。

複数文書の連貼は、文書を整理して保管・利用する便宜のための形態と考えられ、正倉院文書の中の単独文書の多くが、「原状」ではいくつかの文書を貼り継いだ形で保管されていたと推測される。正倉院文書の実例からは、複数文書の連貼の典型的な様態として次の二つの形が考えられる。

第一の様態は、一通一通独立した料紙に書き記された文書を貼り継いだものである。こうした「単独で機能する文書を複数貼り継いだ形態」を狭義の「継文」と呼ぶことができよう。原理的には、料紙一紙の中に二通以上の文書が書き継がれていないことが、この第一の様態の指標となる。

第二の様態は、あらかじめ貼り継がれた料紙が用意されているところに追い込みで文書案を書き継いでいったものであり、いわゆる解移牒符案などが代表的な事例といえる(1)。この場合、料紙一紙の中に二通以上の文書が書き込まれることが起こりうるし、原理的には一文書の首尾と料紙の継目に連関は生じない(2)。

ただ、この第一の様態と第二の様態とは、必ずしも明確に見分けられない場合がある。たとえば、第一の様態を基本としながら、文書の余白部分に別の文書案が書き込まれている事例や、第一の様態が途中から第二の様態に変化する事例、独立した料紙を用いて書き記された文書が第二の様態の中に混在して連貼されている事例などが見られる。したがって、複数文書の連貼の様態を検討していく場合には、第一の様態と第二の様態をあらかじめ区別して分析することは困難であり、ここでは両者を総合して検討の対象とする。この点からここでは、第一の様態とともに、第二の様態及び両者が混在する様態を含めて広く「継文」と称することとしたい(3)。

本論では、右に述べたような「継文」とそれに関係する複数文書の連貼による保管の様態について、その性格や機能について整理し、今後「継文」の復原を進めていくためのなにがしかの手掛りを得たいと思う。これは『正倉院文書目録』編纂のための作業の一部であり、作業途中の中間報告であることをあらかじめご了解願いたい。

一　継文の事例

1　ものや人の移動にともなう文書の継文

まず、継文の事例について整理してみよう。現時点で、正倉院文書の継文をもれなく拾い出すことはできないので、ここでは、原本調査及び写真等の観察から、二点以上の文書が貼り継ぎないし書き継ぎされていることが判明する事(4)

表16　継文の事例 (1)

No.	継文名称	年　代	種　類	帙　巻	刊　本
1	皇后宮職解移牒案	天平3年(731)?	上日	続16	1/444, 474-480, 585-586, 628-630
2	左京職符継文	天平7年	官司相互	正4, 続42	1/631-635, 641, 24/377
3	岡本宅奉請文	天平8年3月	経典奉請	続々16-3	7/51-53
4	雑受書并返書(案文及返書)	天平10年4月	一件書類	続々17-1	7/167-179
5	経典奉請文	天平9年4月	経典奉請	正44, 続々16-2	2/28-29, 7/189-192
6	経典奉請文	天平10年	経典奉請	続々46-8	7/166-167, 179-182
7	用紙進文	天平11年7月	経師等手実	続々19-2	7/301-378
8	写経司受月食案文	天平11年7月	請求+報告	続々17-2	7/274-293
9	造写経殿料銭文	天平11年	一件書類	別18	2/154-155, 171-173
10	写経司雑解文案	天平11年	料物申請	後31	2/179-180, 182-190
11	経師手実	天平12年2月	経師等手実	続々19-3	7/423-472
12	写千部千手経経生等手実	天平14年2月	経師等手実	別47・49, 続々7-3	8/22-45, 107-110, 未収
13	写千部千手経経生等手実	天平14年6月	経師等手実	続々7-4	8/67-73, 140-148, 150-153
14	優婆塞貢進文	天平14年	進送	続18, 別47	2/314-315, 319-320
15	写経并用紙等解案	天平15年?	行事・告朔	正13ウ・17ウ, 続々13-5	2/348-349, 355-357, 436-438, 8/525-526
16	写官一切経所行事案	天平15年	行事・告朔	正19	8/222-227, 313-317
17	以受筆墨写紙并更請帳	天平16年6月	筆墨受用	正1ウ・2ウ・4ウ・9ウ, 続7ウ・8ウ・15, 続々34-1, 32-5	2/666, 669, 682-684, 689, 711-712, 715-716, 719, 3/40-41, 48-50, 56-62, 69, 82, 8/467-474, 9/433-434, 10/172, 261-262
18	常疏装潢等紙進送帳	天平16年7月	行事・告朔	正13ウ, 続々27-4	2/438-439, 8/488-490
19	大粮申請継文	天平17年2月	粮米申請	正1・2, 続42, 続々28-9, 35-6ウ	2/389-397, 411, 466-467, 471
20	大粮申請継文	天平17年4月	粮米申請	正1・2・3・4, 続15ウ, 続々6-5ウ, 28-9ウ	2/398-428, 430-433, 469, 479, 8/543-544
21	常疏手実	天平17年5月	経師等手実	正13ウ・14ウ	2/434-435, 8/545-557
22	大粮申請継文	天平17年8月	粮米申請	正1・2, 続42, 続々47-3ウ	2/392-393, 458-462

(2)

No.	継文名称	年　代	種　類	帙　巻	刊　本
23	大粮申請継文	天平17年10月	粮米申請	正1・2・3・4，続15ウ・22，続々23-4ウ，32-5ウ，35-5ウ・6ウ，天平時代文書，日名子文書	2/416，421-422，459-460，463-480，24/318，323，未収
24	間写経布施帳	天平17年12月	布施申請	正4ウ・30ウ，続13ウ・42ウ，続々41-4	2/482-487，515-518，521-522，8/582-584，9/134-139，176-177，241-244，246-254，294-299，24/376-377
25	写疏所行事案	天平17年	行事・告朔	正20ウ・21ウ・25ウ	8/567-573
26	後一切経雑案	天平18年正月	筆墨受用	正9ウ・15ウ・43ウ，続々2-4，34-4	2/503-504，507-509，511，513，9/1-7，189-191
27	後写一切経経師手実	天平18年3月	経師等手実	正10ウ・19ウ・27ウ・28ウ・35ウ，続々19-6，23-4	2/672，9/76-134，274-279，402-412，421-422，24/392
28	写後経所布施帳	天平18年4月	布施申請	正15ウ・16ウ・17ウ・26ウ・27ウ・28ウ・36ウ・37ウ・43ウ，続々41-4，42-1	2/509-510，536-539，565-569，685-689，3/65-69，97-102，9/170-174，358-361，413-421，24/402-403
29	後写一切経筆帳	天平18年8月	筆墨受用	正10ウ・15ウ・17ウ・18ウ・23ウ・26ウ・27ウ・28ウ・35ウ・36ウ・38ウ・39ウ・42ウ，続8ウ，続々32-5，34-2	2/525-529，542-543，552-554，663-665，668，720-721，8/49-50，3/34-36，56，58，61-63，77-78，81，83，9/178-189，381，423-424，430-433，436-437，445-446，448-450
30	経師等天平十八年冬季手実	天平18年12月	経師等手実	続々19-8	9/301-317
31	自私所来案	天平18年	一件書類	後1，続々11-5	2/526，559-560，9/193-194
32	法花寺政所等解牒案	天平19年正月	一件書類	続31，続々40-4ウ・3ウ	2/662，9/328-330，338-343，358，363-364

(3)

No.	継文名称	年　代	種　類	帙　巻	刊　本
33	千部法花経料雑物納帳	天平20年正月	筆墨受用	正39ウ，続々34-4	3/1-9，197-199，10/539-540，543-552
34	請千部法花経料筆墨帳	天平20年正月	筆墨受用	続々5-5	10/10-51
35	百部最勝王経請筆墨帳	天平20年6月	筆墨受用	正11ウ・12ウ，別16	3/105-111，114-116，10/335，379-380，24/507-509，602-603
36	寺花厳疏納幷充装潢帳	天平20年9月	一件書類	続々6-1	10/82-109
37	写疏所布施文案	天平20年12月	布施申請	続々6-13	10/453-456，631-637
38	千部法花経布施文案	天平20年	布施申請	正38ウ・44，後12，続々42-1	3/70-73，123-124，130-133，137-142，202-214，262-271，274-280，336-343，12/35
39	大安寺花厳経紙継文	天平感宝元年（749）閏5月	一件書類	正44，続42，続々27-4，28-10	3/223，240，10/653-657，24/597-598
40	瑜伽論帳	天平勝宝元年（749）9月	経典奉請	続42，続々10-25	3/512，563-564，11/72-80
41	造東大寺司移牒案	天平勝宝2年5月	官司相互	別1，続々17-7ウ，43-22	3/402-404，11/252-253，25/205
42	写書所食口案	天平勝宝2年	食口	正8ウ，続14ウ，続々38-1	3/378，11/174-176，227-235
43	藍薗進上文	天平勝宝2年	進送	正44，続42・43ウ，続々46-6ウ	3/406-407，410-412，11/280，323，25/8-9
44	写書所告朔案	天平勝宝3年	食口＋行事・告朔	正6，続々38-2	3/495-500，11/506-538
45	経典奉請文	天平勝宝3年	経典奉請	正7，続45，別5・7・9・10，続々3-3ウ・10ウ，42-5ウ	3/512，515，522-524，526-527，556-558，12/39，41-42，163-165，177-179，202，25/37
46	写書所食口案	天平勝宝4年	食口	別24，続々38-3	3/560-563，565-566，568-572，12/300-310
47	奉写経用度文案	天平勝宝4年	料物申請	別16ウ，続々42-3	12/268-277，342-350
48	寺々仁王経散帳	天平勝宝5年4月	経典奉請	続々9-7	12/438-440

No.	継文名称	年　代	種　類	帙　巻	刊　本
49	写書所食口案	天平勝宝5年	食口	続30，別30，続々38-4，御物整理掛購入文書	3/619-621，634-636，12/395-405，409-410，25/62-64
50	造東大寺司紙筆墨軸等充帳	天平勝宝5年	進送	続18ウ・28ウ・42・44，後39，別47ウ，続々37-7	4/67-69，74-75，13/1-18，149-150，25/196
51	奉請梵網経返抄	天平勝宝6年8月	経典奉請	別10，続々16-7	4/27-28，13-100
52	花厳経奉請文案	天平勝宝7歳5月	経典奉請	続々6-15	13/135-142
53	一切経奉請文	天平勝宝7歳8月	経典奉請	続30，別9，芥21	4/70-73
54	写書所食口案	天平勝宝8歳	食口	正8ウ，別10ウ，続々38-5	4/184-185，244-245，13/161-168，170-171
55	写書所食口案	天平勝宝9歳	食口	続14，続々38-6	4/229-230，232-233，13/213-216
56	自宮来雑物継文	天平宝字2年（758）6月	進送	続々44-3	11/347-350
57	大仏殿廂絵画師継文	天平宝字2年	一件書類	続16・29・43，続々43-9ウ，45-5ウ・6ウ	4/259-261，263，265-268，271-272，13/234-236
58	月々用帳	天平宝字2年	食口	続々38-7	13/337-352
59	写千巻経所移牒案	天平宝字2年	一件書類	続々8-19ウ	13/242-243
60	粮米申請継文	天平宝字3年6月	粮米申請	正5，続22・31，続々42-5ウ	4/368-374，14/283-284
61	称讃浄土経奉請文	天平宝字4年6月	経典奉請	正45，別10	4/418-420，454
62	請暇不参解	天平宝字4年	請暇不参解	続20・41ウ	4/431，14/442-443
63	写経所解移牒案	天平宝字4年	雑文書	続々18-6	14/365-419
64	奉作阿弥陀仏幷法花経料等用度文案	天平宝字4年？	料物受用	続々43-15	14/334-342
65	奉写一切経所解移牒案	天平宝字5年正月	雑文書	続19ウ・20ウ・41，続々3-4	4/485，503，15/1-11，14-15，19-58
66	屋壊運継文	天平宝字5年12月	一件書類	続々45-1	4/528-529，5/74-75，104-105
67	造石山院所継文	天平宝字5年	雑文書	正5，続26・27・29・30・41・43・44・47，別6・7・8，続々43-22	4/525-528，5/1-5，59-60，65-69，71-73，76-77，84-85，103-104，112-113，132-133，135-136，139，142-144，147-148，240-241，243-244，271-272，278-284，287，15/502，25/332-333，未収

(5)

No.	継文名称	年代	種類	帙巻	刊本
68	造石山寺所解移牒符案	天平宝字6年正月	雑文書	正5ウ・6ウ，続9ウ・16ウ・17ウ・19ウ・20ウ・22ウ・26ウ・28ウ・30ウ・43ウ・44ウ・46ウ・47ウ・40ウ・48ウ・49ウ，後28ウ・33ウ・42・42ウ，別1・5ウ・8ウ・48ウ，続々18-3・4，46-7，47-4，天平時代文書	5/113-114，256，343，385-386，400-402，438-442，444-446，15/85，137-160，183-197，205-234，243-254，311，16/1-3，118-120，390-399，25/246，未収
69	造石山寺所雑様手実	天平宝字6年3月	雑様手実	正6，後6，別34，続々45-6	5/220，239-240，261-264，15/357-364
70	奉写二部大般若経所解移牒案	天平宝字6年12月	一件書類	続20ウ・47ウ・48ウ・50ウ，別6・38・47ウ・48ウ，続々4-21，18-4・7・7ウ，24-5，42-1，日名子文書	5/333-335，383-384，386-387，399，467，447，468-475，494-509，14/364-365，16/105-113，326-334，382-384，562
71	造甲賀山作所告朔	天平宝字6年	行事・告朔	続39，続々45-6	5/85-102，15/462
72	田上山作所告朔	天平宝字6年	行事・告朔	後32，別31，続々42-5	5/77-83，114-124，148-160，221-229，15/344-348
73	奉写御執経所奉請文	天平宝字6年	経典奉請	別3・4・6，続々16-1，17-4・5	5/308，432-435，441-443，446，451-453，456，459，462，468，478，542，659-661，666-668，16/435-473，552，556-557，559，563，17/11，23，72-74，未収
74	大師家奉請文	天平宝字7年4月	経典奉請	続々3-10	16/373-375，400-407，415-419
75	吉祥悔過所解案	天平宝字8年3月	料物申請	続42，別10ウ	13/117，16/493，495-497
76	奉写御願大般若経料請用文案	天平宝字8年	料物受用	別5ウ，続々4-20	16/559-560，564-566
77	北倉代楽具等欠失文	天平宝字8年？	楽具等欠失	続31・44，別10・35	5/481-485，523-525，530，535-539

No.	継文名称	年　代	種　類	帙　巻	刊　本
78	奉写御願大般若経上日并行事文案	天平神護元年(765) 正月	上日	別1	17/1-6
79	仲麻呂借用経奉請文	天平神護元年4月	経典奉請	正44, 続44, 別7・9, 続々37-8ウ	5/519-523, 528-529, 17/10-11
80	奉写一切経司奉請文	神護景雲元年(767) 9月	経典奉請	別1ウ・2, 続々17-7, 43-22ウ	5/693-699, 17/78-110
81	奉写一切経所雑物請帳	神護景雲4年6月	料物申請	正45ウ, 後30, 続々3-8	6/50-80, 199-200, 18/572-580
82	自奉写一切経司経本納并返上帳	神護景雲4年6月	経典奉請	続々3-5	17/160-172
83	奉写一切経経師請筆墨手実	宝亀2年(771)	請筆墨手実	続20, 続々29-3	18/258-321
84	奉写一切経所請用文案	宝亀3年2月	料物受用	続々3-9	6/281-284, 19/321-325
85	経師充筆帳	宝亀3年2月	請筆墨手実	続々30-1	19/325-346
86	墨手実	宝亀3年3月	請筆墨手実	続々33-1	19/353-417
87	奉写一切経所告朔案	宝亀3年3月	行事・告朔	別13	6/291-307, 317-329, 368-378, 391-395, 398-403, 407-415, 417-422
88	願文継文	宝亀3年3月	経師等手実	続々19-21	19/553-572
89	奉写一切経所告朔案	宝亀3年12月	行事・告朔	続26ウ, 別5ウ・7ウ・9ウ・12, 続々3-10, 16-5ウ, 42-5・5ウ	6/447-463, 469-473, 476-484, 498-508, 21/484-524, 未収
90	月借銭解	宝亀3年	月借銭解	続21・23・24, 後20, 続々40-1ウ・2ウ, 蜂須賀家旧蔵ウ	6/272-275, 285-286, 312-315, 331, 390-391, 423-427, 468-469, 474-476, 485-486, 509-521, 536-537, 540-543, 567-568, 19/296-299, 21/418-419, 22/1, 38-39, 377
91	奉写一切経経師請墨手実	宝亀4年2月	請筆墨手実	後2ウ, 続々33-2	6/485, 21/241-267
92	請筆墨手実	宝亀4年2月	請筆墨手実	続々31-1	20/468-495
93	奉写一切経所布施文案	宝亀4年3月	布施申請	続45ウ, 後29, 別7ウ・10ウ・11, 続々3-3	6/486-497, 523-535, 544-566, 22/195-197, 200-206, 未収
94	更筆手実	宝亀4年9月	請筆墨手実	続々31-4	22/59-178
95	請政筆替帳	宝亀4年10月	料物申請	続々34-12	22/216-219
96	題経帳	宝亀4年12月	経師等手実	続々23-3	22/370-371

（7）

№.	継文名称	年　代	種　類	帙　巻	刊　本
97	請筆墨手実	宝亀５年５月	請筆墨手実	続々 31-5	22/382-413
98	更部帙上帳	宝亀５年７月	経師等手実	続々 22-1	22/429-504
99	墨手実	宝亀５年８月	請筆墨手実	続々 33-5	22/504-584
100	筆手実	宝亀５年８月	請筆墨手実	続々 32-1	22/473-491
101	請筆墨手実	宝亀５年９月	請筆墨手実	続々 32-2	23/4-50
102	筆手実	宝亀６年５月	請筆墨手実	続々 32-4	23/430-515

本表は，本論で取り上げた継文の名称・使用（開始）時期・種類及び継文を構成する断簡の所在を整理したものである．

断簡の所在については，当該継文の一部（貼継が確実な部分）のみを示した場合がある．

名称欄の下線部は，その語が当該史料の題籤・端裏書・書出・継目裏書などに見える名称であることを示す．

帙巻欄は，正集→正，続修→続，続修後集→後，続修別集→別，塵芥→芥，続々修→続々と略記した．数字は巻数（続々修は帙-巻）を，ウは裏を示す．

刊本欄には，『大日本古文書』の冊・頁を，「第１冊234頁から567頁」→「1/234-567」の要領で略記した．

例の主なものを示すにとどまる（表16）。これらの事例の概要は次の通りである。なお、ここで用いる分類については後述する。

まず、ものや人の移動にともなって発信された文書で構成される継文が存在する。いわゆる送り状の継文である。

①物品の進送―進送文書

43藍薗進上文（天平勝宝二年）は、藍薗からの藍その他の進送文書（送り状）を貼り継いだ継文である。発信者としては資人倉垣三倉が見え、一通のみ土形人足とある。

50造東大寺司紙筆墨軸等充帳（天平勝宝五年）は、造東大寺司から写経所（領・案主等）に宛てた写経料紙・料物等の進送文書（送り状）の継文である。

56自宮来雑物継文（天平宝字二年六月　題籤）[5]は、経師浄衣の進送文書（送り状）を貼り継いだ継文である。発信者はいずれも秦月麻呂、使者は舎人山乙万呂となっている。月麻呂は写経所の経師として見える人物である。また、各文書の紙面には「検主典安都宿祢（雄足）」といった追記がなされ、その文字が文書料紙の貼継箇所にまたがっている場合のあることから、この追記が継文に編成された後に加えられたものであることがわかる。なお、当継文に見える浄衣の収納については、日次形式で銭・紙・衣等の収納を書き上げた帳簿である銭幷紙衣等納帳（天平宝字六年六月二十一日始、十三ノ二四三―二五二、続々修四三ノ五、題籤「銭幷紙衣等納帳」）にも記載されている。このことから、56は銭幷紙衣等納帳との照合が行われたものと思われる。

②優婆塞の貢進―優婆塞貢進文書

14優婆塞貢進文（天平十四年）は、皇后宮職に宛てた得度のための優婆塞貢進文書を貼り継いだ継文である。(6) いわば人の進送文書（送り状）の継文といえよう。

2　ものや人の移動をうながす文書の継文

次に、ものや人の移動を命令・請求（申請）する文書から構成される継文がある。

①筆墨の請求―請筆墨手実

83奉写一切経経紙請筆墨手実（宝亀二年）、85経師充筆帳（宝亀三年二月、題籤）、86墨手実（宝亀三年三月、題籤）、91奉写一切経経師請墨手実（宝亀四年二月、題籤「墨手実」）、92請筆墨手実（宝亀四年二月）、94更筆手実（宝亀四年九月、題籤）、97請筆墨手実（宝亀五年五月）、99墨手実（宝亀五年八月、題籤）、100筆手実（宝亀五年八月、題籤）、101請筆墨手実（宝亀五年九月）、102筆手実（宝亀六年五月、題籤）等は、経師らが筆・墨の下充（支給）を申請したいわゆる請筆墨手実の継文である。往来軸の題籤には、「筆手実」「墨手実」「経師充筆帳」等の名称が記されている。各手実は、書出を「某（解）申請筆事」等とし、次いで写紙の総数とその内訳となる経典名を書き上げている。日下付近に案主等の勘検署判、余白に充筆文（充銭文）、充墨文（「某日下充卅五文」「某日下充墨一廷」等）、手実右端下方に返上文（「返上了」「返上未」等）が書き込まれている例が多く見られる。

②布施の請求―布施申請文書

24間写経布施帳（天平十七年十二月）、28写後経所布施帳（天平十八年四月）、37写疏所布施文案（天平二十年十二月）、38千部法花経布施文案（天平二十年）、93奉写一切経所布施文案（宝亀四年三月）等は、写経所の布施申請文書を貼り継いだ継文である。布施申請文書は、冒頭に写経事業やその中のある期間に行われた写経・校正・装潢等の総量とそれに対応する布施の総額を記載し、以下経師・校生・装潢生の個人ごとの作業量と布施額を列挙する書式が一般的である。個人ごとの記載の部分には合点・圏点などが加えられ、その当人ないし代理人に布施を下充（支給）した旨の充布施文（「付正身」「付某」等）などが追記されている場合が多く見受けられる。38は、各文書の奥の余白に「以二某日一賜了」といった布施支給に関する造寺司の判が加えられている。(7) 37では、右に貼り継がれている布施申請解案への追記が、その余白を越えて左に貼り継がれている別の布施申請解案の料紙にまたがって書き込まれており、文書同士が貼り継がれた後に追記が書き込まれたことがわかる。この追記は、布施の支給が時期をおいて分割してなされたために、その都度、支給額と未支給額を書き込んだものであり、布施の個人別記載の部分にもそれに対応する充布施文が追記されている。

③写経料雑物の請求―料物申請文書

10写経司雑解文案（天平十一年、題籤「雑解文案」）は、写経所で必要とする筆・炭・薪・食料（菜）等を購入するための銭の支給に関する写経司解の継文である。継文中の初期の文書では、既支給分の銭の総額を記した上で支出の内訳を報告しているが、その後の文書では、月内に必要となる銭を月初めにあらかじめ請求する内容の文書となっている。47奉写経用度文案（天平勝宝四年）は、写経に要する諸料物を請求する造東大寺司解の継文である。内容は、書写する経典名・巻数、必要となる紙軸等、経師等の布施料、銭、衣料、食料等の量を列記したものであり、各品目には量目算定のための単価に相当する数が書かれている。いわば、写経事業の見積・請求書に相当するといえよう。なお、写経料紙の項には、「先請了」等と既支給済である旨が記されている例が多い。

75吉祥悔過所解案（天平宝字八年三月）は、悔過僧らの食料や供養のための雑物及びその直銭を請求する吉祥悔過所解の継文である。各解の物品の記載部分には、実際の受領額が朱筆で追記されている例が多く見られる。

81奉写一切経所雑物請帳（神護景雲四年六月、表題「雑物請帳」）は、写経に必要となる筆墨の直銭、食料、浄衣料等の雑物、経師等の布施を請求する奉写一切経司解等からなる継文である。各解の物品記載部分には、「請了」等の受領に関する書き込みが見られる。

95請政《ママ》筆替帳（宝亀四年十月、題籤）は、筆の支給を請求する写経所解の継文である。各解は「経所解　申可レ請レ筆人等事」と書き出し、請求する筆数、返上古筆数、新筆を下充（支給）されるべき経師名を書き上げ、「右、件人等、以二先筆一人別写二紙一百六十張一、仍更所レ請如レ件、以解」と記すのが通例である。経師名の肩には合点と「充」「不」「未」等の書き込みがあり、新筆の下充（支給）の有無を示すものであろう。なお、当継文は、形式上は支給請求文書の継文であるが、内容的には、筆墨等の受領とその経師らへの下充（支給）に関する写経所解を貼り継いだ筆墨受用文書の継文（後述）と類似する性格といえよう。

④粮米の請求―粮米申請文書

19大粮申請継文（天平十七年二月）、20大粮申請継文（天平十七年四月）、22大粮申請継文（天平十七年八月）、23大粮申請継文（天平十七年十月、継目裏書「十一月大粮継文」）は、中央諸官司から民部省に提出された仕丁等の食料請求文書を貼り継いだ継文である。

60粮米申請継文（天平宝字三年六月）は、造東大寺司管下の諸所（作金堂所・造瓦所・鋳所・食堂所・□工所）が、翌月分

の仕丁等の食料を請求した解の継文である。

⑤功銭等の申請―雑様手実

69造石山寺所雑様手実（天平宝字六年三月、題籤「雑様手実」）は、石山寺堂舎の檜皮葺その他の造営作業に従事する様工らが、作業ごとに功銭・食料の支給を申請した文書を貼り継いだ継文である。(8)各文書は、作業の内容と必要な功銭・食料等を書き上げ、作業の開始前ないし開始にともなって作成されたものであり、いわば記載した費用による作業請負書に相当する。文書の余白には、功銭・食料の支給日・支給額が追記されており、追記は数回に及ぶものもある。これらの追記は、日付から見て当該文書が継文に編成された後に加えられたものであり、そもそもこうした追記のために必要となる十分な余白を設定して文書が作成されたと考えられる。したがって当継文は、作業の請負とその後の費用支給を記録する役割を果していたものといえる。

⑥借用の申請―月借銭解

90月借銭解（宝亀三年）は、月借銭解を貼り継いだ継文である。月借銭解の内容は、借用額、質物、期限、利率、返済契約文言等の記載からなる。余白には、写経所の領等による銭を下充した旨の書き込みがなされ、また返済がなされると収納した日付・金額・内訳等が追記されている。返済が終了した解を継文から取り除いたことによる継ぎ直しの痕跡も認められる。

3　ものや人の移動の結果を報告する文書の継文

ものや人の移動がなされ、あるいはそれによって各種の作業が実施されたことを報告する文書の継文が見られる。各種の収納報告、収支報告や作業報告の類である。

①作業報告（個人）―経師等手実

経師手実の継文は、継文の中でも量的に最も多く見られるものであり、経師ごとに期間内に行った写経作業の内容を報告する内容の文書が貼り継がれている。11経師手実（天平十二年二月、題籤「天平十二年経師手実」）、21常疏手実（天平十七年五月、端裏書「従㆓十七年正月一日㆒迄㆓四月卅日㆒経師等手実幷常間共継」）、27後写一切経経師手実（天平十八年三月、題籤「経師手実」）、30経師等天平十八年冬季手実（天平十八年十二月、端裏書「十八年冬季手実経師校生装潢」）などに、「（経師）手実」の名称が見られるが、7用紙進文（天平十一年七月、題籤「用紙進文」、端裏書「用紙案文下番」）、98「更部帙上帳」（宝亀五年七月、題籤）等の名称もある。また、88願文継文（宝亀三年三月、題籤）、96題経帳（宝亀四年十二月、題籤）は、跋文・表題の記入作業に関する手実である。同じく、校正・装潢の作業に関する校生手実・装潢手実の継文もある。

13写千部千手経経生等手実（天平十四年六月）は、経生等手実と、手実の集計書及び布施申請解からなる継文である。右端は六月から十一月の布施を申請する金光明寺写一切経所解案（十二月八日）で、その端裏に「自㆓天平十四年六月一日㆒至㆓十一月卅日㆒千手経生幷装潢校生等手実案文紙」とある。以下左に向かって、六～七月分の集計書、六月手実、七月手実と継がれていく。各手実には、写経紙数・巻数の勘検、下充すべき布施額に関する追記がある。経師らの手実提出に始まって布施申請に至る一連の業務の記録台帳としてこの継文が利用されていることがわかる。[9]

12写千部千手経経生等手実（天平十四年二月）も同様の構成の継文であり、右端に二月から五月分の布施を申請する福寿寺写一切経所解案（七月十日）があり、端裏に「自㆓天□□（平十）四年二月二日㆒至㆓五月□（卅）日㆒千手経幷経師装潢校生等手実」と書き込まれている。以下、二～四月分の集計書、二月分の集計書、二月経生手実、三月分集計書、三月経生手実、四月集計書、四月経生手実、天平十三年十月ないし十二月から十四年三月ないし四月分の校生手実、四月校生手実、五月経生手実が継がれていく。

②作業報告（部署）—行事・告朔文書

15写経幷用紙等解案（天平十五年？）は、期間ごとに写経数及び経典名を書き上げた写経所解の継文である。

16写官一切経所行事案（天平十五年）は、月ごとの事業報告である写官一切経所解を貼り継いだ継文で、各解は受領した料物・料銭・料紙等数と内訳、経師・校生ごとの作業紙数を記載している。

18常疏装潢等紙進送帳（天平十六年七月、書出「装潢等紙進送帳」）は、装潢に回された料紙と作業を終了した料紙の内訳とを期間ごとに書き上げた文書を書き継いだ継文であり、装潢作業の報告に相当する。

25写疏所行事案（天平十七年）は、月ごとに経師・装潢・校生の作業紙総数と、経師等個人ごとの作業紙数を記載した写疏所解の継文である。

71造甲賀山作所告朔（天平宝字六年、題籤「甲賀山作告朔」）、72田上山作所告朔（天平宝字六年、題籤「田上鎰懸山告朔」）は、造甲賀山作所・田上山作所の月ごとの作業報告の継文である。各解は、料銭・料米等の収支内訳、作物の内容、作業従事者数とその内訳の記載からなる。(10)

87奉写一切経所告朔案（宝亀三年三月、題籤「告朔案」）は、月ごとの会計報告に相当する奉写一切経所解の継文で、各解は、料銭・料紙・食料・雑物の品目ごとの収支内訳と、食口数とその内訳の記載からなる。継文の終わりに近い宝亀三年十月・十一月の告朔解にのみ、冒頭に写経巻数の記載が見られる。後述する受用文書と食口文を合わせた内容といえる。

89奉写一切経所告朔案（宝亀三年十二月、題籤「宝亀三年四年告朔案」）は、87を引き継ぐ継文である。各解の内容は、冒頭に写経巻数の記載がある他は87とほぼ同様である。

③食口の報告―食口文書

42写書所食口案（天平勝宝二年）は、ある月の食口の総数と、返上した食料（飯）の量、実際の食口総数とその内訳を記した文書（案文）を書き継いだ継文である。文書の日付は多くが月の一日であり、前月分の内容を記している。食料支給に関する事後の収納報告ないし支出報告に相当し、食口案の冒頭の文書は「正月行事事」と書き出している。46写書所食口案（天平勝宝四年）、49写書所食口案（天平勝宝五年）、54写書所食口案（天平勝宝八歳、端裏書「食口案文」）、55写書所食口案（天平勝宝九歳、題籤「天平勝宝九歳食口」「案」）も同様の内容からなる継文である。54には「食口案文」の端裏があり、55には題籤に「勝宝九歳食口」「案」と書かれた往来軸が付されている。

58月々用帳（天平宝字二年、題籤）も写経所の食口案であるが、内容が他より詳細である。各文書は、書出に「写経所某月食口事」とあり、食口総数とその内訳のあとに、所用銭・所用米・所用塩の総数と内訳を記している。後述する料物受用文書の継文と類似する性格を持っている。

44写書所告朔案（天平勝宝三年、端裏書「天平勝宝三年告朔案」）は、行事・告朔文書と食口文書を貼り継いだ継文である。正月から五月までについては、月ごとの作業報告である写書所解が貼り継がれている。各解は、写経巻数・紙数等、作業した経師以下の人数（単）、受領した料物の内訳を記載するが、経師個人ごとの記載はない。六月以降については、月ごとに食口の総数とその内訳を記した文書が貼り継がれている。十二月二十一日付の食口文書は、書出を「写書所解申十二月告朔事」としている。

④上日の報告―上日文書

1皇后宮職解移牒案（天平三年？）は、写経に従事した諸司の史生・書生等の上日・写紙数を本司に通知した皇后宮職の解移牒の案文を書き継いだ継文である。

78奉写御願大般若経上日并行事文案（天平神護元年正月）は、出向中の経師の上日について本司に通知する造東大寺司移を書き継いだ継文である。

⑤筆墨等の収納・充用の報告—筆墨受用文書

17以受筆墨写紙并更請帳（天平十六年六月、題籤）は、写疏所が受け取った筆墨とその下充（支給）内容を記した文書を書き継いだ継文である。各文書は、冒頭に筆墨の総数を記し、次いでそれらを下充した経師の氏名を書き上げ、各経師の項には既に下充した筆墨による写経紙数と、今回新たに下充した筆墨数等が書き込まれている。継文の一部には、同様の内容を日次形式の帳簿に相当する書式で書いている箇所も見られる。また、筆墨の返上に関する書き込みもある。

26後一切経雑案（天平十八年正月、題籤）は、主として後写一切経所が下充（支給）した筆墨の内容を記した文書で構成される継文である。継文の冒頭には、写経事業の開始に際して後写経所が受け取った式敷、端継紙、その他の写経料を書き上げた受領書に相当する文書数通と、見写経数を報告する解が張り込まれているが、そのあとは経師に下充した筆墨の内容を記した文書の貼継となっている。各文書の形式は17と同様である。

29後写一切経筆帳（天平十八年八月、題籤「筆帳」）も、後写一切経所が下充した筆墨の内容を書き上げた文書の継文で、時期的に26を引き継ぐ形で編成されたものと思われる。

33千部法花経料雑物納帳（天平二十年正月、書出「千部法花経料雑物納帳」、題籤「千部雑物納帳　筆墨　廿年」）は、当初は日次順に受領した写経料物を書き上げる帳簿形式を取り、筆墨の受領を記載した項には、それを下充した経師名が書き上げられている。天平二十一年二月十日の項までこの帳簿形式が用いられるが、その後は筆墨の受領と下充した経師名及び書写紙数等を記した写書所解を書き継いでいく継文形式に変更されている。

34請千部法花経料筆墨帳（天平二十年正月、書出「請千部料筆墨帳」、題籤「請千部筆墨帳」「請千部法花／筆墨帳」）も、写書所による筆墨の受領と下充に関する帳簿・継文である。33と同様に当初は日次順の帳簿形式で書かれ、途中から写書所解を書き継いだ継文形式を取り、内容も33とほぼ重複する。帳簿形式の部分は、33の帳簿形式部分の筆墨に関する記載と同文ないし同内容である。継文形式の部分は、日付が若干異なる例もあるが、33を構成する写書所解をすべて含み、33より後の時期まで書き継がれている。帳簿形式から継文形式への変更時期も33と一致する。

35百部最勝王経請筆墨帳（天平二十年六月）は、百部最勝王書写のための筆墨等の受領と下充に関する写書所解の継文である。末尾に、筆墨総数と写紙数、経師ごとの写紙数と支給された筆墨数等を書き上げた注文が書き込まれている。

⑥写経料の収納・充用の報告―料物受用文書

64奉作阿弥陀仏幷法花経料等用度文案（天平宝字四年？）は、写経等の作業のための料銭及び食料の収支報告に相当する内容の写経所解を貼り継いだ継文であり、各解には銭・食料の受給額、支出額及びその内訳、残額を記している。

76奉写御願大般若経料請用文案（天平宝字八年）は、奉写大般若経一部書写に関する料紙・料銭等の請求及びその用途と残額の返上に関する写経所解を貼り継いだ継文である。

84奉写一切経所請用文案（宝亀三年二月）は、前年の六月から十二月の期間における写経料銭及び料米の収支報告である奉写一切経所解の継文である。

⑦欠失物の報告―楽具等欠失文書

77北倉代楽具等欠失文（天平宝字八年？）は、出蔵した楽具等の欠失について報告する文書を貼り継いだ継文である。各文書には、後日返却すべき旨の文言を含む例が多い。一部に、欠失物について単独の文書としてではなく、注文形

式で書き継いでいる箇所も見られる

⑧欠勤の届出―請暇不参解

経師等が欠勤を届け出る文書の継文が請暇不参解の継文である。62請暇不参解（天平宝字四年）等に見られるように、各文書には余白に写経所の領などの判許文言が書き加えられ、また暇の終了後に出頭した日付等が追記されている例が多く見られる。出頭に関する追記は、継文に編成された後に加えられたものであろう。

4　数種の文書が複合する継文

①請求文書と報告文書

8写経司受月食案文（天平十一年七月、題籤「受月食案文」）は、写経司が経師等の毎月の食料（米・塩等）を請求する解と、それらの食料の消費及び用残を報告する解などからなる継文である。おおむね月末に翌月分の食料の請求がなされ、月初めに前月分の消費報告が提出されている。

②経典の奉請文書

継文の中で比較的点数の多い事例として、写経の本経に使用するためなどの経典の貸借・送付に関する文書の継文があり、史料上の用語からこれらを奉請文書の継文と呼びたい。史料の中で「奉請」の語は、経典を「請う」（請求）意味と「請ける」（受領）意味の双方に使用されている。(11) したがって、奉請文書という場合、そこには請求（申請・命令）文書、進送文書（送り状）、受領文書（返抄）が含まれており、さらにそれらは貸付時と返納時の二度にわたって送受される。奉請文書の継文は、これらのいくつかの種類の文書から構成されている例が多い。奉請文書の継文は、ものの進送・受領がその返送と不可分の形で行われ、ものの移動が双方向性を持つことと対応した継文の形式といえよう。

3岡本宅奉請文（天平八年三月）は、本経の借用を依頼する岡本宅解の継文である。一部に、書写を終了した経本の返送状を兼ねた文書が含まれている。

5経典奉請文（天平九年四月）は、大安寺からの経典借用に関する皇后宮職の文書を主として貼り継いだ継文である。皇后宮職の借用依頼文書、借用経典の受領文書、返送経典の目録、返送文書などからなり、大安寺三綱の経典返却請求文書も含まれている。

6経典奉請文（天平十年）は、皇后宮職への経典貸し出しに関する薬師寺三綱の文書を主として貼り継いだ継文である。経典進送文書、返却請求文書、返却経典の受領文書等からなる。

40瑜伽論帳（天平勝宝元年九月、題籤）は、瑜伽論の書写に際して写経所と僧綱との間でやり取りされた本経の借用・返却に関する文書を主体とする継文である。写経所側の発信した文書には、書写の終了した本経の返送と、引き続き必要となる本経の借用依頼とが記されており、返送状（送り状）と借用請求状とが一体の文書となっている。これを受けて僧綱側から発信される文書には、返送された本経を受領したことと、新たに貸し出す本経の進送のこととが記され、こちらは受領書（返抄）と送付書が一体の文書となっている。これを順次貼り継いで写経所において編成されたのが当継文である。継文の中には、僧綱からの受信文書の余白に、その後発信した写経所文書の案を書き継いでいる部分もある。

45経典奉請文（天平勝宝三年）は、写経所で保管していた経典の出納関係文書の継文である。その主体となるのは、造東大寺司ないし写経所に宛てた経典の借用依頼文書と言える。借用の理由は必ずしも写経のために限らず、法会等で必要なためと明記するものもある。宛所が造東大寺司となっている文書は、同司が判を加えるなどした後、写経所にもたらされたものである。余白には、その経典を依頼人に進送した旨の書き込みや、後日に返却され受領した旨の追記が見られる。ただし、当継文の中には、こうした借用依頼文書だけでなく、造東大寺司宛の経典受領文書（返抄）もある。また造東大寺司から経典を貸し出す際の進送文書や、造東大寺司が借用していた経典の返送文書など、造東大寺司の発信した文書も含まれている。なお、造東大寺司からの経典進送文書の例となる天平勝宝三年五月二十二日造東寺司奉請文（続々修四二ノ五、一一ノ五五六—五五七）[12]は、紫微中台に宛てて出された造東大寺司官人の自署がある経典進送文書であり、余白には収納を確認した旨の紫微中台官人の追記が加えられ、さらに同年七月三十日の日付を持つ紫微中台の返送文が書き込まれている。これが文書の正文そのものであるか、正文とは別の控えの文書（案文）が用意されていたのか判然としないが、ともあれ当文書自体は経典と共に紫微中台まで送達され、紫微中台官人の書き込みがなされて経典と共に返送されたものである。この継文に貼り継がれた時期も、貸し出し時の五月ではなく、返送時の七月であったと思われる。

48寺々仁王経散帳（天平勝宝五年四月、題籤）は、薬師寺三綱が装束仁王会（講）司に対して仁王経の返却を請求した文書の継文である。余白には、写経所の領に対して返却を命じた造東大寺司判が別筆で書き加えられ、また写経所の領による返送の追記がなされている。

51奉請梵網経返抄（天平勝宝六年八月）は、梵網経各一部を受領した諸寺三綱が発行した返抄の継文である。

52花厳経奉請文案（天平勝宝七歳五月）は、造東大寺司写経所が外嶋院写経所に華厳経本経を貸し出す際の進送文書（送り状）を書き継いだ継文である。

53一切経奉請文（天平勝宝七歳八月）は、諸寺から造東大寺司に宛てた一切経の返送に関する文書の継文であり、返送状（送り状）が主体となっている。

61称讃浄土教奉請文（天平宝字四年六月）は、諸寺から造東大寺司に宛てた本経の進送文書及び返却請求文書の継文と思われる。進送文書には、写経所の収納文の追記があり、返却請求文書には造東大寺司・写経所の送経文の追記がある。

73奉写御執経所奉請文（天平宝字六年）は、造東大寺司に対して経典の借用ないし移送を請求・伝達する奉写御執経所の文書からなる継文である。[13] 文書の余白に、造東大寺司の判、写経所の経典進送文書が追記されている例が多数見られる。なお、継文の中には、奉写御執経所の経典返送文書、造東大寺司の経典進送文書（案）なども含まれている。

74大師家奉請文（天平宝字七年四月）は、本経の借用を依頼する大師（恵美押勝）家の文書と、同家へ経典を進送する造東大寺司の文書からなる継文である。造寺司の文書（案）は料紙に追い込みで書き継がれており、大師家文書の余白に書き込まれる例がある。また、継文として編成された後に、経典が返却された旨の追記が加えられた箇所も見られる。

79仲麻呂借用経奉請文（天平神護元年四月）は、敗死した藤原仲麻呂が写経所から借り出していた経典の返送に関する文書の継文であり、経典の所在探索のための使者発遣の文書、経典の送信文書、受領文書等からなる。

80奉写一切経司奉請文（神護景雲元年九月）は、造東大寺司から奉写一切経司への本経貸し出しに関する奉写一切経司の借用依頼文書、造東大寺司の経典進送文書からなる継文である。奉写一切経司の文書の余白には、造東大寺司判、写経所の経典進送文が追記されている例が見られる。

82自奉写一切経司経本納幷返上帳（神護景雲四年六月、題籤）は、造東大寺司写経所への本経貸し出しに関する奉写一切経所の発信した文書を貼り継いだ継文である。内容は、経典の進送文書、返却された経典の受領文書からなる。一紙に進送文書と受領文書を記載した例もある。

③写経別・事業別一件書類

36寺花厳疏納幷充装潢帳（天平二十年九月、題籤）は、花厳疏書写に関わる諸文書・帳簿の継文である。右端に、事業開始時の写経料紙筆墨の進送文書である写一切経所宛の花厳供所牒（九月九日）があり、ついで料物・料銭等の請求・支出に関わる数通の写疏所文書の案と、本経の到来・返送、装潢上紙・充紙等に関する注文が書き継がれる。さらにその左には、本充帳、紙充帳、筆墨充帳等の帳簿類が貼り継がれている。

59写千巻経所移牒案（天平宝字二年、表題）は、右端に「写千巻経所移牒案　天平宝字二年六月廿一日」という表題を持つ文書があり、金剛般若経千巻の書写に関わる文書の継文が存在したと推定される。ただし、その文書の紙背は写千巻経所食物用帳（天平宝字二年六月二十一日始）の七月十九日までの記載（一三ノ二八四―三一七）に二次利用されており、いったん継文として編成されたとしても、短期間で反故にされたものと思われる。

4雑受書幷返書（案文及返書）（天平十年四月、題籤）は、様々な請求文書、経典奉請文書（返送文・収納文）や物品の受領文書などからなる写経司文書の継文である。

9造写経殿料銭文（天平十一年）は、写経所の堂舎造営のための用材調達に関わる文書の継文のごとくである。文書と文書が貼り継がれた後、その間の余白・空白部分にさらに別の文書を記入するという使われ方がされている。

31自私所来案（天平十八年、題籤）は、写経所での私願経書写に関わる料紙等の受領文書、布施申請文書等からなる継文である。追記として、料紙の装潢等への充当や、作業終了後の依頼者への進送、あるいは布施の受領と経師への下充などに関わる文言が書き加えられているものが多く見られる。

32法花寺政所等解牒案（天平十九年正月）は、六巻鈔等の書写に関わる法花寺政所などの文書の継文である。経典の進送文書及び進送を依頼する文書、装潢作業を依頼する文書、その他の文書が含まれている。

39大安寺花厳経紙継文（天平感宝元年閏五月、題籤「経紙継文」）は、成巻作業の終わった写経料紙に関する装潢所の進送文書などを貼り継いだ継文である。ただし、継文は進送文書のみで構成されているのではなく、装潢の終わった巻数と作業未了の料紙残数を記載した文書など、作業報告に相当する内容の文書を含んでいる。

57大仏殿廂絵画師継文（天平宝字二年）は、大仏殿の彩色に従事する画師に関する文書の継文であり、東大寺宛の画工司移（画工進送文書）、造東大寺司の画工召文、絵所の領に宛てた造東大寺司政所符（画料等進送文書）、期間ごとの画師等行事文数通などから構成されていると思われる。なお、画師等行事文に関連する文書に、「大仏殿廂絵画師等毎人充日作物給功銭帳　天平宝字三年三月始」という書き出しで始まる画師功銭の請求文書がある（古四ノ三五二―三五八、続々修三八ノ八）。

66屋壊運継文（天平宝字五年十二月、題籤「屋壊運」）は、石山寺造営に利用するために行われた建物の解体と部材の運送に関わる文書の継文で、既に岡藤良敬氏が検討されたものである(14)。壊運費用の見積り、部材の数量・法量の報告、銭米等の支出内容の報告等を内容とする文書によって編成されている。

70奉写二部大般若経所解移牒案（天平宝字六年十二月、題籤「解移牒案　二部般若」）は、二部大般若経書写に関わる写経所及び造東大寺司の文書を書き継いだ継文である。文書の内容は、雑物の請求、経典の奉請請求、布施申請などと共に、経師等の上日を報告する文書が多数を占める。

④官司相互の文書

2左京職符継文（天平七年）は、東市司に伝達された左京職符の継文と推定される。文書の内容は、物品の購入・進上命令、直銭の送り状、盗品の内容の通達、などである。盗品に関する通達は、盗難を左京職に届け出た文書の余白に左京職符が書き込まれて東市司に送付されたものである。

41造東大寺司移牒案（天平勝宝二年五月）は、造東大寺司が左京職・内匠寮・兵部省等の官司、諸国司に発信した移・牒の継文である。

⑤その他雑文書

63写経所解移牒案（天平宝字四年）は、写経所及び造東大寺司の解移牒等の案を書き継いだ継文である。一部、写経所等に宛てた文書が含まれている。

65奉写一切経所解移牒案（天平宝字五年正月、題籤「移牒案」）は、奉写一切経所の発信した解移牒等を書き継いだ継文である。出向中の官人・舎人・仕丁等に関する文書、料銭・料物や月粮を請求する文書、布施申請文書、経典等奉請文書、物品・人員の返送文書など、多様な内容の文書で編成されている。

67造石山院所継文（天平宝字五年）は、造石山院所に「蓄貯」された継文として岡藤良敬氏が考察したものである(15)。ここに編成されていた可能性が指摘できるのは四六通の文書であり、内容的には、人員の出入り、物品の出納に関する文書といえよう。継文としては数巻に編成されていたとみられ、文書の性格・内容・時期によって別々の継文であったことが考えられよう。岡藤氏は、これらの文書は石山寺造営にとって重要な内容であり、季別の告朔解を作成するために必要とされた可能性を指摘されている。

68造石山寺所解移牒符案（天平宝字六年正月、題籤「解移牒符案」）は、造石山寺所が発信・受信した諸文書の案文を書き継いだ継文である(16)。

二　継文の特徴

1　継文の種類

以上のような継文について、その性格・特徴を考えていく上では、何らかの観点から内容を整理する必要がある。整理の観点は様々にありえると思われるが、本論では、もの・人の移動と文書の関係という観点から整理を試みた。こうした観点を取るのは、文書の機能がものや人の移動と密接に連関し、文書そのものも動くことで機能を果している点に注目したいためである。また、木簡研究においては、付札や郡符・召文など人やものの移動との連関が強く意識されており、そうした動向と共通する問題関心につながると考えるためである。

ものや人の移動と文書の関係という点から継文の事例を整理すると、それらは、

(1)　ものや人の移動にともなう文書の継文
(2)　ものや人の移動をうながす文書の継文
(3)　ものや人の移動の結果を報告する文書の継文
(4)　上記三種の文書が複合した継文

に分類できると思われる（表17）。

(1)は、いわゆる進送文書（送り状）の継文であり、基本的にはものや人に添えられてそれらと共に発信者（進送側）から受信者（受取側）へ送達されたものと思われる。43・50・56は、受信者側で受信した進送文書を継文とした例で

表17　継文の種類

(1)　もの（人）の移動にともなう文書の継文	
①進送文書	43 藍薗進上文，50 造東大寺司紙筆墨軸等充帳，56 自宮来雑物継文
②優婆塞貢進文書	14 優婆塞貢進文
(2)　もの（人）の移動をうながす文書の継文	
①請筆墨手実	83 奉写一切経経師請筆墨手実，85 経師充筆帳，86 墨手実，91 奉写一切経経師請墨手実，92 請筆墨手実，94 更筆手実，97 請筆墨手実，99 墨手実，100 筆手実，101 請筆墨手実，102 筆手実
②布施申請文書	24 間写経布施帳，28 写後経所布施帳，37 写疏所布施文案，38 千部法花経布施文案，93 奉写一切経所布施文案
③料物申請文書	10 写経司雑解文案，47 奉写経用度文案，75 吉祥悔過所解案，81 奉写一切経所雑物請帳，95 請政筆替帳
④粮米申請文書	19・20・22・23 大粮申請継文，60 粮米申請継文
⑤雑様手実	69 造石山寺所雑様手実
⑥月借銭解	90 月借銭解
(3)　もの（人）の移動の結果を報告する文書の継文	
①経師等手実	7 用紙進文，11 経師手実，12・13 写千部千手経経生等手実，21 常疏手実，27 後写一切経経師手実，30 経師等天平十八年冬季手実，88 願文継文，96 題経帳，98 更部帙上帳
②行事・告朔文書	15 写経幷用紙等解案，16 写官一切経所行事案，18 常疏装潢等紙進送帳，25 写疏所行事案，71 造甲賀山作所告朔，72 田上山作所告朔，87・89 奉写一切経所告朔案
③食口文書	42 写書所食口案，44 写書所告朔案，46・49・54・55 写書所食口案，58 月々用帳
④上日文書	1 皇后宮職解移牒案，78 奉写御願大般若経上日幷行事文案
⑤筆墨受用文書	17 以受筆墨写紙幷更請帳，26 後一切経雑案，29 後写一切経筆帳，33 千部法花経料雑物納帳，34 請千部法花経料筆墨帳，35 百部最勝王経請筆墨帳
⑥料物受用文書	64 奉作阿弥陀仏幷法花経料等用度文案，76 奉写御願大般若経料請用文案，84 奉写一切経所請用文案
⑦楽具等欠失文書	77 北倉代楽具等欠失文
⑧請暇不参解	62 請暇不参解
(4)　数種の文書が複合する継文	
①請求文書と報告文書	8 写経司受月食案文
②経典奉請文書	3 岡本宅奉請文，5・6 経典奉請文，40 瑜伽論帳，45 経典奉請文，48 寺々仁王経散帳，51 奉請梵網経返抄，52 花厳経奉請文案，53 一切経奉請文，61 称讃浄土経奉請文，73 奉写御執経所奉請文，74 大師家奉請文，79 仲麻呂借用経奉請文，80 奉写一切経司奉請文，82 自奉写一切経司経本納幷返上帳
③一件書類（写経別・事業別）	4 雑受書幷返書（案文及返書），9 造写経殿料銭文，31 自私所来案，32 法花寺政所等解牒案，36 寺花厳疏納幷充装潢帳，39 大安寺花厳経紙継文，57 大仏殿廂絵画師継文，59 写千巻経所移牒案，66 屋壊運継文，70 奉写二部大般若経所解移牒案
④官司相互の文書	2 左京職符継文，41 造東大寺司移牒案
⑤その他雑文書	63 写経所解移牒案，65 奉写一切経所解移牒案，67 造石山院所継文，68 造石山寺所解移牒符案

ある。また、(4)の継文には、発信した進送文書の案文が発信者側で編成された継文に含まれる例が見られる。

(2)は、いわば請求文書・申請文書の継文である。命令文書・依頼文書の継文もこの類型に含まれよう。これらは、人やものの移動に帰結する一連の作業が開始される直接的契機となる文書であり、人やものの移動を予定する文書ということもできる。右に掲げた継文の事例では、布施申請文書、料物請求文書の継文は、発信側で案文を継文に編成したものであり、請求した物品等の支給・受領に関する追記が紙面に加えられている。請筆墨手実、粮米申請文書、雑様手実、月借銭解の継文は、受信側で編成した継文である。これらにも、物品等の支給に関する追記のある例が多く見られ、月借銭解についてはさらに借用銭等の返納に関する追記も見られる。

(3)は、収支報告・決算報告に相当する文書の継文である。これらは、人やものの移動がなされたことを直接的契機として生起する各種作業の報告ということができよう。また、人やものの移動が行われることによって確認される欠失に関する報告（届出）もここに含めて考えておきたい。行事・告朔文書、上日文書、食口文書、筆墨・料物受用文書などは発信側で編成された継文、経師等手実、楽具等欠失文書、請暇不参解の継文などが受信側で編成された継文となる。また、これらの文書は、こうした報告がなされた結果として、完成品の進送、消費した写経料・食料等の請求、布施の請求、事業終了による残品の送付、欠失物の返納、休暇あけの出頭といったものや人の移動を新たに生起させる性格を持っているともいえる。

(4)は、上記の(1)～(3)の文書を複合して含む継文である。これらは大まかにいって、①物品の請求文書とそれにともなう支出報告・作業報告文書からなる継文、②経本の送受（出納）に関する文書の継文、③写経別・事業別の関係文書の継文、④aある官司から他官司への種々の発信文書の継文、④b同じく受信文書の継文、⑤その他より広範・雑多な文書の継文に類別できる。①と④aは発信側で編成された継文、④bは受信側で編成された継文、②・③・⑤は発信文書と受信文書の双方を含む継文である。

さて、以上のように継文を整理してみると、正倉院文書の中に見られる継文の内容は思ったほど多様ではないという印象を受ける。少なくとも、写経所が発信・受信した文書のすべてが継文として保管・整理されていたわけではないといってよかろう。今のところ、継文として整理されるのは、ものや人の移動と関連する文書が大半を占めるといってよいように思う。もちろん、今後の調査の進展によって新たに継文として復原される事例は増加するであろうが、この傾向は大きくは変わらないように思われる。

それらの文書がなぜ継文に編成され整理保管されたのか、その目的・役割を考えることが次に必要となろう。

2 継文の機能

継文に編成された文書の使われ方には次のような例が見られる。

物品の進送文書（前節1①、以下同じ）の例では、継文編成後に何らかの勘検作業が行われていることが知られ、他帳簿との照合がなされていたことが考えられる。

筆墨の支給申請文書の継文である請筆墨手実（2①）においては、各文書にその後の筆墨の支給追記（充筆墨文）・返上追記（返上文）が書き込まれている。申請文書の集合が継文に編成されることで、筆墨の支給・管理の台帳として利用されている。

布施申請文書（2②）では、38の事例から、a布施申請解の案文が正文と共に受信先に送付され、b布施の支給を認可・実施した旨の受信先の判が案文に記入され、c案文が布施（全部ないし一部）と共に発信先に持ち帰られ、d発信先の機関で布施が個別に下充されるにともない下充内容が持ち帰られた案文に注記される、という過程が明らかにされている。[17] 37によれば、布施の支給・下充が段階的に行われた際に、上記のdが数回にわたって追記され、その一部は継文編成後に書き込まれる場合のあることが判明する。dとしては、代理人が布施を受領した旨の書き込みも見られることも勘案すると、布施申請文書が継文として保管されるのは、布施の支給記録簿としての機能を持つためと考えられる。このように布施申請文書は、文書自体の移動をともないながら、当初の申請文書から下充（支給）台帳へと役割を変化させていくと理解される。

料物申請文書（2③）では、請求に対する実際の支給額の追記や、受領した物品を機関内で個別に下充した際の追記などが見られる。これらが、継文編成後の書き込みであるかは検討が必要であるが、請求文書が受領やその後の下充（支給）台帳として利用されたことがわかる。

雑様手実（2⑤）は、継文に編成されたあとに追記に利用される余白を文書作成時点から設定していたとみられ、継文は功銭・食料等の下充（支給）台帳として使用されている。

月借銭解（2⑥）の場合は、借銭の下充文、返済の収納文が追記されており、後者は継文編成後の追記とみられる。また、既返済の月借銭の抜き取りによる継文の再編成が行われていることも注目される。

経師等手実（3①）では、報告された作業の勘検文と、下充すべき布施を計算した額などが各手実に追記されている。期間ごとに提出された手実はまとめられて継文に編成され、その冒頭にその期間の布施額を集計した集計書が付けられ、さらにその継文に同様の形式を持つ別の期間の手実継文が貼り継がれ、こうして編成された複合的な継文全体の冒頭には全期間の布施集計書と布施申請解が貼り継がれているといった例もある。こうしたあり方は、経師別の作業報告が提出されてから、それらを集計して布施を申請するという作業の流れに応じて継文が編成ないし再編成されていった姿を示していると思われる。

請暇不参解（3⑧）では、暇終了後の出頭日の追記が見られることから、継文が出勤日数等の管理に利用されていたと考えられる。

経典奉請文書の継文（4②）は、経典の貸借・出納・送付・受領記録の機能を果している。たとえば写経所へ経典の借用を依頼する文書は、まず造東大寺司にもたらされ、ここで請求通りの経典進送を認可・命令する造東大寺司判が書き加えられ、写経所に送付される。写経所では、その経典を送付した旨の文言（送経文）を追記し、この段階で文書は継文に編成されたと考えられる。場合によっては、送経文でなく、写経所の経典進送文書（案）が書き継がれる。さらに後日に経典が返却されてくるとその旨の収納文が書き加えられる。こうした例では、継文は経典の出納台帳として利用されていることが明らかである。

さて、以上のような例から見て、多くの場合、文書は発信された時点とは異なる役割を持って継文に編成されているということができよう。ここに見られたのは、支給台帳や出納台帳、その他各種の勘検・照合のための台帳としての利用、あるいは新たな文書を作成するための基礎資料としての利用などである。そもそも文書は、受信先に届けられてその内容が伝達された時点で、本来の役割は終えているのであり、文書が伝達後も保持されるのは当初とは別の役割を付与されたためと考えられる。文書が移動し、その存在する場が変わることで、機能が変化していく様相を、継文に含まれる文書の事例から顕著にうかがい知ることができる。そして、継文に編成されることで生じる新たな機能も、そうした文書の機能変化の過程の一環であり、継文はその最終的な段階といえよう。

継文に編成された文書は、もはや意志伝達の機能は終了・喪失しており、むしろ各種の作業の記録・台帳として存在することになる。いわば、文書は継文になることで帳簿に近い存在に編成し直されていくということができると思われる。この点で注目できるのは、文書の貼り継ぎ・書き継ぎと帳簿の形態とが混在する継文の存在である。このことは、継文を編成することと帳簿を作成することとの親近性を示しているといえるのではなかろうか。継文の中には、当時の名称として「帳」と称されるものがかなりあり、いわゆる帳簿の名称と特に区別していないように思われることも、こうした継文と帳簿の親近性と関連しているのかもしれない。

大まかな検討の結果ではあるが、継文を編成するという行為は、多くの場合、なんらかの具体的な業務処理・事務処理の必要によって行われているという印象が持たれる。文書を継文に編成するということは、単に文書の保管のみを目的とし、すでに終了した作業の記録を保存するといった意味合いにとどまるものではないようである。むしろ、新たに生起する作業の遂行と直接的な関係を持つ行為、いわば新たに文書・帳簿を作成することに相当する行為であることが多いように思われる。

3　その他の特徴をめぐる検討課題

継文をめぐっては、この他いくつもの検討課題を設定できよう。たとえば、次のような論点が考えられる。

A　継文が、その編成主体の発信した文書で編成されているか、受信した文書で編成されているか、あるいは両者の混成か。

B　文書の相手先（発信文書なら受信先、受信文書なら発信先）が単数か、複数か。

C　編成されている文書は、正文か、案文か。

D　文書一通ごとの貼り継ぎで編成されているか、料紙の貼り継ぎと関わりなく追い込みで書き継いで編成されているか。

E　右へ貼り継いでいるか、左へ貼り継いでいるか。また、文書の挿入・抜き取りがないか。

F　編成の作業が一時期に行われたのか、一定期間継続して行われたのか。
G　継文が反故にされるまで、どれくらいの期間利用されたか。
H　継文を利用して、その後にいかなる文書・帳簿が作成されたか。

A～Eは、継文の編成方法の形式的な特徴をめぐる問題、F～Hは継文利用の実態に関する問題といえよう。本論ではこれらの詳細に触れることはできなかったが、気づいた限りで若干の論点整理を行っておきたい。

Aについては、発信文書の継文、受信文書の継文、両者混成による継文のいずれもが存在する。当然のことであるが、内容が単純な第一節1・2・3に分類されるような継文は、発信文書か受信文書か一方のみで構成されているものが多く、様々な内容の文書で編成される第一節4の継文には発信文書・受信文書の混成が多く見られる。ただし、経師等手実の継文のように、主体は受信文書であっても、一部のみ発信文書（布施申請解）を含む例などもある。また、大粮申請文書には、元来他所で編成されていた継文が含まれているし、経典奉請文書等でしばしば見られるように、所管官司が受信した文書に判を加えて被官官司に送付した結果、所管官司の文書が被官官司で継文に編成される例もある。この点からいえば、発信文書・受信文書の別による分類といっても、形式的な発信者・受信者を考えるだけでなく、文書の内容や動きに応じた実質的な発信者・受信者を解明することが求められると思われる。

Cについては、一般に受信文書は正文を、発信文書は案文を貼り継いでいくという傾向を想定することができよう。しかし、雑文書の継文などでは受信文書の写を書き継いでいる例もある。また、発信文書に受信者の追記がなされ、それが発信側に戻って継文に編成されている例（布施申請文書38、経典奉請文書45）などからは、たとえば土地売券に見られるような複数の正文の存在も念頭に置きつつ、正文と案文の関係をあらためて考える必要があるように思われる。一方で、正文の継文であるはずの請筆墨手実・経師等手実・雑様手実などの中に、署名や画指の調子などからみて発信者本人が記入したものではないと判断される文書が含まれ、あたかも案文が混在しているように思われる事例も存在する。しかし、それらについて別に正文が存在したと考えることには疑問がある。そもそもこれらは、継文に編成されることと密接に結びついて作成された文書であり、継文に編成されなければ機能を全うしえない。その場合、文書が正文か案文かという区別にさほどの意味はないのではなかろうか。こうした事例からも、文書の正文とは何か、案文とは何か、両者をどこで区別するかという問題について、あらためて考える材料が提示されているように思われる。

Dは、本論の冒頭で述べた文書の連貼形態に見られる二類型の違いに相当する。なお詳細な検討が必要であるが、追い込みによる書き継ぎが大半を占める継文としては、料物申請文書81・95、行事・告朔文書18、食口文書42、上日文書1・78、筆墨受用文書17・33・34、経典奉請文書52、及び一件書類の継文とした70、官司相互文書の継文とした41、その他雑文書の継文である63・65・68などがあげられる。しかし一方で、受信文書と発信文書の継文である経典奉請文書の40や74では、受信文書の正文の余白に発信文書の案文を書き込んで貼り継いでいる。また、一件書類の継文とした9では、それぞれ単独文書を貼り継いだ中間の余白・空白部分に別の文書案を書き込むということが行われている。こうした例を勘案すると、文書ごとの貼り継ぎか、追い込みによる書き継ぎかという違いは、ある意味で相対化されるように思われる。継文を編成する際に、そのまま貼り込むことのできる単独の文書（正文ないし案文）があればそれを用いるのが便宜であり、それができなければ別途案文を作成して貼り継ぐか、料紙の余白を利用して案文を書き込む。案文を書き込むことが多い場合には、書き込み用の料紙を先に貼り継いでおくことが行われたり、場合によっては正文の下書きを案文として継文用の料紙に書き込んでしまうことも行われたかもしれない。いずれにせよ、継文を編成する目的や継文の機能の解明を含めた個別の検討が必要となろう。

おわりに

最後に、不十分ではあるがここまでの検討を踏まえて、古代史料研究との関わりにおいていくつか思いついた点を記しておきたい。

第一に、正倉院文書の残存状況について。第二節1で述べたように、正倉院文書の継文は思ったほど多様なものではないという印象が持たれる。このことは、正倉院文書の残存情況を考える上でも一つの課題を提示している。すなわち、写経所文書の奈良時代における伝存状況について長期的な視点で見た場合、継文に編成されることで残りやすい文書と、そうされないために残りにくい文書とがあった可能性が想定できるのではないだろうか。とくに二次文書としての残存状況、すなわち「正倉院文書の原状」における文書の残存状況を考えると、そこには継文に編成された文書がより高い割合で残されていたことが考えられそうである。「正倉院文書の原状」というと、そこには写経所における文書のあり方がほぼそのまま反映されているであろうというのが、従来の我々の感覚であったと思われる。しかし、「正倉院文書の原状」が形成される段階で、既に一定の取捨選択がはたらいていた可能性がある。今後はこの点についてより慎重に評価する必要が生じているように思われる。

他方、継文がさほど多様ではないということになると、継文の形で伝来したであろうと想定されてきた文書の中に、実は従来考えられてきた以上に非継文文書が含まれている可能性を逆に指摘できる。それらがいかなる形で伝来したのか、別途検討する必要があろう。文書を重ね合わせて巻き込んで一括りにするなど、継文とは異なる文書の整理保管の方法などが考えられる。(18)

第二に、文書の副次的機能について。これは、継文からというよりは、継文に編成されている文書の分析から強く印象付けられる点である。これらの文書の多くは、発信元から受信先への意志伝達が終了しても、今度は別の機能を付加され、あるいは別の用途に転用され、その結果、存在価値を失わずに保管されたものである。こうした性格は、文書の正文だけでなく、いわゆる案文においても認められる。案文でありながら受信先まで移動している例があり、発信側にとどめられたものであっても、その後に生起する作業の台帳・記録簿として、あるいは次段階の文書作成のための史料として利用された例は枚挙にいとまない。継文への編成自体が、こうした文書の副次的機能に基づくといってよい。

ところで、継文に編成されている文書のこうした特質は、その素材が紙であることと密接に関連していると思われる。継文という形態自体、紙を記載媒体とする文書のみが取りうる形である。これを木簡と比較してみると、木簡にも副次的機能が付加されることはあり、追記や署判が加えられ、勘検に利用され、受信先以外の他所に転送される例などが知られる。しかし、それらを順次取りまとめて一体に編成し、ある程度の期間保管するという利用法を木簡で実現することは考えにくい。木簡の場合、副次的機能を持つとしても、一通単独での機能であったり、一回性ないし短期的な性格を持つことにならざるをえないと思われる。複数木簡を集合として長期的に利用するとなれば、紙に転記する必要が生じるであろうし、その方が合理的であろう。したがって、継文のような利用形態が可能かどうか、紙と木簡という素材に関わる用途の違いとして注目できる点であると思われる。

第三に、文書を貼り継ぐという行為の歴史的展開について。この点、たとえば平安時代の政務儀式等で見られる続文や、土地売券・処分状等のいわゆる手継（証文）との関係に興味が引かれるところである。儀式等の個別的政務処理のための文書整理の方式である続文についていえば、大粮申請継文などに親近性が感じられる。一方、手継証文については、これに相当するような権利文書が正倉院文書には見られない。しかし、所領関係文書を貼り継いで保管する方法が奈良時代から存在することは、公文を書き上げた寺院の資財帳などの記載から明らかである。いずれにしても、文書を貼り継ぐ行為の存在と特徴を時代を追って分析する必要があろう。

第四に、古代文書の機能分類の必要について。端的にいえば、これは正倉院文書の中の個々の文書をいかなる名称で呼ぶかという問題でもある。同様の問題は、木簡においても存在する。『大日本古文書』や『正倉院文書目録』に見られるように、公式様文書としての名称（符・解・牒・移・啓、等）と文書の内容に基づく名称とを併用するのが、現時点で一般的な対応といえよう。場合によっては告朔解・布施申請解のように、両者が重複することもある。しかし厳密にいえば、公式様文書の名称は文書の様式による名称であり、内容による名称は文書の機能による名称であって、分類の原理が異なっている。また、原史料中に見える名称を用いる立場がある一方で、名称の多義性の問題もあり、術語としての利用に混乱が生じる恐れもある。公式様通りでない文書の多い正倉院文書や木簡の検討にとって、機能分類とそれに基づく名称の付与が必要となる場面は多く、そのための体系的分析が求められていると思われる。(補1)

以上、きわめて雑駁な内容に終始したが、従来その全体像が提示されることのほとんどなかった正倉院文書中の継文について、大づかみにせよある程度の感触を抽出できたとすれば幸いである。本論における問題関心は、正倉院文書において文書と文書がどういった脈絡で貼り継がれていたのかを検討する点にあった。これは、東京大学史料編纂所の刊行物である『正倉院文書目録』編纂の一環として、断簡接続の可能性を探るための前提となる作業でもあった。正集・続修を経て目録の編纂が続修後集・続修別集以下に進むにつれ、一次文書としての律令公文類はほとんど姿を消し、ほぼ写経所文書のみの世界に突入することとなった。その中で、写経所の発信文書にせよ、受信文書にせよ、単独文書がどのような形で伝来したのか、すなわちどのように接続するのかについて、試行錯誤的にであれなんらかの形で方向を見極めるための指針が必要となってきている。本論はそのためのたたき台の提示であり、この点であくまで中間報告に過ぎない。今後一層検討を深め、継文の接続についてもより多くの事例が解明されることで、継文の種類・機能に関する本論の内容も修正されていくものであることをご理解いただきたい、

註

（1）第二節3参照。
（2）石上英一「集合文書と文書集合」（皆川完一編『古代中世史料学研究』上、吉川弘文館、一九九八年）三五八頁。ここでいう「第一の様態」は石上の「文書集合第一類型」に、「第二の様態」は「文書集合第二類型」に相当する。
（3）なお、本論では、文書・帳簿等の用語について厳密な意味での定義をせずに用いるが、おおまかにいえば、具体的に特定される発信者・受信者が存在し、何らかの意思を伝達する働きがあるものを文書、発信者・受信者を具体的に特定せずに、物品の出入りなどについて日ごと人ごとその他の形式で記載されているものを帳簿、と考えておきたい。
（4）東京大学史料編纂所編『正倉院文書目録』一〜四（東京大学出版会、一九八七〜九九年）等参照。
（5）以下、継文の名称が原史料に見られるものについて、その記載箇所について、往来軸の題籤、端裏書、書出、継目裏書等のいずれであるかについて表記した。なお、原史料に見られる名称と本論で用いる名称に異同がある場合には、その旨表記した。本章では、『大日本古文書』の冊・頁は古一―二三四の要領で、正倉院文書の類別は通例により略記した。
（6）鬼頭清明「天平期の優婆塞貢進の社会的背景」（同『日本古代都市論序説』法政大学出版局、一九七七年、初出一九七二年）、中林隆之「優婆塞（夷）貢進制度の展開」（『正倉院文書研究』一、一九九三年）。
（7）石上英一『日本古代史料学』（東京大学出版会、一九九七年）一一〇〜一一四頁。
（8）岡藤良敬『日本古代造営史料の復原研究』（法政大学出版局、一九八五年）第一五章参照。
（9）石上英一註（1）論文参照。
（10）岡藤良敬註（8）著書第一・二章。

(11) 大平聡「正倉院文書に見える「奉請」」(『ヒストリア』一二六、一九九〇年)。
(12) 東野治之「正倉院木簡の用途」(『木簡研究』九、一九八七年、のち同『長屋王家木簡の研究』に収録、塙書房、一九九六年)、大平聡註(11)論文。
(13) 「正倉院文書調査」(石上英一執筆、『東京大学史料編纂所報』三〇、一九九六年)。
(14) 岡藤良敬註(8)著書第一六章。
(15) 岡藤良敬註(8)著書第一七章。
(16) 岡藤良敬註(8)著書第七章。
(17) 註(7)参照。
(18) 石上英一註(1)論文。

補註

(補1) 文書名等の史料に対する名称付与が、史料の理解の深化や研究の進展に有効に作用するであろうことは、本書第Ⅳ部第二章おわりにでも述べた。

補記

本論は、正倉院文書の中の継文の事例を収集し、その内容を概観することで、基礎的な機能分類を行い、その特徴を抽出しようとした内容で、一九九九年に発表した(石上英一・加藤友康・山口英男編『古代文書論―正倉院文書と木簡・漆紙文書―』東京大学出版会)。収録書は、一九九七年六月に東京大学史料編纂所が開催した史料編纂所シンポジウム「正倉院文書研究と古代文書論」の報告集であり、本論はシンポジウムでの同名の報告を補足し成稿したものである。シンポジウムの趣旨については、同書あとがきを参照していただきたい。そのころから、正倉院文書、特に写経所文書の研究は格段の進展を見せており、ここで示した継文の構成・復原などには現時点の状況を踏まえた見直しが必要であるが、本論を引用してくださった論考もあることから、ここでは初出のまま収録した。機会に応じて補訂を試みていきたい。

索　　引

A　主要事項名

あ　行

か　行

さ　行

た　行

な　行

は　行

ま　行

や　行

ら・わ行

B 人　　名

あ 行

か 行

さ 行

た　行

な　行

は　行

ま・や・ら・わ行

C 研究者名

あ 行

か 行

さ 行

た 行

な　行

は　行

ま　行

や・わ行

第二章　額田寺伽藍並条里図の基礎的考察（原題「額田寺伽藍並条里図」）
金田章裕・石上英一・鎌田元一・栄原永遠男編『日本古代荘園図』東京大学出版会、一九九六年二月
第三章　額田寺伽藍並条里図の作成過程について―寺領認定と額田寺図―
（原題「「額田寺伽藍並条里図」の作成過程について―寺領認定と額田寺図―」）
『国立歴史民俗博物館研究報告』八八［共同研究］古代荘園絵図と在地社会についての史的研究、二〇〇一年三月
第四章　古代荘園図に見る寺域の構成―額田寺の伽藍と寺領―
『古代』一一〇、二〇〇一年三月

第Ⅳ部

第一章　正倉院文書の〈書類学〉
『日本史研究』六四三、二〇一六年三月
第二章　帳簿と木簡―正倉院文書の帳簿・継文と木簡―
『木簡研究』二二、二〇〇〇年十一月
第三章　正倉院文書の継文について
石上英一・加藤友康・山口英男編『古代文書論―正倉院文書と木簡・漆紙文書―』東京大学出版会、一九九九年十一月

初出一覧

序　章　本書の視角と構成
　　新稿

第Ⅰ部

第一章　郡領の銓擬とその変遷―任用関係法令の再検討―
　　笹山晴生先生還暦記念会編『日本律令制論集　下』吉川弘文館、一九九三年九月

第二章　十世紀の国郡行政機構―在庁官人制成立の歴史的前提―
　　『史学雑誌』一〇〇―九、一九九一年九月

第三章　地域社会と郡司制（原題「地域社会と国郡制」）
　　歴史学研究会・日本史研究会編『日本史講座　2律令国家の展開』東京大学出版会、二〇〇四年六月

第Ⅱ部

第一章　八・九世紀の牧について
　　『史学雑誌』九五―一、一九八六年一月

第二章　文献から見た古代牧馬の飼育形態
　　『山梨県史研究』二、一九九四年三月

第Ⅲ部

第一章　額田寺伽藍並条里図の復原をめぐって（原題「『額田寺伽藍並条里図』の復原をめぐって」）
　　『条里制研究』九、一九九三年十二月

こうしたうけとめ方で研究をしてきたためであろうか、これまでに発表した論文を本にまとめてはどうかというお話をいただいてから、とんでもない年月が経ってしまった。生来の怠け癖も重なって、あとまわし、あとまわしとしたあげく、はや二〇年近くが過ぎただろうか。担当していただいた編集の方々には大変な無礼をしてしまい、今さらながら恥じ入るばかりで心からお詫びしたい。いったん発表した論文は、我が手を離れればもはやそれぞれの運命で漂っていくであろうというような勝手な思い込みだったかもしれない。ある時、古い知り合いの研究仲間から、あなたの論文は参照するのに不便だから一つにまとめてほしいという言い方で刊行を慫慂された。使ってくださる方がいるのなら、その通りだなと腑に落ちたのだが、それからですら数年が過ぎたのだからまことに度しがたい。とまれようやく一書を刊行することとなった。放ち飼いに出した牧馬を狩り籠めるようなものかなと思う。お世話になったすべての方々に感謝申し上げたい。

二〇一八年十二月

著者記す

出陳されている正倉院文書の中の正集第四四巻は、冒頭が孝謙天皇の詔、次が他田日奉部神護の申文と、注目すべき単一書面の珍品を集めた巻である。そして、その第九断簡、装潢造紙注文と呼ばれている書面（『大日本古文書』三―二六二）がそれであった。紙幅は一紙の半分くらい、気取りのない普段使いの筆致で「装潢小治田人公申云久」と右端からすぐに書き出し、そのあと人公の話した内容を記し、末尾に「……者小治田人君」とあって重ねて名前を示して本文を終える。次行の日付と日下の署名は「天平感宝元年七月三日常世馬人」とある。そのあとに文面と同じくらいの広い余白が残されている。前にも見たことはあったと思うが、かなり変わった書式・形態である。ぼんやり眺めながら、この書面の作成手順に思いが向いた途端、はっと気が付いた。

「これが口状だ。本当にあったんだ」。どきっとして、感激で気分が一挙に高揚する。「でも、私が言わなきゃ、誰にもわからないぞ、このことは。そうか、奈良時代から誰も気が付かなかったことなんだ、これは」。これこそ、歴史という学問をやってきて、私にとって至福の体験である。そんな機会に何度もめぐりあえれば、それこそ史家の醍醐味ではないだろうか。

本書は、大小・強弱様々にしても、私の中のそうした至福の記録といえるものかもしれない。今になってそんな気がしている。そのはじめは、狩野文庫本『類聚三代格』との遭遇であっただろうか（第Ⅱ部第一章補記参照）。そのあとも、十世紀の国郡行政一体化という視点（第Ⅰ部第二章）、儀式書の郡司読奏の記事との出逢い（第Ⅰ部第一章）、額田寺図の中のランドマーク（第Ⅲ部第二章）、収納記録としての木簡の再検討（第Ⅳ部第二章）、書面の中の伝達の〈仕掛け〉（第Ⅳ部第一章）など、その都度、自分の中で至福の気分を味わうことができた。そして、そうしためぐりあわせに導かれたのは周囲に恵まれていたためであることを一番感じている。その折々のことや、学問においてお世話になった多くの方のことを書き記しておきたいが、今はその時間がないことをお許しいただきたい。

あとがき

この秋、奈良の正倉院展の会場で、私は世紀の大発見、どころか一三〇〇年近い時を超えた千年紀級の大発見を体験した。なにを大仰な、と思われるであろう。そこで簡単に事情を供述しよう。

半年前の春、私は「正倉院文書に見える「口状」について」という論文を書いた（本書第Ⅳ部第一章補記参照）。中身は、正倉院文書の書面の中にいくつかの用例が見える「口状」という言葉は、「口頭で伝達された内容をその場で受信者側が書き取って書面にしたもの」を指していることを明らかにした（つもりの）ものである。これまで、口状とは「口上」と同じで、口頭で述べることそのものを意味するといった説明が世の中にあったのであるが、実はそうではなかった。口頭伝達の書面化の結果生まれた実体のある「もの」が口状なのである。そうした口状なる書面が奈良時代に存在したことに気が付いたのは、正倉院文書が宝庫の中に置き去りにされて以来、私ただ一人ということになるのではなかろうか。その論文の最後で私は、奈良時代に口状と呼ばれていた書面の実物が、正倉院文書や木簡の中に存在すると思われるので、その発見が今後の課題である、と書き記した。ただ、そう書きはしても、すぐに作業に取りかかれるわけでもなかった。

そうしたところで、十月の末、古都の秋恒例の正倉院展を見に奈良の国立博物館を訪れた。前日には、奈良を会場として正倉院文書研究会が開かれ、充実した報告に触れたあとは楽しい懇親会を過ごし、翌日からは一週間、正倉院文書の原本調査という脱俗の日々が待ち受けている。まさに学究の雰囲気の立ち込める時であったのかもしれない。

著者略歴

一九五八年　東京都生まれ
一九八五年　東京大学大学院人文科学研究科国史学専門課程博士課程中退
東京大学史料編纂所助手・助教授を経て
現在　東京大学史料編纂所教授

〔主要論文等〕

『古代文書論』（共編、東京大学出版会、一九九九年）
「正倉院文書から見た「間食」の意味について」（『正倉院文書研究』一三、二〇一三年）
「正倉院文書と古代史料学」（『岩波講座日本歴史』二二、岩波書店、二〇一六年）
「史料のディジタルアーカイブと歴史情報処理」（『人工知能』三一―六、二〇一六年）
「正倉院文書に見える「口状」について」（佐藤信編『史料・史跡と古代社会』吉川弘文館、二〇一八年）

日本古代の地域社会と行政機構

二〇一九年（平成三十一）二月十日　第一刷発行

著　者　山《やま》口《ぐち》英《ひで》男《お》

発行者　吉川道郎

発行所　株式会社　吉川弘文館
郵便番号一一三―〇〇三三
東京都文京区本郷七丁目二番八号
電話〇三―三八一三―九一五一〈代〉
振替口座〇〇一〇〇―五―二四四番
http://www.yoshikawa-k.co.jp/

印刷＝株式会社　精興社
製本＝誠製本株式会社
装幀＝山崎　登

ISBN978-4-642-04650-3